LES FOUS D'AFRIQUE

Du même auteur

Hélène retrouvée
roman
Julliard, 1961

Voyage à l'intérieur de l'Eurocratie
Le Monde-Éditions, 1992

Belgique : la revanche des langues
Éditions du Seuil, 1994

Voyage au cœur de l'OTAN
Éditions du Seuil, 1996

JEAN DE LA GUÉRIVIÈRE

LES FOUS D'AFRIQUE

Histoire d'une passion française

ÉDITIONS DU SEUIL
*27, rue Jacob, Paris VIe*

ISBN 2-02-037217-7

www.seuil.com

Cette période encore mal déchiffrée, aux ressorts psychologiques qui mériteraient d'être davantage analysés, celle de la présence française en Afrique noire.

VALÉRY GISCARD D'ESTAING
Le Pouvoir et la Vie

Cette surprenante osmose franco-africaine qui se nourrit de précieux souvenirs communs dont l'imaginaire collectif n'est pas absent.

FRANÇOIS MITTERRAND
Préface aux *Lettres d'Afrique*
de Philippe Decraene

Chapitre 1

Les « esprits » de la porte Dorée

En ces temps de mauvaise conscience et de « repentance », rares sont ceux qui vont visiter l'actuel musée national des Arts d'Afrique et d'Océanie uniquement pour ce qu'il fut à l'origine : le « Palais permanent » de l'Exposition coloniale de 1931, un temple à la gloire de l'empire français d'outre-mer. Dans leurs dépliants sur le MAAO – un sigle qui semble appartenir au langage des rites d'initiation ! – les Musées de France invitent pourtant le public à faire coup double et à s'intéresser au contenant comme au contenu.

Décor extérieur intact, 293, avenue Daumesnil : sur la façade principale, 1 200 m^2 de « tapisserie de pierre » montrant l'Afrique et l'Asie réunies autour d'une figure de l'Abondance pour commercer avec les grands ports français ; monument au commandant Marchand, chef de la mission Congo-Nil, et « à ses cinquante-deux tirailleurs sénégalais », avec son Noir qui tend une jambe malade à un médecin de marine. Avenue Armand Rousseau, sur le côté gauche du bâtiment, la frondaison des arbres compissés par les chiens des retraités du quartier dissimule en partie la dédicace des architectes Albert Laprade et Léon Jaussely aux Brazza, Flatters et autres intrépides : « À ses fils qui ont étendu l'empire de son génie et fait aimer son nom au-delà des mers, la France reconnaissante. » À la fin des années 20, quand le site de l'Exposition fut conçu, un missionnaire conférencier, le P. René Guilcher, essayait méritoirement d'expliquer l'animisme aux Parisiens et leur disait l'importance des « esprits », ces impalpables survivances des ancêtres avec lesquels les Noirs restent en communication tout au long de leur vie. Écoutons nous aussi les « esprits » de nos parents ou grands-parents, ces millions de Français dont les sensibilités, et parfois les vocations, furent façonnées par l'Exposition de 1931. Convoquons les « esprits » des grands hommes de cette exposition. Essayons de nous représenter l'événement tel qu'il fut vécu au temps où le tressautement des premières « actualités » cinématographiques mettait une touche de comique dans les cérémonies les plus sérieuses.

Sur la Grande Avenue des Colonies

6 mai de cette dernière année du septennat de Gaston Doumergue : aux abords de la Grande Avenue des Colonies françaises, les palmiers plantés pour la circonstance s'agitent frileusement dans le vent encore frisquet du printemps parisien. Une escorte composite de spahis à cheval et d'agents en pèlerine pédalant sur leurs bécanes accompagne la voiture du président de la République, flanqué du maréchal Lyautey, ancien résident général au Maroc, commissaire général de l'Exposition, alors âgé de soixante-seize ans. Le cortège s'arrête d'abord devant la reconstitution du temple d'Angkor Vat, dont le chef de l'État avait admiré l'original alors qu'il était jeune magistrat en Indochine, puis c'est une halte devant le pavillon de l'AOF. Peut-on être à la fois « fou d'Asie » et « fou d'Afrique » ? Doumergue se garde de trancher ce vieux débat entre journalistes bourlingueurs. Il accorde équitablement le même temps à Angkor et au palais fortifié des cités ocre-rouge du Niger.

Mais déjà il faut partir vers la place du Maghreb français. Lyautey a naturellement souhaité que le pavillon du Maroc soit une des principales attractions de l'Exposition. Sous les tuiles vernissées d'un palais maghzen, une immense maquette représente le futur port de Casablanca tel que le maréchal bâtisseur l'a voulu. Plus loin, c'est une reconstitution des souks de Tunis, pour laquelle le souci d'authenticité a été poussé jusqu'à répandre une odeur de bouc. Un an après la célébration du centenaire de la conquête, les responsables du pavillon de l'Algérie ont saupoudré de coupoles et de minarets une construction à la gloire de la vigne. « Le vin, c'est l'avenir de l'Algérie, c'est le grand bienfait dont la France a doté ce pays du soleil, qui est aussi le pays de la soif », indique le *Rapport général* de l'Exposition !

Les pavillons territoriaux ne sont pas les seuls à vouloir briller devant les officiels. Il y a aussi des pavillons thématiques : celui des

Bois coloniaux, celui des Forces d'outre-mer, ceux, surtout, des Missions catholiques et des Missions protestantes, surmontés d'une croix lumineuse non loin du minaret de la côte des Somalis. Le vice-amiral Lacaze, ancien ministre de la Marine, a usé de son poids pour que la IIIe République, laïque et souvent franc-maçonne, accorde un espace aux missionnaires. MM. Lehideux, banquiers rue Drouot, ont reçu les souscriptions pour le financement, privé, du pavillon catholique.

Dans la deuxième voiture du cortège officiel est assis le prince de Scalea, ministre d'État en Italie mussolinienne, doyen de l'Assemblée des commissaires étrangers. Il passe devant la section de son pays vouée aux réalisations de Rome en Tripolitaine, Cyrénaïque, Érythrée et Somalie. Avec une reconstitution de la basilique sévérienne de Leptis Magna, l'Italie rappelle son apport à l'œuvre chrétienne en Méditerranée. Plus tard, au nom des délégations étrangères, le prince remerciera la France de son hospitalité et évoquera « la race blanche qui, ayant atteint désormais chaque coin du monde, a transformé des continents barbares en régions civilisées ».

La race blanche, c'est-à-dire le Vieux Continent. Les États-Unis ne participent que marginalement à ces festivités impériales, avec la reconstitution d'un cottage de George Washington plein de vitrines sur les réalisations américaines à Hawaï, Porto Rico et autres lieux vertueusement présentés non comme des colonies mais comme l'« outre-mer » des États-Unis.

Les Pays-Bas ont vu leur pavillon initial flamber dans un incendie, ce que les surréalistes, hostiles à l'Exposition, présentèrent comme un « acte manqué de la part du capitalisme ». La troisième puissance coloniale de l'époque se console de ses déboires par le succès de curiosité que remportent les jeunes beautés des ballets de Java. Le Portugal et la Belgique, petits pays auxquels l'aventure coloniale a permis de se dépasser, ne sont pas en reste. Bruxelles montre ses réalisations au Congo, la plus vaste de toutes les colonies européennes en Afrique. Construit dans le style des palais d'Henri le Navigateur, le pavillon portugais célèbre la lusophonie angolaise et mozambicaine. Même le Danemark, installé depuis 1721 au Groenland, ne rougit pas de faire partie des colonisateurs, avec des tentes et des traîneaux d'Esquimaux dans une section qui veut offrir « le pôle Nord à vingt minutes de l'Opéra », au milieu des tam-tams et des chameaux.

Mais, l'Allemagne, déchue de ses protectorats sur le Togo et le Cameroun par le traité de Versailles, n'a pas été invitée. En rivalité avec la France au Maroc, l'Espagne a boudé la fête. Le grand absent est l'empire britannique. Sur le point de créer le Commonwealth, Londres a invoqué des raisons d'économies budgétaires pour limiter sa participation à un stand dans la cité des Informations, sans pavillon propre. Lyautey a dû intervenir pour que le commissaire britannique renonce à exhiber certaines photos dans ce stand. Elles montraient avec par trop de réalisme les atteintes des plus affreuses maladies tropicales, sans doute combattues avec succès par les colonisateurs mais dont l'évocation était propre à casser l'ambiance...

« La France africaine, grande comme l'Europe »

Au MAAO d'aujourd'hui, le visiteur retrouve, inchangée, la salle des fêtes où furent prononcés les discours d'ouverture. Œuvre de Pierre Ducos de la Haille, le panneau du fond, dit « des cinq continents », illustre la rencontre de l'Afrique, de l'Asie, de l'Amérique et de l'Océanie autour de l'Europe. Latéralement, des allégories représentent les valeurs de la République française : la Science, l'Art, le Commerce et l'Industrie, le Travail, la Paix, la Justice, la Liberté (sous la forme – tout de même inattendue après tant d'années de querelles entre l'Église et l'État – d'un père blanc libérant un jeune esclave dans un village africain).

Quand il prend la parole, la voix haut perchée de Paul Reynaud, ministre des Colonies, est relayée en direct à Dakar et à Hanoi, par un émetteur inauguré la veille à Pontoise : « Le but essentiel de l'Exposition est de donner aux Français conscience de leur empire [1]. Il faut que chacun d'entre nous se sente citoyen de la Plus Grande France, celle des cinq parties du monde [...]. La France métropolitaine a le plus grand territoire de l'Europe après la Russie. Elle n'est cependant que la vingt-troisième partie de l'Empire français [...]. À

1. Le mot « empire » est usuel dans la presse, la littérature et les discours publics. Il n'a jamais eu d'existence constitutionnelle en raison de l'aversion de la IIIe République pour le Second Empire.

côté de nos vieilles colonies, ces bijoux de famille égrenés dans l'Atlantique et dans l'océan Indien[1], il y a la France africaine, grande comme l'Europe. »

« L'Exposition coloniale est la plus vivante des leçons de choses, affirme pour sa part Lyautey. Elle montrera dans un pittoresque et saisissant raccourci la prodigieuse activité de notre Empire d'Outre-Mer. Y venir est un devoir. Je crois pouvoir espérer que personne ne regrettera de l'avoir accompli. » Le maréchal ne sera pas déçu. En quatre mois, 4 millions de Parisiens et banlieusards, 3 millions de provinciaux et 1 million d'étrangers tendront aux guichets d'entrée leur ticket représentant un Blanc coiffé du casque colonial[2], ce casque que d'astucieux vendeurs proposent aux visiteurs pour se mettre dans l'ambiance les jours de soleil. Casquettes prolétaires et chapeaux bourgeois se mêlent à la sortie de la station Porte-Dorée, sur la ligne de métro n° 8 prolongée jusqu'au bois de Vincennes pour la circonstance. Lyautey pense que le grand dessein colonial peut faire oublier la lutte des classes. Même s'il n'a pas obtenu du gouvernement tous les fonds nécessaires pour remodeler le XIIe arrondissement comme il l'avait fait de Rabat et de Casablanca, il se réjouit que les quartiers populaires de l'Est parisien participent à un événement qui, à ses yeux, « peut être un facteur de paix sociale ».

La nouvelle génération, en particulier, est ciblée. Extrait du *Guide du visiteur* : « À vous les jeunes, l'Exposition présente un objet grandiose. Elle élargit l'horizon moral et matériel dont vos pères se contentaient et qui ne suffit plus à vos aspirations. Comment, en effet, vous désintéresser de la vie de nos colonies, vous qui trouvez le monde et ses richesses tout juste assez grands pour votre ambition ? Que la joie la plus élevée et la plus française vous anime, cher Visiteur, et qu'elle vous suive après ces visites. »

Depuis 1923 dans l'enseignement primaire, et 1925 dans le secondaire, « la formation de l'Empire colonial français » figure aux programmes d'histoire. Des cartes sur lesquelles s'étend partout la

1. Les « Indes françaises » ainsi que Saint-Pierre-et-Miquelon ont leur propre pavillon.

2. Contre toute vraisemblance, certains auteurs parlent de 33 millions de visiteurs. Il s'agit en fait du nombre de tickets vendus et il fallait en donner quatre les jours de grande affluence. Beaucoup de Parisiens allèrent plusieurs fois à l'Exposition.

couleur rose de l'empire illustrent les textes d'Ernest Lavisse, auteur non seulement d'une monumentale *Histoire de France* mais aussi de nombreux manuels scolaires. L'année même de l'Exposition, paraît son *Histoire de France. Cours élémentaire*. La quatrième partie de ce manuel est consacrée à « la bonté française ». On y lit : « Brazza fut un homme admirable. Il voyagea dans un grand pays d'Afrique appelé le Congo. Il ne fit pas de mal aux habitants. Il leur parlait doucement, leur demandait d'obéir à la France. Quand ils avaient promis, il plantait par terre une grande perche en haut de laquelle on hissait le drapeau français. Cela voulait dire que ce pays-là appartenait à la France. »

Cette prose aussi édifiante que celle des brochures missionnaires, instituteurs et professeurs y adhèrent généralement. Issus la plupart de milieux modestes, ils doivent leur relative promotion sociale à l'égalité des chances dans les concours et examens. À leurs yeux, la colonisation offre aux indigènes le début d'une promotion analogue. Ce n'est pas un hasard si Jules Ferry fut à la fois l'initiateur de la politique coloniale de la IIIe République et le père de l'enseignement gratuit et obligatoire. Ceux qu'on n'appelait pas encore « les enseignants » ne feront pas de mauvais esprit à l'égard du vieux maréchal de droite. Le jeudi, ils seront nombreux à conduire leurs classes à sa « leçon de choses ».

Des lions et « les plus beaux Noirs »

Un aquarium tropical avait été installé au sous-sol de la construction de Laprade. Aujourd'hui, ses vingt-huit bassins constituent l'attraction principale du MAAO, au risque d'une certaine confusion des genres, tout comme le terrarium et ses crocodiles avec son ingénieux système de production d'air chaud qui rappelle les touffeurs et les moiteurs d'Afrique. Autre attraction datant de l'Exposition, le parc zoologique du bois de Vincennes (d'abord conçu comme provisoire, mais conservé et agrandi en raison de son succès) faisait la part belle à la faune du continent noir. Enclos pour éléphants. Plateau pour lions. Quelles découvertes pour des millions de gens du peuple, en ces temps d'innocence sans télévision !

La « leçon de choses » est aussi un spectacle. Des pirogues congolaises rivalisent sur le lac Daumesnil. Devant le pavillon de cette AOF où vivent « les plus beaux Noirs de tout l'Univers », comme dit le *Guide* de l'Exposition, des dizaines de villageois transportés sans transition à Paris tissent, cuisinent, « chassent », chantent et dansent. Ils sont une attraction dans leur rôle d'indigènes-acteurs à l'Exposition et aussi une aubaine pour les journaux populaires quand il s'agit de raconter, avec plus ou moins de bon goût, leur première sortie dans la capitale, genre un Nègre à Montmartre : « Ça beau, ça bon ! » Les amuseurs de *Paris-Soir* et autres gazettes ne devinent pas que la découverte de la métropole par le Noir évolué deviendra quelques années plus tard un des thèmes majeurs de la littérature africaine d'expression française.

Pour les écoliers, la visite de l'Exposition comporte un passage presque obligatoire à la cité des Informations, où se trouve le stand de la Ligue maritime et coloniale. Fondée dix ans plus tôt, cette association compte 550 000 adhérents. Elle publie un magazine très lu : *Mer et Colonies*. Des professeurs d'histoire et de géographie la représentent dans tous les lycées, où elle distribue des prix, organise des conférences, finance des voyages.

Le gouvernement n'avait pas suivi Lyautey dans son projet de « Maison des colonies » installée pour toujours au cœur du Paris des affaires. Le maréchal a du moins réussi à implanter dans la cité des Informations un centre d'accueil à l'usage de la presse et des investisseurs tentés par l'outre-mer deux ans après le krach. Bien différent des styles « soudanais » ou « indochinois » des pavillons exotiques, ce centre ultramoderne affiche continuellement les dernières nouvelles du monde transmises par l'agence Havas, tandis que, sur les planisphères, clignotent et brillent les lumières représentant les lieux de production des grands produits coloniaux. En 1931, rappellent des tableaux statistiques, les colonies fournissent environ un quart des importations de la métropole et absorbent presque un tiers de ses exportations. L'empire vend riz, cacao et phosphate à un prix parfois supérieur au cours mondial mais il permet d'écouler la moitié des cotonnades et le tiers des machines-outils fabriquées en France. Ce n'est pas rien alors qu'un des effets « pervers » de la récupération de l'Alsace-Lorraine après la victoire est la surproduction des industries sidérurgiques et textiles.

« Journée internationale du coton », « Journée de l'urbanisme » : de multiples congrès et séminaires ont eu lieu à la cité des Informations pendant les six mois de l'Exposition. Sans partager les rêves impériaux de Lyautey, les graves messieurs du comité des Forges en arrivent parfois à penser que ce qui est bon pour le Sénégal est bon aussi pour Pont-à-Mousson.

Des livres dans l'air du temps

Toujours offert au regard des visiteurs de l'actuel MAAO, le « salon de l'Afrique », à gauche de la salle des fêtes, sert aux réceptions du ministre Reynaud pendant l'Exposition. (Lyautey officie pour sa part au « salon de l'Asie », à droite.) Commandées à Louis Bouquet, des fresques sont réputées y illustrer les apports artistiques et intellectuels du Maghreb et de l'Afrique subsaharienne à la France. Sans craindre les accusations d'ethnocentrime, l'artiste explique : « J'ai consacré le plus grand des cinq panneaux à l'Afrique noire. Apollon vient s'inspirer auprès d'une muse négresse, qui peut être aussi la représentation de l'Afrique elle-même, avec les mystères et les drames de ses forêts. »

De quoi parlent les invités du ministre assis sur les fauteuils « éléphant » de cuir fauve, face au mobilier d'ébène macassar marqueté d'ivoire ? De *Grandeur et Servitude coloniales*, bien sûr, paru aux éditions du Sagittaire à l'occasion de l'Exposition. Le livre du radical-socialiste Albert Sarraut, ancien gouverneur général de l'Indochine, ancien ministre des Colonies, futur président du Conseil, confirme le ralliement de son parti à une politique de présence outre-mer qu'il avait combattue sous Ferry. Il raconte aussi un destin individuel : « L'ironie du sort m'a fait naître à la vie publique sous la discipline des hommes qui avaient en France, contre l'expansion coloniale, dressé un réquisitoire implacable. J'ai été leur élève. Et le jour où le destin me porta vers le commandement outre-mer, leurs paroles retentissaient encore à mes oreilles. Pendant douze années, sous les tropiques comme en France, gouverneur général ou ministre, j'ai longuement médité sur la colonisation, sa légitimité, ses conséquences morales. De ces méditations, chaque jour nourries et contrôlées par l'expérience des actes positifs, est sortie, magnifique et saine, la conviction dont je voulais enflammer vos âmes [...]. Les colonies cessent de n'être que des marchés ; ce sont des entités vivantes, des créations d'humanité, des parties solidaires de l'État français dont on va, par le progrès scientifique, moral, économique et politique, favoriser l'accès à de plus hauts destins, au même titre que les autres parties du territoire national. » Moins abstraits, davantage « grand public », d'autres livres avaient nourri les conversations pendant les trois années précédant l'Exposition. Communiste bourlingueur (sur cargo), Jean-Richard Bloch s'était signalé par un alerte *Cacaouettes et Bananes* [1]. Quand il mettait de côté une idéologie qui lui faisait présenter les travaux de voirie au Sénégal comme une « haussmannisation du désert par mesure de précaution contre l'insurrection », Bloch pouvait faire preuve d'une drôlerie fort prisée des connaisseurs : « La première pluie de la saison tombe le soir du 14 juillet. Tout au moins, la nature tropicale a montré, pendant longtemps, un attachement patriotique à cette date-là. Mais, à l'Office parisien de l'AOF, comme au Sénégal même, je trouve quantité de personnes sérieuses qui ajoutent sans rire que, depuis la guerre, les choses ont bien changé. Toute fidélité a disparu de la surface du monde, les pluies elles-mêmes des Tropiques ont renoncé aux traditions les plus loyalistes. »

Surtout, il y a Morand et son *Paris-Tombouctou* [2], récit d'un périple au Sénégal, au Soudan, en Guinée, en Haute-Volta et en Côte d'Ivoire. Embarqué à Marseille en janvier 1928, l'homme à la bougeotte écrit : « Persuadé que le tourisme va se développer en AOF, il m'a semblé que ces notes pourraient, en l'absence d'un guide africain [3], servir à des gens qui ne sont ni commerçants, ni fonctionnaires, ni colporteurs, ni chasseurs d'ivoire, ni soldats... rien que des amateurs de voyage. » Encore présent dans les librairies pendant l'Exposition, le livre est un hommage aux Noirs, « fidèles à leurs instincts », qui « nous surpassent infiniment en vitalité, dans tous les ordres et les désordres des appétits humains ».

« Ce que nous demandons aujourd'hui à l'Afrique, c'est de nous faire comprendre ce que fut le monde au temps de son innocence, de

1. Gallimard, 1929.
2. Flammarion, 1929.
3. Le premier *Guide bleu* sur l'AOF sera publié beaucoup plus tard, et la parution de celui sur l'Afrique centrale n'interviendra qu'en 1962, après les indépendances.

sa fraîche férocité » : la dernière phrase de *Paris-Tombouctou* heurta quelques sensibilités. Pourtant Morand était dans l'air du temps. Celui du Bal colonial de la rue Blomet, « bal musette des nègres de Paris » qu'il évoque avec nostalgie (« Toute notre littérature était là, de Carco à Aragon »). Celui de la « Revue nègre » au music-hall des Champs-Élysées, immortalisée par l'affiche de Paul Colin en 1925.

« Croisière noire »

Qu'importe que les Français ne distinguent pas toujours les Antillais des Africains dans cette « négromanie » ! Qu'importe que Joséphine Baker soit née au Missouri ! C'est son image de « Vénus noire » que représentent les affiches de l'Exposition destinées aux pays étrangers. C'est elle qui va poser devant les véhicules Ford exposés au Trocadéro avant leur départ pour la première grande expédition ethnologique française, la mission Dakar-Djibouti (mai 1931-janvier 1933) de Marcel Griaule secondé par Michel Leiris.

La découverte de l'Afrique coïncide avec l'engouement pour l'automobile dans sa version tout terrain. 1931 est pour André Citroën l'année du départ de la « Croisière jaune », en Asie. Auparavant, le futur inventeur de la « traction » avait lancé ses huit autochenilles dans la « Croisière noire » : 26 000 kilomètres de Colomb-Béchar à Madagascar, entre novembre 1924 et juin 1925. Un exploit sportif mais aussi une mission scientifique aux objectifs fixés par le ministère des Colonies. Deux voitures laboratoires et deux voitures caméras avaient rapporté 27 000 mètres de pellicule et 6 000 photographies.

Avec le concours de l'officier aviateur Louis Audouin-Dubreuil, c'est le directeur général des usines Citroën, Georges-Marie Haardt en personne, qui commandait le raid. Celui-ci comportait plusieurs itinéraires suivis par des équipes différentes. Haardt et Audouin-Dubreuil mentionnent « l'aide affectueuse des Belges, l'appui loyal des Anglais et le cordial accueil des Portugais » dans le récit de la « croisière » dont les ventes redoublent pendant l'Exposition[1]. Le cinéaste Léon Poirier était du voyage et en a tiré un des premiers grands succès du cinéma.

1. *La Croisière noire*, Plon, 1927.

Dernière phrase de *La Croisière noire* : « Le vieux monde étouffe : pour conquérir l'espace, il supprime la distance – et le charme de l'inconnu. » On n'en était pourtant pas encore aux jets. Les années 20 furent celles du lancement de quelques fleurons des compagnies Cyprien Fabre, Paquet, Chargeurs réunis, pour s'en tenir aux escales africaines. Sur ces lignes, il y a moins de riches rentiers que sur les luxueux bâtiments de la Compagnie générale transatlantique à destination de l'Amérique du Nord, mais la clientèle d'administrateurs et de forestiers, sans doute les plus aisés des colons, a pris goût à la décoration exotique des premières classes, avec leurs placages d'ébène et d'acajou. Colonisation et vie à bord : Alfred Janniot, l'auteur du bas-relief géant de la façade du « Palais permanent » de l'Exposition, avait décoré l'*Île-de-France*, lancé en 1927.

Jurisprudence exotique

En ces années-là, l'outre-mer imprègne même la vie des Français sédentaires. Ils sont bien obligés de prendre conscience du fait colonial quand, par exemple, leurs fils étudiants en droit commencent à plancher sur l'arrêt « Bac d'Éloka », par lequel le Tribunal des conflits décida une fois pour toutes, le 22 janvier 1921, que le contentieux entre particuliers et services publics à vocation commerciale relevait des tribunaux judiciaires et non des tribunaux administratifs.

Un parfum exotique adoucit la prose sévère du commissaire du gouvernement dans l'exposé des faits : « Le littoral de la Côte d'Ivoire est parsemé de lagunes qui rendent la circulation difficile ; la colonie a eu l'heureuse idée de les couper de bacs. C'est ainsi que, sur la lagune Ébrié, elle en a établi un, dit bac d'Éloka, qu'elle exploite directement et personnellement par le service du wharf de Bassam. Dans la nuit du 5 au 6 septembre 1920, le bac traversait la lagune, chargé de dix-huit personnes et de quatre automobiles, lorsqu'il coula brusquement : un indigène fut noyé, les automobiles allèrent au fond et ne furent retirées que gravement endommagées. » L'histoire ne dit pas ce que fit la famille de l'indigène, mais la Société commerciale de l'Ouest africain, la célèbre SCOA, propriétaire de l'une des autos, assigna la colonie devant le tribunal de

Grand-Bassam. Le gouverneur, contestant la compétence de cette autorité judiciaire, porta l'affaire devant le Tribunal des conflits, qui lui donna tort. Soixante-dix ans après les faits, l'arrêt « Bac d'Éloka » fait toujours jurisprudence dans les conflits entre les usagers et, par exemple, la RATP. Il était pieusement commenté dans l'édition 1990 du recueil *Les Grands Arrêts de la jurisprudence administrative* chez Sirey !

La Presse coloniale, La Dépêche coloniale et maritime, L'Effort colonial, La Parole coloniale, Le Monde colonial illustré, La Quinzaine coloniale, Les Annales coloniales : en ce début des années 30, de nombreux quotidiens, hebdomadaires et périodiques spécialisés se revendiquent pour ce qu'ils sont, sans avoir peur d'un mot pas encore tabou. *Le Temps*, le plus ambitieux des quotidiens généralistes d'alors, publie chaque semaine un « Supplément colonial ». *Le Figaro* a une rubrique bimensuelle intitulée « La vie coloniale ». Même *Le Chasseur français* y va de ses colonnes « Colonisation ». Se mêlent dans cette presse informations économiques, glorification politique de l'empire, conseils pratiques et récits d'évasion.

Assez exaltante époque, finalement, que ces années où l'on pouvait interviewer des personnages ayant donné de leur vivant leur nom à des villes nouvelles. *Larousse du* XX*e siècle* en six volumes, édition de 1928 : « Binger (Louis Gustave). Officier, explorateur et administrateur français né à Strasbourg en 1856. » (Suivent douze lignes sur ses voyages et ses ouvrages, dont *Le Serment de l'explorateur* paru en 1904). Immédiatement au-dessous de ce nom propre : « Bingerville. Chef-lieu de la colonie de Côte d'Ivoire, ainsi nommé de son fondateur. » Au moment de l'Exposition coloniale, Binger, un peu empêtré dans des affaires financières, avait encore cinq ans à vivre.

Extraits de l'article « Nègre » dans la même édition du *Larousse* : « Petit nègre, français élémentaire qui est usité par les Nègres des colonies. Nègre se dit particulièrement des peuples d'Afrique ou qui en sont originaires, mais ce terme est pris souvent dans une acception péjorative par les indigènes ; à éviter. » Quant à la dernière phrase de l'article « Afrique », Lyautey ne pouvait qu'y souscrire : « Si le XIXe siècle a été celui de la découverte de l'Afrique intérieure, le XXe siècle doit être celui de la mise en valeur de ce continent tout entier. »

La « contre-expo » d'Aragon

De nos jours, en affichant le tract intitulé « Ne visitez pas l'Exposition coloniale » à côté d'une grande maquette de ladite exposition, dans le hall principal du bâtiment, les responsables du MAAO suggèrent impartialement de penser aussi aux contestataires !

Œuvre commune d'Aragon, Éluard, Char et autres surréalistes, tous membres du Parti communiste, ce tract présente l'Exposition comme une « escroquerie », appelle à « l'évacuation immédiate des colonies » et oppose « l'exploitation coloniale » à « l'attitude de Lénine qui, le premier, au début de ce siècle, a reconnu dans les peuples coloniaux les alliés du prolétariat mondial ». Une foi révolutionnaire au moins aussi naïve que celle des missionnaires dont les signataires moquaient « la propagande ».

Aragon s'était décarcassé pour organiser une « contre-expo » dans une construction située sur un terrain appartenant alors à la CGT et sur lequel sera édifié plus tard le siège du PC. Il s'agissait tout bonnement du pavillon soviétique à l'exposition des Arts décoratifs de 1925. « La vérité aux colonies », tel fut le nom officiel de cette « contre-expo » à laquelle *L'Humanité* ne manqua pas de convier ses lecteurs en leur promettant « l'envers du décor de Vincennes ». La visite commençait sous une grande banderole reprenant évidemment l'anathème de Lénine : « L'impérialisme est le stade suprême du capitalisme. » Ensuite : des stands militants avec graphiques, photos et planisphères accusateurs ; une section consacrée aux « arts nègre, océanien et peau rouge » ; une « salle de l'URSS » opposant au « colonialisme impérialiste » l'« exemple de la politique des nationalités appliquée par les soviets ».

Il existait alors divers courants hostiles à l'Exposition coloniale. Le catholique Marc Sangnier, animateur du mouvement Le Sillon, y voyait « le décor factice d'un pays truqué » avec des « figurants » manipulés. La Ligue contre l'oppression coloniale et l'impérialisme, fondée à Bruxelles en 1927 et présidée par Albert Einstein, comportait une section française, animée notamment par Henri Barbusse, lui aussi très sévère pour les « casuistes » socialistes qui faisaient un distinguo entre l'oppression colonialiste et la colonisation en soi. Pourtant, on ne se bouscula pas chez Aragon : 4 200 entrées au total.

Ce ne fut pas faute de tentatives de récupération. Avaient notamment droit aux honneurs de la « contre-expo », André Gide et Albert Londres, qui n'en demandaient sans doute pas tant.

Une révélation pour Gide

Juillet 1925. Gide commence par une escale à Dakar une tournée africaine qui durera jusqu'en mai 1926 et le conduira successivement au Gabon, au Congo, en Oubangui-Chari, au Tchad et au Cameroun. Une vague mission d'observation officielle lui sert de prétexte pour se lancer, en compagnie du cinéaste Marc Allégret, dans une expédition dont l'envie le démange depuis la lecture de *Au cœur des ténèbres*[1], que Joseph Conrad a publié en 1899, neuf ans après avoir parcouru à pied le Congo belge. À cinquante-six ans, le maître fait preuve lui-même d'une étonnante verdeur. Entre deux réceptions chez les gouverneurs, il chasse pour la première fois de sa vie ; délaissant souvent la chaise à porteurs, il marche au milieu de son convoi de soixante Africains « recrutés par l'administration » pour lui tout seul. Sans oublier complètement le VIIe arrondissement – « Valéry est élu à l'Académie » (16 décembre 1925, chez un administrateur lettré, abonné à la *Revue de Paris*) –, il note au jour le jour des impressions très variables selon les lieux. Il y a le fameux « Moins le blanc est intelligent, plus le noir lui paraît bête » (24 août 1925), tracé à propos du procès d'un jeune administrateur accusé d'abus de pouvoir. Ou encore (en février 1926, au Tchad) : « Auprès de ces noirs, combien de blancs ont l'air de goujats. » Mais aussi (en Afrique équatoriale, le 20 décembre 1925) : « Cette absence d'accueil, à notre arrivée, de sourires et de saluts à notre passage ne semble point marquer de l'hostilité, mais la plus profonde apathie, l'engourdissement de la bêtise. »

Retour à de meilleurs sentiments peu après. « 1er ou 2 février » (Gide ne sait plus, il est pris par l'ambiance), au Cameroun, à propos des effusions d'un vieil homme auquel le diariste vient de donner

1. Traduit chez Gallimard, coll. « L'Imaginaire », n° 19.

un « gros matabiche » : « Quels braves gens ! Comme on les conquerrait vite ! Et quel art diabolique, quelle persévérance dans l'incompréhension, quelle politique de haine et de mauvais vouloir il a fallu pour obtenir de quoi justifier les brutalités, les exactions et les sévices. »

C'est que, au Congo, Gide a recueilli des témoignages accablants sur les abus commis par la Compagnie forestière du Sangha-Oubangui (CFSO) dans l'exploitation de la main-d'œuvre indigène. D'où cette résolution, le 30 octobre 1925 : « Il ne me suffit pas de me dire, comme l'on fait souvent, que les indigènes étaient plus malheureux encore avant l'occupation des Français. Nous avons assumé des responsabilités envers eux auxquelles nous n'avons pas le droit de nous soustraire. Désormais, une immense plainte m'habite ; je sais des choses dont je ne puis prendre mon parti. Quel démon m'a poussé en Afrique ? Qu'allais-je donc chercher dans ce pays ? J'étais tranquille. À présent je sais : je dois parler. »

L'intellectuel maladroit de ses mains avait découvert la chasse en Afrique. L'écrivain esthète y découvre aussi la griserie de l'enquête pour un témoignage à effet immédiat : « Jusqu'à présent, j'ai toujours parlé sans aucun souci qu'on m'entende, toujours écrit pour ceux de demain, avec le seul désir de durer. J'envie ces journalistes dont la voix porte aussitôt, quitte à s'éteindre sitôt ensuite. »

Publié par les Éditions de la Nouvelle Revue Française, *Voyage au Congo, carnets de route* [1] est lancé par deux articles de Léon Blum dans *Le Populaire* des 5 et 7 juillet 1927. Gide enviait les reporters, il sera servi ! Le directeur de la CFSO écrit à Blum pour protester et rappeler que l'accusateur « était porteur, en Afrique, de lettres des dirigeants de la Compagnie forestière lui assurant toutes facilités d'information auprès des agents de celle-ci ». Effectivement, avant son départ, Gide avait été reçu à Paris par des dirigeants de la compagnie qui avaient fait preuve, reconnaîtra-t-il, d'une « grande amabilité ». Devoir d'« ingratitude » du journaliste ! Sans se laisser intimider par les accusations de légèreté dans son enquête, Gide enfonce le clou en publiant dans la *Revue de Paris* un long article intitulé « La détresse de notre Afrique équatoriale ». Des passages du *Voyage au Congo* sont lus à la Chambre des députés,

1. La deuxième partie du témoignage, *Le Retour du Tchad*, paraîtra en 1928.

lors d'un débat sur le régime des grandes concessions aux colonies, le 23 novembre. À la lecture de l'édition de « La Pléiade » du *Journal* et des *Souvenirs*, on est frappé par la place que cette affaire occupa dans la vie de l'auteur en 1927 et 1928 : réponses à des personnes l'ayant mis en cause ; recherches de preuves supplémentaires, jusqu'à un rapport médical sur la mauvaise situation sanitaire des colonisés en 1919.

Aragon dénaturait néanmoins ce témoignage en le faisant figurer dans une exposition hostile par principe à la colonisation. Gide ne mettait pas toutes les compagnies et tous les fonctionnaires coloniaux dans le même sac. Il avait notamment apprécié le commerce du gouverneur général intérimaire de l'AEF (Afrique-Équatoriale française). Sans attendre son retour en France, il écrivait à celui-ci pour le remercier de son accueil et aussi attirer son attention sur des abus, en y mettant des formes : « Voyageant en simple touriste, il peut m'arriver parfois de voir et d'entendre ce qui est trop bas pour vous atteindre. » Sa période d'agitation africaine se termine avec une lettre au patron du *Journal des débats*, où il avait été critiqué. Il écrit qu'une politique réformiste peut « rallier tous les honnêtes gens » et se défend de vouloir fournir des armes aux « partis extrêmes ». En avril 1929, arguant qu'il agirait plus efficacement « en restant dans la coulisse », il s'abstient de participer à un débat public autour de *Terre d'ébène*, le livre du journaliste Albert Londres dont le passage en Afrique n'est pas passé, non plus, inaperçu.

Albert Londres en « terre d'ébène »

Plusieurs enquêtes retentissantes ont déjà fait la célébrité de Londres quand il débarque à Dakar en cette année 1928 où l'Afrique occupe décidément les esprits. De février à mai, du Sénégal au Congo, il parcourt plusieurs milliers de kilomètres en train, en pirogue, à cheval, à pied, en tipoye, prenant son temps, profitant à plein de son statut de reporter hors norme au *Petit Parisien*. En route vers Tombouctou, il fait un bout de chemin avec Morand et Mme Herriot, femme de l'illustre Édouard. (« Il y a beaucoup de Poincaré, il y a des Herriot, des Kodak, des Citroën, des Painlevé, des noms que l'on voit écrits en grosses lettres sur les journaux de France », racontera-t-il à propos des prénoms africains de l'époque.) Les gouverneurs lui ouvrent leur table, les administrateurs l'invitent à les suivre dans leurs tournées, les Blancs lui confient leurs doléances, le Morho Naba le reçoit (et lui laisse entendre qu'il aimerait bien se rendre à l'Exposition coloniale, dont on parle déjà à Ouagadougou). Il prend des notes et des photos [1], il se laisse porter par les événements, ne refuse aucune rencontre et ne montre rien de ses sentiments. À son retour, il se cloître dans une chambre d'hôtel en province et rédige. Son reportage paraît d'abord en feuilleton dans *Le Petit Parisien*, sous le titre « Quatre mois parmi nos Noirs d'Afrique », puis chez Albin Michel, sous le titre *Terre d'ébène*.

Ce récit a fait de Londres un personnage mythique dans les écoles de journalisme, une espèce de Don Quichotte tiers-mondiste. Pourtant, personne n'est épargné, ni colons, ni indigènes. Exemple : « Quand les nations d'Europe ont supprimé la traite (officiellement), ont-elles du même coup supprimé les esclaves ? Les esclaves sont restés où ils étaient, c'est-à-dire chez leurs acheteurs. Ils ont simplement changé de nom : de captifs de traite, ils sont devenus captifs de case. Ce sont les nègres des nègres. » Ou encore, par allusion aux haines raciales et à l'anthropophagie : « Lorsque les Bétés attrapent un Peuhl ou deux, c'est toujours un bon festin en perspective. » Même la bienveillance pour les bons nègres est un peu stupéfaite : « Ils vous regardent comme si dans le temps ils avaient été des chiens à qui vous auriez donné du sucre. Parmi eux, on se sent une espèce de bon Dieu en balade. »

Mais il y a les derniers chapitres, « le drame du Congo-Océan » dont le reporter fit son scoop. Ce que Gide avait pressenti, Londres le démontre après un long voyage sur les chantiers de la Société des Batignolles, chargée de la construction du chemin de fer devant relier Brazzaville à Pointe-Noire. « Un drame se joue ici », prévient-il : réquisitions de personnel et même véritables chasses à l'homme ; manque de matériel approprié ; conditions sanitaires déplorables. « Il faut accepter le sacrifice de six à huit mille hommes ou renoncer

1. Retrouvées à Casablanca, elles ont été publiées en 1998 par Didier Folléas dans *Putain d'Afrique ! Albert Londres en terre d'ébène*, Arléa.

au chemin de fer », avait dit le gouverneur Raphaël Antonetti. « Le sacrifice fut plus considérable », observe sobrement Londres : 17 000 morts sur les 200 premiers kilomètres. Et il en restait 300 à construire...

Les articles du *Petit Parisien*, journal conservateur tirant à 1,5 million d'exemplaires, ont d'autant plus de retentissement que les échos lointains d'une révolte en Oubangui-Chari, d'octobre à décembre 1928, parviennent jusqu'à Paris. « Même les écrivains bourgeois se sont émus de cette exploitation sanglante », écrit *L'Humanité* au sujet du travail forcé. La presse coloniale parle de « contes à dormir debout ». *Le Temps* exprime des réserves : « Méfions-nous des jugements hâtifs d'un homme qui est plus écrivain que journaliste. » Éternelle suspicion suscitée par le talent d'écriture.

En tout cas, l'« écrivain » est involontairement à l'origine du premier vrai « voyage de presse » organisé aux colonies. À l'invitation des autorités, douze confrères, et autant de parlementaires, prennent le bateau pour une « contre-enquête ». Londres profite de la sortie de son reportage en librairie pour faire une mise au point dans un avant-propos : « Ce n'est pas les hommes que je dénonce, mais la méthode. Ni argent, ni plan général, ni idée claire. Nous faisons de la civilisation à tâtons. » Et de réclamer plus d'hommes et de moyens : « Il faut marier la France avec ses colonies. »

Pour ce mariage, le reporter connaissait déjà l'entremetteuse : Marseille, telle qu'il l'avait décrite en 1927 [1]. Il avait aimé la Canebière, ce « rendez-vous de tous les Français qui se sont connus ailleurs qu'en France ». Sur les quais, il avait saisi le dernier regard des « jeunes missionnaires *qui ne reviendront jamais* ». Au pied des paquebots « plus beaux que des châteaux », il avait fréquenté les marins au long cours qui « voient trois fois plus d'hiver et d'été que sur le calendrier ». À une époque où, partir, c'était essentiellement partir pour les colonies, quel plaidoyer implicite pour l'empire !

Lyautey, lui, ne s'y trompait pas, qui, reconnaissant Albert Londres dans un groupe de journalistes à l'Exposition coloniale, vint lui serrer la main devant un parterre d'officiels !

1. *Marseille, porte du Sud*, Éditions de France.

Pour un musée de l'art colonial

Depuis l'annonce de la création, prévue pour 2004, d'un grandiose musée des Arts et des Civilisations qui réunira des chefs-d'œuvre de toutes les cultures, une question reste posée : que faire de l'ancien « palais permanent » de l'Exposition coloniale quand ses collections africaines auront été transférées quai Branly ? Classé monument historique en 1987, il avait été un « musée des Colonies » dans l'entre-deux-guerres. Pourquoi pas le transformer en musée de l'Art colonial, cet art aujourd'hui méconnu dont le musée des Années 30, à Boulogne-Billancourt, est à peu près le seul à offrir quelques échantillons ?

Oui, parmi les « esprits » de la porte Dorée, il y a aussi des peintres et des sculpteurs : Jean Bouchaud (1891-1977), ancien pensionnaire de la villa Abd el-Tif à Alger (« la villa Médicis de l'Empire ») qui participa à la décoration de l'Exposition coloniale, auteur d'une fameuse *Arrivée d'un paquebot à Dakar* et d'un *Autour d'un puits au Dahomey* aujourd'hui possession de la FNAC ; Paul-Élie Dubois (1886-1949), autre pensionnaire de la Villa Abd el-Tif, réalisateur de dioramas pour l'Exposition ; Alexandre Iacovleff (1887-1938), Russe installé à Paris en 1920, devenu le « peintre officiel » de la « Croisière noire » ; le sculpteur Georges Hamard (1874-1959), prix de l'Afrique-Occidentale française décerné par la Société coloniale des artistes français, à l'époque où une telle société existait, auteur d'un *Buste de femme peule* que le catalogue du musée de Boulogne présente comme une « image emblématique du naturalisme ethnographique ».

À ces œuvres et à bien d'autres, il ne saurait pas indigne d'ajouter les serre-livres à motifs d'ivoire qui ornèrent tant d'étagères dans les années 30, voire les bouchons de radiateur à thème exotique pour les limousines de luxe. Et puis, bien sûr, il y aurait les affiches pour l'Exposition, celles de Joseph de la Nézière, Paul Desmeures et autres graphistes qui mélangeaient si bien le bleu-blanc-rouge du drapeau à l'ocre des palais « soudanais », au vert des palmiers et au noir des seins nus sur les chefs-d'œuvre de la propagande coloniale.

Les plus gros restes de l'empire

Le dimanche 15 novembre 1931, l'étamine aux trois couleurs descend de sa hampe devant Lyautey qu'acclame ensuite la foule. Au passage du pavillon des Missions, le maréchal salut longuement la Croix avec son bâton de commandement semé d'étoiles. Six mois plus tard, tout aura été rasé, sauf le « palais permanent » et les pavillons du Togo et du Cameroun, auxquels les fantaisies du karma réservaient le sort de musée des Bois et Forêts puis de Centre bouddhiste international.

Qui se doutait alors qu'un homme de cinquante ans avait de bonnes chances de voir de son vivant la victoire des Indochinois sur la France, la révolte de l'Algérie avec l'aide du Maroc et de la Tunisie, l'indépendance pacifique des colonies d'Afrique noire ? Qui imaginait que les Pays-Bas, premiers à s'être défaits de leur empire, seraient donnés en exemple par Raymond Cartier pour l'abandon du coûteux « fardeau colonial » ? Que le Portugal, au contraire, changerait de régime pour s'être épuisé trop longtemps à vouloir conserver coûte que coûte des possessions africaines où, avec une totale absence de racisme, il avait mêlé plus que tout autre ses fils aux populations indigènes ? Qu'après la perte de son influence au Congo, à la suite de la plus ratée des indépendances, la Belgique, privée de son ambition africaine, verrait disparaître une de ses meilleures raisons d'exister en tant qu'État ?

L'Afrique noire n'était sans doute pas la principale attraction de l'Exposition coloniale. Le proche et pourtant si exotique Maghreb, la lointaine Indochine, faisaient rêver davantage la plupart des visiteurs. Mais, presque quarante ans après l'indépendance des départements d'outre-Méditerranée, le psychodrame demeure la règle dans les relations de la France avec l'Algérie, et même avec ses anciens protectorats marocain et tunisien, tellement cyclothymiques, susceptibles et soupçonneux.

En avril 1975, certains Saigonnais hissèrent à leur fenêtre le drapeau de l'ancienne puissance tutélaire, comme l'ultime protection d'une ville sur le point de tomber. Ils croyaient, ou voulaient croire, en l'influence d'une « troisième force » courtisée par Paris. Illusions vite perdues ! Aujourd'hui, les Français redécouvrent à Hanoi une architecture coloniale que plusieurs décennies de marasme communisme avaient paradoxalement préservée. Mais le Vietnam s'américanise. Au Cambodge, la jeunesse parle moins bien le français que les tyrans khmers rouges. Le Laos est surtout une destination pour nostalgiques d'une ancienne Indochine embellie par l'imagination.

Restent ces peuples africains contre lesquels nous n'avons jamais fait la guerre. Chercher à les aider à réussir leurs indépendances était une prolongation de l'aventure coloniale sous d'autres formes.

Continuer à les soutenir par l'« action humanitaire » est peut-être une transposition moderne de la « mystique de l'Empire ».

Alors que s'achevait le siècle qui avait vu l'Exposition coloniale [1], Hubert Védrine, ministre des Affaires étrangères, et Robin Cook, secrétaire d'État britannique, présidaient ensemble, à la résidence de France à Abidjan, une réunion régionale de leurs ambassadeurs et hauts-commissaires et, pour la première fois, évoquaient les « responsabilités particulières » de leurs deux pays dans cette partie du monde, en raison d'un « précieux héritage commun, sans doute plus grand ici que nulle part ailleurs ».

Loin des dossiers « vache folle » et des chipotages bruxellois, ce fut un assez grand moment que celui où les ex-adversaires de Fachoda dirent qu'ils s'intéressaient ensemble à leurs anciennes colonies, sans reniement et sans crainte de paraître sombrer dans le gâtisme rabâcheur de trop vieilles nations. Contrairement à ce qui se serait sans doute passé quelques années plus tôt, la presse africaine relata l'événement sans crier au « néo-impérialisme ». Au contraire, elle parut se réjouir que Paris et Londres retrouvent leur mémoire coloniale.

Plus encore que les Britanniques, les Français se sont impliqués dans des territoires subsahariens qui furent leurs Indes à eux. À Abidjan, à Dakar et ailleurs, on ne l'a pas oublié. Seuls ceux qui ne la connaissent pas s'imaginent que l'Afrique nous demande encore de rougir d'une passion pas complètement éteinte mais assez ancienne pour qu'il soit possible d'en parler d'une façon enfin apaisée.

1. Le 11 mars 1999.

Chapitre 2

Colonisation et rêves de jeunesse

Tout Français né dans la première moitié du XXe siècle a rêvé un jour ou l'autre de l'Afrique, puisque tout écolier a été peu ou prou collectionneur de timbres. Ah ! la grâce de la « Laitière Peuhl au marché », de la « Jeune fille Bacongo », de la « Jeune femme du Togo », de la « Femme Bakalois ». Ah ! les seins nus de la porteuse de calebasse au Sénégal. Ah ! le mystère envoûtant des mosquées de Bobo-Dioulasso, de Djenné et de Djourbel.

Émotion du philatéliste en herbe quand un échange judicieux avec un camarade de classe l'a mis en possession d'une pièce « rare », telle la variété vert olive du premier timbre de la République française tiré avec la légende « Côte d'Ivoire » en 1892[1]. Double émotion quand la « rareté » s'allie à l'intérêt historique. On avait à profusion l'effigie du maréchal Pétain sur le « Gué à Kitim » ou sur la « Lagune Ébrié ». Voici qu'apparaissent les fières surcharges de 1940 : « Afrique française libre », « Afrique française combattante », et la si convoitée « Général de Gaulle ». Sans parler du sobre rajout « libre » aux mots « Afrique-Équatoriale française » sur le classique « Brazza » émis juste avant guerre.

En recevant le courrier de l'oncle missionnaire au Cameroun ou officier à Niamey, quelques-uns ont su quelle était leur vocation et ont décidé qu'ils verraient un jour à quoi ressemblaient réellement les « Cavaliers du Lamido » ou le « Piroguier du Niger ». La plupart, arrivés à l'âge où l'on revend sa collection pour s'acheter sa première carabine, ont oublié l'empire. Mais, mélangées à des souve-

1. Valeur 300 francs dans l'édition 1999 du *Catalogue Yvert et Tellier*, tome *Colonies françaises et Territoires d'outre-mer*, qui ne compte pas moins de 500 pages.

nirs de lectures, les petites gravures dentelées sont restées dans l'inconscient de plusieurs générations.

Plus tard, cela donne parfois des aveux étonnants. Après sa défaite à l'élection présidentielle de 1981, au temps des souvenirs, Valéry Giscard d'Estaing cherche « l'image la plus belle » de son septennat. Il croyait avoir « l'embarras du choix ». Il s'aperçoit pourtant qu'une seule image s'impose spontanément, « une image dont l'évocation m'a révélé un ressort très particulier de ma mémoire : l'entrée à Tombouctou, pendant mon voyage officiel au Mali », en 1977. Suivent une description émerveillée de l'hospitalité malienne, et cette précision : « J'ai souhaité cette visite, et je m'y suis préparé. Elle répond en écho à des rêves insistants de jeunesse : l'architecture de terre rouge, les toits en forme de pyramide adoucie d'où émergent des poutres de bois plantées comme des épines, le visage mince de René Caillié sur les timbres-poste célébrant le centenaire de son exploration [1]. »

Petite erreur présidentielle ! Il s'agit en fait du centenaire de la mort de l'explorateur (en 1838). Sur le « 90 centimes rouge terne » émis dans presque toutes les colonies en 1939 (avec quelques mois de retard), il apparaît devant une carte de cette Afrique occidentale dont il avait tant voulu percer les mystères. (Beaucoup plus près de nous, en 1999, Caillié avait encore droit à un nouveau timbre, pour lequel le graveur Marc Taraskoff s'est inspiré d'une huile sur toile aujourd'hui détenue par la Société de géographie.)

Caillié, Faidherbe, Brazza : combien souvent ces trois-là furent-ils célébrés par la Poste, la moins oublieuse de nos administrations maintenant que l'Éducation nationale ne songe plus à offrir leurs écrits et leurs biographies comme elle le fit si longtemps dans les distributions de prix ! Pour les plus âgés de nos contemporains, se rappeler la vie de ces hommes, c'est replonger dans toute une féerie d'enfance.

1. Valéry Giscard d'Estaing, *Le Pouvoir et la vie*, t. 1, *La Rencontre*, Compagnie 12, 1988.

Caillié, des Deux-Sèvres à Tombouctou

Vocation exemplaire que celle de Caillié, née de lectures précoces et du désir de prendre une revanche sur une jeunesse malheureuse, comme chez tant d'autres « coloniaux ». Il naît à Mauzé (Deux-Sèvres) dans une famille modeste frappée par une catastrophe : le père, boulanger, a été condamné au bagne à la suite d'une obscure affaire de vol. Apprenti cordonnier, bien que son instituteur ait discerné beaucoup de dons chez lui, il ne se résigne pas à son sort. Le récit du voyage qui le rendit célèbre commence par une confession sur ses motivations profondes : « On me prêta des livres de géographie et des cartes. Celle de l'Afrique, où je ne voyais que des pays déserts ou marqués inconnus, excita plus que tout mon attention. Je sentais naître dans mon cœur l'ambition de me signaler par quelque découverte importante[1]. »

À dix-sept ans, il se fait engager comme homme à tout faire sur la gabare *La Loire* qui vogue vers l'Afrique de conserve avec la tristement célèbre *Méduse*[2]. Il passe quelques mois à Saint-Louis, revient à Bordeaux, repart au Sénégal pour y apprendre des rudiments d'arabe et quelques usages musulmans chez des Maures du bord du fleuve.

En 1824, la Société de géographie (voir le chapitre 12) annonce qu'elle allouera une prime importante au premier voyageur qui reviendra de Tombouctou avec des informations utiles sur cette ville mythique et sa région. Les conditions posées montrent bien l'esprit de l'époque : « Il s'agit d'offrir une récompense au voyageur qui aura été assez heureux pour surmonter tous les périls attachés à cette entreprise, mais qui, en même temps, aura procuré des lumières certaines sur la géographie, les productions, le commerce de ce pays. En observant les peuples, il aura soin d'examiner

1. *Voyage à Tombouctou*, réédition de 1989 à La Découverte.

2. Parmi les rescapés du naufrage de la frégate au large du Sahara occidental, il y avait un autre Français épris d'aventure : Gaspard-Théodore Mollien, qui poursuivit son voyage après avoir touché le littoral sur un canot de sauvetage, distinct du célèbre radeau. Il en rapportera un récit très lu à l'époque et réédité en 1967 par Calmann-Lévy sous le titre *L'Afrique occidentale en 1818 vue par un explorateur français*.

leurs mœurs, leurs cérémonies, leurs costumes, leurs armes, leurs lois, leurs cultes, la manière dont ils se nourrissent, leurs maladies, la couleur de leur peau, la forme de leur visage, la nature de leurs cheveux. »

Caillié, qui ne doute de rien, s'estime prêt pour relever le défi de ces notables. Il embarque une nouvelle fois, chargé d'une « petite pacotille » à vendre aux indigènes, passe encore deux ans au Sénégal et en Guinée, puis, en avril 1827, il s'enfonce à pied dans la savane, vêtu d'un simple burnous et muni de deux boussoles, avec des provisions de papier pour ses notes. Il se fait passer pour un Égyptien d'Alexandrie, emmené au Sénégal dans son enfance par un membre de l'expédition Bonaparte, et désireux de regagner son pays. Cette fable écarte les suspicions provoquées par son arabe rudimentaire et lui attire quelques sympathies. Il souffre du scorbut, ses pieds sont en sang et un os de son palais se détache, mais il s'accroche à une caravane mandingue et atteint Djenné. Il s'irrite de la lenteur des « nègres à qui le temps ne coûte rien » mais il profite d'une de leurs pirogues sur le fleuve Niger pour se rapprocher de Tombouctou en économisant sa peine.

Le 20 avril 1828, un an après son départ, avec plus de 1 500 kilomètres dans ce qu'il lui reste de semelles, il atteint son but. Hélas ! la déception l'attend : l'ancienne capitale marchande et religieuse, l'ex-reine des universités coraniques, la cité d'autant plus légendaire que l'accès en était interdit aux Européens, a été ruinée depuis longtemps par les pillards du désert. « Je ne trouvais la ville ni aussi grande ni aussi peuplée que je m'y étais attendu. Son commerce est bien moins considérable que ne le publie la renommée. Elle n'offre, au premier aspect, qu'un amas de maisons en terre, mal construites. Sur les rues semblent planer le sommeil, l'inertie, la tristesse des déserts environnants [1]. »

Autre mauvaise nouvelle, l'endroit est vraiment dangereux. Le Saintongeais l'apprend sur place : le major britannique Gordon Laing, seul européen à l'avoir précédé, a été démasqué et assassiné par des Touaregs deux ans plus tôt.

1. Aujourd'hui, l'avancée du désert et la ruine du commerce transsaharien n'ont pas arrangé les choses. Mais le mythe est encore assez fort pour qu'une grande chaîne française ait ouvert un hôtel à Tombouctou.

Deux semaines à prendre des notes et le plus dur est encore devant Caillié : revenir par le nord en traversant le désert. Un Marocain de Tombouctou qui l'avait pris sous sa protection lui a « réservé un chameau » dans une caravane. Malheureusement, le faux mahométan ne s'entend pas avec les Maures et devient leur souffre-douleur : « Les esclaves de la caravane étaient plus favorisés. » Il est torturé par la soif dans un désert où l'on en arrive à tuer un chameau « pour se partager l'eau contenue dans l'estomac ».

Il parvient enfin au Maroc par le Tafilalet. En si piteux état que l'« agent consulaire de France » à Rabat – à l'époque un boutiquier juif – l'envoie promener. Il gagne Tanger à dos d'âne. Là, le consul lui ouvre sa porte, le « serre dans ses bras sans témoigner la moindre répugnance » pour les lambeaux dont il est vêtu, prend la mesure de son exploit, le soigne, le fait embarquer pour la France sur un navire de guerre.

Arrivée à Toulon, mise en quarantaine. « J'écrivis à M. Jomard, président de la commission centrale de la Société de Géographie, pour lui donner avis de mon voyage. » Il reçoit 500 francs, « première preuve de l'intérêt bienveillant de cette savante société » et part pour Paris.

La Société de géographie verse la récompense promise, grossie par un don du ministère de la Marine. Le fils de bagnard est un personnage célèbre, décoré de la Légion d'honneur, quand il dédie carrément à Charles X le récit de son voyage édité par l'Imprimerie royale en 1830. Il a rédigé de mémoire, à partir des notes hâtivement tracées au crayon et prudemment dissimulées pour ne pas être démasqué. (« Je portais toujours dans mon sac un arrêt de mort. ») En fait, Tombouctou, l'idée fixe du départ, n'occupe qu'un chapitre dans le livre. Complétées par une carte et des notes de la Société de géographie, les autres pages contiennent des observations inédites sur les régions traversées en Afrique occidentale et le profit que la France pourrait en tirer, notamment en Guinée. (« Très bonnes terres, susceptibles de belles cultures. »)

Qu'importe que Tombouctou soit décevante. Une légende morte – celle de la cité – est remplacée par une légende vivante, celle de son découvreur. Malgré le caractère inégal et les naïvetés de son livre, Caillié incarne alors l'explorateur, et aussi la revanche française sur les rivaux britanniques dans la région. (Peu fair play, ceux-ci insinuent qu'il a pu s'inspirer des notes, jamais retrouvées, du malheureux major Laing.) Le moment approche où la France va véritablement s'installer en Afrique noire, et, comme toute grande entreprise à l'époque, cela passera d'abord par l'action militaire.

Faidherbe, un polytechnicien dans l'ambiance sénégalaise

Sur la série de timbres émise en 1906 dans toute l'AOF, pour lui rendre hommage seulement dix-sept ans après sa mort, il a l'air un peu sévère avec ses fines lunettes de polytechnicien bigleux. On le préfère en médaillon sur le « 15 francs bleu-noir » gravé en 1957 pour le centenaire des troupes africaines, dont il fut le créateur. Bien que dans sa vie privée il se souciât peu du qu'en-dira-t-on, Louis Faidherbe (1818-1889) détestait le débraillé colonial. Comment faire autrement quand on personnifie la relève de l'explorateur solitaire et « amateur » par le professionnel ? Professionnels de la colonisation en effet ces officiers qui, entre deux combats, établissent des relevés topographiques (toujours utiles en cas de nouvelles opérations militaires), collectent des renseignements ethnographiques (toujours bons à transmettre aux civils qui vous remplaceront un jour), et notent les richesses naturelles du pays (à faire miroiter à Paris pour obtenir des crédits supplémentaires).

Une origine modeste – naissance dans une famille de petits commerçants lillois – et des dettes de jeu, cadrant mal avec son physique et ses études, expliquent sans doute que cet officier du génie ait fui la vie de garnison d'officier en métropole pour l'Algérie puis la Guadeloupe.

Affecté ensuite au Sénégal, son premier soin est de proposer à la Société de géographie sa collaboration pour « les questions ethnographiques de l'Afrique septentrionale ». Il apprend le ouolof et parcourt la côte africaine. Il se charge notamment de fortifier les défenses de Grand-Bassam. Dix ans plus tôt, des officiers de marine ont obtenu d'un roitelet local la concession de cette région ivoirienne en échange de divers cadeaux dont « dix fusils à un coup, un sac de tabac, un baril d'eau-de-vie, cinq chapeaux blancs, un parasol, deux glaces, un orgue de Barbarie ». L'inénarrable « traité » du

19 février 1842 [1] stipule toutefois qu'en cas de violation « les signataires exposeraient leurs pays à toutes les rigueurs de la guerre que leur feraient les bâtiments de guerre français ».

Bien qu'il n'appartienne pas à la Marine, ce qui lui complique parfois la tâche à une époque où celle-ci fournit l'essentiel des cadres de l'empire, Faidherbe voit vite quel parti tirer des canonnières à vapeur récemment inventées. Ces petits bâtiments à faible tirant d'eau sont parfaitement adaptés à la conquête du bassin du fleuve Sénégal et de ses affluents, puisque les chefs indigènes ont la bonne idée de donner un motif d'intervention aux Blancs en s'opposant à la libre circulation dans ces régions. Chez Faidherbe, le sens politique se combine ensuite au sens pratique pour exploiter l'éternel ressentiment des populations noires et sédentaires à l'égard des Maures pilleurs et esclavagistes. Il sent très vite que l'Afrique ne peut être durablement conquise que par des Africains, encadrés par les Blancs, et qu'il trouvera des recrues pour cela.

En 1854, la nomination du capitaine Faidherbe (36 ans) au poste de gouverneur du Sénégal récompense ses succès militaires. Installé à Saint-Louis, alors capitale du territoire, il a les coudées franches. En 1857, il constitue le premier bataillon de « tirailleurs [2] sénégalais » en jouant des haines entre confréries. Son combat contre les Maures de la rive nord du fleuve Sénégal s'étend aux Toucouleurs du marabout El-Hadj Omar qui prétend obtenir un tribut des Blancs pour les laisser commercer. Omar croit pouvoir frapper les esprits en assiégeant le fort de Médine – poste avancé des troupes françaises aux confins de son territoire – pendant l'étiage, qui interdit l'arrivée des canonnières. Mais les cinquante-deux tirailleurs de la garnison, commandés par huit Blancs, tiennent héroïquement jusqu'à la remontée des eaux et l'apparition du gouverneur Faidherbe en personne, sur la canonnière *Basilic*. Les 15 000 assiégeants se débandent. On décore les braves, les griots chantent leurs exploits. En France, les dessins de la presse populaire commencent à idéaliser ces Noirs à chéchia qui brandissent le drapeau tricolore.

1. Cité en annexe par Jean Martin dans *L'Empire renaissant*, Denoël, 1987.
2. « Tirailleurs » parce que, à la différence des fantassins ordinaires, avançant en rangs serrés, ces soldats furent d'abord utilisés pour reconnaître le terrain, en ordre dispersé. Le mot restera pour désigner ensuite toute unité d'infanterie indigène.

Il ne suffit pas d'associer les Noirs aux conquêtes, pense Faidherbe, il faut les préparer à participer un jour à leur administration. Il ouvre à la communauté islamique l'enseignement primaire jusqu'alors réservé aux enfants des convertis. « Habitants du Sénégal, pour la plupart vous avez reçu de vos pères la religion des Arabes, et nous n'y faisons pas d'objections tout en le regrettant dans votre intérêt, déclare-t-il superbement dans un discours à la distribution des prix du collège de Saint-Louis, en 1860. Mais, la question de croyance réservée, vous n'êtes nullement obligés d'imiter les Arabes dans leurs coutumes, dans leurs mœurs, dans leur ignorance. Ce n'est pas chez les Maures que vous devez aller chercher vos exemples et vos directeurs intellectuels, mais bien chez nous qui aimons la paix et l'ordre, qui sommes sédentaires, producteurs, commerçants aimant le bien-être, les plaisirs et le luxe, comme vous. »

Le « luxe », seule en avait une idée une chefferie locale qui, en signe de ralliement, envoyait ses garçons fréquenter à Saint-Louis une école spécialement créée pour eux. À condition d'adopter les schémas mentaux des maîtres, les plus doués pouvaient espérer troquer les privilèges coutumiers de leur naissance contre ceux, encore plus convoités, d'un statut dans l'administration française. La qualité de cette formation était telle qu'en 1891 le *Journal officiel* du Sénégal dut publier une mise en garde contre les offres trompeuses de « rabatteurs » cherchant à recruter du personnel africain qualifié... pour le Congo belge.

Afin de créer des liens entre la métropole et la population africaine « évoluée », Faidherbe n'hésite pas à payer, agréablement, de sa personne. Au vu et au su de toute la colonie, il a pour amante une jeune et belle négresse. En 1857, dans les appartements de l'hôtel du gouvernement, elle lui donne un fils qu'il reconnaît et fait baptiser : Louis Léon Faidherbe deviendra lieutenant de spahis, à titre indigène, et mourra d'une épidémie à vingt-quatre ans. Malgré les remontrances du préfet apostolique, le gouverneur incite ses officiers à suivre son exemple, ce qui n'était finalement que le respect des traditions dans une ville connue depuis longtemps pour ses signares [1], concubines des Européens, et où, en 1832, on recensait 1 500 mulâtres pour 9 000 habitants.

1. Du portugais *senhora*, concubine noire ou métisse d'un Blanc.

Ses frasques n'empêchent d'ailleurs pas le raide Nordique saisi par la douceur saint-louisienne d'entretenir les meilleurs rapports avec la bourgeoisie commerçante de la place. Les prospères Gaston Devès, Marc Maurel et Louis Hubert Prom, grandes figures du négoce bordelais lancé dans l'huile d'arachide, savent pouvoir compter sur lui. Il soutient la chambre de commerce de Bordeaux quand celle-ci réclame le droit pour les armateurs français d'introduire la culture du riz dans la colonie.

Homme complet, Faidherbe transforme les feuilles d'avis officiels en véritables journaux. *Le Moniteur du Sénégal* et l'*Annuaire du Sénégal* publient des articles de vulgarisation économique, anthropologique et linguistique dont il est parfois l'auteur. À son retour en France, inaugurant une longue tradition chez les hauts cadres coloniaux, qui trouveront un dérivatif à leur ancienne volonté de puissance dans une érudition désintéressée, il publiera deux ouvrages savants : *Les Dolmens d'Afrique* (1873) et *Langues sénégalaises* (1877).

Quand, en 1865, sur un de ces nouveaux bateaux qui mettaient désormais le Sénégal à dix jours de la France, le gouverneur a un dernier regard pour Saint-Louis, il en a fait une cité d'une homogénéité architecturale exceptionnelle, un modèle de « l'art de vivre » colonial d'avant la climatisation, avec ses vastes demeures à ventilation naturelle.

Bien que Lille, en souvenir de son illustre fils, se soit jumelée avec elle en 1986 pour essayer de la sortir de sa léthargie, l'ex-capitale du Sénégal, symbole éphémère de la modernité, n'inspire plus au voyageur qu'une déception presque égale à celle de Caillié devant la millénaire Tombouctou. Mais il reste *le pont*, celui auquel la France donna le nom de Faidherbe en 1897 : un demi-kilomètre d'acier pour relier l'île au continent, une espèce de tour Eiffel horizontale, si célèbre en Afrique qu'une révolution au Sénégal (simple hypothèse) aurait du mal à le débaptiser. Il fallait bien ça pour honorer la mémoire du père du colonialisme à la française, jacobin, assimilationniste, interventionniste, très différent d'un *indirect rule* britannique, correct, lui, mais résolument extérieur au pays. Imagine-t-on un gouverneur britannique faire un enfant à une *native* ?

Brazza et l'aventure philanthropique

Il fut le préféré de l'Agence philatélique des colonies. De profil droite, de profil gauche, sous Pétain, sous de Gaulle, à l'époque des paquebots, aux débuts de la poste aérienne, son portrait a été collé des millions de fois sur les enveloppes adressées à la métropole. Le plus illustre des coloniaux français, celui dont la capitale d'un pays indépendant porte encore le nom, est né italien.

Pietro Savorgnan de Brazza voit le jour à Rome en 1852. Il rêve de devenir marin dès l'âge de treize ans. C'est assez naturel quand on descend d'une illustre maison vénitienne, mais embêtant quand on est citoyen d'une toute jeune République dépourvue de flotte. Heureusement, le papa, conservateur du musée du Capitole, a pour ami le marquis de Montaignac, commandant de l'escadre française basée à Civitavecchia, qui propose à l'adolescent de préparer Navale à Paris. En 1868, Pietro, devenu Pierre, intègre la célèbre école, où il a pour condisciple un certain Julien Viaud, futur Pierre Loti. Il prend la nationalité française quatre ans après la défaite de Sedan qui suscita chez tant d'officiers un désir de revanche transféré sur l'empire colonial. Les premières lignes de son célèbre *Au cœur de l'Afrique. Vers la source des grands fleuves*[1] évoquent le pouvoir d'émulation des récits qui enthousiasmaient alors la jeunesse : « Je me trouvais à l'École navale quand parut dans la *Revue maritime et coloniale* une relation de voyage de M. Aymès, lieutenant de vaisseau, commandant la canonnière *Le Pionnier*, de la station navale du Gabon [...]. Cette lecture fit revivre en moi tous les désirs que mon travail d'école avait momentanément écartés. Mes rêves d'enfance se précisèrent : je voyais un exemple de volonté exécutée ; je me promis, moi aussi, la seule récompense que je souhaitais à mes études. » Un premier voyage au large des côtes d'Afrique occidentale le convainc que la simple surveillance du littoral gabonais ne suffit pas à empêcher la traite des esclaves, encore prospère malgré l'interdiction proclamée par les Européens. Pour y mettre un terme, il faut s'enfoncer au cœur du continent, oser explorer le

1. Réédité dans la coll. « Petite Bibliothèque Payot/Voyageurs », n° P183.

fleuve Ogooué jusqu'à sa source inconnue. Par chance, Montaignac, l'ami de la famille, l'homme providentiel, est devenu ministre de la Marine et des Colonies. Son protégé lui arrache une partie des fonds nécessaires pour une petite mission vers « les taches blanches de la carte ». Il a pour compagnons deux commensaux rencontrés dans un restaurant du Quartier latin célèbre pour sa clientèle d'explorateurs : le naturaliste Alfred Marche et Noël Ballay, un carabin promu médecin de l'expédition. En décembre 1875, l'enseigne de vaisseau Brazza quitte Lambaréné pour remonter l'Ogooué, non pas sur une canonnière mais sur une pirogue propulsée par des *laptots* (« pagayeurs », en ouolof) recrutés au Sénégal.

Au cœur de l'Afrique, chronique de cette exploration longue de trois ans, ne paraîtra qu'en 1887 dans les colonnes du *Tour du monde*. Aujourd'hui, on peut lire ce livre comme un document sur la géographie et l'ethnographie africaines mais aussi comme un témoignage sur la fraîcheur d'âme des Français d'alors. La juvénilité de l'auteur à l'époque de son exploit n'explique pas tout : vingt-trois ans, au début de la IIIe République, c'était l'âge naturel de l'action, pas encore celui de la sécurité sociale étudiante. Il y a en plus un messianisme républicain qui s'exprime notamment dans les passages narrant le rachat des esclaves (avec une bimbeloterie offerte par la Société de géographie et emportée dans les bagages) puis la cérémonie de leur libération devant les trois couleurs :

« À mesure que chacun allait toucher le drapeau, les fourches du cou tombaient, les entraves du pied étaient brisées. Pendant que mes laptots présentaient les armes, il s'élevait majestueusement dans les airs, semblait envelopper et protéger de ses replis tous les déshérités de l'humanité. Malgré mon assurance, malgré la grandeur de cette cérémonie, ces malheureux ne se rendaient pas compte qu'ils étaient désormais réellement libres et maîtres d'eux-mêmes. Ils ne pouvaient comprendre la grande idée résumée par les trois mots de liberté, égalité, fraternité, qui résonnaient pour la première fois sur cette terre d'esclavage. »

L'esclavage ! Le maintien de Noirs en esclavage pas seulement par des Maures mais par d'autres Noirs ! Sans doute s'interdit-on de comprendre l'absolue bonne conscience de Brazza et de quelques autres artisans de la « pénétration » (pour employer le mot que préfèrent à tout autre les responsables du Centre des archives d'outre-mer à Aix-en-Provence) si l'on occulte cette réalité toujours côtoyée par eux.

Autre justification : la lutte contre le cannibalisme. « L'homme coupable est tué et mangé », écrit Brazza dans son récit. Ou encore : « Ces braves Fans s'aperçurent facilement que nous n'étions pas cannibales. » Le Français d'aujourd'hui a peine à concevoir qu'il s'agissait là d'un récit *contemporain*. Pas l'Africain, qui, encore imprégné des récits de ses grands-parents dans certaines régions, trouva naturel, après la chute de Bokassa, qu'on organise son procès pour cannibalisme devant une juridiction officielle. (Question du président du tribunal à un témoin sur le sort de divers opposants éliminés : « Ont-ils été fusillés ou mangés ? » L'ex-empereur fut notamment condamné à mort par contumace pour « meurtres commis dans un but d'anthropophagie » [1].)

Seulement, chez Brazza, l'effroi devant une barbarie minoritaire s'accompagne d'une réelle considération pour des « braves gens » majoritaires. Dans sa course contre Stanley, passé au service du roi des Belges Léopold II, lors d'une nouvelle expédition en Afrique équatoriale, il compte plus sur sa réputation de « père des esclaves » chez les indigènes que sur les moyens mis à sa disposition par la République. Dans des conditions parfois surréalistes, il tient au respect du « droit ». En 1860, aidé de ses interprètes, il « signe » un traité avec des vassaux du roi Makoko au Moyen-Congo. Dans ce document revêtu du gribouillis de ses nouveaux alliés analphabètes, il précise : « J'ai remis à chacun des chefs qui occupent cette partie du territoire un pavillon français, afin qu'ils l'arborent sur leurs villages en signe de ma prise de possession au nom de la France [2]. » Confiance payante. En 1885, à la conférence de Berlin, Jules Ferry peut invoquer la situation de fait créée par Brazza, pratiquement sans avoir tiré un coup de fusil, pour le partage du Congo : aux Belges la rive gauche du Stanley Pool, aux Français la rive droite.

Le goût de l'aventure physique ne s'alliait pas chez Brazza aux qualités de gestionnaire d'un Faidherbe. Sa mission de commissaire

1. Comptes rendus d'audience par l'auteur dans *Le Monde* des 23 et 26 décembre 1980.
2. Traité produit par Gilbert Comte dans *L'Empire triomphant*, Denoël, 1988.

général au Congo, de 1887 à 1897, est un relatif échec. Plus habile à séduire les populations locales qu'à convaincre les puissances d'argent à Paris, il n'obvie pas aux critiques de ceux qui trouvent prématuré de vouloir s'éloigner du littoral pour développer l'Afrique équatoriale. Tirant les conséquences de son impuissance, il obtient une mise à la retraite anticipée à quarante-six ans et s'installe à Alger avec femme et enfants.

L'Afrique noire se rappelle cependant à son souvenir au début du nouveau siècle quand des missionnaires viennent attirer son attention sur des horreurs commises au nom de la France. En 1904, au Congo, agissant en accord avec le jeune administrateur Georges Toqué, le bien nommé, qui dispose de pouvoirs discrétionnaires à vingt-six ans, le commissaire Léopold Gaud a attaché une cartouche de dynamite au cou d'un Africain, présumé responsable d'un guet-apens contre des fonctionnaires, et l'a fait sauter devant la population en guise de spectacle pour le 14 Juillet.

Trop c'est trop, jugent des missionnaires du Saint-Esprit qui ébruitent l'affaire. Le président Loubet demande l'ouverture d'une enquête au gouvernement. Sentant qu'il faut apaiser l'opinion par un geste symbolique, le ministre des Colonies fait sortir Brazza de sa retraite algéroise, le reçoit à Paris en mars 1905 et lui donne six mois pour un rapport complet sur la situation en Afrique équatoriale après enquête personnelle. Brazza, que ses visiteurs religieux à Alger avaient déjà convaincu de reprendre du service, accepte, bien que des amis le mettent en garde contre une simple utilisation de son nom. Il embarque à Marseille le 5 avril, avec sa femme, née Thérèse de Chambrun, un inspecteur des Colonies, un agent des Affaires étrangères et le normalien Félicien Challaye qui lui sert de secrétaire.

Après une escale au Gabon, il arrive le 16 mai dans la capitale du Congo, qui – représentons-nous la situation – porte déjà son nom. Sans perdre de temps en vaines politesses avec les officiels, il prend un vapeur pour l'Oubangui-Chari où il sait que des sociétés commerciales violent les grands principes encore plus qu'ailleurs. Édifié au bout de quelques semaines, il revient dans sa ville où a lieu le procès Gaud-Toqué. Une fièvre tenace l'empêche d'assister aux audiences, mais les rapports que lui en fait Challaye achèvent de le convaincre : tout est permis à l'administration pour faire rentrer l'impôt indigène. Sans attendre la fin de sa mission, il écrit à ses mandants pour leur suggérer le rappel immédiat du gouverneur.

C'est un homme épuisé par un mal mystérieux qui quitte le Congo le 29 août. À l'escale de Dakar, il sort de sa cabine sur une civière et meurt à terre le 14 septembre. Au lendemain de ses funérailles nationales à Paris, on parle déjà de la disparition de documents accusateurs dans ses bagages. Avant son départ, il avait fait fabriquer une malle à double fond par Vuitton, son fournisseur habituel pour ses expéditions en Afrique. Un ami de la famille, Humbert de Guérigny, l'avait mis en garde contre certains actionnaires de la Compagnie française du Haut-Congo. « Soyez prudent de votre personne », lui avait-il conseillé. Ses compagnons de voyage s'étonnent de la maladie subite d'un homme taillé dans le roc. Jusqu'à la fin de son existence, Thérèse de Brazza affirmera que son mari avait succombé à un de ces poisons pour lesquels le Congo est réputé. Arme du crime africaine pour assassins parisiens ? La mort de la plus grande figure de la colonisation reste un mystère, la première de ces « affaires africaines » qui réapparaissent de temps en temps dans la presse française.

Contrairement à ce qu'on croit aujourd'hui, les journaux de l'époque osaient critiquer certains aspects de la colonisation. Challaye, le secrétaire de Brazza, put publier dans *Le Temps* des articles empêchant d'enterrer complètement les scandales entrevus au Congo et en Oubangui-Chari. Péguy lui ouvrit aussi les colonnes des *Cahiers de la quinzaine*. Pour sa part, la presse à grand tirage s'intéressait surtout à l'aspect patriotique des choses. L'image montrant Brazza en train de voguer devant les rivages mystérieux de l'Ogooué, drapeau tricolore hissé sur sa pirogue, resta dans la mémoire des nombreux lecteurs du *Tour du monde*, un périodique fondé en 1860 et très présent dans les bibliothèques familiales jusqu'à sa disparition en 1914. Destiné à un public de jeunes, *Le Journal des voyages*, ne sera pas avare non plus de récits et de dessins évocateurs, au besoin en forçant le trait. Rarement il y eut autant de convergence dans les goûts des Français qu'à l'époque où *Le Petit Journal* battait ses records de vente avec un supplément sur les « héros de l'expansion coloniale » et où Jules Verne triomphait dans le « roman géographique ». La matière ne manquait jamais puisque la geste coloniale s'enrichissait chaque jour. Il y eut tous ces officiers qui, à la charnière du siècle, donnèrent leurs noms à des forts : Henri Gouraud, qui captura en 1898 le chef soudanais Samory Touré, réfractaire à l'ordre français pendant des décennies ; François Lamy, qui trouva la mort à Kousseri en 1900 en même temps que ses hommes battaient définitivement le chef musulman Rabah, valeureux combattant mais esclavagiste [1]. Lire une carte de l'Afrique occidentale et équatoriale au début des années 1900, c'était souvent lire un palmarès français.

La féerie du *Monde colonial illustré*

Pour la chronique intelligente de l'empire, la palme revient évidemment à *L'Illustration*, « journal hebdomadaire universel », dont les lourds exemplaires s'empilèrent très vite dans les greniers de la bourgeoisie française comme archives de son temps. La collection complète de cette publication qui vécut un siècle, de 1843 à 1944, mériterait qu'on écrive une histoire de l'outre-mer racontée aux Français à partir de ce seul fonds. Trente ans après la disparition du titre, Éric Baschet, héritier des fondateurs, créa d'ailleurs sa propre maison d'édition pour publier des « grands reportages photographiques de l'histoire » avec ce trésor familial : 300 clichés furent sélectionnés pour l'album *1900. L'Afrique découvre l'Europe*, troisième de la collection.

L'Illustration sortit des numéros spéciaux sur « l'œuvre française » en Afrique, par exemple celui du 29 février 1936, à l'occasion de la consécration de la cathédrale de Dakar par le cardinal Verdier. Elle offrit aussi des suppléments « aux lecteurs résidant aux colonies » (avec des publicités instructives). Mais elle appartenait à la presse généraliste. Son succès incita le marquis de Saint-Légier à fonder en 1923 un mensuel qui s'inspirait de son esprit et de sa présentation, consacré, lui, au seul empire. Jusqu'à sa disparition en 1944 (comme *L'Illustration*), *Le Monde colonial illustré* fut vraiment le mensuel de référence, celui auquel s'abonnait toute famille ayant un de ses fils outre-mer.

Installée 37, rue Marbeuf, près des Champs-Élysées, la rédaction comptait des correspondants un peu partout en Afrique et en Asie. Les grands acteurs de la colonisation signaient régulièrement des articles dans leur spécialité, avec cartes, dessins et photos. Nominations de hauts fonctionnaires, visites officielles (en mai 1937, Marius Moutet, ministre des Colonies, fait « 15 000 kilomètres en 20 jours »), échos de la vie militaire, évangélisation, lutte contre les maladies tropicales, croisières et expéditions diverses, début du « tourisme », émissions de

1. Capitale du Tchad, Fort-Lamy est devenu N'Djamena. Fort-Gouraud, en Mauritanie, s'appelle maintenant F'Derick.

timbres coloniaux, attribution du grand prix littéraire de l'Empire (décerné au restaurant *Drouant*, comme le Goncourt), rien ne manquait. Le grand art était dans les légendes de photos : « Noter l'énorme contraste entre l'hydravion et les baleinières amarrées, incommodes et lentes, qui depuis vingt ans servent au transport des officiers et des fonctionnaires du Tchad », à propos d'un hydravion parti de l'étang de Berre le 13 octobre 1926 et arrivé le 6 novembre à Fort-Archambault devant des Européens et des indigènes médusés ; « Sur les bords du Lagone, aux confins du Cameroun et du Tchad, une femme sara, au type sculptural, coiffe sa fillette », sous la photo de couverture de mars 1937.

Bien entendu, *Le Monde colonial illustré* ne se contentait pas de faire rêver. Il se voulait utile. Cela donnait des articles intitulés par exemple « Comment tenter sa chance au Congo » et dédiés « aux jeunes énergies françaises » (numéro de février 1927).

Une consolation sous l'Occupation

La sensibilité des septuagénaires qui sont encore aux affaires a ses sources dans l'Occupation. À quinze ans, sous Pétain, on était marqué par les premiers exploits des FFI et aussi par une « mystique de l'empire » dans laquelle les parents trouvaient une consolation à l'humiliation de la France. Depuis l'Exposition coloniale, la population ne fut jamais aussi réceptive à la propagande coloniale qu'à cette époque.

La débâcle n'interrompit pas, au contraire, le succès populaire du film *L'Homme du Niger* sorti en novembre 1939. Tourné au Soudan par Jacques de Baroncelli, il avait un barrage pour « personnage principal » et mettait en scène une « présence française bienfaitrice et pionnière », celle des ingénieurs et des médecins. De son côté, Léon Poirier, le cinéaste de la « Croisière noire », avait aussi réalisé en 1939 un célèbre *Brazza ou l'Épopée du Congo* qui justifiait sans l'avoir cherché le slogan des affiches vichystes sur fond de réalisations africaines : « La France continue. Souscrivez aux bons du Trésor. »

Paradoxe d'une époque folle ! Les mêmes jeunes gens qui passaient devant les boutiques stigmatisées par l'étoile juive pouvaient voir sur les murs des gares des affiches montrant des athlètes noirs au coude à coude avec des Français dans les compétitions sportives organisées pendant la « Quinzaine impériale 1942 ». Oublieux de l'esprit des Jeux olympiques de Berlin en 1936, l'affichiste maréchaliste allait même jusqu'à accorder la première place à un Noir dans l'ultime foulée avant la ligne d'arrivée tricolore... Pour combattre le malheur des temps, les Français avaient besoin de s'imprégner de leur histoire coloniale, ce « roman que se conte la Providence », selon l'éloquente formule de Roland Dorgelès. Réfugié à Marseille, non loin de cette gare Saint-Charles dont l'escalier monumental, inauguré en 1927, se termine par deux « femmes colonies » (l'Afrique et l'Asie) accueillant les voyageurs sur le point de prendre le bateau, l'illustre académicien Goncourt avait publié en 1941 un revigorant *Sous le casque blanc*, récit en neuf épisodes des « principaux événements de la conquête africaine [1] ». Bientôt les nouvelles de la France libre, depuis Fort-Lamy et Brazzaville, allaient changer la perspective...

Un « Congo » imaginaire

Les affichistes et les graveurs de timbres ne furent pas seuls à œuvrer à l'imagerie impériale. Il y eut aussi les auteurs des cartes postales sur lesquelles étaient collés les timbres. Des centaines de milliers de cartes qui tissèrent un lien entre la métropole et ceux de ses fils partis « aux colonies ». À lui seul, Edmond Fortier, de Dakar, avait consacré 6 000 clichés au Sénégal et au Soudan entre 1900 et 1925. De Dakar à Tananarive, des photographes éditeurs avaient posé le trépied de leur appareil devant les marchés indigènes, les wharfs des nouveaux ports, les ponts de lianes, les pirogues. Grâce à ces « vues », au plus profond des villages de France, on n'ignorait rien de la « Manutention des billes d'acajou », du « Départ d'Abidjan en chemin de fer », du « Voyage en hamac ». Sans parler de coquins portraits de femmes indigènes propres à susciter la vocation chez les plus casaniers des provinciaux. (Il existe de nos jours un marché très spécialisé pour toutes sortes de collectionneurs de cartes postales coloniales : les amateurs de gares et de trains, les amateurs d'entrées de casernements, les amateurs de chair fraîche et noire.)

1. Albin Michel.

Parfois, il suffisait d'une seule lettre pour orienter une vie. Et cela à une époque qui n'est pas antédiluvienne. Écoutons le sociologue Georges Balandier évoquer le lien magique entre la Poste, l'Afrique et sa jeunesse :

« Je repousse mes souvenirs d'enfance après les avoir trop aimés. Seul l'un d'eux, aujourd'hui, bénéficie de ma complaisance. Vincent, camarade de classe et de jeu, m'avait demandé par message clandestin de le rejoindre au moment de la récréation, en un endroit convenu de la cour d'école. Il m'y présenta en prenant de mystérieuses précautions une photographie, reçue le matin même avec la lettre adressée par un oncle, coupeur de bois au Gabon. L'image montrait un homme puissant, les cheveux en friche, la chemise ouverte sur la poitrine, le fusil sur l'épaule ; à ses côtés se trouvait, désarticulé et grotesque, la tête tenue comme un jouet entre les mains d'un chasseur nègre, un gorille frappé d'une balle en plein front. Ce tableau de chasse nous fascina. Nous fîmes le serment de nous enfuir – plus tard – pour aller rejoindre cet oncle invincible, symbole de la puissance mâle et de l'aventure [1]. »

L'aventure à notre portée grâce à l'empire ! Beaucoup y ont simplement songé, avant de prendre femme et métier dans l'Hexagone. Pendant quelque temps, ils ont vécu dans un « Congo » imaginaire, celui que suggérait la magnifique négresse d'une affiche pour le recrutement des troupes coloniales dans *Les Fruits du Congo*, fameux roman d'Alexandre Vialatte qui, comme son titre ne l'indique pas, se situe en Auvergne [2]. Le modèle « était noire comme un fond de poêle, splendide, luisante, bâtie en long, avec des reflets de piano d'ébène, des creux de main roses et des cheveux pure laine qui mettaient une note de bergerie puérile dans la solennité de sa nuit équatoriale ». Il était représenté « dans une pose hiératique qui faisait jaillir sa poitrine et la projetait hors de l'affiche ». C'est cette femme-là qui, pour les collégiens de Vialatte et quelques autres, symbolisera l'aventure et la poésie de l'existence pendant les courtes années où l'on est poète, avant de se ranger.

Certains, heureusement, sont passés à l'acte, pour devenir les acteurs, obscurs ou célèbres, de la colonisation, saisissant une

1. Premières lignes d'*Afrique ambiguë*, Plon, 1957.
2. Gallimard, 1945, et coll. « L'imaginaire », n° 256.

chance comme aucune époque n'en avait jusqu'alors offert au commun des Français. D'autres, parvenus à des postes éminents dans un pays encore concerné par l'ancien outre-mer et en relation « familiale » avec ses dirigeants, ont eu le privilège de faire se rencontrer rêves de jeunesse et plaisir du pouvoir. Non, décidément, préférer le voyage à Tombouctou à l'accueil de tous les grands de ce monde, au moment du choix parmi tous les souvenirs d'une magistrature suprême, n'était sans doute pas une simple coquetterie giscardienne...

Chapitre 3

Les « tirailleurs sénégalais » dans la mémoire collective

Gêne quand les nécessaires mesures contre l'immigration illégale suscitent les protestations de ceux dont les pères moururent sous l'uniforme français. Malaise devant la violation des droits de l'homme par certains présidents aux brillants états de service dans notre armée. Toute médaille, c'est le cas de le dire, a son revers, mais cela n'enlève rien au mythe fondateur de l'ancien combattant dans l'amitié franco-africaine.

« C'était le dernier tirailleur sénégalais », titra sur quatre colonnes à la une *Le Monde* du 12 novembre 1998, après la mort subite d'Abdoulaye Ndiaye, à cent quatre ans, alors qu'il choisissait un boubou neuf pour recevoir une tardive Légion d'honneur des mains de l'ambassadeur de France. Quelques jours auparavant, un envoyé spécial du journal avait rencontré le vieil homme, deux fois blessé, gratifié d'une pension de 340 francs par mois au titre d'ancien combattant et d'invalide de guerre, titulaire d'une carte de réduction de la SNCF, lui qui n'avait jamais quitté son coin d'Afrique et ses cinq femmes après sa démobilisation.

La pleine page à lui consacrée semblait bien courte pour tout ce qu'il avait à dire. Sa première rencontre avec des Blancs au début du siècle : des commerçants bordelais, associés dans son souvenir aux fonctionnaires en lutte « contre les Maures qui vendaient pour 20 centimes des Bambaras ou des Ouolofs ». L'irruption des Français chez le chef du village pour exiger un contingent de soldats en 1914. Son « volontariat » à la place d'un cousin. Ses premières leçons de « français tirailleur » à Marseille, avec des milliers de recrues venues de toute l'Afrique et parlant des langues vernaculaires différentes. Son incrédulité devant l'atrocité de la guerre inventée par les Européens. L'évolution de ses sentiments à l'égard du Blanc qui perd son statut de « dieu » dans la boue des tranchées mais qui devient aussi plus proche, plus humain, dans le partage de la souffrance, quand les blessés appellent leur mère avant d'expirer. Ses relations avec les femmes françaises qui lui proposèrent de « casser coco » ensemble et même de l'épouser. La Somme, les Dardanelles, Verdun et puis, de nouveau, pour le rembarquement, Marseille, où la population portait les tirailleurs en triomphe et criait « Voilà les bons Sénégalais ! »

Un ultime récit arraché à la surdité et aux troubles de mémoire avec l'aide d'un petit-fils instituteur, rêvant de Paris mais « pas sûr d'obtenir un visa », lui auquel sa double culture permettait de comprendre mieux que personne le sidérant destin de son grand-père. Sidérant et pourtant commun à des dizaines de milliers d'Africains nés à la même époque que ce soldat inconnu de l'Arc de triomphe, qui est peut-être un Noir.

Dans les sinistres statistiques de la Grande Guerre, les Noirs d'Afrique représentent finalement « peu de chose ». Ils furent quelque 160 000 combattants envoyés au front [1], avec 112 000 Algériens, 60 000 Tunisiens, 48 000 Indochinois, 41 000 Malgaches, 37 000 Marocains, pour se fondre dans une armée française qui aligna 8 400 000 hommes. Leurs tués sont évalués à 30 000, sur un total de 1 350 000 dans l'ensemble de nos rangs. Mais, avec les blessés et les décorés, ces morts ont occupé une telle place dans la mémoire collective que, sans eux, l'histoire de la décolonisation en Afrique noire eût sans doute été différente.

Pourquoi eux plus que les Maghrébins et les Indochinois ? Peut-être parce que, dans leur extrême candeur de « soldats enfants », ils incarnèrent le mieux le « loyalisme indigène ». Et parce que, chez eux, les plus démunis de nos colonisés, le port de l'uniforme puis les quelques avantages du statut légendaire d'ancien combattant constituèrent encore plus qu'ailleurs une forme de « promotion ».

Mangin et la « force noire »

En formant ses premières unités de « tirailleurs sénégalais », cinquante-sept ans avant la Grande Guerre, Faidherbe s'inscrivait dans

1. Environ 30 000 autres mobilisés restèrent à l'arrière ou en Afrique.

une longue tradition. Partout où elle a exercé sa souveraineté, la France a recruté des supplétifs dans les populations locales. Spahis, tabors, goums font partie du vocabulaire militaire au même titre que les « tirailleurs ». Toutefois, alors que la France se préparait à laver la défaite de 70, un accent particulier avait été mis sur l'apport spécifique que pouvaient fournir les territoires nouvellement conquis en Afrique noire.

En 1899, Melchior de Vogüé, proche de Lyautey, avait publié un roman abondamment commenté : *Les Morts qui parlent*[1]. Il racontait l'histoire d'un jeune député dégoûté par la vie parlementaire et parti rejoindre son frère officier au Soudan. Principal intérêt de la colonisation, selon ce dernier ? « Des hommes, je te le répète. Ne regrettez pas votre argent. On ne paiera jamais trop cher cette denrée-là [...]. Quand vous aurez achevé de transformer en une garde nationale l'armée métropolitaine, nous vous donnerons une armée auxiliaire : et je te réponds qu'elle fera réfléchir nos adversaires européens. Si vous vouliez bien nous en fournir les moyens, nous mettrions demain à votre disposition cent mille soldats incomparables, Sénégalais, Soudanais, Haoussas ; des baïonnettes qui ne raisonnent pas, ne reculent pas, ne pardonnent pas ; des forces dociles et barbares comme il en faudra toujours, pour gagner cette partie inévitable et barbare, la guerre. »

Onze ans plus tard, le lieutenant-colonel Charles Mangin formulait la même idée, sous une forme moins patriotiquement raciste, dans son essai *La Force noire*[2]. Ancien compagnon de Marchand à Fachoda, Mangin, l'homme qui reprit le fort de Douaumont en 1916, avait un long passé de baroudeur africain. Rappelant que, pendant la conquête, la Coloniale s'était souvent heurtée à un adversaire mal équipé, sans motivation élevée, mais valeureux sur le plan strictement militaire, il comparait celui-ci aux Gaulois enrôlés dans les légions de Rome : « Il n'y a pas de peuples vaincus en Afrique occidentale. Il n'y a que des peuples délivrés auxquels nous avons donné une patrie [...]. L'organisation des troupes noires, c'est la civilisation de l'Afrique régénérée, c'est le couronnement de notre œuvre. » Un discours combinant si opportuné-

1. Plon et Nourrit.
2. Hachette, 1910.

ment devoir moral et intérêt bien compris ne tomba pas dans l'oreille de sourds.

Gouraud, Franchet d'Esperey et bien d'autres généraux, parmi les plus connus de la guerre de 14-18, avaient servi en Afrique noire. Gallieni s'était illustré à Madagascar et au Tonkin mais c'étaient d'autres séjours qui lui avaient inspiré ses deux principaux livres publiés avant 14 : *Mission d'exploration du haut Niger* (1885) et *Deux Campagnes au Soudan* (1890). Joffre lui-même, le commandant en chef, avait fait le coup de feu contre les Touaregs et occupé Tombouctou en 1893.

Tant de connaissance des Noirs à l'état-major et d'estime « professionnelle » pour leurs vertus guerrières vaut à ceux-ci d'embarquer vers l'Europe dès le début des hostilités. Essentiellement recrutés en Afrique occidentale, mais pas seulement au Sénégal, les « tirailleurs » sont intégrés par bataillons entiers dans des régiments français ou constituent des régiments à part, encadrés par des officiers blancs. Quelques défaillances sont enregistrées au début, non par manque de courage au feu mais par une sorte de panique incrédule devant la violence des affrontements entre « civilisés ». Contrairement à une légende tenace, les soldats africains ne furent pas décimés année après année par les rigueurs des hivers européens dans les tranchées. Simplement, il fallut attendre 1916 pour que soit prise la mesure de bon sens consistant à les envoyer à l'arrière, dans le Midi, pendant la période des grands frimas nordiques. (Mais, eux, ils n'eurent jamais de permissions pour revoir leurs familles.)

Les criminelles offensives de Nivelle ne suscitèrent pas dans les unités noires les mêmes mutineries que chez les poilus français. En revanche des révoltes contre la conscription eurent lieu en Afrique, quand on y comprit que la guerre durerait longtemps et quand les durs combats entre Français et Allemands au Cameroun permirent d'imaginer ce qu'elle pouvait être en Europe. Tous les administrateurs n'eurent pas le doigté d'un Henry d'Arboussier conseillant au Morho-Naba de dire à son peuple qu'il avait « déclaré la guerre à l'empereur d'Allemagne », une façon pour lui de sauver la face quand les Français venaient chercher de la chair à canon parmi ses sujets. Bien des chefs locaux supportèrent très mal de voir des adjudants recruteurs bafouer leur autorité et enfreindre les usages de la palabre pour gagner du temps. D'origine hollandaise, naturalisé français par son admission à l'École coloniale, le gouverneur général Joost Van Vollenhoven écrivit à André Maginot, ministre de la Guerre, pour protester contre l'utilisation abusive des Africains dans les « batailles d'effectifs » menées par l'état-major. Peu entendu, il démissionna, rejoignit un régiment d'infanterie coloniale avec le grade de capitaine et tomba au champ d'honneur, comme tant d'autres anciens de son École.

En 1918, Clemenceau a besoin de nouvelles troupes pour l'offensive finale. C'est paradoxalement par le jeu de relations communes au sein de la Ligue des droits de l'homme – et aussi de la franc-maçonnerie – qu'il concocte avec Blaise Diagne, premier député noir au Palais-Bourbon [1], un plan permettant de reprendre la conscription à grande échelle. Nommé commissaire de la République pour l'AOF, avec autorité sur les hauts fonctionnaires blancs, Diagne va porter la bonne nouvelle chez ses frères de race : tout titulaire de la médaille militaire et de la croix de guerre se verra attribuer automatiquement la nationalité française. (C'était plus difficile à proclamer au départ, mais cela fut aussi « populaire » : à partir de 1918, des pensions mensuelles furent envoyées aux familles des « tirailleurs » tués au combat.) Plus de 60 000 nouvelles recrues quittèrent le Sénégal pendant le dernier été de la « der des ders ».

Vedettes de la réclame

Peut-être parce que chacun sentait confusément que la mort d'un Ouolof arraché à sa case était encore plus scandaleuse que celle d'un paysan picard défendant sa terre, les tirailleurs furent très vite populaires. Leur bonhomie naturelle leur attire d'emblée des sympathies dont ne bénéficient pas aussi spontanément les Maghrébins et les Indochinois. « Ils sont touchants de candeur, de confiance, d'irréflexion », écrit, dans *Le Petit Journal* du 13 juin 1915, Albert Londres en reportage sur le front des Dardanelles. Pendant leur hivernage dans le Midi, les conscrits africains nouent avec la popu-

1. Diagne avait été élu en 1914 dans les quatre communes (Dakar, Saint-Louis, Rufisque et Gorée) de la vieille colonie sénégalaise bénéficiant d'un statut spécial qui permettait à leurs habitants de participer aux scrutins de la métropole. Il sera sous-secrétaire d'État aux Colonies lors de l'Exposition de 1931.

lation féminine des relations qui ne sont pas toutes vénales. Des dames du monde les soignent et les alphabétisent dans les hôpitaux spécialement ouverts pour eux à Marseille, Fréjus, Nice et Menton. La presse magnifie leurs exploits guerriers en soulignant qu'ils méritent une reconnaissance particulière parce qu'ils sont le fait des « plus en retard » de nos combattants.

Un pharmacien de Courbevoie, père du cacao Banania, a l'idée d'utiliser cette popularité pour lancer le fameux « Y'a bon ». Assis sur une caisse de l'« aliment délicieux pour les estomacs délicats », un soldat à chéchia savoure – dents blanches sur tronche comme passée au cirage – la mixture du bon pharmacien, fumante dans un quart de fantassin. C'est le début – hilare en pleine boucherie des tranchées – de nombreuses variations sur le même thème.

La réclame a lancé un personnage. La littérature l'immortalise. Dès 1922, dans *La Randonnée de Samba Diouf*[1], les illustres Jérôme et Jean Tharaud croient pouvoir se mettre dans la peau d'un villageois qui, livré à l'administration par les siens, se retrouve à Verdun. On se repassera le thème du « tirailleur » de génération en génération.

En 1940, le deuxième classe Léopold Sédar Senghor, professeur en France, se retrouve mobilisé dans le 31e régiment d'infanterie coloniale. Deux mois avant d'être fait prisonnier, il pense aux « tirailleurs » de 14-18, ses « frères d'armes » en proie à « l'âpre douceur de la mort prochaine » et écrit *Hosties noires*[2]. Tout en se promettant de « déchirer les rires *banania* sur tous les murs de France », il rêve d'un avenir meilleur après la guerre : « Que les enfants de la France confédérée aillent main dans la main, tel le couple Demba-Dupont. » Les Dakarois appelaient « Demba et Dupont » les statues d'un monument aux morts érigé en 1923 et représentant un poilu français qui s'élance vers la mitraille au coude à coude avec un « tirailleur sénégalais ».

Le défilé de la victoire, pendant lequel ils sont follement acclamés, ne signifie pas le retour immédiat au pays pour tous les Africains. Saignée par les combats, la République, qui n'a pas assez de soldats français pour occuper l'Allemagne, envoie les chéchias dans des

1. Albin Michel.
2. Poèmes publiés aux éditions du Seuil en 1948. « Hosties » doit s'entendre ici au sens originel du mot : victimes offertes en sacrifice.

villes rhénanes, n'en déplaise au sociologue Max Weber qui, tout homme de gauche qu'il se proclamât, accusait les Français d'avoir lâché contre son peuple « le rebut des sauvages africains et asiatiques » pendant la guerre. « Bien des Allemands, note Gilbert Comte dans *L'Empire triomphant*, considèrent l'apparition de ces troupes noires chez eux comme une rupture flagrante et monstrueuse de toute solidarité naturelle entre Européens. Suivant le code moral du vainqueur, des Mossis, des Ouolofs, égaux en droit devant l'histoire à n'importe quel Prussien, peuvent légitimement maintenir l'ordre dans le Bade-Wurtemberg. » En 1940, le premier soin des Allemands sera de détruire le monument français « aux héros de l'armée noire » à Amiens [1].

De la Somme au Bade-Wurtemberg, en passant par les Dardanelles, certains tirailleurs ne retrouvèrent leur case qu'après une absence de dix ans. On s'en doute, c'étaient des hommes différents. D'autres, quelques milliers, réussirent à se faire démobiliser en France, ou à regagner la métropole sitôt rendu leur barda en Afrique, bien que Paris oubliât vite la plupart des promesses faites pendant les combats. Ancien commis d'une maison bordelaise à Dakar, recruté à vingt-six ans, blessé, gazé, décoré de la croix de guerre et invalide à 30 %, l'ex-sergent Lamine Senghor (sans lien de parenté avec l'autre) fut un de ceux qui rappelèrent la « dette du sang » aux autorités avec le plus d'amertume. Simple employé des postes à Paris, marié à une Française pauvre, membre du PC, il eut le temps de faire paraître deux numéros d'un des premiers organes contestataires de la diaspora africaine en France, *La Voix des nègres*, avant de mourir de la tuberculose en 1927.

Moins infortuné, le Dahoméen Marc Kojo Tovalou, engagé volontaire en 1914, fait citoyen français en 1915 puis inscrit au barreau de Paris, avait fondé pour sa part *Les Continents* en 1924, avec René Maran, né à la Martinique, administrateur colonial en AEF, prix Goncourt 1921 pour un « roman nègre » (voir le chapitre 13). Tout en prônant l'alliance des Africains et des Antillais pour mieux faire entendre leur voix, Tovalou tint un discours nuancé, allant jusqu'à déclarer devant un parterre de militants pan-nègres, aux Etats-Unis : Paris doit devenir la « capitale de la pensée noire », « car la France est le seul pays qui n'a pas le préjugé des races ».

1. De nos jours, il en existe un à Fréjus.

Un « parti » francophile

Loin de cette agitation intellectuelle, en Afrique, les démobilisés donnèrent parfois du souci aux administrateurs coloniaux par des récriminations que renforçaient la connaissance d'un « français tirailleur » amélioré au fil des ans et par une « prétention » à l'égalité acquise dans l'euphorie de la victoire. Dans l'ensemble cependant, les anciens combattants, même mécontents de leur pension, constituèrent une sorte de « parti » francophile dont l'existence devait influer durablement sur le cours des choses.

Un souvenir de guerre est presque toujours un souvenir de jeunesse, qui embellit par nature. Si les paysans français rescapés de la Grande Guerre firent souvent preuve d'une mémoire sélective dans les récits qui constituèrent l'ordinaire des soirées familiales pendant des décennies, on imagine ce qui se passa en brousse. Vieux, femmes et enfants n'ignoraient rien de « quatoze-dizuit » et en parlaient à longueur de palabre. Gide n'en revient pas, quand il traverse des villages, pendant son voyage au Congo : « Tous ces gens, à notre passage, se mettent au port d'arme et font le salut militaire. »

Au fin fond du Niger, en 1928, Albert Londres rencontre un laptot qui connaît Montauban et en garde un souvenir ému. « Bon ! la France, beaucoup zolies boutiques, beaucoup lumière, beaucoup madames blanc... » L'ancien a conservé des preuves. « Ils ne sont pas rares, note le reporter, les tirailleurs qui vécurent la belle aventure. Que de lettres parfumées prirent le chemin d'Afrique, après la guerre. Lettres ne sortant pas des bas-fonds, ayant du style : À mon Mamadou ! À mon Samba ! À mon Moussa chéri. Ah ! belles curieuses[1] ! » Pour une colonisation réussie, les voies de la Providence sont parfois étonnantes !

*

Le retour des soldats de la Grande Guerre ne fit qu'accélérer un processus de promotion sociale déjà ancien. À partir de 1890,

1. *Terre d'ébène*, *op. cit.*

l'administration coloniale avait pris l'habitude de s'adresser aux anciens « tirailleurs », déjà formés par l'armée, pour leur confier des postes subalternes n'obérant pas trop le budget de la colonie. La durée du service des soldats indigènes étant limitée à quinze ans, les candidats ne manquaient pas. Composées d'officiers et de civils, des commissions d'examen délivraient des certificats d'aptitude à divers emplois réservés : interprètes de l'administration – fonction la plus prestigieuse –, infirmiers des hôpitaux et léproseries, agents de police, gardes de cercle, gardiens de prison, etc. Comme le dit l'écrivain malien Amadou Hampâté Bâ dans le tome II de ses très instructifs Mémoires [1], les « tirailleurs » démobilisés ne tardèrent pas à se considérer comme « les phénix des nègres de l'Afrique » et « le fait de botter les fesses de l'habitant était alors considéré par eux comme un privilège de droit ».

Une généreuse distribution de médailles avait contribué à ce que ces auxiliaires s'identifient aux Blancs. Non seulement la médaille Coloniale, créée en 1893 pour récompenser les « tirailleurs » ayant participé aux opérations de conquête, mais aussi la médaille d'honneur des Épidémies, la médaille des Actes de courage et de dévouement, la médaille Pénitentiaire coloniale et autres récompenses aux noms révélateurs des problèmes de l'époque.

En 1887, Eugène Étienne, sous-secrétaire d'État aux Colonies, avait décidé que les Africains les plus méritants, non citoyens français, pourraient recevoir la Légion d'honneur au titre étranger. « Je n'ai pas besoin d'insister auprès de vous, écrivit-il aux gouverneurs, sur les avantages qu'est de nature à produire, pour le succès de notre politique, l'application de la mesure libérale prise par le gouvernement de la République. »

*

Cette politique des décorations, qui pouvait passer au XIXe siècle pour l'illusion d'un « ethnocentrisme impénitent [2] », se révéla un puissant moyen d'intégration après 14-18. Dans l'entre-deux-guer-

1. *Oui mon commandant !*, Actes Sud, 1994.
2. Henri Brunschwig, *Noirs et Blancs dans l'Afrique noire française*, Flammarion, 1983.

res, l'arrivée de l'administrateur dans les villages de brousse commençait invariablement par la poignée de main aux anciens combattants et par un « tour d'horizon » avec eux.

Plus que jamais, les portes de l'administration s'ouvrirent aux « tirailleurs ». En France, les veuves de guerre se voyaient attribuer les bureaux de tabac. En Afrique, les Douanes, les Chemins de fer, les Postes et Télégraphes, alors en plein essor, offrirent des places aux rescapés des tranchées et à leurs enfants, devenus une classe sociale à part, celle dont les intérêts rejoignaient ceux du colonisateur.

Près de 30 000 morts en 40

Bis repetita. Les Français avaient aimé les « tirailleurs sénégalais » en 14-18. La presse les leur ressert en 39-40. « L'Empire français dans la guerre », annonce *L'Illustration*, en couverture d'un numéro consacré à la mobilisation dans l'empire comme en 14. On s'arrache *Le Monde colonial illustré* et ses photos de fiers défilés de troupes noires avant l'embarquement pour la métropole. Pendant les quelques semaines où la population peut se faire des illusions sur l'issue des combats, elle ne doute pas de la fidélité des troupes de couleur, que le gouvernement a largement associées aux cérémonies du 11-Novembre 1938 à l'Arc de triomphe, alors que la guerre devenait prévisible.

Pourtant, la propagande se fait rapidement discrète sur ce thème. « Seulement » 66 000 soldats de couleur se trouvent en France en septembre 1939. Il apparaît vite qu'il sera difficile d'atteindre les effectifs de 300 000 hommes prévus par l'état-major pour la première année de guerre. Bien que le général Bührer, commandant des troupes coloniales, ait proposé de regrouper ses divisions pour une attaque frontale de la ligne Siegfried, le haut commandement préfère mélanger soldats français et soldats africains dans des régiments mixtes. Malgré la terreur que leur inspire l'aviation allemande et ses bombardements en piqué, auxquels l'instruction ne les a nullement préparés, les « tirailleurs » se comportent plutôt bien sur la Meuse, en mai 1940, et sur la Somme, en juin. Rommel, à l'époque sur le front français, rend hommage au courage de ces soldats noirs. Ce n'est pas le cas d'autres officiers allemands qui, s'agissant des combattants africains, font peu de prisonniers. Le 19 juin à Montluzin, environ 200 « tirailleurs » sont abattus à la mitrailleuse. Pour l'honneur de l'armée française, quelques officiers métropolitains tentent de s'interposer, parfois au péril de leur vie. Entre les tués au combat et les victimes d'exécutions sommaires, on estime que près de 30 000 combattants originaires de l'AOF et de l'AEF perdirent la vie en 40, presque autant qu'en 14-18, mais cela se sut moins.

Il y eut quand même quelque 15 000 prisonniers dont Vichy s'efforça d'améliorer le sort et même d'obtenir la libération. André Demaison, le directeur de Radio-Paris, était un « romancier colonial » connu et sincèrement attaché à l'Afrique. Il intervint directement auprès des Allemands en faveur des Noirs détenus dans les « stalags ».

La politique vichyssoise d'appui sur les anciens combattants englobait tout naturellement les « tirailleurs » de 14-18. Parmi les curiosités de la Collaboration il y eut l'enrôlement de milliers d'Africains dans la Légion des combattants et les volontaires de la Révolution nationale, où ils se retrouvent, par la force des choses, sur un total pied d'égalité avec les Blancs.

Il fut difficile pour le Français d'être colonisateur outre-mer et vaincu en Europe. La situation ne fut pas rose non plus pour les « tirailleurs » de 40. Pas de médailles à arborer, pas de pensions à attendre de la part d'une métropole d'abord désorganisée puis soucieuse d'oublier la défaite. De nos jours encore, seuls les chercheurs étrangers s'intéressent vraiment à cet épisode. Par exemple l'universitaire américaine Nancy Lawler, dont les entretiens avec certains anciens révèlent l'immense perplexité des « tirailleurs » devant la défaite puis une étonnante transposition du combat Pétain-de Gaulle dans la cosmogonie africaine [1].

De Fort-Lamy à Strasbourg

Le racisme paternaliste de Vichy a-t-il suscité le ralliement progressif de l'Afrique noire à de Gaulle ? Sans doute pas au début,

1. *Soldats d'infortune. Les tirailleurs ivoiriens dans la IIe guerre mondiale*, L'Harmattan, 1996.

dans la mesure où les Africains, au moins aussi désemparés que les Français, durent aligner leur comportement sur celui des autorités dont ils relevaient. Le drame de l'Occupation et de la collaboration à l'échelon africain ce fut, par exemple, en juin 1941, celui des 4 000 « tirailleurs sénégalais » de l'armée du Levant contraints de se battre contre d'autres Noirs (de l'AEF) lors de l'attaque de la Syrie et du Liban (placés sous mandat français depuis 1918) par les forces de la Grande-Bretagne et de la France libre. Après d'invraisemblables et dramatiques péripéties, 1 500 de ces Sénégalais, soit par choix personnel, soit sous la pression des circonstances, changèrent d'uniforme pour former, avec d'autres, la célèbre 1re division française libre.

Avant même les événements du Levant, les Africains avaient déjà vu les Français se battre entre eux. À Dakar, en septembre 1940, lors de la tentative de débarquement des gaullistes et des Britanniques, que repoussa la marine fidèle à Vichy. Puis au Gabon, où Leclerc se heurta à la résistance du gouverneur Masson et d'un général portant le nom prédestiné de Tétu. Une vingtaine de morts au total avant la reddition des pétainistes. Incrédule et déboussolée, la population africaine apprit que le gouverneur, fait prisonnier par ses compatriotes, avait fini par se pendre dans la cabine de l'aviso où il était détenu. Un aviso qui s'appelait le *Savorgnan-de-Brazza*.

Si la légende naissante du général de Gaulle motive certains volontaires africains, le prestige de l'homme blanc en a pris un sacré coup. Quand Pierre Messmer, arrive à Douala en compagnie du Général, le 10 octobre 1940, il remarque une pancarte portée par quelques jeunes Noirs : « Militaires français, oui – Tirailleurs, non. » « De Gaulle donnera satisfaction à cette revendication tout à fait justifiée, assure le futur Premier ministre, alors officier. Les soldats noirs des Forces françaises libres seront traités de la même façon que les Blancs : même solde, même uniforme, même nourriture. Les unités formées de recrues africaines ne seront pas des régiments de "tirailleurs" mais des bataillons et des régiments de marche, comme le célèbre Régiment de marche du Tchad, constitué par Leclerc en 1940 [1]. »

À la veille du débarquement de Provence, en août 1944, les forces françaises (FFI non compris) comptaient quelque 550 000 hommes,

1. *Les Blancs s'en vont. Récits de décolonisation*, Albin Michel, 1998.

dont 134 000 Algériens, 73 000 Marocains, 26 000 Tunisiens, et 92 000 Africains (42 000 recrutés en AOF, 23 000 en AEF et au Cameroun, 27 000 à Madagascar). Les troupes noires appartenaient pour l'essentiel à l'infanterie. Elles furent de tous les combats jusqu'à la jonction avec la 2e DB (débarquée en Normandie et constituée de Blancs) et la reconquête des Vosges. À partir d'octobre 1944, elles furent progressivement retirées du théâtre des opérations et durent échanger leur équipement avec les FFI. S'agissait-il de leur épargner un hiver dans l'Est – version officielle – ou de s'asseoir à la table des vainqueurs en montrant que le dernier effort de guerre était l'œuvre d'une armée métropolitaine reconstituée ? La controverse sur le « blanchiment » n'est pas close, dans la tradition française de l'autosuspicion et de l'autodénigrement. Quoi qu'il en soit, lors des défilés de 45, le romanesque de la victoire fut renforcé par la couleur des peaux et des tenues : chéchias rouges des « Sénégalais » ; burnous rouge et blanc des spahis ; sarouals blancs des Sahariens ; coiffes jaunes des goumiers. Quelques semaines auparavant, le général Chevance-Bertin, pourtant issu de la Résistance intérieure, avait suscité une ovation de l'Assemblée consultative provisoire en déclarant : « Le soldat noir qui, parti du Tchad, est entré à Strasbourg après être passé à Paris, est présent à l'esprit de toute la France. »

La Libération, ce fut aussi le début des sondages. Celui que cite Paul-Marie de La Gorce dans *L'Empire écartelé* [1] vaut ce qu'il vaut, mais il indique certainement une tendance : 63 % de l'Hexagone est en faveur de « l'octroi aux populations des colonies des mêmes droits qu'aux citoyens français ». Parmi les raisons invoquées, la plus fréquente est celle-ci : « Ils ont combattu à nos côtés ; ils se sont fait tuer pour les Français. »

« Devoir de mémoire » et doléances

En 1994, Michel Roussin, alors ministre de la Coopération d'Édouard Balladur, présida d'émouvantes retrouvailles pour le cinquantième anniversaire du débarquement en Provence : celles du

1. Denoël, 1988.

sergent-chef Lebreton, Français de la métropole, et du sergent-chef Konate, un des Maliens qui faisaient partie des 9 000 Africains membres des troupes d'assaut de la 9e division d'infanterie coloniale. Blessé sur la plage de Cavalaire, le Blanc n'avait dû son salut qu'au Noir, qui l'avait soustrait à la mitraille allemande. Un acte qui trouva sa meilleure récompense le jour où, des années plus tard, M. Lebreton put répondre favorablement à son ancien camarade qui lui demandait d'aider son fils à poursuivre ses études en France. Le ministre raconta publiquement cette histoire à ceux qui participaient aux cérémonies et conclut ainsi : « Cela nous rappelle un double devoir envers l'Afrique : un devoir de mémoire à l'égard de ceux qui ont versé leur sang pour la France, un devoir de solidarité vis-à-vis des fils de ceux qui se sont sacrifiés [1]. » Délivré par un homme qui allait devenir, entre autres choses, le « Monsieur Afrique » du patronat français, ce discours, tirait sans doute davantage à conséquence qu'une simple rhétorique commémorative. La « dette du sang » reste présente à l'esprit de responsables ou anciens responsables qui, tel Messmer, participèrent personnellement à la geste de 40-45, ou, tel Roussin, s'inscrivent dans la continuité gaulliste.

Qu'il s'agisse de l'aide au développement ou, de façon encore plus délicate, du « droit » à l'immigration, des Africains rappellent périodiquement cette dette avec les moyens qui sont les leurs, au besoin en prenant l'étranger à témoin. « Il n'y a pas un Burkinabé qui ne se souvienne d'un oncle ou d'un père mort pour que la France soit libre », déclarait Thomas Sankara, alors président du Burkina (ancienne Haute-Volta), au *New York Times*, en 1987. La même année, à Abidjan, le chanteur Nanou Guily enregistrait un album aux paroles révélatrices :

Ils étaient de Ouaga, Conakry et Dakar
Du Niger, du Mali, de la Côte d'Ivoire.
Ils étaient des soldats de la France d'antan.
Qui peut fermer sa porte à l'un de ses enfants ?

Refrain repris par les « sans-papiers ». Makam Diabate, un des grévistes de la faim, lors de l'occupation de l'église Saint-Bernard

1. Michel Roussin a choisi ce souvenir pour début de son livre *Afrique majeure*, France-Empire, 1997.

à Paris, en 1996, le répétait à qui voulait l'entendre : « Mon pays, qui s'appelait alors le Soudan français, a été colonisé pendant deux siècles et des Maliens sont morts pour la France pendant les deux guerres mondiales. C'est pour cela que je me sens français. »

La symbolique des pensions

La composante « anciens combattants » de la francophonie africaine est encore palpable quand de joyeux attroupements se forment devant les paieries des consulats français chargées du versement de certaines pensions. Reste la face cachée de cette imagerie : l'interminable et pénible contentieux sur le calcul de ces sommes. Au milieu des années 80, un des visiteurs habituels des journalistes en mission au Sénégal était Me Niang, avocat au barreau de Dakar, toujours muni du volumineux dossier relatif à ce qu'il appelait « le dernier combat » de ses clients, celui mené contre l'administration française.

À certains égards, et à des degrés divers selon qu'il s'agissait de simples conscrits ou de militaires de carrière, l'indépendance ne fut pas une bonne affaire pour les pensionnés de l'armée. Dès décembre 1959, une loi de finances disposait que les sommes précédemment allouées seraient remplacées par des indemnités non réajustables à la hausse. C'est ce que la Rue de Rivoli appelait poétiquement la « cristallisation ».

En 1971, Valéry Giscard d'Estaing, alors ministre de l'Économie et des Finances, fit valoir que le coût de la vie n'était pas le même en France et en Afrique et qu'il était difficile de procéder sous l'équateur aux contrôles habituels pour le service des pensions. En clair, on se méfiait des multiples veuves d'un même défunt polygame ou d'un trépassé toujours porté vivant. François Mitterrand ayant promis de réexaminer la question après son élection, Me Niang fignola le dossier pour l'Élysée, qui transmit au secrétariat d'État aux Anciens Combattants, qui transmit au ministère de la Défense, qui transmit à celui des Finances. Bref, en 1985, l'avocat saisit le Comité des droits de l'homme des Nations unies, à Genève, pour discrimination raciale, alors que l'Union fédérale des associations d'anciens militaires de carrière, réunie en congrès à Perpignan, exprimait sa solidarité entière avec ses « frères d'armes d'Afrique et de Madagascar ».

L'affaire suscite encore des communiqués dans divers cercles[1], mais elle perd de sa virulence à mesure que les intéressés avancent en âge. Au-delà des arguments de chacun, la réalité est que, même si elles sont injustement calculées, ces sommes représentent un « pactole » pour bien des vieux villageois. Abdoulaye Ndiaye, « le dernier tirailleur sénégalais », n'avait appris que tardivement, par des collègues de la Seconde Guerre mondiale, l'existence de ses droits. Avec ce qu'il recevait pour solde de tout compte, il pouvait faire vivre la trentaine de personnes constituant sa famille. À l'aune africaine, ces faits-là comptent davantage que bien des discours.

Des présidents anciens sous-offs

Il est toujours intéressant pour les Français de connaître le jugement des Britanniques, leurs seuls rivaux sérieux en matière de colonisation. La notion d'empire suscita peut-être chez ceux-ci des émotions encore plus vives que chez nous, mais sans qu'ils se départent de certains préjugés qui leur interdisaient généralement l'amalgame. Lisons l'historien Anthony Clayton, très intéressé par les relations entre les officiers français et leurs troupes indigènes dans la Coloniale[2] :

« Au combat, ce particularisme était mis en évidence par un sentiment de camaraderie mutuelle et de professionnalisme qui n'existait pas chez les conscrits de l'armée métropolitaine. Pour les peuples coloniaux, cette camaraderie – reconnaissance d'une égalité humaine transcendant la couleur de la peau et les situations coloniales – était d'une signification considérable. Elle constituera la raison principale pour laquelle la France pourra compter jusqu'à la fin de l'Empire sur la loyauté des Africains, choisis et instruits pour devenir des soldats coloniaux. »

La fin des hostilités avec le Reich ne signifia pas l'arrêt des engagements et des réengagements, même quand se dessina la perspective des indépendances. Encore moins, peut-être, à ce moment-là,

1. Par exemple, *Français du monde*, l'organe de l'association socialiste des expatriés, dans son numéro de décembre 1998 évoquant la mort d'Abdoulaye Ndiaye.

2. *Histoire de l'armée française en Afrique, 1830-1962*, Albin Michel, 1994.

tant certains petits gradés africains devinèrent quels espoirs de promotion sous un autre uniforme cela autorisait. Au début des années 30, les officiers africains servant à titre indigène ne dépassaient pas la quarantaine. Vingt ans plus tard, on comptait par centaines capitaines, lieutenants et sous-officiers formés au centre spécial de Fréjus. Une « corniche » préparatoire à Saint-Cyr fut même ouverte à Dakar en 1955. Ces gradés et leurs hommes remplirent leurs missions jusqu'au bout, apparemment sans états d'âme, même quand on leur demanda de tirer sur d'autres colonisés, en rébellion contre la France.

En 1947, la IVe République utilisa des soldats noirs pour faire face aux grèves insurrectionnelles en métropole. La même année, d'autres unités participent à la répression à Madagascar. Malgré l'opposition de Leclerc, et les protestations de députés africains au Palais-Bourbon, deux bataillons de « Sénégalais » quittent Perpignan pour l'Indochine en 1949. Quatre ans plus tard, ils sont 18 000 Africains noirs en Asie, totalement imperméables au discours du viêt-minh, à la différence des Maghrébins. On en retrouve certains en Algérie, pour des pages pas toujours glorieuses. Que pouvait-il se passer dans la tête des Sénégalais du 6e RPIMa qui participèrent à l'élimination du chef rebelle Amirouche ? C'est là une question que n'a jamais abordée la littérature sur les « tirailleurs ».

Ancien élève des écoles missionnaires, Jean Bédel Bokassa s'était engagé dans l'armée française en 1939. Après la défaite, il gagna des décorations dans les rangs de la France libre et participa au débarquement de Provence. Nommé adjudant en 1950, il servit en Indochine et quitta l'uniforme français en 1961, avec le grade de capitaine. On connaît la suite. Son passé dans la Coloniale refaisait parfois surface. Ce fut, entre autres, « l'affaire des deux Martine », qui se disputèrent l'illustre ascendance du président centrafricain, pas encore « empereur », après que celui-ci se fut mis en tête de retrouver la fille qu'il avait faite à une Vietnamienne pendant ses périodes de bringue à Saigon. (Ce n'était pas un cas isolé. Pour essayer de trouver la bonne « Martine », le consulat général de France à Saigon dut examiner les dossiers de 17 000 métisses de père noir !)

En petit comité, de Gaulle considérait l'intéressé comme un « soudard », mais il lui donna quand même du « frère d'armes » pour le remercier d'un message de soutien pendant les événements de mai 1968. Après l'envoi de ce message, « Bok » s'était présenté en pleine nuit à l'ambassadeur de France. En tenue léopard, il avait déclaré au malheureux diplomate qu'il voulait « débouler » sur Paris pour aider le Général. Deux ans plus tard, au bord de la tombe de Colombey, il éclatait en sanglots à cause de la perte de son « papa ». Il est probable que le recours à l'armée française pour le renverser, quand il eut perdu tout sens de la mesure, aurait plongé de Gaulle dans un débat intérieur que ne connut pas Valéry Giscard d'Estaing en 1979. On s'y perd un peu dans les anciens sous-offs de l'armée française parvenus au pouvoir par des coups d'État. En 1974, Seyni Kountché, vétéran des guerres d'Indochine et d'Algérie se permit de renverser Hamani Diori, grande figure nigérienne de la décolonisation, respectée par de Gaulle. Pris en charge par la France, Kountché n'en finit pas moins ses jours de cancéreux à l'hôpital militaire du Val-de-Grâce à Paris. Le Voltaïque Sangoulé Lamizana, vingt-six ans de service dans les armées de la République, installé par un putsch contre Maurice Yaméogo en 1966, fut lui-même renversé par un autre « ancien » en 1980. Etc.

Soupçonné d'avoir abattu Sylvanus Olympio, premier président du Togo indépendant, au moment où celui-ci tentait d'échapper aux militaires venus l'arrêter, l'ancien sergent-chef Eyadéma s'en est mieux sorti que les autres puisque, début 2000, il disputait à Omar Bongo le titre de « doyen » des chefs d'État d'Afrique noire francophone [1]. Passé maître dans l'art de recevoir ses invités français en faisant jouer la corde sensible, le général Eyadéma les régala souvent de champagne rosé et d'airs bien de chez eux, interprétés par les chorales du parti unique : *Auprès de ma blonde* ; *En passant par la Lorraine*.

Lors d'une visite officielle, on vit François Mitterrand reprendre le refrain des *Chevaliers de la table ronde*. Quand l'hôte du président togolais partage avec lui un passé militaire, une fanfare varie le répertoire avec des airs de la Coloniale. Faut-il s'indigner ou « se laisser prendre par l'ambiance » ? Heureux ceux pour qui la réponse est facile.

1. Bongo fut élu président courant 1967. Eyadéma renversa Olympio le 12 janvier 1967 mais ne légitima son pouvoir par un référendum qu'en 1972.

Chapitre 4

Des conquérants devenus « gendarmes »

La femme et les enfants de l'accusé épongeaient une larme furtive pendant la péroraison de son avocat, Me Jean-Marc Varaut : « Bob Denard, il se fait tard dans votre vie. Il est temps de poser votre sac dans votre Médoc natal, auprès des vôtres. Le port de Bordeaux ne s'ouvre plus sur l'Empire. Il n'y a plus de politique africaine de la France [...]. La beauté de vos filles vous rappellera que vous avez aimé sur d'autres continents, d'autres océans, sous des cieux plus bleus. » Les pleurs d'émotion ne furent plus contenus à l'annonce de la décision de la cour d'assises de Paris, le 19 mai 1999 : poursuivi pour l'assassinat du président comorien Ahmed Abdallah, pendant un simulacre de putsch, dix ans plus tôt, Robert Denard, mêlé aux « coups tordus » du Congo, du Biafra, du Bénin, était acquitté au bénéfice du doute et pouvait commencer, à soixante-dix ans, une vie de « retraité de l'aventure ».

Le consensus français pour l'indépendance en douceur des colonies d'Afrique noire n'a pas suscité la colère ou la révolte de « soldats perdus » comme en Indochine et en Algérie, mais il était normal, en somme, que la catégorie « mercenaire » – dans un cadre non officiel, certes, mais en liaison notoire avec les services secrets français – s'ajoutât aux avatars du soldat en Afrique, tour à tour explorateur, conquérant, administrateur, bâtisseur, puis « gendarme » à l'heure des guerres civiles et de l'action humanitaire.

Au risque d'être mal compris, on a envie d'appliquer à l'empire la célèbre formule churchillienne pendant la Seconde Guerre mondiale : jamais tant de choses dépendit de si peu d'hommes. Les conséquences considérables des actions qui ont fixé l'Afrique dans ses frontières actuelles peuvent créer des illusions quant à l'importance réelle des effectifs engagés. Dans *Deux Campagnes au Sou-*

dan, publié en 1890, Gallieni raconte qu'il tint cette possession « avec 800 tirailleurs sénégalais et 2 à 300 soldats européens au plus ». Pendant la conquête, puis pendant sa consolidation administrative, sanitaire et économique, les soldats français de la Coloniale ne se comptèrent jamais que par milliers en Afrique.

La Coloniale [1] ! Peu d'armes ont suscité des sentiments aussi contrastés. Regardée de haut par la plupart des officiers métropolitains, vilipendée par la gauche non gouvernementale, elle fut l'enfant chérie d'une partie des états-majors, elle en qui Lyautey voyait « l'arme de tous les héroïsmes et de toutes les abnégations ». Elle a longtemps compensé le dédain dont elle se sentait l'objet par un mépris égal à l'égard des autres uniformes, sauf la Légion ; par un esprit de corps sans faille, chacun reconnaissant les siens à l'insigne en forme d'ancre ; par un vocabulaire clanique entre « marsouins » de l'infanterie de marine et « bigors » de l'artillerie.

« Ah ! mon Soudan ! »

Longtemps la Coloniale fut placée sous le contrôle du ministère de la Marine, la logique voulant qu'elle dépende de ceux qui assuraient son transport et son intendance. C'est seulement en 1900 qu'on la transféra au ministère de la Guerre, pour des raisons de budget et d'efficacité du commandement. On ne parla plus d'infanterie ou d'artillerie « de marine » mais d'infanterie et d'artillerie « coloniales ». Commentaire ironique du général de Gallifet : « La France aura dorénavant deux armées, une armée métropolitaine contre l'Allemagne et une armée coloniale contre l'Angleterre. »

Qui commandait la Coloniale ? Exceptionnellement, quelques polytechniciens – Faidherbe en fut – au titre de l'artillerie. Mais surtout des officiers ambitieux auxquels leur origine sociale ne permettait pas d'espérer accéder à des fonctions alors occupées par l'aristocratie en métropole. Tout en relevant de l'autorité du ministère de la Guerre, la Coloniale agissait en liaison avec le ministère

1. La terminologie est parfois trompeuse. Quand les militaires parlaient de « l'Armée d'Afrique », il s'agissait des unités à l'œuvre au Maghreb. Appartenaient à la Coloniale les unités stationnées en Afrique noire et dans les autres possessions ultramarines.

– civil – des Colonies. Ce statut compliqué laissait une grande liberté de manœuvre aux caractères entreprenants. L'autonomie en matière de déroulement de carrière et l'indépendance à l'égard des institutions militaires parisiennes en séduisaient plus d'un. Supposés revenir en France tous les deux ans, pour renouer les liens avec la hiérarchie métropolitaine, les « coloniaux » profitaient surtout de ce rappel pour obtenir la nouvelle affectation de leur « rêve » quelque part dans le vaste empire.

La même mentalité se retrouvait chez les sous-officiers, enclins à considérer leurs camarades de métropole comme de petits fonctionnaires de garnisons alors qu'eux-mêmes étaient appelés à exercer des responsabilités dépassant leur grade, pour la simple raison qu'ils devaient souvent remplacer au pied levé l'unique officier de leur colonne ou de leur cantonnement, tué au combat ou emporté par une des épidémies de la région. Engagé volontaire, Marchand commença comme sous-off avant de rejoindre d'illustres généraux.

Pratiquement aucun conscrit n'étant admis à servir outre-mer, la troupe se composait d'engagés volontaires, en majorité corses, provençaux, charentais et bretons. Une discipline rigoureuse pendant le service allait de pair avec une grande tolérance de la hiérarchie dès qu'il s'agissait des « loisirs ». La Coloniale eut rarement besoin des tristes BMC (bordels militaires de campagne) de l'armée d'Afrique au Maghreb. Beaucoup de sous-offs et d'hommes de troupe prirent des *moussos*, concubines africaines. Certains les épousaient et s'établissaient définitivement dans le pays, bénéficiant des dispositions spéciales qui octroyaient une concession gratuite, par exemple dans une plantation, aux soldats mariés justifiant de quinze ans de service.

En matière de concubinage, l'exemple venait parfois de haut. Une des surprises d'Albert Londres pendant son reportage dans l'Afrique noire de 1928 fut le grand nombre de métis. Fils de planteurs, fils d'administrateurs, fils de généraux. « Il fallait se garder de leur apprendre à lire si l'on ne voulait pas qu'ils vissent le nom de leur père sur les journaux ! », écrit Londres de sa façon inimitable [1]. Et de citer cette lettre envoyée par « un général au nom célèbre » au commandant de Tombouctou :

1. *Terre d'ébène*, *op. cit.*

« Je n'ai jamais cessé de penser à ce temps-là. Ah ! mon Soudan ! Qu'est devenue ma petite case près du fort Bonnier ? Où est ma mousso ? mon fils ? Il était si gracieux ! Il portait le nom de Robert. Il est un homme maintenant. Où est-il ? Je dois vous dire que j'ai toujours interrogé les camarades qui revenaient de là-bas ! Ils ne savaient rien de lui. Sa mère se nommait Aïssa, du village de Kabara. Son grand-père était un laptot. Je vous serais infiniment reconnaissant... »

Le mélange des officiers avec la population indigène s'explique par le caractère très général de leur mission dans les années qui suivirent la conquête. Ce qu'on appelait les « territoires militaires » était divisé en « cercles » commandés par des gradés qui se trouvèrent investis de fonctions politiques et administratives. En gros, cette pratique dura tout au long du XIXe siècle en AOF et jusqu'aux années 30 dans certaines régions de l'AEF. Chargés d'organiser les « marches » – contrées récemment soumises – et d'y familiariser la population avec la présence européenne, les officiers avaient pratiquement des pouvoirs en blanc. Leur relève par des fonctionnaires civils en laissa plus d'un amer. En 1930, dans une collection destinée à donner la parole aux acteurs de la colonisation, Jean Ferrandi, ancien de la Coloniale, fait un vif éloge du système des « territoires militaires » : « Il était extrêmement économique pour les finances publiques puisque c'était le même personnel qui assurait la sécurité et l'administration. Le capitaine qui touchait la solde de son grade pour sa besogne militaire ne coûtait que cent cinquante francs par mois comme administrateur [...]. Le second avantage du système, c'était l'étroit contrôle hiérarchique qui évitait les erreurs et les abus [1]. »

Salauds et seigneurs

Des « abus », il y en avait eu pourtant ! Les troupes coloniales comptèrent, bien sûr, le petit pourcentage de salauds et de crétins incompressible dans toute communauté, mais l'absence de tutelle due aux distances décupla leur pouvoir de malfaisance.

Sur les photos souvent reproduites depuis qu'ils sont devenus les tristes illustrations de la face sombre du colonialisme, le capitaine

1. *L'Officier colonial*, Larose, coll. « Vies coloniales ».

Voulet et le lieutenant Chanoine portent la même moustache avantageuse et la même rangée de médailles. Mais le premier est un officier d'origine modeste sorti du rang pour son incontestable mépris du danger, le second est le fils d'un général devenu ministre de la Guerre. La Coloniale abolit les barrières sociales, dans l'abjection comme dans l'héroïsme. Envoyés à la conquête du Tchad en 1899, les deux gradés sont compères pour employer des méthodes consistant à obtenir des résultats rapides en laissant leurs hommes – des tirailleurs soudanais – violer les femmes et massacrer les hommes. Un de leurs subordonnés européens, le lieutenant Péteau, s'en indigne, leur fausse compagnie, alerte la hiérarchie et fait prévenir quelques journalistes. L'armée n'a pas besoin de ça après l'affaire Dreyfus. Elle envoie sur le terrain un officier prestigieux, le lieutenant-colonel Klobb. Celui-ci rejoint à marche forcée la colonne Voulet-Chanoine ralentie par les captives et les butins, tente de ramener à la raison ces compatriotes que diverses misères physiques semblent avoir rendu fous. La réponse est une salve qui le tue net. Selon la version officielle, après diverses péripéties, Voulet et Chanoine seront eux-mêmes abattus par leurs soldats soudanais qui sentaient le vent tourner. Toutefois, en 1923, un jeune administrateur, Robert Delavignette, futur directeur de l'École coloniale, aura la curiosité de faire ouvrir les tombes présumées des deux soldats perdus. Il y trouvera des cercueils vides... Une solution différente de la vérité officielle avait-elle été trouvée en haut lieu ? « Le temps n'est pas encore venu de parler », dira Delavignette peu avant sa mort, en 1976, au cours d'une conversation rapportée par Gilbert Comte dans *L'Empire triomphant*.

Après la conquête, ce genre de scandale ne se renouvela pas. Étrangement, les Africains sont souvent plus indulgents pour les militaires que pour certains agents civils. « Dans les régions du Mali que j'ai connues personnellement, atteste Amadou Hampâté Bâ [1], l'administration militaire, bien que très dure, était néanmoins assez juste et ne pratiquait pas encore l'exploitation systématique des populations. Les militaires étaient des hommes fiers, parfois fantaisistes, mais généralement ils tenaient leur parole et se souciaient surtout de servir l'honneur de la France. Plutôt que des amasseurs de fortune, c'étaient des idéalistes à leur manière. »

1. *Oui mon commandant !*, *op. cit.*

Les plus grands des idéalistes se trouvaient sans doute parmi les officiers méharistes, montés sur le « pur-sang des dromadaires », en Mauritanie, au Soudan, au Niger et au Tchad. Même après que l'administration du reste de l'Afrique fut confiée à des civils, ils gardèrent quasiment les pleins pouvoirs sur les populations nomades, alternant action humanitaire et lutte contre les rezzous. Dans les solitudes sahariennes, il fallait une vie intérieure intense, de la culture et parfois de la religion, à l'opposé de l'image caricaturale du soldat colonial. Devenu missionnaire jésuite au Tchad après avoir connu cette expérience (voir le chapitre 6), le P. Frédéric de Belinay est allé au fond des choses dans ses carnets de route écrits en 1936 : « Cette vie austère est très enviée, et c'est l'élite qui l'obtient. L'importance d'un lieutenant de méharistes équivaut à celle d'un colonel en garnison en France. Des mariages ont avorté parce qu'on n'était pas rassasié de cette vie nomade. C'est la vie féodale, celle de chevalier, champion d'ordre et de justice. C'est l'épanouissement inespéré, trop souvent mis en veilleuse dans nos pays codifiés sans merci. »

Cet épanouissement recherché par les meilleurs, il put se perpétuer grâce à la reconversion en « bâtisseurs d'empire » à laquelle furent invités tous les officiers coloniaux quand ils eurent fait place à des administrateurs civils. En 1923, le général Mangin, l'auteur de *La Force noire*, préside une commission chargée de la rédaction du *Manuel colonial*. Il s'agit d'un recueil de « consignes destinées à fournir aux chefs de poste, qui ont à faire œuvre d'ingénieur et de constructeur, sans avoir au préalable été spécialisés dans ces fonctions [1] ». L'hygiène, l'hydraulique agricole deviennent de nouveaux objectifs. « Les voies de communication étant d'une importance capitale, aussi bien pour conduire une opération que pour développer la richesse d'un pays », le titre VI du *Manuel* étudie la construction et l'aménagement des routes et donne des renseignements techniques sur les voies ferrées.

Exécution ! Avec le concours de l'infanterie, le génie draine, irrigue, construit. Il n'est pas seul au travail. L'intendance aussi doit

1. Lettre de Mangin au secrétaire perpétuel de l'Académie des sciences coloniales, le 20 juin 1923. Elle fut publiée dans les *Comptes rendus des séances et communications* de cette académie, t. 1, 1922-1923.

faire preuve d'imagination à partir du moment où les autorités décident que les garnisons sont tenues d'assurer leur autonomie alimentaire, « à l'exception du vin ». Pour leur approvisionnement, les militaires encouragent la création de petits marchés locaux de viande et de fruits. L'armée est si active que certains la voient partout. Impression du voyageur anglais Geoffrey Gorer, dans les années 30 : « La chose qui m'a peut-être le plus surpris en AOF est l'excessive militarisation du pays. Dans chaque agglomération de quelque taille que ce soit, on trouve une caserne. Il est relativement rare qu'une heure se passe sans que l'on puisse entendre une sonnerie de clairon. En fait, le clairon a complètement évincé le tam-tam comme fond de la couleur locale. » Gorer étant l'auteur d'un livre sur les danses africaines [1], il convient sans doute de faire la part de la déformation professionnelle...

Le haut commandement n'est jamais à court d'idées pour l'Afrique. Alors qu'il laisse se creuser l'écart avec la *Luftwaffe* de Göring en Europe, il entend profiter de l'aviation pour un meilleur contrôle de l'AOF et de l'AEF. Nommé chef d'état-major général de l'armée de l'Air en 1938, le général Guillemin s'était illustré en accomplissant le premier vol Alger-Dakar au-dessus du désert en 1920. En 1933, il avait organisé une autre « croisière noire », distincte de celle de Citroën, pour une escadre de 30 appareils Potez 25. Paris-Dakar-Bangui et retour : 23 000 km en tout, à 200 km/h de moyenne et à 1 200 m d'altitude. Il s'agissait de montrer notre aviation militaire aux populations et d'apporter « la démonstration de l'abolition de l'obstacle des distances ».

Même Gamelin, l'homme de la défaite en 40, pouvait être transformé en visionnaire par l'Afrique. En avril 1939, il écrivit à Daladier pour relancer un projet de voie ferrée transsaharienne qui « concrétiserait aux yeux de l'opinion mondiale comme à ceux des indigènes la volonté du gouvernement de réaliser, malgré l'obstacle du Sahara, l'homogénéité militaire et économique de nos possessions en Afrique ». Mais le gouvernement jugeait plus « réalistes » les dépenses pour la ligne Maginot. Marius Moutet, ministre des Colonies au temps du Front populaire, avait déjà qualifié d'utopie ce projet que l'état-major présentait comme le moyen de créer « un axe français Paris-Abidjan ».

1. *Africa Dances*, Faber, Londres, 1935.

Bigeard dans la « brousse »

Pour ceux des officiers coloniaux qui choisirent le bon camp, la Seconde Guerre mondiale fut évidemment une occasion d'accomplissement sans pareil, mais cela est une autre histoire (voir le chapitre 10). Si nul n'en sortit inchangé, peu devinèrent qu'ils auraient un jour à combattre certains de leurs anciens frères d'armes dans les troupes de l'empire. Au moins, l'Afrique noire leur épargna-t-elle ces déchirements.

Comment la « grande muette » vécut-elle la décolonisation au sud du Sahara ? Pour avoir fréquenté Marcel Bigeard, alors commandant supérieur des Forces françaises du Sud de l'océan Indien, à Diégo-Suarez, en mai 1973, au moment où fut décidée l'évacuation de la base, j'ai cherché une réponse à ces interrogations dans *De la brousse à la jungle*[1], le livre où est censé se livrer celui que son éditeur présente comme « l'officier le plus décoré de l'armée française ».

« La statue, le bureau, les archives de Gallieni... Je dois les renvoyer en France [...]. C'est le grand départ. Après l'Indochine et l'Algérie, j'aurai liquidé Madagascar. » Rien de plus que ce court et sobre murmure, surtout pas une plainte, un quant-à-soi énigmatique sous un masque de bonhomie. Comme à l'époque où il fallait sauver la face devant la presse, pendant les dures négociations avec le ministre malgache des Affaires étrangères, Didier Ratsiraka, cet ancien officier de la Marine française, formé à Navale, qui ne supportait plus l'ambiance de Diégo-Suarez. « Diégo » avec son bar *Le Saigonnais* ; avec ses enfants de familles européennes arborant des gilets frappé de la devise *Legio patria nostra* ; avec ses traditions exigeant que tout commandant d'un navire étranger en escale fasse une visite protocolaire au consul de France, même après l'indépendance.

Avant de s'illustrer en Indochine et – de façon contestée – pendant la « bataille d'Alger », avec ceux qu'on appelait encore les « parachutistes coloniaux » dans les années 50, Bigeard, ancien sous-officier évadé d'Allemagne, avait servi dans le régiment mixte d'infanterie coloniale (1942) et dans le 17e régiment de tirailleurs

1. Hachette-Carrère, 1994.

sénégalais (1943). Il se retrouva ensuite à Bouar (1960-1963) et à Dakar (1968-1970). L'énumération de ses états de service a pour intérêt de montrer la variété du métier pour la dernière génération des soldats formés à l'école de l'empire.

Finalement, c'est la coopération franco-africaine qui lui aura peut-être permis d'oublier les horreurs de la « Bataille d'Alger ». En 1975, un maroquin de secrétaire d'État à la Défense lui avait fait renouer bien des amitiés. Il retourne en « Afrique noire si chère à mon cœur » en 1980, comme président de la commission de Défense de l'Assemblée nationale. Sa tournée, racontée dans *De la brousse à la jungle*, commence par un dîner à Bangui avec le président Dacko, très différent de Bokassa qu'il avait eu sous ses ordres. (« Toujours au garde-à-vous, presque fayot », ce Bokassa). « Le lendemain, plusieurs de mes anciens soldats centrafricains viennent me voir. Certains sont devenus capitaines, commandants, voire généraux. » Ensuite, arrêt au Gabon. « Bongo connaît mon attachement à l'Afrique. » Puis c'est « le Sénégal, où j'ai vécu en amoureux avec Gaby » (sa femme). « Déjeuner à l'île de Gorée, offert par les militaires français et sénégalais. C'est là que j'avais ma résidence secondaire quand j'étais en poste à Dakar. »

Quels moments ! On ne reverra plus de président de la commission de Défense susceptible de porter sur ses interlocuteurs étrangers un jugement fondé sur des souvenirs de cantonnement (l'ex-« fayot » Bokassa) et de transformer une visite officielle en pèlerinage familial dans une ancienne garnison de l'empire !

Farces et drames de l'interventionnisme

Contrairement à la Grande-Bretagne, qui n'y a pas gardé de bases, la France ne s'est pas privée d'intervenir en Afrique noire après les indépendances. Almandin, Amaryllis, Antilope, Azalée, Barracuda, Baumier : une bonne partie de la flore et de la faune africaines aura servi de nom à la trentaine d'opérations recensées, sans compter les simples « gesticulations ». Il semble que la décision solitaire d'envoyer les paras au secours d'un président ami ou d'une population blanche « otage » soit l'attribut du pouvoir suprême le plus prisé par les occupants successifs de l'Élysée.

*

18 février 1964, 1 heure du matin, à Libreville. Le « commandant en chef de la gendarmerie gabonaise », qui se trouve être un Français détaché au titre de la coopération, apprend par Albert-Bernard Bongo, alors directeur du cabinet de Léon M'ba, premier chef de l'État gabonais, qu'une agitation suspecte règne en ville. Il va faire un tour devant le palais présidentiel et s'entend sèchement ordonner de rentrer chez lui par des militaires inconnus qui en contrôlent l'accès. Une heure plus tard, avec l'aide du « chef d'état-major de l'armée gabonaise », qui est lui aussi un Français détaché, il sait à quoi s'en tenir : sous les ordres de deux lieutenants, une centaine de mutins se sont emparés à la fois de la radio et du palais présidentiel avec son occupant. Prévenu, l'ambassadeur de France tourne en rond dans sa résidence où tout avait été préparé la veille pour une réception dont les invités étaient... des officiers gabonais [1].

À Paris, le téléphone sonne beaucoup alors que le soleil n'est pas encore levé. À son réveil, vers 7 heures, le général de Gaulle approuve immédiatement un plan d'action élaboré par Jacques Foccart et Pierre Messmer, ministre des Armées. Devant la dérive révolutionnaire des nouveaux dirigeants de Brazzaville, il se repent déjà d'avoir laissé renverser le pittoresque abbé Fulbert Youlou, premier président du Congo, quelques mois plus tôt. Léon M'ba est lui aussi un « vieil ami de la France » : en 1959, il avait même tâté Paris pour savoir si son pays ne pourrait pas opter pour un statut départemental. Comme la Réunion ! L'existence d'accords de défense entre les deux pays permet de justifier l'intervention. Peu importe que Léon M'ba soit prisonnier de sa propre armée. Pour faire une demande d'assistance en bonne et due forme, l'ambassadeur du Gabon en France est porteur d'une procuration signée à l'avance par le prévoyant président.

Bons diables, les putschistes laissent se poser un puis deux appareils pleins de paras français dont la présence est censée « rassurer la colonie étrangère ». Ils annoncent la formation d'un gouvernement civil et lancent à la radio un appel au calme se terminant ainsi :

1. D'après François Gaulme dans *Le Gabon et son ombre*, Karthala, 1988.

« Il est demandé à l'assistance technique de ne pas s'immiscer dans les affaires intérieures du Gabon, afin de conserver de bonnes relations. » Cela ne dissuade pas Paris d'ordonner la reprise de l'aéroport de Libreville. Après une journée de tergiversations diverses, un Boeing d'Air France dépose des renforts qui portent les forces d'intervention à 600 hommes. À l'aube du 19, les Français investissent le camp de Baraka, PC des insurgés, et, usant de mégaphones, invitent ceux-ci à se rendre au nom d'une vieille « fraternité d'armes ». Un tir ayant tué un des paras, l'assaut est néanmoins donné. Il durera deux heures, avec appui aérien, et fera vingt-quatre morts du côté gabonais. Réinstallé au pouvoir, Léon M'ba mourra trois ans plus tard dans un hôpital parisien. Le cancer est plus difficile à vaincre qu'une rébellion indécise. D'ailleurs, aucun militaire ne prétend que la prise du camp de Baraka fut un fait d'armes.

*

L'une des dernières décisions du général de Gaulle, avant de quitter le pouvoir en 1969, fut un fort engagement militaire au Tchad. Dès 1968, le président François Tombalbaye avait obtenu une petite aide logistique pour lutter contre une rébellion armée dans les trois provinces du Borkou, de l'Ennedi et du Tibesti (BET). Tombalbaye ne s'entendait pas avec l'ambassadeur de France, Guy de Commines, et s'était mis dans la tête que les expéditions cynégétiques de cette fine gâchette dans le BET étaient en réalité des prises de contact avec les insurgés. L'arrivée d'un nouvel ambassadeur, l'actif Fernand Wibaux, futur conseiller de Jacques Chirac en matière africaine, le décide à tester Paris en demandant un soutien accru.

Sans doute l'ombrageux président tchadien est-il le premier surpris par le succès de sa requête : le Général lui envoie un véritable corps expéditionnaire... et aussi une mission chargée de remettre de l'ordre dans son administration sous la conduite d'un ancien gouverneur de la France d'outre-mer. Le souvenir du ralliement du Tchad à la France libre inspirait cette sollicitude, également motivée par l'importance stratégique d'un pays situé à la charnière du monde arabe et de l'Afrique profonde.

En quelques semaines, 3 000 hommes prennent le chemin de Fort-Lamy, presque l'équivalent de la moitié des effectifs de l'armée tchadienne... dans laquelle il y a déjà 630 officiers et sous-officiers français servant au titre de la coopération. Avec le titre de « délégué militaire de la France », créé pour la circonstance, le général Cortadellas est le véritable maître du pays. Maintenue par Georges Pompidou, sa mission durera jusqu'en septembre 1972. Trente-neuf Français trouveront la mort au cours des combats contre les Toubbous. Parmi eux, il y aura le propre fils du général Cortadellas, officier tué dans l'oasis de Gouro en 1971.

Plus tard, Tombalbaye, mécontent de la France, débaptisera Fort-Lamy et l'appellera N'Djamena, ce qui signifiait « Qu'on nous laisse en paix » dans sa langue maternelle. En avril 1978, son successeur, le général Malloum, ne semble pas avoir conscience de la gravité de la situation quand la rébellion toubboue, soutenue par la Libye, avance vers la capitale tchadienne. Depuis l'Élysée, Valéry Giscard d'Estaing suit cette progression « sur la carte Michelin d'Afrique centrale, à la couverture rouge[1] ». « Dans l'univers gris fer » de l'abri souterrain de l'Élysée, se tient une réunion de crise entre le président de la République et les chefs militaires. Ceux-ci ont abouti à la conclusion qu'il était impossible de défendre la capitale tchadienne. « J'évite de réagir trop vite, écrira le chef de l'État[2]. Je n'ai pas à les blesser. Ils ont souffert plus que moi de nos déconvenues coloniales. » Pourtant, il donne l'ordre que ses interlocuteurs espéraient peut-être secrètement, celui d'intervenir.

Malgré le danger créé par les missiles, les Jaguar français clouent les Libyens au sol et retournent la situation. « On m'apportera des photos, prises par leurs caméras pendant les opérations. Des agrandissements où l'on voit les camions libyens désertés par leurs conducteurs et, à côté, projetée sur le sable, l'ombre des ailes des Jaguar. Je les apporterai dans l'appartement privé, où je les garderai dans le tiroir de mon bureau, pour les contempler, de temps en temps [...]. L'Afrique, la guerre cruelle, et le succès[3]. » Pensées d'un chef d'État français au milieu du septennat !

*

1. *Le Pouvoir et la Vie*, t. 1, *op. cit.*
2. *Ibid.*
3. *Ibid.*

Un artiste sous l'uniforme

Chargé, au titre de la coopération, d'importantes fonctions auprès de François Tombalbaye, le colonel X... a, bien sûr, horreur de la guerre. Citations de Clausewitz à l'appui, il sait cependant en plaider l'utilité, voire la grandeur. Une question sur l'état d'esprit d'un officier quand il fait tirer sur un groupe de cavaliers toubbous du haut d'un « hélicoptère pirate », armé d'un canon de 20, avait suscité une pointe subite contre nos « petits copains sentimentaux ». Le whisky et l'ambiance des lieux ont cependant apaisé notre interlocuteur.

« Chez la mamma », bouge africain, on mange le poulet au piment sans couvert, dans une cuvette en émail. Un nabot sorti d'un tableau de Goya propose des filles, qui passent entre les tables, d'une démarche chaloupée. Nous sommes les seuls Européens, hormis deux ménages à une table voisine : « Des coopérants de l'enseignement, ça se sent à un kilomètre. Ils se donnent des émotions. » Le colonel ne cache pas qu'il n'aime guère ces gens « qui tirent deux ans et rentrent en croyant avoir compris quelque chose ».

Vingt ans de service dans l'infanterie de marine ont donné au colonel l'assurance de connaître l'Afrique mieux que quiconque et de nourrir une amitié éclairée pour les indigènes. On ne sait ce qui domine chez lui : le « spleen africain » ou l'incapacité de vivre « en métropole ». Après l'Indochine et l'Algérie, il s'est adapté aux temps nouveaux. L'assistance en personnel dans les républiques africaines offre paradoxalement des possibilités de carrière, si l'homme de guerre sait se convertir en diplomate et en administrateur.

Sur la R-16, une plaque diplomatique indique d'une façon vague le rôle extra-militaire du conducteur : « Ça ne signifie rien, mais il faut bien mettre quelque chose », dit le colonel. La voiture fonce sur la route de Largeau. Un des plaisirs nocturnes du colonel est de surprendre les animaux sauvages. Il les reconnaît tous à leurs yeux qui brillent dans la nuit. On peut éblouir une gazelle et la tenir ainsi à l'arrêt pendant des minutes, la voiture immobile, tous phares allumés.

Sur la route du retour, le colonel parle du Tibesti. Il y est souvent allé ; il prépare même un mémoire sur des fouilles pour une société d'archéologie dont il est membre, précise-t-il, depuis l'âge où il était scout. « Voyez-vous, les Toubbous sont des cons. Bardaï est un des plus beaux sites du monde, et il y a dans les oasis une qualité de lumière qu'on ne trouve nulle part ailleurs. Si, au lieu de jouer aux bandits d'honneur, ils laissaient faire le tourisme, tout pourrait être tellement simple. » Le colonel soupire ; l'entêtement d'un guerrier toubbou, c'est la faille dans Clausewitz et Baden-Powell.

(Extrait d'un reportage de l'auteur sur « la guerre des oasis », dans *Le Monde* du 5 mars 1971.)

Le mois suivant, l'Afrique procure de nouvelles sensations fortes au président. Passant outre aux tergiversations belges, il envoie le 2e REP au secours de la colonie européenne de Kolwezi, capitale du cuivre zaïrois, dans le Shaba, conquise par des rebelles au comportement alarmant. La chance veut qu'un attaché militaire particulièrement expérimenté soit en poste à Kinshasa : le colonel Yves Gras, ancien attaché militaire à Saigon au moment de la chute de la ville. Grâce à lui et à quelques autres, l'opération à hauts risques se termine par un succès complet et très médiatisé. On en a fait un film : *La Légion saute sur Kolwezi.* Sans doute le réalisateur n'aurait-il pas montré sans complexe les paras tirer sur des Africains si, au lieu de l'ex-Congo belge, cela s'était passé dans une ancienne colonie française.

*

Giscard et l'Afrique encore, mais dans la tragi-comédie ! Le 21 septembre 1979, l'armée française débarrasse l'Élysée de Bokassa, « à la demande » de David Dacko. Quand celui-ci lance son « appel » au renversement de la dictature, il descend d'un hélicoptère français sur l'aéroport de Bangui déjà contrôlé par nos paras et par des « civils » en provenance du camp de Cercottes (Loiret), où le Sdece[1] a préparé le coup longtemps à l'avance. Malgré son nom martial, l'opération Barracuda, gros poisson carnivore des mers chaudes, est une simple promenade militaire qui permet de s'emparer des archives de l'« empereur » imprudemment parti en Libye. Personne, ni à Paris, ni en Afrique, ne tient à ce que l'histoire garde trace de certaines complaisances à l'égard du pitre. Déjouant tous les pronostics, Bokassa relève le défi. À bord de sa Caravelle personnelle, il se présente au-dessus de l'Hexagone et demande à se poser pour y être jugé, invoquant sa nationalité française et – on n'en sort pas ! – la pension d'ancien officier qu'il touche toujours. Ordre est donné aux aéroports parisiens d'écarter l'intrus. En vain, l'avion se pose sur la base militaire d'Évreux, bien connue de son pilote ! Finalement,

1. Service de documentation extérieure et de contre-espionnage, créé en 1946 et devenu DGSE (Direction générale de la sécurité extérieure) en 1982.

Houphouët-Boigny, qui ne peut pas refuser ce petit service, offre l'asile à l'encombrant personnage. Dacko annonce que les troupes françaises resteront en Centrafrique « pendant dix ans », si nécessaire. En décembre 1980, pendant le procès par contumace de « l'empereur cannibale », 500 soldats français cantonnent encore dans les anciennes villas construites pour les chefs d'État à l'occasion du « sacre ». Un parachutiste portant barbe blanche et capuche rouge saute sur un stade avec des cadeaux pour les enfants. C'est « Barracuda Père Noël » ! Travaux de génie civil, soins médicaux, transports de vivres par hélicoptère : les « Barracudas » sont mobilisés pour remettre en état un pays « sous perfusion ». « Ce travail correspond à la mission originelle de l'armée, qui n'est pas seulement de défense. Ici, nous sommes des hommes heureux parce que nous pouvons nous exprimer complètement », déclare le colonel Bechu, chef des opérations[1]. Afrique, éternel recommencement !

Confusion des genres

« Briefing » de la presse à l'ambassade par l'inévitable général français « conseiller militaire du président » au titre de la coopération, vrombissement des Jaguar volant bas « pour que les gens voient bien les cocardes tricolores », dégustation des boîtes de cassoulet posées sur les tubes lance-roquettes par des paras à l'accent du Sud-Ouest : il y eut un rituel immuable des opérations françaises pendant les années 70 et 80. Avec, parfois, des moments cocasses dus à la confusion des genres. En mai 1990, un détachement français est envoyé à Port-Gentil, capitale économique du Gabon, ravagé par des émeutes. On n'en est plus à la guerre d'opérette quand les Transall déposent « marsouins » et légionnaires pour assurer la sécurité de la « concession Elf », véritable ville dans la ville, où se sont réfugiés les Blancs apeurés. « Il se peut, me lance un colonel, que vous rencontriez ici des Européens en uniforme gabonais. Ce sont des gens de la garde présidentielle qui interviennent à Port-Gentil. Il s'agit de contractuels. Ils n'ont rien à voir avec l'armée française

1. Entretien avec l'auteur dans *Le Monde* du 14 janvier 1981.

ou la coopération, j'insiste sur ce point[1]. » On imagine l'ambiance pour la coordination de l'action commune...

Il y a une telle proximité entre les militaires français de la coopération et les dirigeants africains que, parfois, les premiers rempilent carrément chez les seconds. Maurice Marion était arrivé au Gabon en 1968 sous l'uniforme français. En janvier 1998, quand il a trouvé la mort dans un accident d'ULM près de Libreville avec sa femme, épousée alors qu'elle était médecin militaire de la coopération, l'hebdomadaire *Jeune Afrique* a consacré à l'événement la place qu'il méritait. En trente ans, Marion était devenu un homme puissant, un des « experts conseillers » les plus écoutés du président gabonais. Son ascension avait commencé quand il avait changé d'employeur pour apporter ses compétences d'officier des transmissions à la « GP », la garde présidentielle d'Omar Bongo, fondée par d'autres gradés français et véritable armée dans l'armée gabonaise. Il assurait la sécurité des communications du chef de l'État quand celui-ci se déplaçait. Surtout, il était la grande oreille du pouvoir, au Centre des écoutes. Rien de ce qui se disait au téléphone ne lui échappait. On se lasse de tout, même de cela. Il changea de métier. À la tête de Télé-Africa, la première télévision privée d'Afrique francophone, il n'*écoutait* plus mais il portait adroitement la bonne parole présidentielle dans le pays. Quand le repliement soudain d'une aile d'ULM – sa passion – mit fin à la carrière d'un homme qui ne manquait pas d'ennemis, certains se sont demandé s'il s'agissait bien d'un accident. Le sabotage de l'objet volant au lieu du poison des anciens ?

Difficile de juger l'officier Marion. Des juristes français ont rédigé les impeccables Constitutions de régimes à parti unique. Des avocats ont plaidé de grosses affaires pour des Africains dont ils avaient fait la connaissance comme éphémères ministres de la Coopération. Pourquoi les militaires n'auraient-ils pas le droit d'utiliser leur savoir-faire à l'heure de la retraite ou des changements de cap personnels ? L'exemple peut venir de haut : en 1988, un ancien chef d'état-major de l'armée française, le général Jeannou Lacaze, s'est transformé en conseiller personnel de Mobutu, un peu brouillé avec les Belges et bien disposé à l'égard de Paris.

1. Relaté dans *Le Monde* du 31 mai 1990.

Tantôt récusés, tantôt utilisés par leurs pairs, les officiers français passés au service personnel de présidents africains font partie d'une donne compliquée, dont les pièces maîtresses sont quelques bases ou garnisons sur lesquelles flotte toujours le drapeau tricolore.

Prenons l'exemple de Port-Bouët, coulisse militaire du spectacle de boom économique offert par Abidjan au milieu des années 90. Quelque 350 « marsouins » du 43e bataillon d'infanterie de marine [1] – 43e BIMa, en langage professionnel – et une cinquantaine de « personnels interarmées » vivent dans ce quadrilatère de 270 hectares situé à proximité immédiate de l'aéroport international de la capitale ivoirienne. Les délégations qui descendent la passerelle des jets pour les innombrables colloques et congrès de la « vitrine française en Afrique » sont accueillies au rythme des balafons, en prélude à la légendaire « hospitalité ivoirienne ». Elles ne se doutent pas que les « marsouins » sont si près d'elles. Une section spécialisée dans le tir au mortier assure la protection des pistes pour le cas où il faudrait évacuer les Blancs. Un escadron blindé et deux compagnies motorisées sont sur le pied de guerre pour mettre en place un deuxième cercle de sécurité. Souvent à l'entraînement, ils font partie du paysage sur les pistes de latérite conduisant vers le nord du pays. Aux environs du champ de tir, les Africains ne s'étonnent pas quand les balles françaises des Famas hachent l'herbe à éléphant et quand l'impact des tirs effectués par les blindés légers Sagaie recouvre de terre les palmiers avoisinants. Les manœuvres du « groupe Lagune » sont plus originales : Abidjan est bâtie sur plusieurs îles réparties sur une lagune et reliées notamment par les ponts Charles-de-Gaulle et Houphouët-Boigny, célèbres pour leurs embouteillages. L'occupation surprise de ces ouvrages peut donner un avantage décisif à d'éventuels émeutiers. Il incombe donc au « groupe Lagune », monté sur Zodiac, de s'entraîner discrètement à faire face à ce genre de situation. En cas de troubles, il aurait pour mission d'évacuer les étrangers vers Port-Bouët et de transporter des troupes vers le centre-ville.

De son vivant, Houphouët-Boigny ne voulait personne d'autre que l'ancien colonisateur pour veiller sur lui, dans sa résidence privée

1. Les anciennes unités « coloniales » sont redevenues « de marine » après les indépendances.

du quartier de Cocody, séparée de celle de l'ambassadeur de France par une simple clôture. En 1973, il l'avait dit à Pierre Messmer, alors Premier ministre. Celui-ci vendra la mèche en 1998 dans *Les Blancs s'en vont* : « J'avais donc fait installer, dans le parc de l'ambassade, un détachement d'une quinzaine de parachutistes, toujours en alerte et devant répondre sans délai à l'appel d'une sonnerie d'alarme commandée par Félix Houphouët lui-même. Après mon départ de Matignon, les ambassadeurs ont demandé plusieurs fois à Paris la suppression de ce détachement relevé tous les trois mois, dont la présence permanente les gênait. Jusqu'à sa mort, Félix Houphouët s'y est opposé et a obtenu satisfaction, en intervenant directement auprès des présidents de la République. »

Dans son livre, M. Messmer ajoutait : « À la demande du président Bongo, un dispositif analogue est en place à Libreville. » On était tellement habitué à ce genre de situation à Paris que pas un député ne posa de question, pas un journal n'enquêta.

Nouvelles missions

Lors du coup d'État du général Gueï, en décembre 1999, Henri Konan Bédié, successeur d'Houphouët, fut « exfiltré » par la base de Port-Bouët, mais, après bien des hésitations en haut lieu, l'armée française n'avait rien fait pour le maintenir au pouvoir. Alors que l'Élysée était pour une intervention, le ministre des Affaires étrangères ne faisait plus sienne l'opinion émise en 1976 par un de ses prédécesseurs, Louis de Guiringaud : « L'Afrique est le seul continent qui soit encore à la mesure de la France, à la portée de ses moyens. Le seul où elle peut encore, avec 500 hommes, changer le cours de l'histoire. »

Est-ce la fin d'une époque ? Pas totalement, mais dans les états-majors, quelque peu refroidis par les critiques du rôle de l'armée française au Rwanda, on ne cache pas que les paras auront surtout des missions de « gendarmes ».

Au début de l'an 2000, Paris maintenait 6 500 hommes « prépositionnés » en Afrique : 3 100 à Djibouti, base stratégique tournée vers le Golfe ; 1 150 au Sénégal ; 1 000 au Tchad ; 650 en Côte d'Ivoire et 600 au Gabon. Décidé en 1997, l'allégement progressif de ce dispositif ne devrait pas aller au-dessous de la barre des 5 000 hommes d'ici à 2002 (soit quand même plus des deux tiers du contingent français au Kosovo).

Si vous entendez parler de « Phèdre » au ministère de la Défense ne pensez pas à Racine. Il s'agit d'un acronyme pour « présentation harmonisée et détaillée des risques à l'étranger », une application informatique permettant de fondre en une seule synthèse les données de la cellule de veille du ministère des Affaires étrangères et les plans de l'état-major des Armées en cas de crise. Car il n'est pas question que les anciennes troupes coloniales renoncent à un rôle protecteur dont bien des expatriés de Dakar, de Libreville et d'Abidjan ne cachent pas qu'il constitue une des conditions de leur présence. Ce rôle est même devenu une « spécialité française » sur laquelle les étrangers savent pouvoir compter. En juin 1998, Bissau, capitale de l'ancienne Guinée portugaise, était en proie à la guerre civile. L'aviso *Drogou*, arborant le pavillon tricolore, entrait dans le golfe de Guinée et évacuait sur Dakar 330 personnes dont seule la moitié étaient françaises.

En 1999, les épreuves du concours pour le recrutement des spécialistes du service de santé des armées comportaient un exposé oral sur un « cas concret » dans des « Républiques » ressemblant furieusement aux pays africains. Une « République Jaune », en bordure de l'Atlantique, « à 6 000 kilomètres de la France par bateau » et « bénéficiant d'un climat chaud et humide », connaît de graves difficultés internes. « Après une crise de plusieurs mois, une fraction dure prend le pouvoir, contrôle le territoire et s'oppose violemment à la France. » Thème de l'exposé : comment faire face à la situation sur le plan médical, après que Paris a décidé d'évacuer « ses 500 ressortissants » grâce à une opération amphibie de grande envergure à partir du territoire d'une « République Verte amie » et en sachant qu'il y aura des pertes ?

Un autre acronyme hermétique fait également recette : « Recamp », pour « Renforcement des capacités africaines de maintien de la paix ». Il s'agit de transposer en Afrique le concept européen de force multinationale et d'inviter les anciennes colonies à s'organiser pour former ensemble des unités chargées d'intervenir sous l'égide de l'ONU. La France a ouvert en Afrique plusieurs écoles d'application à vocation régionale et elle organise des manœuvres pour initier les enfants des anciens « tirailleurs » à la moderne « projection de forces ».

Frères d'armes, « revue de liaison des forces armées de France, d'Afrique, de l'Océan Indien, des Caraïbes, du Pacifique et du Cambodge », rend régulièrement compte de ces manœuvres et exercices, entre deux publicités pour le tailleur Balsan – fournisseur de l'armée française qui a aussi « conçu et fabriqué des articles de qualité pour les Forces Armées de nombreux pays d'Afrique en assurant un service personnalisé ». *Frères d'armes* aime publier des photos où toutes les couleurs de peau se mélangent sous des uniformes analogues. Quand ils ne font pas la guerre, les militaires sont des sentimentaux. Les souvenirs à partager avec les Africains reviennent souvent dans *Képi blanc*, l'organe de la Légion étrangère. Et aussi dans la « revue des Troupes de Marine et des anciens d'Outre-Mer », *L'Ancre d'or* dont l'éditorial se termine rituellement par : « Et, au nom de Dieu, vive la Coloniale », le cri autrefois hurlé à la fin des prises d'armes.

Chapitre 5

La pépinière de l'avenue de l'Observatoire

À la sortie nord du jardin du Luxembourg, une construction de style néomauresque contraste avec les façades haussmanniennes de l'avenue de l'Observatoire. « Premier ministre. Institut international d'administration publique », annonce une petite plaque posée à l'entrée du numéro 2. Des Blancs, des Noirs, des Jaunes entrent ou sortent de ces lieux aujourd'hui voués au perfectionnement de fonctionnaires venus des pays en voie de développement. Posée à la demande d'anciens élèves, une autre plaque explique au passant intrigué les raisons de cette architecture exotique à quelques pas du Sénat : « Ce bâtiment a été édifié en 1895 par l'architecte Yvon pour l'École coloniale, devenue en 1934 l'École nationale de la France d'outre-mer [1]. Il a abrité de 1959 à 1966 l'Institut des hautes études d'outre-mer. » Difficile de faire plus sobre pour évoquer un établissement qui joua un si grand rôle dans la formation des cadres de trois Républiques.

*

1885. Auguste Pavie, un des grands artisans de la présence française en Indochine, installe rue Jacob une petite école destinée à initier quelques jeunes Cambodgiens aux règles de notre administration. L'expérience se révélant concluante, l'« École cambodgienne » s'ouvre aux jeunes d'autres territoires. Puis, à côté de la section indigène, se crée une section française chargée de dispenser l'enseignement des « sciences coloniales » à des volontaires pour le service outre-mer. Le décret créant cette section insiste sur la néces-

1. Enfom.

sité d'envoyer dans les colonies des hommes ayant des connaissances linguistiques rudimentaires et capables, à tout le moins, de s'assurer que leur interprète ne raconte pas n'importe quoi. Le rapport de présentation du décret souligne : « Ce n'est point parmi nos jeunes Indochinois ou Sénégalais qu'on trouvera des professeurs d'annamite, de cambodgien ou de ouolof, mais il est très possible de les employer comme répétiteurs en les faisant causer chaque jour avec nos étudiants. » L'école changera de nom, l'enseignement évoluera, mais ce principe de départ sera respecté : deux futurs présidents africains, Léopold Sédar Senghor et Hamani Diori, seront répétiteurs avenue de l'Observatoire, respectivement en ouolof et en haoussa [1].

*

1889. L'« École cambodgienne » devient officiellement l'École coloniale. Six ans plus tard, elle s'installe avenue de l'Observatoire, dans des locaux plus adaptés à sa nouvelle mission : dispenser un enseignement enfin conforme à la doctrine impériale de la République ; former un corps spécialisé, pour l'ensemble des colonies, avec des règles de recrutement et d'avancement échappant au hasard et au favoritisme.

« Saint-Cyr colonial »

Jusqu'alors, c'était la foire d'empoigne. En ce qui concerne l'Afrique, Brazza dut recruter une partie des agents administratifs par des petites annonces qui attiraient toutes sortes d'individus. Dotés des pleins pouvoirs dans ce domaine, les gouverneurs comblaient les vides avec ce qu'ils avaient sous la main. En 1897, une circulaire ministérielle relève avec effroi que certains agents ont été l'objet de condamnations pénales. Aussi est-il décidé que seules seront examinées les candidatures accompagnées d'un « casier judiciaire délivré depuis moins de six mois ». Peu après, une autre circulaire interdit la pratique des « cadeaux » imposés aux indigènes et l'achat

1. Plus tard, Senghor y sera titulaire d'une chaire de linguistique.

de leurs productions à vil prix. Grâce à une solde double de celle de leurs collègues métropolitains, les « rois de la brousse », comme ils s'appellent eux-mêmes, mènent néanmoins « grande vie » : domesticité abondante, femmes africaines à gogo, totale liberté dans l'organisation du travail avec, de temps à autre, un retour en paquebot pour quelque cure thermale permettant de mesurer l'ascension sociale accomplie en quelques années de colonie.

Professeur avenue de l'Observatoire de 1948 à 1964, Henri Brunschwig décrit ainsi les prédécesseurs de ses élèves : « En 1914 encore, les deux tiers des administrateurs des colonies n'avaient pas, dans leurs études, dépassé le niveau du baccalauréat. 12 % seulement, entre 1900 et 1914, étaient passés par l'École coloniale [...]. Si différents qu'ils fussent par leur origine, leur formation, leur fonction, les agents de l'administration se comprenaient par une sorte de complicité secrète qui les animait. Ils avaient tous un appétit de puissance, étaient tous plus ou moins attentifs à leurs intérêts matériels et jouissaient tous, contrairement aux autres Blancs ou aux Noirs, d'une certaine sécurité. Par appétit de puissance, nous entendons non seulement le besoin de s'affirmer, d'exercer une autorité, d'obtenir une promotion sociale, des honneurs et de la gloire, mais encore le goût de l'aventure, du risque, du jeu [1]. »

Petit à petit, cependant, les brevetés de l'avenue de l'Observatoire remplacent les officiers de la Coloniale reconvertis dans l'administration civile après leur temps de service réglementaire, les agents de divers ministères détachés outre-mer par le jeu du clientélisme, les sujets instables recasés au loin grâce au piston familial, les aventuriers purs et simples ayant l'oreille d'un député. Le niveau de l'enseignement s'élève progressivement. La « Colo » accède au statut de grande école, si prestigieux dans la société française.

« La nouvelle institution fut volontiers assimilée à un "Saint-Cyr colonial" ou comparée à l'École centrale ou à l'École polytechnique, écrit Raoul Girardet. Le fait n'est pas négligeable dans un pays où les traditions idéologiques se confondent bien souvent avec certaines traditions scolaires. Les anciens de la "Colo" ne purent manquer de conserver l'empreinte d'un même enseignement reçu des mêmes maîtres et sur les mêmes bancs, les mêmes souvenirs élaborés en

1. *Noirs et Blancs dans l'Afrique noire française*, *op. cit.*

commun, le même vocabulaire et les mêmes mots de passe, les références aux mêmes solidarités, une même conception aussi de leur vocation[1]. »

Esprit de corps d'autant plus marqué, racontent aujourd'hui les anciens, que l'avenue de l'Observatoire fut la seule école nationale de cadres de la Fonction publique jusqu'à la création de l'ENA, en 1946.

Cours de « psychologie des fauves »

À partir de 1927, quelques grands lycées parisiens et provinciaux ouvrent des classes préparatoires au concours d'entrée qui, après l'Exposition de 1931, se tiendra symboliquement au musée des Colonies de la porte Dorée. À l'écrit : français, morale, sociologie, histoire de la colonisation, géographie. À l'oral : français et histoire de nouveau, géologie, anatomie végétale et animale, langue vivante.

La sélection est relativement sévère : 86 reçus sur 431 en 1939[2]. Parmi les élèves de cette promotion 1939 : Guy Georgy, gouverneur de la France d'outre-mer, ambassadeur de France, directeur des Affaires africaines et malgaches au ministère des Affaires étrangères, heureux auteur de deux livres de mémoires à l'heure de la retraite. Périgourdin de naissance, il fit sa « prépa » au lycée Montaigne de Bordeaux. « Pour le candidat à l'évasion, Bordeaux était la porte idéale du grand large ; même ceux qui se destinaient aux horizons français ne pouvaient s'empêcher de regarder les candidats à l'École coloniale avec une pointe d'envie. Beaucoup d'ingénieurs, d'officiers, d'agronomes, que je devais retrouver plus tard dans les brousses africaines, avaient été mes compagnons d'études à Montaigne et avaient finalement succombé à l'appel des sirènes [...]. Tous mes compagnons étaient provinciaux et enfants de la République. Ils appartenaient à des familles de ruraux, d'artisans, de notables, à des vieilles cités de Gascogne[3]. »

1. *L'Idée coloniale en France de 1871 à 1962*, La Table Ronde, 1972.
2. Chiffres donnés dans *L'Administrateur colonial cet inconnu. Étude historique et sociologique d'une promotion de l'École nationale de la France d'outre-mer*, ouvrage réalisé avec le concours de l'association des anciens élèves, L'Harmattan, 1998.
3. *La Folle Avoine*, Flammarion, 1991.

Ce sont ces vertus terriennes qui permettront peut-être le mieux de suivre pendant trois ans un enseignement encore plus éclectique que celui de la « prépa ». Outre l'ethnologie, l'agronomie, l'économie rurale et le droit coutumier, cet enseignement comportait, raconte très sérieusement Guy Georgy, des « cours de psychologie des fauves au zoo de Vincennes [1] ».

Qu'elle fût la « Colo » ou l'Enfom (sigle de sa nouvelle appellation de 1934), l'école de l'avenue de l'Observatoire préparait aussi bien aux carrières maghrébines et asiatiques qu'aux carrières africaines. Malgré les nombreux bouddhas qui ornaient ses couloirs à côté des bustes des grands ancêtres, elle fut particulièrement marquée par des directeurs « africanistes » aux idées généreuses, bien différents de l'image conventionnelle du « colonialiste ». Normalien, ancien directeur de l'Instruction publique en AOF de 1912 à 1919, Georges Hardy fut l'un de ceux-là, entre 1927 et 1932. Son souci de porter l'enseignement de la rue de l'Observatoire au niveau des filières d'élite s'accompagnait d'une exigence éthique : « C'est méconnaître les tendances actuelles de la colonisation que d'y voir avec obstination l'assujettissement d'une société par une autre. Nous sommes loin de cette conception et même de cet état de fait. Nous allons de plus en plus vers des associations qui laisseront aux uns et aux autres leur personnalité, leurs institutions, leurs coutumes, et qui seront fondées à la fois sur une solidarité d'intérêt et sur une entente morale [2]. » Dans le jardin du Luxembourg voisin, les élèves aventureux et idéalistes de l'ex-École coloniale lisent avec passion ce genre de prose qui entretient et justifie leur « mystique de l'Empire ». Considéré comme le père de « l'humanisme colonial » d'inspiration catholique, Robert Delavignette, ancien fonctionnaire en Haute-Volta et au Soudan français, directeur de l'Enfom de 1937 à 1946, est pour sa part l'auteur d'un *Soudan-Paris-Bourgogne* [3] qui ne se contente pas d'exalter classiquement la « mission civilisatrice » de la France mais appelle à la propre transformation de celle-ci par les leçons de sagesse que lui donnent les indigènes : « Vous avez la chance qui ne s'était jamais rencontrée dans l'histoire de pouvoir penser, créer, une France non

1. *Le Petit Soldat de l'Empire*, Flammarion, 1992.
2. *Nos grands problèmes coloniaux*, Armand Colin, 1929.
3. Grasset, 1935.

seulement européenne mais africaine [...]. Servez-vous du Soudan pour refaire la cité en France même. L'Afrique salut de l'Europe ! si elle vous conduit à réformer la France. »

Dommage qu'à l'époque seuls les répétiteurs africains pussent savoir quelle haute idée Delavignette se faisait de leur continent, puisque aucun élève noir ne fréquentait encore l'Enfom. Dans les années 30 et 40, il n'y avait que quelques Antillais, contestataires le plus souvent, dans l'administration coloniale, le plus illustre étant le Guyanais Félix Éboué, gouverneur du Tchad, qui répondra à l'appel de De Gaulle dès le 26 août 1940. Il y eut aussi quelques métis pour précéder les Noirs avenue de l'Observatoire, tel Gabriel d'Arboussier, fils d'un gouverneur français et d'une Soudanaise. Il sera tour à tour administrateur en Haute-Volta, député du Moyen-Congo à la première Constituante de la IVe République, secrétaire général du Rassemblement démocratique africain (RDA) au moment des indépendances, puis prophète du « marxisme-léninisme africain » avant de finir comme assistant du secrétaire général de l'ONU et gentilhomme gascon à l'heure de la retraite.

« Commandants » en civil

À quoi préparaient l'École coloniale puis l'Enfom ? À l'exercice d'un pouvoir quasi absolu mais sans moyens ; à un comportement presque militaire sur le terrain avec les contraintes bureaucratiques d'une administration civile ; au culte de l'État jacobin dans des régions qui ne reconnaissaient jusqu'alors que des chefs locaux aux attributs régis par la coutume ; à une grande polyvalence professionnelle dans une grande solitude personnelle.

Au début du XXe siècle, chaque colonie africaine est divisée en circonscriptions souvent plus grandes qu'un département métropolitain. On les appelle « cercles » en AOF, « régions » en AEF, « provinces » à Madagascar. Par exemple, en 1900, l'ensemble de la Côte d'Ivoire comprend huit « cercles » (Lagunes, Indienné, Baoulé, Bondoukou, Kong, Lahou, Sassandra, Cavally), eux-mêmes divisés en quarante-huit « postes » épars, non reliés par des routes.

L'autorité du chef de cercle se manifeste de façon visible par la présence du drapeau tricolore au-dessus de la résidence. Celui-ci est hissé tous les matins par un peloton de gardes de cercle indigènes : veston droit bleu marine avec boutons de cuivre jaune, pantalon de treillis blanc serré par les bandes molletières bleues, ceinturon et chéchia rouge écarlate avec gland. Le chef de cercle est sans doute moins fier de sa tenue que ses subordonnés, mais il la porte avec stoïcisme : cravate, chemise de percale avec manchettes et cols empesés à l'amidon. (Il y avait encore pire pour les grandes cérémonies : la veste à col dolman boutonnée jusqu'au menton). Pas question, pour le chef de cercle d'Oyem, de faire plus débraillé que le préfet de Lille. La grandeur d'un métier commence avec ces « détails ».

« Administrateur général, gouverneur général, ce qui est important aux yeux de l'Africain, c'est le mot général », note Morand dans son *Paris-Tombouctou*. Instinctivement, l'indigène appelle le chef de cercle « mon commandant », sans se soucier de son statut civil. D'ailleurs, comme un vrai militaire, le « commandant » tutoie automatiquement ses subordonnés ! À commencer par son interprète, homme clé si bien campé par Amadou Hampâté Bâ dans son roman *L'Étrange Destin de Wangrin*[1] : « Je suis présentement l'interprète du commandant. Je suis son œil, son oreille et sa bouche. Chaque jour, je suis le premier et le dernier auxiliaire qu'il voit. Je pénètre dans son bureau à volonté. Je lui parle sans intermédiaire. » « Tirailleurs » démobilisés, boys doués et méritants, on trouve de tout, au début, parmi ces intermédiaires entre la population et son « commandant ». Puis, le recrutement est réglementé, avec la création d'une hiérarchie bien dans le style de l'administration française. Les journaux officiels fixent la solde de chacun, depuis l'« interprète principal hors classe » jusqu'à l'« interprète auxiliaire de 2e classe ». En langage indigène, il y a le « grand interprète », qui travaille avec le chef de cercle, dit « grand commandant », et le « petit interprète », auxiliaire de l'adjoint au chef, dit « petit commandant ».

Grand ou petit, le « commandant » règne sur des effectifs blancs plutôt limités. À la veille de la Grande Guerre, il n'y a guère plus de 2 000 fonctionnaires métropolitains pour toute l'AOF, essentiellement dans les Travaux publics, les Douanes et les Postes. Pour le travail subalterne, la paperasserie dite « papier de Blancs », des

1. Union générale d'édition, coll. « 10/18 », 1973. Le roman est sous-titré *Les roueries d'un interprète africain.*

milliers de postes sont offerts aux indigènes. De façon significative, la population appelle ces auxiliaires les « Blancs-Noirs », à cheval sur deux mondes.

L'obsession des « commandants » et de leur chef, le gouverneur général, est de trouver l'argent nécessaire à la bonne marche de leur territoire. Autant que des « bâtisseurs », au prix de « prestations de travail en nature », euphémisme pour le « travail forcé » imposé à la population, ils sont des percepteurs. Surtout à partir de la promulgation de la loi de 1900 créant l'« autonomie budgétaire » de chaque colonie, c'est-à-dire la nécessité d'équilibrer son budget de fonctionnement. La même année, une circulaire du gouverneur de la Côte d'Ivoire attire l'attention des divers chefs de cercle et chefs de poste sur « la considération » qu'ils doivent témoigner aux chefs coutumiers devant leurs administrés, « afin d'en faire des auxiliaires utiles et dévoués » dans la collecte de l'impôt. Chaque « cercle » a un registre où sont consignés le nom des villages connus du « commandant », celui de leur chef, le nombre approximatif des habitants ainsi que les signes extérieurs de richesse à l'aune africaine : nombre de femmes, de bêtes, etc. Comme au temps des fermiers généraux en France, le chef coutumier, transformé en percepteur délégué, reçoit sa part de la collecte.

Ces « contributions » ne suffisant pas pour remplir les caisses, chaque gouverneur a son système D, par exemple celui consistant à parsemer les volumineux journaux officiels de publicité payante. Mais, même sous les tropiques, la Cour des comptes veille. En 1901 à Conakry, le gouverneur se voit dans l'obligation de signaler à ses subordonnés qu'en fixant eux-mêmes les diverses et pittoresques indemnités de leurs agents indigènes ils attentent aux règles générales de l'administration française. Rien ne renseigne davantage sur les grandeurs et petitesses de cette administration, sur son ethnocentrisme impassible, que la lecture des circulaires publiées dans les *JO* de l'AOF et de l'AEF au début du XXe siècle.

« Un homme universel »

Albert Londres, dans *Terre d'ébène*, consacre au « dieu de la brousse » deux chapitres admiratifs et attendris. « Un commandant est un homme universel. Lors d'une émeute, il se fait maréchal. Dans une période de famine, il est intendant. Si le fleuve ou les hippopotames font sauter un pont, c'est lui l'ingénieur. Conducteur des ponts, il l'est également de la chaussée. Voilà deux ans, on cherchait en France, de tous côtés, un ministre des Finances, chaque commandant en est un ! » Avec ça, un brave type, hospitalier et sans chichis : « On arrive et l'on dit : "Bonsoir, monsieur l'administrateur !" Là-dessus on boit ses apéritifs, on racle ses boîtes de conserve, on couche dans son lit. On en fait bien d'autres ! et, le lendemain, on repart sans même lui demander son nom ! C'est le poste de brousse. »

Le « commandant » doit renseigner le gouverneur sur l'état d'esprit des populations au retour de tournées effectuées parfois en voiture mais le plus souvent à cheval ou en pirogue. Les rudiments de mandingue ou de malinké appris avenue de l'Observatoire ne lui servent pas toujours, parce que certaines régions utilisent des dizaines de dialectes différents et parce que Paris ne tient pas toujours compte des connaissances acquises pour procéder aux affectations.

Véritable mémoire de la colonisation, le « journal du poste », sur lequel l'administrateur doit noter les observations et les faits importants du jour, évoque bien d'autres activités. Celui qui le tient est tour à tour inspecteur de l'enseignement, officier de l'état civil, officier de police judiciaire pour la constatation des crimes et délits, délégué dans les fonctions de juge d'instruction, président du tribunal coutumier, puisque les régimes des personnes et des biens sont le plus souvent régis non par le code civil mais par la tradition locale.

Jusqu'à l'abolition du système pénal indigène, en 1946, l'administrateur en chef, souverain dans son ressort, a même droit de vie et de mort sur ses sujets, en tant que président du tribunal chargé de juger les crimes. Seuls le contrôle d'une cour de cassation locale, dite chambre d'annulation, et la présence d'assesseurs africains tempèrent cet absolutisme. Racontant ses débuts en Afrique, l'ambassadeur Paul Blanc, ancien de l'Enfom, évoque avec consternation un collègue qui, s'étant mis en tête de « faire un exemple » pour une affaire de droit commun qui n'en valait pas la peine, « s'assurait déjà que le stock de fusils Gras 1905 transformés 1927 contenait une demi-douzaine de pièces en assez bon état pour équiper un peloton d'exécution », jusqu'à ce que deux chefs coutumiers, ses assesseurs, le ramènent à la raison [1].

La solitude dans l'exercice du pouvoir, avec les bêtises qu'elle entraîne parfois, s'accompagne d'une certaine solitude affective. L'administrateur est souvent un homme célibataire dans la succession de pièces de la résidence, avec ses larges vérandas pourtant propices aux conversations vespérales, ses portes bardées de grillage moustiquaire, ses contrevents de nattes presque toujours fermés pour lutter contre la chaleur d'avant la climatisation. « Un homme marié perd 50 % de sa valeur », dit un dicton administratif. Alors, comme les vrais militaires, les « commandants » prennent une « épouse coloniale » pour la durée de leur séjour et contractent un mariage coutumier provisoire, sans valeur légale, sur lequel les autorités ferment les yeux. Après le départ du père, l'administration place d'autorité les enfants nés de ces « mariages coloniaux » dans des « orphelinats de métis ». Il arrive cependant qu'un Blanc régularise son union. On a vu plus haut qu'un d'Arboussier le fit. Dans *Oui mon commandant !* Amadou Hampâté Bâ évoque avec chaleur la mémoire d'un autre aristocrate fou amoureux d'une Peule, sa femme régulière, par ailleurs passionné de chasse et collaborateur à ce titre du *Chasseur français*. Un original parmi un corps qui ne manqua jamais de fortes personnalités !

Ces hommes ont souvent fasciné les voyageurs. Tel le Morand de *Paris-Tombouctou* : « Notre administration d'Afrique-Occidentale française est digne de tous les éloges. Du haut en bas de l'échelle, j'ai trouvé des gens de bonne tenue, sobres, débrouillards, courageux, comprenant et défendant l'indigène, honnêtes et justes [...]. Le Noir, qui enverrait promener un particulier, respecte ce maître anonyme, invisible, qu'est l'État, qui s'est substitué à ses anciens chefs. »

Qu'en pensaient réellement les intéressés ? Les anciens de l'Enfom encore en vie se gardent généralement de parler au nom des Noirs. Certains confient même qu'ils « donneraient cher » pour savoir ce qui se passait réellement dans la tête de ceux-ci. Pour la période qu'il a personnellement connue (1922-1933), l'auteur africain de *Oui mon commandant !* donne un début de réponse : « Sur

1. *Le Prince et le Griot*, Berger-Levrault, 1987.

le terrain, la colonisation, c'étaient avant tout des hommes, et parmi eux il y avait le meilleur et le pire. Au cours de ma carrière [1], j'ai rencontré des administrateurs inhumains, mais j'en ai connu aussi qui distribuaient aux déshérités de leur circonscription tout ce qu'ils gagnaient et qui risquaient même leur carrière pour les défendre. » La générosité, forme suprême de l'« excentricité », souvent évoquée, de certains « commandants » !

Le tournant des années 50

« Devant le bureau, le brigadier fait manœuvrer trois ou quatre gardes à chéchia et pieds nus ; les trois couleurs délavées s'élèvent par saccades, sous l'injonction d'un clairon très approximatif ; tout le monde prend le regard fixe et porte la main au front. Le premier jour, c'est ridicule ; le deuxième, supportable ; le troisième on commence à y croire. » Comparées aux proses antérieures, ces lignes témoignent déjà d'une ironie naguère hors de mise et d'une certaine prise de distance avec le métier. Elles sont l'œuvre de Raymond Gauthereau, élève de l'Enfom de 1939 à 1942, chef de subdivision à Oumé à l'âge de vingt-cinq ans, qui fait un tableau saisissant de la Côte d'Ivoire de 1945 dans son *Journal d'un colonialiste*, passionnant document sur la vie de « commandant » après la Seconde Guerre mondiale [2].

En apparence, rien n'a changé en Afrique. Gauthereau se heurte à la coutume encore en vigueur selon laquelle les cousines d'une femme qui a eu un enfant mort-né doivent manger le foie de celui-ci pour qu'un tel malheur ne se reproduise pas dans la famille. Chaque matin, en arrivant au travail, il est salué militairement (« pas toujours de la bonne main ») par une dizaine de « plaideurs » qui attendent son jugement dans des chicanes pour le règlement desquelles il a intérêt à oublier le code Napoléon. « Tu sais, le prévient le brigadier, les affaires ici, c'est toujours les mêmes, tribunal ou pas tribunal : le fétiche, le poison, la femme qui “court”. Si tu leur règles ça dans

1. Amadou Hampâté Bâ fut un jeune fonctionnaire africain de l'administration coloniale, remarqué pour ses qualités, avant de devenir écrivain, ambassadeur du Mali à Abidjan, puis membre du Conseil exécutif de l'Unesco à Paris.
2. Le Seuil, 1986.

ton bureau, sans personne, ils peuvent tout dire, ils sont contents de ta décision. »

Oui mais, chez les Blancs, c'est la haine entre gaullistes et ex-pétainistes. La « mystique de l'Empire » est parfois remplacée par la foi « progressiste » : le supérieur hiérarchique de Gauthereau travaille sous un portrait de Staline, son grand homme. Les Noirs éprouvent de nouvelles aspirations. Quand une des leurs, particulièrement séduisante, se présente « spontanément » chez Gauthereau après qu'il a congédié sa concubine régulière, il se demande si elle ne vient pas l'espionner pour « le parti », c'est-à-dire le futur RDA d'Houphouët-Boigny.

En Afrique comme à Paris chacun sent qu'une époque est révolue. Les vocations ne diminuent pas pour autant, au contraire. En 1946, plus de 900 candidats se présentent au concours d'entrée à l'Enfom. L'enseignement s'est diversifié rue de l'Observatoire, et il prépare aussi à des carrières de magistrats de l'outre-mer. Malgré le doublement des postes mis en concours, il n'y a qu'un admis sur dix candidats au début des années 50.

En 1955, des élèves signent une pétition demandant une adaptation des programmes aux évolutions prévisibles dans les colonies. La direction fait la sourde oreille, mais l'École s'ouvre progressivement aux anciens indigènes. Elle décide de recevoir des « admis sur titre » – la licence en droit – à raison d'un par territoire. En 1958, un concours « C », réservé aux Africains, est créé. Parmi les premiers admis : Abdou Diouf, futur président du Sénégal.

En 1960, alors que l'École vient de changer de statut et de nom, son directeur croit opportun de faire enlever la plaque en hommage aux aînés morts pour la France, « ce qui était idiot car les Africains ne sont pas comme ça », commente Gilbert Mangin, responsable de l'association des anciens élèves et secrétaire perpétuel de l'Académie des sciences d'outre-mer [1]. Il faudra attendre le 11 novembre 1999 pour la réparation de cet outrage : depuis ce jour, les noms de 350 anciens morts à la guerre ou en service commandé outre-mer figurent sur des plaques posées aux Invalides, non loin du tombeau de Napoléon.

En 1960, indique Gilbert Mangin, l'École avait formé 4 500 élèves tout au long de son histoire et 1 800 d'entre eux étaient encore en

1. Entretien avec l'auteur en novembre 1999.

activité. Beaucoup surent accomplir toute une gymnastique mentale pour troquer leurs fonctions d'administrateur colonial contre celles de fonctionnaire de la coopération dans des ministères africains créés *ex nihilo* et à la recherche de cadres français.

« On requérait au nom du peuple ivoirien »

En 1999, à Paris, deux des trois chambres civiles de la Cour de cassation étaient présidées par des anciens de l'avenue de l'Observatoire : Roger Beauvois et Jean-Pierre Dumas. « Nous savions en entrant à l'Enfom que nous servirions dans des pays indépendants », se souviennent-ils [1]. Effectivement, dans les années qui suivent la proclamation des indépendances, la plupart des magistrats français restent sur place au titre de la coopération. Les deux futurs présidents de chambre débutent l'un en Côte d'Ivoire, l'autre au Cameroun. « On requérait au nom du peuple ivoirien ou camerounais ! », racontent-ils. « Un jour, confie l'un d'eux, j'ai été amené à poursuivre un Blanc pour injures racistes. Le type avait eu l'habileté de prendre un avocat africain. Vous imaginez le tableau ! Bien souvent l'accusé ne parlait pas français. C'était l'interprète qui menait le débat ! »

Ces magistrats avaient-ils l'impression que les Africains préféraient être jugés par des Français ? « C'est bien difficile à dire. D'un côté, ça leur donnait la chance d'échapper à une justice dans laquelle les considérations tribales jouent encore beaucoup. D'un autre côté, ils pouvaient se dire que nous ne connaissions rien à leur culture et à leur morale. »

Quai de l'Horloge, tandis qu'un vent froid balaie la Seine, dans un bureau où s'accumulent les austères dossiers français, les deux hommes se disent « heureux d'avoir pu parler de l'Afrique un petit moment ». Ils y reviennent de temps en temps par la magie des colloques et des séminaires. « On est toujours très bien accueillis. »

Peu après le retour du général de Gaulle au pouvoir, l'ordonnance du 28 octobre 1958 avait prévu l'intégration des administrateurs de la France d'outre-mer dans des « corps homologues » de la Fonction publique métropolitaine. Un congé spécial de cinq ans permettait aussi d'orienter une partie des intéressés vers le secteur privé. Ce qui frappe dans l'étude des carrières ultérieures, c'est leur diversité. Parce qu'elle développait l'esprit d'initiative et le sens de l'adaptation,

1. Entretien avec l'auteur en février 1999.

l'Enfom fut une pépinière de talents qui a joué un rôle incontestable dans les débuts de la Ve République, y compris hors des secteurs liés à l'outre-mer. On a vu ce qu'il en est encore dans la magistrature. Le corps préfectoral a compté plusieurs anciens de l'avenue de l'Observatoire, notamment quelques-uns des fameux « igames [1] ».

Une race d'ambassadeurs à part

Mais, en raison des liens qu'elle garda avec la « métropole », c'est évidemment l'Afrique noire qui absorba la plus grande partie des brevetés de l'Enfom, au ministère de la Coopération et à celui des Affaires étrangères où ils présentaient l'avantage de connaître ces pays tropicaux si déconcertants pour les gens du « Quai ». L'annuaire diplomatique (dans lequel le ministère relate les états de service de ses agents sur papier bible frappé par l'Imprimerie nationale) contient encore quelques noms de cette espèce en voie de disparition : l'ambassadeur issu de l'Enfom et non de l'ENA.

Guy Georgy, Alain Pierret, Paul Blanc, etc. Tous n'ont pas fini leur carrière en Afrique, mais on les reconnaissait n'importe où à leur hospitalité, à leur refus de pontifier, à une certaine façon de préférer la psychologie aux chiffres. À la fin, ils valsèrent de poste en poste. Ils se retrouvèrent à Beyrouth, voire à Bruxelles. Si vous les poussiez dans leurs derniers retranchements, quelques-uns vous faisaient, avec leurs mots à eux, la même confidence que celle qui clôt le livre de Paul Blanc, écrit au Liban en 1987 : « À ma vieille compagne, à celle qui m'a pris toutes mes années d'homme et m'a rendu toutes les joies d'une vie professionnelle, à celle que je devine au-delà de la mer, du haut de ma terrasse méditerranéenne, à celle dont les masques et les fétiches me disent chaque jour, du haut du mur de ma chambre, l'immémoriale familiarité avec les puissances de la terre, à l'Afrique, je dis qu'envers et contre tout je mise sur elle [2]. »

*

1. Inspecteurs généraux de l'administration en mission extraordinaire.
2. *Le Prince et le Griot*, *op. cit.*

Les présidents de la République se rendirent compte qu'en raison des amitiés tissées avenue de l'Observatoire rien ne valait les anciens de l'Enfom pour éviter les frictions entre le Quai d'Orsay et la cellule africaine de l'Élysée. Né en 1921, René Journiac avait derrière lui une carrière de magistrat en Afrique noire, quand, en 1967, il devint l'adjoint de Jacques Foccart[1] au secrétariat général pour les Affaires africaines et malgaches. En 1974, Valéry Giscard d'Estaing supprima ce secrétariat pour en finir avec les doléances du Quai d'Orsay qui y voyait l'agent d'une diplomatie parallèle. Mais si l'organe fut sacrifié, le chef de l'État fit en sorte que la fonction continuât à s'exercer. Avec le titre anodin de « conseiller technique à la présidence de la République », René Journiac régna à son tour sur le « pré carré ». En 1975, il mena sur le terrain de délicates négociations pour la libération de Mme Claustre, otage d'Hissène Habré, alors chef de rébellion au Tchad. En juin 1979, au cours d'une entrevue secrète au Gabon, il demanda à Bokassa, discrédité par les massacres de Bangui, d'abdiquer en échange d'une confortable retraite en France. Ayant reçu des injures et même un petit coup de canne impériale pour seule réponse, il organisa dans l'ombre la chute du tyranneau. Un an plus tard, au cours d'une mission auprès du président Ahidjo, il trouvait la mort au Cameroun en s'écrasant au sol dans un petit biréacteur piloté par un neveu du président Bongo. « Rien ne permet de dire ou de supposer qu'il s'agit d'autre chose qu'un accident », crut utile de préciser le porte-parole de l'Élysée.

Pour remplacer Journiac, Giscard d'Estaing choisit un autre magistrat, ancien de l'Enfom : Martin Kirsch, qui avait gardé de bonnes relations avec les dirigeants africains. Plus tard, en 1993, Kirsch sera l'artisan modeste du traité instituant l'Organisation pour l'harmonisation en Afrique du droit des affaires (Ohada). Signé par quatorze États d'Afrique occidentale et centrale, en marge d'un sommet francophone, ce traité mettait fin à l'insécurité juridique dans le monde africain des opérateurs économiques. On en parla peu en France, c'était trop technique, mais la Banque mondiale y vit un progrès significatif pour le développement dans la zone franc.

En 1986, quand François Mitterrand sentit enfin la nécessité d'introduire un peu de professionnalisme dans la conduite élyséenne

1. Qui, lui, n'avait pas fréquenté l'avenue de l'Observatoire.

des affaires africaines, c'est tout naturellement à un ancien de l'Enfom, l'ambassadeur Jean Audibert, qu'il fit appel pour chapeauter discrètement son fils Jean-Christophe, imprudemment promu conseiller officiel sous prétexte qu'il avait été correspondant de l'Agence France-Presse au Togo. Pendant trois ans, Audibert fut le véritable interlocuteur des Africains dans l'immense bureau du 2, rue de l'Élysée, celui anciennement occupé par Jacques Foccart, avec vue sur un parc dont on aurait tant aimé que les beaux arbres puissent parler.

*

Guy Georgy, Paul Blanc, Maurice Delauney ont publié leurs souvenirs. Et aussi Pierre Messmer, breveté de l'Enfom en 1937, commandant du cercle de l'Adrar (Mauritanie), gouverneur de la Côte d'Ivoire, haut-commissaire de la République en AEF puis en AOF, avant d'accéder à Matignon. À la page « Du même auteur » de chacun de ses livres, mention est faite d'un ouvrage confidentiel, publié en 1939 à la Librairie juridique et administrative : *Le Régime administratif des emprunts coloniaux*. Un souvenir de jeunesse auquel peut tenir même un ancien Premier ministre.

D'autres anciens, moins connus, doivent se contenter de revues spécialisées pour des articles où se mêlent Histoire et anecdotes personnelles. D'autres aussi, les plus nombreux, se taisent, enfermés dans leurs nostalgies et leurs secrets, parfois dramatiques, parfois cocasses. Mais pour quelques années encore, dans le *Who's Who*, la mention « breveté de l'Enfom » restera une espèce de mot de passe entre membres d'une confrérie peu commune.

Chapitre 6

Les missionnaires, toujours

Entre deux explications celle qui fait confiance à l'homme n'est pas toujours la plus mauvaise. À l'excès de candeur chez les chantres de l'empire a répondu l'excès de suspicion chez les anticolonialistes. Nos pages consacrées au soldat et à l'administrateur péchaient-elles par idéalisation ? Reposant chapitre que celui où ce doute ne paraît guère de mise ! Encore que...

Le 26 février 1885, l'« Acte général » de la conférence de Berlin, régissant les relations des « grands » de l'époque en Afrique, commence par les mots « Au nom de Dieu Tout-Puissant ». Ce Dieu des Blancs, une bonne trentaine de congrégations missionnaires s'étaient chargées de faire connaître son existence aux Noirs [1]. Toutes n'avaient pas une vocation africaine à l'origine, mais, de par les difficultés rencontrées au Maghreb et en Indochine, le continent noir était devenu leur terre d'élection au fil des ans. Depuis les croisades, jamais les Français ne furent aussi nombreux qu'au XIXe siècle à quitter le pays natal derrière la bannière du Christ. Et, à la différence du temps des croisades, les femmes étaient de la partie.

Frères missionnaires de Ploërmel, Sœurs de la Providence de Pontieux, Dominicaines de la Présentation de Tours et autres communautés de la doulce France ! Quelles raisons les poussaient à abandonner leur terroir pour des pays torrides et inconnus ? On ne peut exclure quelques motifs bien terrestres. Même à l'intérieur de l'univers religieux, l'« ambition » est permise, et, tout comme pour

1. Même dans la littérature religieuse, il y a un certain flottement de vocabulaire quant à la distinction entre « congrégations » et « ordres ». Les membres des ordres, tels les jésuites, font des « vœux solennels » les engageant totalement, pour la vie. Ceux des congrégations se contentent de vœux temporaires (par exemple le vœu de pauvreté) ou bien d'un « serment », voire d'une simple promesse d'obéissance.

les militaires ou les agents civils, l'expatriation offrait d'exceptionnelles perspectives d'épanouissement personnel à des recrues qui furent souvent d'origine modeste.

Surtout, il y avait un climat général. Alors que la navigation à vapeur rendait les voyages moins difficiles, la France chrétienne, « fille aînée de l'Église », se sentait nécessairement concernée par les conquêtes de la République laïque. Avec un intérêt tout particulier, parce que teinté de remords, pour ces Africains dont Rome avait mis beaucoup de temps à condamner clairement le trafic [1]. La réputation « primitive » de ces populations encourageait plus qu'elle ne rebutait. Elles semblaient propres, plus que d'autres, à recevoir le christianisme comme « parole d'Évangile ». Tant pis, ou tant mieux, si certaines étaient « sauvages ». Oubliée depuis la Révolution (avec sa guillotine pour les prêtres réfractaires), la perspective du martyre était plutôt un facteur d'incitation.

Un naufrage providentiel

Congrégation du Saint-Esprit (spiritains) ; Missions africaines de Lyon (missionnaires de Lyon) ; Société des missionnaires d'Afrique (Pères Blancs) : les trois communautés religieuses qui furent les plus actives en Afrique noire eurent assez tôt un recrutement international en Europe, avec une organisation dépassant le cadre hexagonal, mais elles furent toutes les trois fondées par des Français. Elles étendirent leur apostolat à l'ensemble du monde, mais avec une prédilection durable pour les régions subsahariennes, qui servirent tant à l'imagerie missionnaire.

Extraits du communiqué du conseil élargi des spiritains à Dakar en 1995 : « Notre "africanité" n'est pas seulement dans le nombre des confrères [2] africains, ni dans l'importance de nos engagements en Afrique. On n'est pas spiritain si on ne refait pas d'une manière personnelle le parcours de la congrégation commencé avec nos fondateurs. Et ce parcours est imprégné d'Afrique. »

1. C'est seulement en 1839 que Grégoire XVI dénonça « la traite inhumaine des Noirs ».
2. Les missionnaires utilisent toujours le mot « confrère » pour parler des membres de leur congrégation.

Un parcours qui commença par un naufrage ! En 1703, un jeune aristocrate relativement fortuné, Claude-François Poullart des Places, ancien élève des jésuites, fonde à Paris un séminaire pour des étudiants pauvres, en vue des ministères les plus nécessiteux et les moins recherchés. L'apostolat dans les plus vieilles colonies françaises – Canada, Antilles, Pondichéry – fait partie des multiples activités de cette nouvelle congrégation placée sous l'invocation du Saint-Esprit. En avril 1778, deux de ses membres embarquent pour la Guyane sur un bateau qui s'échoue en Mauritanie. Captifs des Maures, libérés au bout de deux mois, ils découvrent le Sénégal avant de rentrer en France. En septembre de la même année, l'un d'eux accompagne l'escadre française chargée de reprendre Saint-Louis aux Anglais et passe deux ans dans cette ville avec le titre de préfet apostolique (l'équivalent d'un évêque quand il n'y a pas de quoi constituer un diocèse). Supprimée à la Révolution, rétablie par Napoléon, puis confirmée dans son existence légale par Louis XVIII en 1816, la Congrégation du Saint-Esprit « se spécialise » alors dans l'apostolat aux colonies.

En 1839, la Chambre des députés vote des crédits pour renforcer les missions. Le ministre de la Marine remet une importante subvention au supérieur des spiritains avec une lettre écrite dans un style très monarchie de Juillet :

« Le Séminaire du Saint-Esprit est aujourd'hui la seule Congrégation qui, par le but de son institution, soit en état de former et de fournir aux colonies des ecclésiastiques recommandables, non seulement par de bonnes études et par des mœurs pures, mais par une vocation marquée, par un zèle soigneusement éclairé sur le régime tout spécial des pays où ils doivent exercer leur saint ministère, et enfin par l'unité de doctrine qu'ils doivent tous y professer. C'est donc à vous, Monsieur, qu'est remis exclusivement, l'instruction, le choix et la direction générale des prêtres appelés à travailler à l'œuvre laborieuse et délicate de la moralisation des Noirs. »

Ces Noirs, une autre congrégation s'en occupait activement, la Société du Saint-Cœur de Marie, fondée en 1842 par François (originellement Jakob) Libermann, fils d'un rabbin alsacien, converti au catholicisme et passionnément désireux d'améliorer le sort des populations victimes de l'esclavage. Avec des prudences et des susceptibilités tout ecclésiastiques, une longue négociation s'amorce, qui aboutit à une fusion en 1848. La Congrégation du Saint-Esprit, désormais placée « sous l'invocation du Saint et Immaculé Cœur de Marie », absorbe purement et simplement les missionnaires du P. Libermann, mais celui-ci devient le premier supérieur de la nouvelle organisation.

Les spiritains ont dès lors les moyens humains et matériels qui permettront à plusieurs d'entre eux de laisser une trace dans l'histoire africaine. Jean-Rémy Bessieux (1803-1876), premier évêque du Gabon, donne son nom à un collège qui sera la pépinière des cadres de ce pays. Véhiculé sur une ingénieuse chaise à porteurs roulante, montée sur roue de bicyclette, grâce à laquelle il concilie nécessaire majesté épiscopale et respect de la dignité d'autrui, Mgr Prosper Augouard (1852-1921) marque le Congo de sa forte personnalité. La République française lui rendra hommage en 1952, par l'émission, pour l'AEF, d'un timbre le représentant, avec ses nombreuses décorations officielles, dont sa Légion d'honneur au titre colonial, devant la cathédrale Sainte-Anne de Brazzaville.

D'autres tempéraments feront parler d'eux bien plus tard, tel Mgr Marcel Lefebvre, qui fut archevêque de Dakar de 1955 à 1962, avant de se signaler comme intégriste. Devenu supérieur général de la congrégation, il figure sur la photo de groupe des quarante évêques spiritains qui participèrent au concile Vatican II (1965). Trois de ces évêques sont des Noirs et plusieurs Blancs portent encore la barbe caractéristique des missionnaires d'Afrique.

Une congrégation fondée par petite annonce

Mais revenons en 1856, année où paraît dans *L'Univers*, grand journal catholique de l'époque, un appel aux lecteurs pour la constitution d'une nouvelle société missionnaire. Il émane de Melchior de Marion-Brésillac, ecclésiastique entreprenant qui, s'ennuyant comme vicaire dans sa ville natale de Castelnaudary, avait quitté la France pour une tentative pastorale dans le sud de l'Inde. Malgré un relatif échec, cette expérience lui a valu d'être nommé évêque par Rome à moins de quarante ans. À son retour en France, il a fait la connaissance d'un homme d'affaires marseillais, Victor Régis, séduit par l'aventure africaine. Relativement enrichi par les factoreries qu'il avait d'abord installées dans chaque poste militaire en Côte d'Ivoire, le marchand a persuadé l'évêque qu'il y a place pour une nouvelle congrégation au Dahomey, contrée qu'il connaît bien et où il peut lui faciliter le contact avec les chefs coutumiers. Dans le contexte du moment, il n'en faut pas davantage pour susciter un sentiment d'« appel divin ».

Il ne manque pas de dames pieuses pour répondre à l'annonce de *L'Univers*. Encouragé par les premiers dons, Mgr de Marion-Brésillac entreprend une tournée de collectes dans le Midi. (L'Ouest a déjà « ses » missionnaires.) À l'automne 1856, il a assez d'argent pour acheter une ancienne demeure de carmélites sur la colline des Martyrs, à Lyon. Choisie parce qu'elle est le siège du primat des Gaules, cette ville restera jusqu'à nos jours le quartier général de la congrégation, qui dispose aussi d'une cossue maison de retraite pour les vieux missionnaires à La Croix-Valmer.

Les désirs de l'entreprenant M. Régis ne furent pas exaucés au début, Rome ayant décidé que les missionnaires de Lyon devaient commencer leur apostolat en Sierra Leone, relativement proche du point d'appui sénégalais, au lieu de se disperser dans le lointain Dahomey. Telle est du moins la version pieuse de ce choix, car il s'agissait aussi de contenir l'influence des rivaux protestants en Afrique sous tutelle anglaise. Évidemment, la collaboration du gouverneur britannique ne fut guère enthousiaste. En 1859, fièvre jaune aidant, du passage des premiers missionnaires de Lyon en Sierra Leone, il ne restait que cinq tombes, dont celle du fondateur, emporté par la maladie à quarante-six ans. Qu'importe ! Quelques années plus tard, la congrégation est installée à Cotonou et à Ouidah. Elle y réussit si bien qu'à la fin du siècle, Binger, gouverneur (protestant) de la Côte d'Ivoire fait appel à elle pour accompagner la pénétration française à l'intérieur du pays.

Une obéissance sans faille, quasi égale à celle des jésuites, caractérise les missionnaires de Lyon. En 1938, leur provincial, le P. Francis Aupiais décrit ainsi le début de leur apostolat : « C'est habituellement au jour de son ordination sacerdotale que le jeune missionnaire reçoit sa destination. C'est donc l'âme inquiète – mais prête à toutes les générosités – qu'il se présente à son Supérieur après l'ordination. L'entrevue est émouvante : le Supérieur se met d'abord à genoux et demande sa première bénédiction au nouveau prêtre. Puis s'étant relevé – et le regardant dans les yeux – il prononce un mot, un seul, le nom d'une contrée lointaine, peut-être malsaine, peut-être barbare[1]. »

Ce dernier mot peut faire tiquer. Les Dahoméens sauront le replacer dans le contexte de l'époque puisqu'ils enverront le P. Aupiais à Paris, en octobre 1945, pour les représenter à l'Assemblée nationale constituante.

Une soutane inspirée de la gandoura

Archétypes du missionnaire avec sa soutane claire, les Pères Blancs ne doivent pas celle-ci au souci de lutter contre le soleil par le recours aux mêmes étoffes que l'administrateur, mais à la volonté exprimée par le cardinal Lavigerie d'adopter une tenue s'inspirant de la gandoura nord-africaine, celle des populations qu'il rêva brièvement de convertir à l'Évangile.

Né à Bayonne en 1825, Charles Lavigerie n'appartient pas au même milieu que les fondateurs des deux congrégations précédentes. Il grandit dans une famille de la petite bourgeoisie à l'esprit voltairien, qui n'admet qu'à contrecœur son entrée au séminaire. Les longues études qui précèdent toute ordination l'ennuient plutôt. Il n'y trouve pas cette humble mais puissante exaltation de l'érudition qui conduira tant de missionnaires à faire des études savantes sur les langues et les coutumes de leurs ouailles, en complément de leur apostolat. C'est un homme d'action dont la correspondance de jeunesse reprend parfois la devise des croisés : « Dieu le veut. »

Il commence d'ailleurs sa vie missionnaire par un bref séjour en Syrie et au Liban, avant d'être nommé au siège épiscopal d'Alger. Son zèle en direction des indigènes, notamment les Berbères, inquiète les autorités. Pour celles-ci le magistère de l'Église catholique n'est destiné qu'aux Européens ; la poursuite paisible de la colonisation exige qu'on laisse au Prophète les âmes qui lui appartiennent, sans prosélytisme intempestif. Lavigerie change alors de projet : cet islam qu'on lui interdit d'attaquer de front, il le prendra à revers par le sud. En 1868, il se rend à Rome et obtient de Pie IX

1. *Le Missionnaire*, Larose, coll. « Vies coloniales ».

la création d'une « préfecture du Sahara occidental et du Soudan, ou pays des nègres », à lui confiée. Ce sera une simple base de départ pour la petite congrégation qu'il vient de créer. Le cardinal Lavigerie ne fait pas toujours dans la nuance. Du haut de sa chaire de la cathédrale d'Alger, il présente ainsi la situation à des fidèles parmi lesquels il y a beaucoup de militaires : « Auprès de nous, les débris d'une nation autrefois chrétienne [1]. Au-delà, sur la surface de ce continent immense, la plus affreuse barbarie, l'ignorance, le sang, l'anthropophagie, l'universel esclavage [2]. »

Les Pères Blancs doivent encore patienter quelques années dans les bonnes œuvres algériennes. En décembre 1875, quarante-huit ans après René Caillié, trois d'entre eux s'élancent vers Tombouctou, avec pour projet de racheter de jeunes nègres promis à l'esclavage et d'en faire les porteurs de l'Évangile dans la région. Ils croient pouvoir passer directement par le Sahara, malgré les mises en garde des autorités. Quelques mois plus tard, Lavigerie apprend qu'ils ont été massacrés par leur guide.

À quelque chose malheur est bon. Le cardinal tient ses premiers martyrs ! Sa congrégation attire les vocations, y compris en Belgique. Agacé que le Congo échappe à la France, il refuse cependant une proposition de Léopold II qui offrait d'entretenir à ses frais une mission dans ce territoire à condition qu'elle soit confiée à des pères blancs belges. Il préfère expédier ses pères dans l'Afrique des Grands Lacs. Partie d'Alger, la congrégation se retrouve au Tanganyika. Cette fois-ci ce n'est plus l'islam qu'il faut prendre à revers mais les Britanniques et les Belges !

Lavigerie meurt en 1892. À la fin du siècle, ses successeurs, Mgr Livinhac et Mgr Hacquard, ont réalisé l'essentiel de ses objectifs : outre l'Afrique orientale, les Pères Blancs sont solidement implantés au Soudan, au Niger, et en Haute-Volta.

1. L'Algérie de saint Augustin.

2. Prêche cité par André Picciola dans *Missionnaires en Afrique, 1840-1940*, Denoël, 1987.

Par-delà les classes sociales

Avant de transcender partiellement les nationalités, au XXe siècle, les congrégations missionnaires brassent les classes sociales françaises. Dans les familles nombreuses de l'aristocratie terrienne qui donnaient traditionnellement une partie de leurs garçons à l'armée et à l'Église, les jésuites ne sont plus les seuls à attirer. Des particules rejoignent les fils de métayers dans les « écoles apostoliques » fondées dès 1877 par les missionnaires de Lyon. Coulés dans le même moule culturel à base de latin, les recrues oublieront d'autant plus facilement leurs différences de fortune que l'éloignement de la France et le partage des difficultés matérielles feront leur œuvre une fois en Afrique. À la différence de la Coloniale, les grades ne sont pas là pour rappeler les milieux d'origine. La IIIe République n'en eut sans doute pas conscience, mais peu de terrains ont été aussi propices à l'égalitarisme que l'Afrique évangélisée !

L'Écho des Missions, *L'Almanach noir*, toute une presse spécialisée parle de la vie missionnaire au début des années 1900. Hors du contexte historique, c'est devenu un exercice un peu facile pour les adversaires de la colonisation que de citer les perles de cette littérature édifiante. À l'époque, elle nourrit l'imaginaire colonial... et attire les dons nécessaires.

Paradoxalement, les mesures d'Émile Combes contre les congrégations, en 1904, suscitent en réaction un afflux de fonds vers les missions. « Souvent, il faut plus d'une colonne pour mentionner tous les noms, constate André Picciola dans des pages consacrées à *L'Écho des missions*. Les dons sont désormais présentés selon une répartition géographique correspondant à la volonté du donateur : Dahomey, Côte d'Ivoire... Qu'une telle répartition soit possible donne une idée des dimensions que connaît le phénomène[1]. » La personnalisation des dons s'accentue avec la publication de lettres des missionnaires racontant l'emploi qui en est fait aux lecteurs de la revue. Lecteurs de plus en plus exigeants, puisque certains vont jusqu'à écrire quel prénom chrétien ils souhaitent pour celui qui a

1. *Ibid.*

été converti grâce à leurs oboles ! Des familles suivent pendant des années leur « filleul » africain, surtout s'il est suggéré qu'il se destine à la prêtrise.

Certaines initiatives suscitent une mobilisation particulière. En 1912, quand l'évêque spiritain de Dakar cherche de l'argent pour édifier la cathédrale du Souvenir-Africain (en hommage à la mémoire de tous les Français – missionnaires, explorateurs, médecins coloniaux – morts en terre africaine), il charge un autre spiritain, le P. Daniel Brottier, futur patron des Orphelins apprentis d'Auteuil, d'« organiser dans toute la France souscriptions, ventes de charité, conférences ». Un comité de patronage réunira plus tard René Bazin, Maurice Barrès, le général Mangin, la maréchale Foch, Henry Bordeaux. La guerre ayant interrompu les travaux, ce dernier devra attendre 1936 pour assister, en habit vert d'académicien, à la consécration de ce haut lieu du catholicisme syncrétique, avec son dôme byzantin flanqué d'un clocher de style soudanais.

Loin de la querelle de l'Église et de l'État

Pour éviter toute confusion dans l'esprit des indigènes, les missions s'établirent généralement à quelque distance des bâtiments de l'administration coloniale. Parfois la « capitale religieuse » était distincte da la capitale politique : par exemple, la première mission dans l'actuel Mali s'est installée à Kayes, pourtant un des endroits les plus chauds d'Afrique, en 1892, alors que Bamako devra attendre 1923 pour s'enorgueillir d'une paroisse. Ce souci de distinguer les genres n'empêcha jamais les échanges de bons procédés avec le pouvoir temporel. Une des cathédrales qui ont survécu à la guerre civile au Tchad est celle d'Abéché. Elle fut construite, pour les jésuites, par l'armée française après la Seconde Guerre mondiale, dans le prolongement d'une tradition solidement ancrée.

Plus souvent, la collaboration fut de l'ordre du symbole, mais le symbole est important en Afrique. En 1864, officiers et marins du navire français *Le Dialmath* assistent en grand uniforme à l'inauguration de la mission de Porto-Novo. Les missionnaires de Lyon sauront se souvenir de cette attention au cours d'un conflit entre la Marine et le roi Béhanzin, au Dahomey. En 1890, en effet, le bombardement intempestif d'un quartier de Cotonou avait conduit ce personnage peu commode à prendre des otages parmi les Européens. Par chance pour le contre-amiral de Cuverville, l'un de ces otages était le P. Alexandre Dorgère, qui dans le passé avait pu gagner la confiance du pittoresque roi Glélé, père de Béhanzin, en s'adaptant à sa mentalité. Accepté comme interlocuteur par Béhanzin – qui lui demanda d'écrire sous sa dictée une lettre au « roi de France » Sadi Carnot – et doté des pleins pouvoirs par le ministère de la Marine, le P. Dorgère mena une folle négociation avec la bénédiction de ses supérieurs. Il obtint finalement un compromis consolidant les droits français au Dahomey en échange d'une solide rente annuelle pour Béhanzin. À la demande du contre-amiral, la Légion d'honneur récompensa cette parenthèse « diplomatique » dans la vie de l'évangélisateur.

Ce qui n'était qu'accommodement conjoncturel pour les missionnaires de Lyon fut érigé en doctrine par le cardinal Lavigerie. Pour que la Croix et le Drapeau puissent continuer d'avancer ensemble en Afrique, il appartint à ce monarchiste d'annoncer en 1890, à Alger, le ralliement de l'Église à la République, à la demande de Léon XIII – événement alors considérable en France, même s'il n'allait pas empêcher la montée du combisme. On l'a vu, celui-ci eut pour effet indirect de susciter des concours financiers au profit de l'Église. Même pendant la querelle de l'Église et de l'État, la République s'abstint sagement de contrarier l'action des missions dans ses possessions lointaines.

Régulièrement, des francs-maçons établis en Afrique, notamment à Dakar et à Conakry, se plaignirent de la concurrence que l'école religieuse faisait à l'enseignement laïque. Ils ne furent guère entendus à Paris. Un des maîtres à penser de la IIIe République, l'économiste Paul Leroy-Beaulieu, avait donné le ton en 1902, dans une réédition corrigée de son célèbre *De la colonisation chez les peuples modernes*[1] :

« Les missions religieuses ont, dans la colonisation, un rôle important à remplir. Nous-mêmes, dans les trois premières éditions de cet ouvrage, nous avons montré peut-être un peu trop de sévérité à leur endroit [...]. L'initiation morale et matérielle, la tutelle bienveillante,

1. Paru en 1874 chez Guillaumin et Cie.

l'éducation persévérante de ces peuples ou plutôt de ces tribus ne peuvent se faire uniquement par nos commerçants, nos administrateurs ou nos maîtres d'école : c'est folie. La religion, notamment la religion chrétienne, avec sa douceur, son élévation, son amour des humbles, avec le goût aussi que certains ordres religieux, les jésuites par exemple, ont manifesté pour le progrès matériel, est la seule éducatrice qui, par des procédés abréviatifs, puisse non pas subitement, mais en un petit nombre de générations, amener les sauvages et les barbares à comprendre notre civilisation et à concourir à son développement. »

« L'anticléricalisme n'est pas un article d'exportation », déclarera plus tard Édouard Herriot. Il aura quelque mérite à le faire si l'on songe à une caricature du journal *La Croix* de l'époque le montrant avec des nègres en train de lui tenir ce discours : « Nous manger missionnaires, toi bouffer curé ! »

Finalement, dans les quinze années qui précédèrent la très consensuelle Exposition coloniale, les réserves quant à une certaine forme de zèle missionnaire vinrent du Vatican. « Grande est notre peine, soupire Benoît XV en 1919 dans l'encyclique *Maximum illud*, d'avoir vu apparaître ces dernières années des périodiques missionnaires dont les rédacteurs montrent moins d'empressement pour les intérêts du royaume de Dieu que pour ceux de leur propre nation. »

L'année suivante à Rome, la Sacrée Congrégation de la Propagande enfonce le clou avec son *Instructio quo efficacius* :

« Les missionnaires auront souci de bannir toute idée de préparer la voie, parmi les populations qui leur sont confiées, à une pénétration politique de leur nation [...]. Ils se garderont du désir de répandre l'usage de leur langue nationale parmi les indigènes, afin de ne pas passer pour plus occupés de ce qui est avantageux et utile à leur nation que du souci des âmes. [...] Ils auront soin d'apprendre la langue des populations auxquelles ils sont envoyés. C'est dans la langue vernaculaire que doivent toujours être donnés les sermons, les catéchismes. » Et la Sacrée Congrégation de concevoir une directive dont l'application dut quand même poser quelques problèmes aux moins savants de ses serviteurs : « Il est enfin absolument interdit aux missionnaires d'encourager de quelque manière que ce soit les indigènes à se servir en confession d'une autre langue que la leur. »

Ecclésiastiques crocs-en-jambe

La Propagande était une commission permanente de cardinaux qui prenait en charge les territoires de mission, définissait leur statut – vicariat, préfecture apostolique, évêché – en fixait les limites géographiques, dans la mesure du possible, et en choisissait les responsables. Elle pouvait d'autant plus faire entendre sa doctrine aux missionnaires que d'assez fréquentes rivalités entre les saints hommes la mettaient en position d'arbitre.

Dans un mémoire remis à la Propagande pour lui faire approuver leur fusion, évoquée plus haut, la Congrégation du Saint-Esprit et la Société du Saint-Cœur de Marie indiquent : « Au Sénégal et à l'île Bourbon, les missionnaires des deux Sociétés sont déjà un peu en conflit ; plus tard, il pourrait en être de même ailleurs et en résulter de très graves inconvénients, tandis que, par la fusion, on obviera à tout cela infailliblement. »

Cela avait le mérite de la franchise. À en croire leurs « confrères » des autres congrégations, cette franchise ne fut pas la qualité dominante des premiers pères blancs quand ils voulaient convaincre Rome d'agrandir leur zone d'activité en Afrique noire. Un long article publié récemment dans la principale revue des spiritains[1] relate sans fard les rapports tendus, au XIXe siècle, entre leur congrégation et un cardinal Lavigerie accusé de « mêler avec une feinte innocence l'insulte et l'injustice » à leur endroit. Motif de ce courroux : le cardinal faisait comme si les spiritains, moins entreprenants que les Pères Blancs restaient dans les comptoirs sans s'aventurer à l'intérieur des terres. En juillet 1878, il avait écrit dans *L'Univers* : « Ces excellents Pères du Saint-Esprit ont l'intention de rester sur les côtes. » Sans doute cet « excellents » dit-il tout.

Sans qu'il faille généraliser, quelques ecclésiastiques crocs-en-jambe continuèrent plus près de nous, tant était forte la passion africaine. Louangés comme on l'a vu par Leroy-Beaulieu, les omniprésents jésuites ne se tinrent pas à l'écart du continent noir, même s'il ne constitua pas leur objectif principal. Le pionnier des missions

1. *Mémoire spiritaine*, n° 8, deuxième semestre 1998.

jésuites au Tchad est le P. Frédéric de Belinay (1876-1958). Ancien saint-cyrien, entré ensuite au noviciat jésuite puis devenu aumônier militaire, ce père n'eut de cesse d'installer la Compagnie de Jésus au bord du Chari après la Seconde Guerre mondiale. Le problème était que le pays qui l'avait séduit se trouvait déjà « attribué » à d'autres missionnaires, notamment italiens. Condamné à vingt ans de prison en 1942 par un tribunal de Vichy pour s'être rallié à la France libre, l'ex-aumônier militaire profita de son prestige et de ses relations pour parvenir à ses fins après la Victoire. « J'en ai parlé au général de Gaulle lui-même », lui indique le gouverneur du Tchad en octobre 1945. Peu après le ministre des Colonies écrit au provincial de Lyon (dont dépend le père) : « J'attache une importance particulière à l'évangélisation par des Missions françaises des Territoires du Tchad. Aussi ai-je fait demander à notre ambassadeur au Vatican, d'entrer en relations avec les autorités du Saint-Siège, pour que ce territoire soit définitivement détaché du Vicariat de Khartoum confié aux Pères (italiens) de Vérone. » La réponse se fera beaucoup attendre. « Le retard à Rome vient de ce que trois ou quatre congrégations se roulent aux pieds de la Propagande pour obtenir cette malheureuse mission au Tchad », écrit, dépité, le P. de Belinay à son frère en février 1946[1].

Entre oblats de Marie, pères de Vérone, capucins et Compagnie de Jésus, la lutte sera rude jusqu'à la nomination d'un jésuite à la préfecture apostolique de Fort-Lamy. De ce zèle, il reste aujourd'hui la présence de quelques dizaines de jésuites français au Tchad et au Cameroun, où ils ont notamment coordonné la création de l'institut catholique de Yaoundé.

« Leviers de l'évolution »

En 1939, il n'y avait guère plus de 4 % de catholiques en AOF selon les historiens de l'aventure missionnaire. Même en AEF, plus christianisée en raison de la moindre présence de l'islam, les catho-

1. Ces correspondances sont citées dans une brochure à usage interne prêtée à l'auteur par le P. André Worbe, coordinateur missionnaire à la communauté jésuite de la rue de Grenelle (Paris).

liques restaient minoritaires à la fin de la période coloniale. En 1957, l'*Annuaire des missions* édité par la Délégation apostolique de Dakar recensait 94 839 catholiques sur 235 000 habitants dans l'archevêché de Brazzaville et 82 961 sur 293 000 habitants dans l'évêché de Pointe-Noire.

Néanmoins, la présence missionnaire a profondément influé sur les mentalités africaines à l'aube des indépendances. Peu suspect de complaisance à l'égard de la colonisation, le Voltaïque Joseph Ki-Zerbo, auteur d'une indispensable *Histoire de l'Afrique noire* enfin écrite par un Africain, a rendu un hommage remarqué aux congrégations, en particulier pour ce qui a trait à l'émancipation des femmes :

« De nombreux missionnaires, vivant dans des conditions particulièrement misérables (par exemple ayant seulement un congé décennal), ont atteint à la simplicité héroïque des premiers âges de l'Église. Les Missions ont rempli, surtout en AEF où le Gouvernement leur abandonnait tout le secteur social, une œuvre que très probablement l'administration coloniale n'aurait pas accomplie pour des raisons d'orientation et de cadres. D'innombrables dispensaires ont été bâtis et peuplés de religieuses qui ont poussé l'abnégation jusqu'à l'ultime sacrifice. La plupart des écoles primaires et secondaires ont été ouvertes par des missionnaires, d'abord pour leurs propres besoins, puis pour les besoins généraux du pays [...]. Parfois les missionnaires ont joué un rôle politique plus direct, entrant en conflit avec l'administration locale, en particulier sur le terrain social. Par exemple, ils encouragèrent la libération des jeunes filles, et utilisèrent au maximum le décret Mandel sur la liberté de consentement de la fiancée, créant des camps (très critiqués par certains) où les jeunes filles étaient défendues contre les initiatives de leurs prétendants indésirables [...]. Au total, les missions chrétiennes ont été l'un des principaux leviers de l'évolution sociale, intellectuelle et morale de ces pays [1]. »

Né dans une famille de paysans, remarqué et soutenu par des religieux, agrégé d'histoire, diplômé de l'Institut d'études politiques de Paris, premier président de l'Association des étudiants catholiques africains en France, responsable des programmes universitaires

1. *Histoire de l'Afrique noire*, Hatier, 1972.

dans les pays francophones d'Afrique, porte-parole de cette Afrique dans de multiples instances internationales, Joseph Ki-Zerbo est, il est vrai, un des bénéficiaires de l'enseignement des missions, avec tant d'autres Africains doués que l'on retrouva à la tête de leur pays après l'indépendance. À ce titre, l'Église catholique a exercé un pouvoir d'influence sans commune mesure avec l'importance numérique de ses fidèles. Le paradoxe est que son relatif progressisme politique s'accompagnait souvent d'un grand traditionalisme en matière de pratique religieuse, avec une inflation presque panthéiste de dévotions à des saints particuliers et un culte marial quasi fétichiste !

Tout en songeant à la relève du pouvoir politique, les missionnaires se préparèrent assez tôt à passer eux aussi le relais aux indigènes. Pie XI les y avait invités par l'encyclique *Rerum Ecclesiae*, qui, en 1926, avait l'audace d'évoquer la fin des empires coloniaux : « Supposons qu'une population indigène parvenue à un degré assez élevé de civilisation et à l'âge de sa majorité politique, veuille son indépendance, qu'elle exige le départ des fonctionnaires, des troupes, des missionnaires de la puissance coloniale, et qu'elle ne puisse l'obtenir qu'en employant la force. Dites-le-nous, quelle ruine ne menacerait pas l'Église dans cette nation, si on n'avait pas entièrement pourvu aux besoins des nouveaux chrétiens en établissant comme un réseau de prêtres indigènes sur tout le territoire ? »

La première expérience – malheureuse – avait eu lieu à l'initiative des Sœurs de Saint-Joseph de Cluny, qui ramenèrent d'Afrique trois jeunes Sénégalais et les confièrent au séminaire de Limoux. Treize ans plus tard, en 1840, David Boilat, Arsène Fridoil et Jean-Pierre Moussa furent ordonnés en grande pompe. Un tableau, toujours visible dans la maison des sœurs à Rome, immortalisa la scène. Rien n'y manque, pas même le « rond pâle de la tonsure ouvert par le rasoir dans les tignasses crépues [1] ». La veille de son retour en Afrique, en 1841, l'abbé Moussa avait eu l'honneur de célébrer la messe devant la famille royale à Fontainebleau puis d'être reçu par elle aux Tuileries. Il se vit attribuer la cure de Saint-Louis, ville où l'abbé Boilat devint directeur de collège, tandis que la cure de l'île de Gorée allait à l'abbé Fridoil. Ces promotions leur tournèrent-elles la tête ? Toujours est-il que quelques années plus tard la colonie

1. *Missionnaires en Afrique*, *op. cit.*

s'indignait de leur inconduite notoire. Après diverses péripéties, l'abbé Moussa fut expédié à Haïti où il fonda une secte. L'abbé Fridoil mourut sur le bateau qui le ramenait en France. L'abbé Boilat, moins « représentatif » dans la mesure où il était le fils d'un Français et d'une métisse, s'accommoda de son rappel en métropole et, honoré par l'Institut de France, finit ses jours dans l'érudition.

L'indépendance n'est pas le paradis

Songeant manifestement à ce ratage, Liberman, le fondateur de la Société du Saint-Cœur de Marie, écrivait en 1844 au ministre de la Marine, intéressé par ces questions : « Les prêtres noirs auront l'avantage sur les Européens sous bien des rapports auprès de leurs compatriotes ; mais abandonnés à eux-mêmes, ils ne se soutiendront pas et ne produiront pas le bien qu'on a lieu d'en attendre. Ils auront besoin d'être guidés et encouragés par des missionnaires européens. » Désormais, et pour longtemps, les Africains, jugés inaptes à la chasteté, ne pourront prétendre à une autre fonction que celle de catéchiste.

C'est en gros à l'époque de l'Exposition coloniale que s'ouvriront les premiers grands séminaires africains. Le premier prêtre ivoirien est ordonné en 1934 en présence de quatorze missionnaires blancs témoins de l'événement. Il faudra attendre vingt ans pour le sacre du premier évêque camerounais de Yaoundé, Mgr Paul Étoga. Si des Africains accèdent avant guerre à la fonction de vicaires de paroisse dans le clergé séculier, les ordres et les congrégations mettent encore plus de temps à les admettre.

Les avis divergeaient au sein de la hiérarchie catholique sur l'opportunité d'africaniser rapidement les missions, chacun pressentant que cela fortifierait une aspiration aux indépendances politiques que bien des prélats ne souhaitaient pas trop rapides. En 1960, des lettres de l'épiscopat saluent ces indépendances, mais en laissant clairement entendre, contrairement à bien des discours complaisants, qu'elles ne résoudront pas tous les problèmes. Le 1er août, Français et Africains confondus, les évêques des quatre pays de l'éphémère Conseil de l'Entente (formé en 1959 par le Dahomey, la Haute-Volta et le Niger autour de la Côte d'Ivoire) lancent cette mise en garde : « L'indépendance, qui apporte à la nation honneur et considération dans l'épanouissement de sa souveraineté, est aussi un titre à d'autres efforts plus ardus et plus persévérants. C'est en même temps la source de devoirs moraux plus graves. »

Plus lucides que bien des hommes politiques, les missionnaires s'inquiètent des modalités d'application de la loi-cadre de 1956 qui donne une autonomie séparée à chacun des territoires des anciennes fédérations d'AOF et d'AEF, ce qui aboutit à la « balkanisation » de l'Afrique francophone. À Dakar, l'hebdomadaire catholique *Afrique nouvelle* ouvre largement ses colonnes à Léopold Sédar Senghor, qui déplore cet éclatement des fédérations. Logiques avec eux-mêmes, les évêques s'organiseront rapidement en conférences régionales, pour l'Afrique de l'Ouest et l'Afrique centrale, par-delà les nouvelles frontières.

Ensuite, et la situation perdure aujourd'hui, la marge de manœuvre des missions fut étroite entre le silence devant l'absolutisme bouffon et la contestation prêtant le flanc à l'accusation de néo-colonialisme. Croyant ou agnostique, jouisseur ou ascétique, tout journaliste sait que la mission reste un passage obligé pour tout reportage sérieux en Afrique, une source d'informations sans égale. Tout journaliste sent aussi que ce sont des choses qu'il ne faut pas trop dire, sous peine de gêner les pères.

Une vie

Il y a quelque chose de fascinant et de très instructif, sur le plan historique, dans les articles minutieux que les missionnaires retraités ont aujourd'hui le temps d'écrire pour les revues de leurs congrégations. Ainsi en est-il de la nécrologie du P. Ghislain de Banville (1938-1998), spiritain ordinaire et par là même bien intéressant à connaître, dans *Mémoire spiritaine* du deuxième semestre 1998.

En 1956, Ghislain est étudiant en lettres à Paris et fréquente les « rallyes », ces soirées dansantes que les bonnes familles organisent pour susciter des mariages entre personnes du même monde. Ses parents, châtelains normands, l'ont invité à sortir avec des jeunes filles pour mettre à l'épreuve la vocation sacerdotale dont il leur parle. Sa propédeutique terminée, il écrit néanmoins au supérieur provincial de France : « Ne voulant pas de demi-mesure, je me suis décidé à entrer rapidement dans votre Institut. Ce qui m'y a attiré, c'est l'union de la vie religieuse à la vie missionnaire. »

Les formalités ne sont pas moins compliquées pour qui a des ancêtres ayant participé à la conquête de l'Angleterre par les Normands. Ghislain a beaucoup avancé dans la longue formation spiritaine quand, en 1963, il est un des premiers coopérants à faire son service militaire en République centrafricaine. À son retour, *Ouest-France* relate la cérémonie de son ordination.

1967 : départ pour Dakar. Sur le bateau, il fait la connaissance de l'écrivain sénégalais Birago Diop, dont il gardera toujours les ouvrages dédicacés dans sa bibliothèque. 1972 : il retrouve la Centrafrique, comme professeur au « lycée » de la mission des Rapides, principal pôle de la vie intellectuelle à Bangui. Puis, il est nommé à Bambari, 30 000 habitants et néanmoins deuxième ville du pays. Le voilà responsable d'une paroisse, responsable d'un cours de formation pour les maîtres, aumônier et professeur. Soixante-dix élèves dans sa classe de seconde, soixante en terminale, et pas un seul manuel. Grillant cigarette sur cigarette, il rédige et imprime des fascicules d'histoire et de géographie sur la Centrafrique. « Je suis assez pris », écrit-il sobrement à sa famille.

Extraits de son emploi du temps au début des années 90 : « En archéologie : repérage et inventaire des sites de gravures rupestres en RCA. En histoire locale : soutien aux étudiants du département d'histoire de l'université de Bangui (licence et maîtrise) ; recueil et classement des archives missionnaires ; recherches d'archives coloniales auprès des familles des anciens coloniaux français ; collecte de photos et de cartes postales anciennes. » En 1995, des problèmes cardiaques le conduisent dans la maison de retraite des spiritains à Chevilly-Larue. Nommé archiviste général de la congrégation, il constitue, à l'intention des historiens futurs, un fonds irremplaçable sur la RCA. On peut être un saint homme et ne pas dédaigner les hommages de la République laïque : sa grande fierté était le *JO* du 14 juillet 1993, portant sa nomination dans l'ordre de la Légion d'honneur, au titre de la coopération.

Pas seulement des retraités

Au 1er janvier 1998, 6 879 religieux français exerçaient leur ministère de par le monde, dont 2 680 en Afrique francophone [1]. Visitons deux de leurs congrégations à Paris.

Au 30, rue Lhomond, dans le Ve arrondissement, entre le Panthéon et le Val-de-Grâce, la maison mère de la Congrégation du Saint-Esprit

1. Source : rapport du chef de la direction des Français de l'étranger devant le Conseil supérieur des Français de l'étranger, en septembre 1998.

a ce charme discret de l'aisance ecclésiastique qu'on compte bien trouver en tel lieu. Belle façade blanche, lourde porte d'hôtel particulier, immense escalier de pierre avec les portraits des grands précurseurs.

Pourtant, dans ce havre de paix, l'Afrique enfiévrée se rappelle une fois de plus au souvenir du P. Gabriel Myotte-Duquet, un des principaux responsables de la « province » de France. À côté de l'ordinateur et des masques africains qui ornent la pièce, le téléphone ne cesse pas de sonner en ce jour de février 1999 où un spiritain suisse, le P. Lucien Favre, a fait au *Monde* et à Radio France Internationale (RFI) des déclarations alarmantes sur la situation à Pointe-Noire, en proie à un énième épisode de la guerre civile. Bribes de conversations téléphoniques avec des familles de missionnaires inquiètes : « Oui, une paroisse a été pillée » ; « On ne peut rien envoyer, si on le fait c'est immédiatement volé. Heureusement le fax marche encore » ; « On a écrit à Chirac et à Jospin. »

Aujourd'hui, la congrégation est vraiment internationale, explique le P. Myotte-Duquet, à propos de l'Helvétique P. Favre. Au total, il reste 3 100 spiritains dans le monde, dont 650 Français, majoritairement en Afrique, et 700 Africains. « En 1964, nous étions encore 1 400 Français sur un effectif total de 5 000. » En même temps que la congrégation s'est ouverte aux autres Européens, surtout des Belges et des Suisses, avec un supérieur général (français) chargé à Rome de la coordination mondiale, les rivalités territoriales ont disparu. De nos jours, les évêques africains font appel à n'importe quel ordre ou congrégation, en fonction des besoins, sans se soucier des « chasses gardées » autrefois attribuées par le Vatican.

Forte d'une quarantaine d'actifs, chargés de l'administration et de l'économat, la maison mère ne doit pas être confondue avec la maison de retraite de Chevilly-Larue. « Depuis 1979, année où Giscard d'Estaing l'a institué, tous les religieux ont un régime particulier au sein de la Sécurité sociale : assurance maladie et retraite à soixante-cinq ans. Mais cette retraite, on ne la prend pas, ou le plus tard possible. » Malgré la chute des vocations en Europe, non dissimulée par le P. Myotte, la congrégation exige toujours de longues études, avec un « stage missionnaire » de deux ans. « Il arrive qu'un ancien coopérant veuille entrer chez nous. Il fera de la théologie, mais, bien sûr, dans ce cas-là, on le dispense de stage. » Une mise au point : « Il est faux de dire qu'il y a de moins en moins de missionnaires. Simplement, la relève est assurée par les Africains, qu'on envoie généralement ailleurs que dans leur pays natal, pour des raisons multiples. Notre rôle est de former cette relève, et il nous faut pour cela des bases solides. »

L'heure de l'action en ordre dispersé est passée. Créée en 1996 à Bruxelles, une organisation nommée « Foi et Justice, Europe-Afrique » a une antenne parisienne qui regroupe dix-sept congrégations missionnaires. Objet : « sensibiliser les pouvoirs publics sur les conséquences de leurs décisions en Afrique », explique le P. Myotte. Exemple : « Éviter qu'un oléoduc entre le sud du Tchad et Douala saccage la région, et obtenir des dédommagements honnêtes pour les paysans. »

On part sur la pointe des pieds pendant que le P. Myotte parle au téléphone d'une demande d'audience auprès du ministre chargé de la Coopération. Dans le vaste jardin intérieur de l'établissement, vrai fantasme de promoteur, deux étudiants africains cherchent un père, porteurs d'un message de villageois congolais.

*

Immeuble plus banal, sur cinq étages, 5, rue Roger Verlomme, maison des Pères Blancs, pour un entretien avec Gérard Chabanon, père provincial de la France. La congrégation compte exactement 2 048 membres en ce mois de février 1999. Parmi eux, 485 Français (dont le supérieur général, installé à Rome), 351 Belges, 280 Canadiens et une centaine d'Africains récemment formés. Il faut neuf ans d'études avant d'être admis à prononcer le serment inchangé depuis Lavigerie : « En présence de mes frères rassemblés, je fais serment sur les Évangiles de me consacrer désormais, et jusqu'à ma mort, à la mission de l'Église en Afrique, selon les Constitutions de la Société des Missionnaires d'Afrique placée sous la protection de Marie Immaculée, Reine de l'Afrique. »

Chez les Pères Blancs, outre une ou plusieurs langues africaines, on doit parler le français et l'anglais. Une obligation notamment pour les jeunes recrues de Tanzanie et d'Ouganda, qui risquent de se retrouver en Afrique occidentale. Hélas, à part celle de Toulouse, les maisons de formation en France « se sont reconverties en maisons de retraite », avoue tristement le P. Chabanon. Parmi les membres européens de la congrégation, plus de la moitié ont cessé de travailler à plein temps, vu leur âge avancé. La proportion est encore plus élevée parmi les dix-huit évêques figurant dans les effectifs.

Le jour de ma visite, le provincial demeurait sous le coup de l'émotion suscitée par les funérailles de Mgr André Dupont, premier évêque de Bobo-Dioulasso, l'un des deux diocèses du Burkina. Avant de prendre sa retraite dans la maison de Bry-sur-Marne, en 1974, ce prélat très populaire s'était notamment illustré comme promoteur de « l'école de brousse », dans l'ancienne Haute-Volta. Or voici qu'à sa mort, début 1999, les Africains réclamèrent le corps de leur bienfaiteur. Pas question qu'il repose ailleurs qu'en Afrique. Il fallut se conformer à leur désir, « rapatrier » la dépouille mortelle pour de grandioses cérémonies à « Bobo ». Qui relate ces choses-là dans la presse française, qui s'intéresse à elles ?

Quelque cent cinquante pères blancs français œuvrent toujours en Afrique noire [1], notamment pour un dialogue avec l'islam et les religions traditionnelles au sein de « communautés de témoins ». Des pères réfléchissent aux traditions africaines, à la sorcellerie, explique le provincial. « Pour le moment les prêtres africains ne peuvent pas faire ça. » D'autres travaillent pour la Délégation catholique à la coopération, qui, en liaison avec les autorités françaises, essaie de placer l'homme qu'il faut à l'endroit qu'il faut, selon les données fournies par les églises locales. C'est par cette délégation que le P. Chabanon, qui n'est pas vieux, avait découvert l'Afrique comme enseignant au Mali. En portant le « toast d'Alger » pour le ralliement de l'Église à la République, le cardinal Lavigerie ne se doutait pas qu'un jour des vocations se réaliseraient grâce à un ministère parisien de la Coopération !

Efficacité féminine

Aujourd'hui, pas plus que les pères, elles ne portent d'habits religieux. On les reconnaît à leurs jupes plissées, à leurs socquettes,

1. En 1999, ils étaient « plusieurs dizaines » en Tunisie et en Algérie, malgré le danger. Un Père Blanc canadien était l'évêque de Laghouat, au sud. Le Maroc n'a jamais été leur zone.

à leurs jambes, et aussi à leur air toujours inquiet dans les aéroports, à leur crainte perpétuelle de rater la bonne correspondance. Elles sont empotées dans le siècle. Mais tellement efficaces dans leur domaine !

Elles appartiennent à des congrégations aux noms « surannés », sauf pour les Africains qui les connaissent bien : Sœurs de Saint-Joseph de Cluny, Sœurs de Notre-Dame des Apôtres, Petites Servantes du Sacré-Cœur, Filles de la Charité, Filles de Marie, Sœurs Blanches, etc. Dans les établissements qu'elles ont fondés en Afrique, elles sont de moins de moins nombreuses à venir de la vieille Europe. Des Togolaises, des Zaïroises, des Malgaches et même des Indiennes les remplacent progressivement. Mais certaines – plusieurs centaines encore – continuent à faire tourner écoles, dispensaires, orphelinats, jusqu'au jour où elles rejoindront leurs maisons de retraite en Bretagne.

Fondées en 1923, indépendantes de leurs homologues masculins sur le plan administratif, les sœurs spiritaines de la rue Plumet, dans le XVᵉ arrondissement, restaient, toutes nationalités confondues, au nombre de 380 de par le monde, dont 60 à la retraite, en 1999. Effectifs en Afrique francophone (Cameroun, Centrafrique, Congo, Sénégal) : 75 Européennes, en majorité françaises, et 23 Africaines. Parmi les unes et les autres, des médecins, des assistantes sociales (mal) payées par les gouvernements et même une visiteuse de prison au Cameroun.

Si vous appelez sœur Dominique au téléphone, rue Plumet, ne craignez pas les silences inspirés par la charité chrétienne quand elle se met à vous parler de l'enseignement en Centrafrique. Elle connaît bien la question pour avoir longtemps travaillé à Bangui. Après l'indépendance, les établissements religieux de l'enseignement primaire et secondaire ont été « nationalisés ». « Aux premières vacances qui ont suivi la nationalisation, il ne restait ni porte ni fenêtre ! Chacun s'était servi. N'étant plus payés, beaucoup de professeurs laïcs ont dû regagner leur village. » Ce fut le commencement d'une lente déglingue, jusqu'à ce que, à une époque récente, l'État décide de « reprivatiser ». « Depuis 1998, à Bangui, l'école Sainte-Thérèse, le collège Saint-Charles et le lycée Pie-XII fonctionnent de nouveau sous notre responsabilité et à notre charge financière. La nationalisation n'avait pas entraîné le départ de toutes les sœurs, mais, en principe salariées de l'État, elles n'étaient plus chez elles. Au moins, les choses sont claires maintenant. À eux trois, ces établissements forment 4 000 élèves, avec des sœurs africaines et une directrice française. Les livres scolaires du collège Saint-Charles sont fournis par une association de coopérants français qui avaient vu notre travail. »

Une « anomalie » nécessaire

La « reprivatisation » au profit des missions (il est vrai africanisées), quarante ans après l'indépendance ! Énorme, quand on y pense ! Même s'il s'agit là d'un cas limite, le maintien de l'ex-empire de Bokassa sous perfusion missionnaire illustre bien le problème des congrégations. Celles-ci ont conscience que leur existence peut être perçue comme une « anomalie » dans les paroisses françaises privées de clergé. Au début du siècle, la France « fille aînée de l'Église » comptait 40 000 prêtres (et aussi 80 000 religieuses) pour une population de 30 millions d'habitants. Aujourd'hui, ils ne sont plus que 12 000, souvent fort âgés, pour une population qui a doublé. On en est au point où des paroisses sont bien contentes de trouver des abbés africains, achevant leur formation dans l'Hexagone, pour faire un « remplacement ». « D'une évangélisation à l'autre ! », ironisait l'un de ces vacataires.

Seulement, avoue un responsable de congrégation poussé dans ses derniers retranchements, « en Afrique, il y a des hommes mais pas d'argent ». Quoique « les grands bienfaiteurs qui faisaient des legs parce qu'ils s'intéressaient à l'Afrique pour une raison ou une autre » soient une espèce en voie de disparition, les missions conservent un patrimoine immobilier et des fonds – bien placés, on peut leur faire confiance. Pendant longtemps encore, il faudra un soutien financier à la relève africaine, avec quelques religieux expatriés pour s'assurer du suivi.

On retrouve parfois les missionnaires là où l'on s'y attendait le moins. Par exemple dans l'édition 1999 du *Guide du routard* pour l'Afrique noire. Rappelant à ses lecteurs que là-bas l'automobiliste étranger qui renverse un piéton a toujours tort, le guide ordonne : « Dépêchez-vous de ramasser la victime (morte ou vivante) et de la conduire à l'hôpital, à la mission ou chez le médecin le plus proche avant que la population ne réagisse et vous lynche. » Parmi les bonnes adresses de ce guide, pour le routard cherchant un endroit où dormir dans la région de Kribi, sur la côte Atlantique du Cameroun : l'« auberge de jeunesse » du P. Gaspard, spiritain, 82 ans, 50 ans d'Afrique dont 32 au Cameroun. « Le P. Gaspard a toujours bon pied, bon œil, et vous racontera comment il essaie de nouer le dialogue avec les Pygmées qui, certains soirs, préfèrent emprunter la plage plutôt que la route pour passer d'une forêt à l'autre. »

C'est presque aussi beau que la prose missionnaire naguère en vente près des sacristies. Cette prose-là n'existe plus, ou presque plus. Mais si vous pénétriez dans l'église Saint-Germain-des-Prés au printemps 1999 vous tombiez sur un panneau évoquant des formes nouvelles d'apostolat, au sein d'une « association Saint-Germain-des-Prés-Tokombéré » (au nord du Cameroun). Historique : « Christian Aurenche, médecin et prêtre, membre de l'équipe sacerdotale de Saint-Germain-des-Prés, est détaché à la mission Saint-Joseph de Tokombéré par l'archevêque de Paris en 1976. En 1977, l'association est créée comme lieu d'échange entre deux cultures très différentes ayant chacune leurs propres richesses. »

Après les congrégations, les associations religieuses ?

Chapitre 7

Du colon à l'expatrié

Tous les ans, en septembre, à deux pas de l'Étoile, le Centre de conférences internationales de l'avenue Kléber est le théâtre d'une réunion moins guindée que son lot habituel de rencontres diplomatiques : celle des 150 membres du Conseil supérieur des Français de l'étranger[1] (CSFE). Souvent bronzés, cultivant à dessein l'accent de leur Midi ou Sud-Ouest natal, les participants prennent un plaisir évident à cette session. Le ministre des Affaires étrangères et quelques hauts fonctionnaires sont là pour les entendre, et ils y vont eux aussi de leurs discours et de leurs rapports. Le micro de Radio France Internationale, la radio qu'on écoute sur tous les continents, se tend pour les interviews. Cocarde du CSFE à la boutonnière, on se retrouve, on se congratule, on se tutoie. Pour se faire remarquer au sein des deux principales associations d'expatriés – l'Union des Français de l'étranger (UFE), à droite ; l'Association démocratique des Français de l'étranger (ADFE), à gauche – puis pour se faire élire, on a parfois bataillé ferme. Mais, ensuite, les clivages politiques s'estompent au profit d'un sentiment d'appartenance à une même catégorie sociale, dont il faut défendre les intérêts ensemble.

Les plus chanceux, ceux qui font partie des commissions spécialisées, ont droit à un autre voyage annuel à Paris, en février, pour une session restreinte qui se tient parfois dans les salons du Quai d'Orsay, décor encore plus apprécié que les salles de l'avenue Kléber.

Dans ces conviviales assemblées, les représentants des quelque 125 000 Français vivant actuellement en Afrique noire francophone (voir l'encadré en fin de chapitre) ne sont pas les derniers à s'expri-

1. Directement élus, pour six ans, par les Français inscrits dans les consulats, ils choisissent aussi en leur sein douze sénateurs pour représenter les expatriés au Palais du Luxembourg.

mer. Installé au Gabon depuis fort longtemps, membre de la commission des Affaires économiques et fiscales, Éric Messerschmitt ne cache pas ses sentiments. « Il y a trois types de Français à l'étranger : ceux de l'Union européenne, qui sont de moins en moins des "expatriés", puisqu'ils ont pratiquement la même protection sociale que dans l'Hexagone ; ceux de la génération de la mondialisation, qui ne font généralement que passer, avec des contrats temporaires, le plus souvent en Amérique du Nord et en Asie ; ceux de la vieille souche africaine qui revendiquent l'expatriation la plus difficile et en même temps le plus grand attachement à la France [1]. »

« Exterritorialité »

« Expatriation la plus difficile », certes, à cause du climat, des risques sanitaires, et – plus usant pour les nerfs – de l'incertitude juridique et fiscale dans l'exercice du métier, du risque d'arbitraire administratif, sans parler de la constante possibilité des « révolutions ». « Tous les matins, depuis trente ans, je me lève en sachant que tout, du plus cocasse au plus tragique, peut arriver dans la journée, assure un élu du CSFE. D'une certaine façon, on y prend goût. C'est devenu une drogue. » Mais expatriation quand même un peu à part, avec des privilèges s'apparentant à certains égards à ceux de l'exterritorialité diplomatique.

On l'a vu, les Français sont pratiquement les seuls Européens à pouvoir compter sur le secours rapide de leur armée dans leurs anciennes colonies. Ils disposent en Afrique d'un réseau sans pareil d'établissements scolaires financés en partie par les Affaires étrangères, reconnus par l'Éducation nationale et dispensant le même enseignement qu'à Brive-la-Gaillarde, en vue des mêmes examens. En 1999 – des cours Sévigné d'Abidjan au lycée Saint-Exupéry de Yamoussoukro – il n'y avait pas moins de 23 de ces établissements dans la seule Côte d'Ivoire. (Contre seulement 4 en Italie et 2 au Japon, par exemple.)

Bien que la critique de l'ambassadeur soit un des exercices favoris de la colonie française, celle-ci lui demande (surtout si le malheu-

1. Entretien avec l'auteur en février 1999.

reux est en prise directe avec « la présidence » du pays concerné) ce que personne n'exigerait d'un préfet en France, pour régler les problèmes les plus variés. Tout expatrié ayant quelques années d'ancienneté considère comme un dû le bristol d'invitation à la célébration du 14 Juillet à la résidence de l'excellence.

L'exterritorialité existe presque au sens propre quand, en période de campagne pour l'élection présidentielle en France, le ministre de la Coopération tient pratiquement meeting dans quelque grand hôtel, parfois en présence de tel ou tel dignitaire africain connu pour ses sympathies...

Les Cocotiers à Douala, *La Tchadienne* à Fort-Lamy, le *Roc Hôtel* à Bangui, l'*Hôtel du Parc* à Abidjan, l'*Hôtel de la Poste* à Saint-Louis (avec sa célèbre chambre 219 où dormait Mermoz à l'époque de l'Aéropostale) : ils ont tous leur histoire. Gérés par la société des Relais aériens français ou possédés par l'illustre Émile Perras, patron du *Métropole* et de *La Croix du Sud* à Dakar, ils ont été au centre de la vie sociale en Afrique francophone. Ce n'étaient pas des endroits où l'on passait. On s'y réunissait entre habitués, entre associations, entre corporations. (Fondé en 1906, un *Bangui-Roc Club*, précéda d'ailleurs au bord du fleuve Chari l'établissement qui prit son nom cinquante ans plus tard.) Le temps d'un premier apéritif, le journaliste était sûr d'y rencontrer dès son arrivée une partie de ceux qui faisaient sinon l'événement du moins l'opinion sur l'événement.

La plupart de ces établissements mythiques ont disparu ou périclitent – certains en abusant de l'indulgence de « clients pèlerins ». Toujours climatisés à outrance, parfois gérés selon les directives standardisées des chaînes internationales, l'*Hôtel Ivoire* à Abidjan, *Le Teranga* à Dakar, *Le Mont Fébé* à Yaoundé leur ont succédé. Ils ont quand même une « âme », tant est vivace l'ambiance africano-française. On converse au bord de la piscine et non plus à l'ombre des frondaisons du patio. Au restaurant, on a maintenant pour commensaux des Africains incollables en bordeaux et exigeants envers le sommelier blanc. Mais, comme ailleurs naguère, on fête rituellement l'arrivée du beaujolais nouveau dans ces palaces. On y réveillonne avec la bourriche d'huîtres de Marennes. À la librairie-kiosque, à côté de ce produit hors de prix que constitue toujours en

Afrique un *Monde* vieux de trois jours, la bande du dernier Goncourt figure sur l'ouvrage primé sitôt connu le verdict de chez *Drouant.*

Tous « patrons »

En Afrique, « le tourisme est une sorte de réincarnation bien particulière du colonialisme », note assez finement le *Guide du routard.* Le voyageur culpabilisé doit donc s'y faire : le chauffeur de taxi, le garçon de restaurant, l'appelleront « patron », variante tropicale de « monsieur », avec un dosage variable de racolage et de rigolade, comme ils s'adressaient naguère aux maîtres blancs dont le paternalisme autoritaire tolérait une certaine dose de familiarité.

La plupart du temps, ils n'avaient pourtant rien de très reluisant, ces premiers colons français qui arrivèrent au Sénégal ou au Gabon sur les traces des militaires et des administrateurs. Ces pays n'étaient pas des colonies de peuplement, comme l'Algérie, ou certaines régions du Kenya britannique. S'y établir était une aventure individuelle, parfois une aventure désespérée, celle de la dernière chance.

Au début du XXe siècle, beaucoup de « petits Blancs », venaient des départements les plus pauvres du Midi. « L'on prétend, par plaisanterie, que les procès-verbaux du conseil municipal de Mazamet sont rédigés en ouolof », écrivait en 1929 Georges Hardy, alors directeur de l'École coloniale [1]. Ce qui est vrai c'est que des expressions en ouolof émaillaient les débats de certains conseils municipaux du Sud de la France quand les anciens d'Afrique qui y siégeaient en assez grand nombre voulaient être sûrs de se faire comprendre. (De la même manière qu'aujourd'hui, au Parlement sénégalais, on entend des « troisième âge », des « classe ouvrière » et autres paroles exprimant des concepts empruntés à l'ancien colonisateur, au milieu des plus beaux morceaux d'éloquence en langue vernaculaire.)

Contrairement à une légende tenace, les Français n'eurent pas seulement une vocation de fonctionnaire dans les colonies. Il y eut des candidats aux activités agricoles dès le début de l'implantation. Appliquant le principe général de son droit selon lequel les terres vacantes appartiennent à l'État, la France accorda des « conces-

1. *Ergaste ou la Vocation coloniale*, Larose, 1929, coll. « Vies coloniales ».

sions » pour la mise en valeur de l'Afrique. Si celles-ci pouvaient atteindre des superficies considérables pour les grandes compagnies (voir le chapitre suivant) et faisaient l'objet des tractations dans lesquelles les relations haut placées pouvaient beaucoup compter, d'autres – de quelques dizaines d'hectares – étaient proposées aux simples particuliers, à la discrétion des gouverneurs.

Henri Brunschwig [1] a retrouvé les émouvantes demandes de petites gens adressées aux plus hautes autorités de l'État à la fin du XIXe siècle, parfois « avec une enveloppe timbrée pour la réponse ». En 1892, alors que la presse vient de parler des difficultés de la conquête militaire au Dahomey, une famille de cultivateurs de l'Hérault, les Nicolas – l'homme, vingt-huit ans, sa femme, vingt et un, et son frère, vingt-quatre – expriment au président de la République leur espoir de pouvoir « prendre une concession de terrain pour la culture de la vigne dans le golfe du Bénin ». La plupart du temps, ces demandes furent consciencieusement répercutées vers les administrations concernées, pour étude, avec un souci très républicain de la légalité et de l'égalité. Une enquête de la préfecture du Gard révèle par exemple que le jeune Léonce Romand, de Nîmes, qui souhaite carrément 100 000 hectares au Soudan, vit dans un pauvre mazet avec son grand-père aveugle et sa mère, séparée de son mari. « Le jeune homme, de conduite irréprochable, gagne 50 francs par mois chez un marchand de farine », précise l'enquête. Le maire de Nîmes prit la peine de convoquer Léonce pour lui conseiller plus de réalisme.

Les étonnantes correspondances mentionnées par Henri Brunschwig montrent que rêveurs et vrais ou faux naïfs appartiennent à toutes les couches de la société. En 1894, un M. Laumann, « homme de lettres et journaliste », recommandé par un député, adresse aux autorités un mémoire pour obtenir en Guinée une concession lui permettant de cultiver le cola. Le fonctionnaire chargé d'instruire la demande du pistonné se fait « un devoir », et aussi un plaisir manifeste, de « relever quelques incertitudes dans le récit de M. Laumann », par exemple que le colatier commence à produire au bout de vingt ans et non cinq comme l'imagine l'intéressé. À la même époque, un représentant de commerce de Bordeaux, invo-

1. *Noirs et Blancs dans l'Afrique noire française*, *op. cit.*

quant l'exemple des « vaillants pionniers de la gloire », tel Brazza, et faisant appel « à tous les cœurs vraiment français et patriotiques », abreuve les autorités de missives pour obtenir des fonds en vue d'une expédition lui permettant de négocier directement l'octroi de concessions avec un chef africain du Fouta-Djalon.

Les vocations semblent assez nombreuses pour que la préfecture de police de Paris s'intéresse en 1905 aux activités d'une prétendue société « La Caravane coloniale » qui, à coups d'annonces dans divers journaux, fait miroiter des situations commerciales pour gens « honnêtes et courageux » dans les factoreries. Par centaines, des gogos envoyaient de l'argent pour « frais de contrôle » de leur curriculum vitae et n'entendaient plus parler des bons apôtres qui avaient poussé l'obligeance jusqu'à leur proposer « la nomenclature des objets pouvant composer votre équipement colonial ».

Quelque vingt ans après ce genre d'escroquerie, l'Afrique continuera d'attirer pêle-mêle authentiques entrepreneurs, aventuriers prêts à tout, ronds-de-cuir saisis par l'ambition, pères de famille aux fins de mois difficiles, recalés au baccalauréat, militaires prématurément à la retraite, fils de famille ruinés, soupirants éconduits. Bref, battants (si pareil anachronisme est permis) et « déveinards », comme se qualifie lui-même un des nombreux correspondants qui écrivirent à Albert Londres après la publication de *Terre d'ébène* : « Voudriez-vous nous conseiller, vous qui soutenez toujours les déveinards ? Pourriez-vous, Monsieur, trouver dans vos relations une place pour nous, quelque part en Afrique ? »

Entre le riche forestier et le petit commerçant déjà concurrencé par les Libano-Syriens, entre le prospère « pistachier [1] » bordelais et l'employé – « exploiteur-exploité » – des grandes sociétés de négoce, la colonie n'efface pas toutes les barrières. Des « classes » se reconstituent à Cotonou, Libreville, Grand-Bassam et autres « villes européennes » du golfe de Guinée, même si celles-ci se réduisent avec égalitarisme à un « front de mer » bordé de cocotiers et à quelques centaines de maisons carrées à toiture de tôle, en attendant des jours meilleurs.

Qu'importe ! Aux yeux des Africains, les Blancs constituent une race supérieure et homogène. Ils sont les « patrons », que leurs

1. À l'origine, l'arachide sénégalaise fut appelée « pistache de terre ».

petits-enfants feront plus tard semblant de croire réincarnés dans les touristes descendus des charters, en s'amusant de leurs airs souffrants devant cet attentat farceur au « politiquement correct » des temps nouveaux.

Le boy, personnage essentiel

Quelques mots pompeux, par exemple celui de « cercle » pour désigner l'endroit où l'on boit son absinthe, ne permettent pas de s'abuser longtemps. La colonie, c'est la province en pire, la province sans l'électricité. Avant l'arrivée des générateurs qui permettront de fabriquer la glace et de faire tourner les « fans » (les grands brasseurs d'air suspendus aux plafonds), la plupart des colons s'éclairent à la lampe à acétylène ou à la bougie.

Pour oublier ses crises de cafard – les célèbres « gabonites » ou « congolites » –, ce monde de célibataires, dans la plupart des cas, a ses *moussos*, à la fois bonnes amies et bonnes à tout faire. Puis, une fois l'argent entré dans des cantines qui constituent l'essentiel du mobilier, le nouvel arrivé peut s'offrir des boys, personnages essentiels de la comédie humaine aux colonies. Comme le commandant de cercle a son interprète pour prendre le pouls du pays réel, le colon a son boy pour lui servir d'interface avec une population dont il ignore tout. Le boy fait le marché, donne des conseils d'hygiène locale, explique les combines traditionnelles, à l'aide des quelques dizaines de mots qui constituent son vocabulaire français. « Preuve » de la promotion sociale de son patron, il est abondamment photographié sur les plaques puis les clichés sépia que se montrent, quand même fières du rejeton, les familles restées en métropole. Surtout, il permet de faire en quelque sorte l'apprentissage de la conduite à tenir avec les indigènes dans la vie professionnelle. Il est un cobaye soumis et indulgent pour les travaux pratiques de psychologie africaine.

Pas très fier de lui, Michel Leiris racontera plus tard [1] comment lui, l'intellectuel de gauche, il en vint à frapper un porteur qui se

1. Dans *L'Afrique fantôme*, recueil des notes prises pendant sa mission ethnographique en Afrique, de 1931 à 1933, Gallimard, 1934.

tournait les pouces pendant le passage délicat d'une rivière en crue : « Un brusque éclair me change, pour pas plus de temps que cet éclair, en brute coloniale : je frappe un grand garçon qui reste inerte dans la chaîne, laissant éternellement les grosses pierres dans les bras des plus petits et ne se décidant pas à les débarrasser » (journée du 4 décembre 1931). Quelques jours plus tôt (16 septembre), il avait déjà noté avec inquiétude : « À voir combien je suis moi-même impatient avec les Noirs qui m'agacent, je mesure à quel degré de bestialité doivent pouvoir atteindre, dans les rapports avec l'indigène, ceux qui sont épuisés par le climat et que ne retient aucune idéologie... Et qu'est ce que cela doit être chez les fervents du Berger ou du whisky ! »

Difficulté de se faire obéir par des populations, pour lesquelles l'agitation industrieuse des Blancs est incompréhensible, tentation permanente de l'abus de pouvoir avec l'excuse qu'on en bave soi-même ! Dans le procès du colonialisme, on n'a peut-être pas assez essayé de comprendre quelle maîtrise d'eux-mêmes ont finalement témoigné des milliers de « petits Blancs », passés sans transition de la condition d'éternel subordonné en métropole à celle de petit chef aux colonies, sans provoquer de drames majeurs. Après tout, la passivité et le fatalisme africains ne suffisent pas à expliquer comment les 7 390 Français recensés en 1908 par les services du gouverneur général de l'AOF vivaient en toute quiétude avec au moins 10 millions d'indigènes. D'autant plus que, parmi ces gens, une fois déduits les militaires et les fonctionnaires encadrés par leur administration, il ne restait plus qu'une minorité de 2 100 « colons individuels », parfois dispersés en brousse. Il est permis de penser que le simple souci de sa sécurité, sinon la charité chrétienne, a conduit même le plus fruste à faire preuve d'un minimum de diplomatie dans ces terres où un empoisonnement est si vite arrivé.

L'« absolue liberté » de Céline

« Du matin au soir, je me promène entouré d'épais voiles contre les moustiques. Je fais ma cuisine moi-même de peur d'être empoisonné. » Qui prend ces précautions en juin 1916 dans un Cameroun que la France vient de ravir à l'Allemagne ? Louis-Ferdinand Destouches, futur Céline en littérature, réformé après les blessures reçues au combat et engagé par la Compagnie forestière du Sangha-Oubangui, la même que celle dénoncée par Gide, et celle qui deviendra la « Compagnie Pordurière » dans le *Voyage au bout de la nuit*[1].

Quand il décrit sa vie d'apprenti colon à une amie[2], Destouches médite-t-il déjà ses futures pages assassines sur la vie de Bardamu à « Fort-Gono » (Douala) capitale de la « Bambola-Bragamance » après une interminable traversée (« Ce n'était plus un voyage, c'était une espèce de maladie ») sur l'*« Amiral Bragueton »* et avant son exil dans une factorerie de « Bikomimbo » ? Ce n'est pas certain. Dans un poste où son premier travail consiste à échanger avec les Noirs des cigarettes contre des défenses d'éléphant, à vingt-sept jours de marche de Douala, avec pour plus proche voisin européen un fonctionnaire à onze jours du même genre de marche, dans une région infectée par la malaria et la maladie du sommeil, il trouve au moins une consolation : « L'absence absolue de commentaires sur ma conduite et la grande, totale, absolue liberté. » Sur son lit Picot, « bourré de laudanum » contre la dysenterie, il ne se plaint pas trop des conditions de vie matérielle. Plus tard, dans le *Voyage*, il se paiera même le luxe d'ironiser sur ses compatriotes et leur « dévirilisation » par « l'introduction de la glace », alors que « les Faidherbe, les Stanley, les Marchand ne pensèrent (...) que du bien de la bière, du vin et de l'eau tiède ».

En septembre 1916, trois mois après son débarquement à Douala, il est promu surveillant d'une plantation de cacao. Il écrit à un ami qu'il économise pas mal d'argent. La suite sent moins le colon moyen. Le futur écrivain perce dans cette missive à ses parents : « J'aurais vu un peu plus de choses que si j'avais été sage. N'est-ce pas la seule ambition qu'on puisse avoir au monde ? » Plus tard, il demande à son père de lui envoyer divers ustensiles et aussi des livres : « Le poids et le nombre n'ont aucune importance. La domesticité est fort nombreuse et les porteurs innombrables. C'est à peu près la seule chose, avec le cacao, que le pays possède en abondance. »

1. Denoël, 1932.
2. Correspondance citée par l'avocat François Gibault dans le premier tome de son *Céline*, *Le Temps des espérances (1894-1932)*, Mercure de France, 1977.

Quand on va s'appeler Céline, le temps des économies besogneuses a une fin rapide. Destouches demande à être délié de ses engagements pour raison de santé et rentre en France dès avril 1917. Il est néanmoins révélateur que l'Afrique ait tenté un moment un génie en osmose atrabilaire avec son temps, avant New York et autres lieux. Tout comme est instructif le contrat que l'écrivain avait signé avec la Sangha-Oubangui, contrat en tous points semblable à ceux qu'acceptèrent des centaines de jeunes gens de la même génération.

D'abord un stage probatoire de six mois. À la suite de cette période on se trouve engagé pour deux ans, avec retour payé en France, « en deuxième classe ». Parmi les clauses importantes : « L'intempérance habituelle est un motif de révocation immédiate, sans indemnités. » La Sangha-Oubangui prend en charge les frais médicaux, « étant bien entendu que la Compagnie n'a pas de médecin à son service et qu'elle ne peut installer une pharmacie dans chaque factorerie, étant entendu aussi qu'aucun fait malheureux de privation de logement, nourriture et soins médicaux ne pourra donner lieu à une action contre elle, même si les faits provenaient de la négligence ou de la mauvaise volonté d'agents intermédiaires ». Le signataire reconnaît avoir été « mis en garde contre les dangers qu'un Européen court généralement dans les pays tropicaux ». Une ultime clause redondante dégage la compagnie « de toute responsabilité et de toute obligation, en cas d'accident et de maladie quelconque et même de décès ».

Très précautionneuses à l'embauche, les maisons de ce genre assuraient en pratique un minimum d'intendance à ceux de leurs employés qui n'étaient pas trop éloignés des localités du littoral. Hébergé, nourri dans des « popotes » communes, le personnel bénéficiait d'une certaine assistance à son arrivée. Plus tard, les avantages en nature se multiplièrent, par exemple à la très organisée Compagnie du Niger français qui prenait toute l'installation en charge, « du boy à la vaisselle ».

En fait, derrière le mot colon, il y a des situations très contrastées, depuis le type complètement livré à lui-même qui monte *ex nihilo* son élevage d'autruches à Tombouctou dans l'espoir de faire fortune avec la plume, jusqu'à l'employé de comptoir qui vit en signant des « bons » honorés par son employeur (contre prélèvement ultérieur sur le salaire) « au bar, au restaurant, au dancing et même au bordel », assure Pierre Biarnès [1]. Mais, par-delà les disparités de situation, un trait commun semble unir les uns et les autres : le goût de « l'absolue liberté » partagé, à un plus modeste niveau, avec Céline. Quelque pénibles que soient la solitude du poste de brousse ou, au contraire, la cohabitation forcée des villes comptoirs, cette liberté règne sans limite dans la vie professionnelle. Cela, à ce point, seule l'Afrique noire peut l'offrir. Le Maghreb et l'Indochine ont leurs propres attraits, préférés par d'aucuns, mais ils comportent des structures sociales et des traditions avec lesquelles il faut composer. Seule l'Afrique, comme sa forêt, semble vierge pour les entreprises de l'homme blanc.

Dakar, la « ville mère »

Cette liberté, dans son expression collective, commence peut-être par la possibilité de transposer, encore plus résolument qu'ailleurs, l'architecture du pays natal sous le soleil tropical. « Ville mère » de la colonisation en AOF, seule véritable métropole jusqu'à la Seconde Guerre mondiale, seule véritable destination des charters sur l'Afrique noire francophone de nos jours, Dakar illustre le mieux cette appropriation, au point qu'on ne sait jamais si, actuellement, les touristes du troisième âge vont y chercher les traces d'une aventure coloniale encore inséparable de leurs souvenirs d'écolier ou une « négritude » rendue plus compréhensible qu'ailleurs par la francophilie proclamée des Sénégalais.

Dans une ville où le Blanc n'affrontait le soleil que casqué, l'hôtel *Atlantic* présentait une façade d'établissement balnéaire normand et la première mission des spiritains était couverte d'ardoise grise comme dans l'Île-de-France. Construit en 1907, face à l'océan, le palais du gouverneur général de l'AOF comportait initialement un clocheton très nouveau riche du Touquet avant de devenir, rénové, la sobre et blanche « présidence » sénégalaise, peut-être la seule d'Afrique francophone où la climatisation est encore épargnée aux visiteurs.

1. *Les Français en Afrique noire, de Richelieu à Mitterrand*, Armand Colin, 1987. Ancien correspondant du *Monde* à Dakar, Pierre Biarnès est maintenant sénateur représentant les Français de l'étranger.

Entre 1900 et 1940, Dakar passe de 8 000 à quelque 100 000 habitants. Les Blancs vivent surtout sur « le Plateau » vaste quadrilatère séparé de la Médina africaine et traversé par des rues qui portent toutes le nom des premiers gouverneurs du pays ou des gloires de la IIIe République. (Le Sénégal indépendant débaptisera l'avenue Gambetta mais ajoutera l'avenue Georges-Pompidou, ami de Senghor, aux rues Félix-Faure, Jules-Ferry, et autres artères qui de, Pasteur à Victor-Hugo, font encore ressembler le plan de Dakar à celui d'une préfecture française.)

Albert Londres, lors d'un premier séjour en Afrique, avant celui effectué pour écrire *Terre d'ébène*, avait entendu « des airs de phonographe qui rôdaient dans les rues du quartier administratif ». C'était néanmoins l'époque où, à chaque épidémie de fièvre jaune, les Dakarois étouffaient derrière des portes et des fenêtres grillagées et où ils sortaient bottés, crispins aux gants, coiffés d'une cagoule, pour se protéger des piqûres de la stégomyie, le moustique qui propage la maladie. « Venez donc, suppliait une lettre envoyée au reporter, venez voir un peu ce qui se passe à Dakar. Nous en sommes au cent huitième mort (des Blancs). Pourvu qu'on ne dise rien, on peut trépasser. Nous vous réservons une *cage* dans notre maison »... Dans ce port d'escale pour les voyageurs revenant d'Afrique équatoriale, il fallait aussi se préserver des maladies des autres. Depuis 1870, au pied du phare du cap Manuel, au sud de la ville, un lazaret recevait régulièrement les infortunés passagers mis en quarantaine. Au moment de l'Exposition coloniale, malgré une ultime alerte à la fièvre jaune en 1926, ces cauchemars s'estompent, la colonie prospère et s'embourgeoise. Après des années de lit Picot et de lampe à pétrole dans les comptoirs de brousse, les agents méritants des maisons de commerce coulent des jours plus heureux dans les villas ocre du Plateau et leurs jardinets aux allées de coquillages. Certains rêvent de quitter les nombreuses associations basques, catalanes ou corses – trop « peuple » – pour passer au statut de membre du Cercle de l'Union, où se retrouve une gentry locale haute en couleur. Sur la Corniche, les calèches font place aux cabriolets Delaunay et aux Viva Stella Renault, en route vers l'hippodrome de La Pépinière. À partir de 1933, le ton est donné par le quotidien *Paris-Dakar* du comte Charles de Breteuil, fondateur d'un futur empire de presse africaine. Mais, dans cette transposition tropicale de la vie provinciale française, quelques concessions sont faites à la couleur locale. « On se recevait de plus en plus chez soi, raconte Biarnès, assez cérémonieusement, dans des salons aux meubles bruns massifs, que décoraient des tableaux d'amateurs représentant des scènes de danses initiatiques de la haute Guinée, de superbes adolescentes sénégalaises aux seins nus ou des Maures enturbannés au regard farouche[1]. »

« La colonie en bigoudis »

L'arrivée progressive des Françaises modifie évidemment la vie coloniale. En 1926, il y avait encore des « spécialistes » pour écrire : « Il faut bien convenir que la femme blanche résiste très mal au climat tropical, s'ennuie, est prise de nostalgie, s'anémie considérablement, plus durablement que l'homme, et voit souvent son système nerveux détraqué[2]. » Au moins en ce qui concerne les villes, ces « conseils » ne sont guère entendus. « On s'embarque maintenant avec sa femme, ses enfants et sa belle-mère. C'est la colonie en bigoudis ! », constate Albert Londres dans *Terre d'ébène*.

Le droit au grand départ pour les colonies devient même une revendication féministe. La romancière Clotilde Chivas-Baron se fait la championne de cette cause : « Aujourd'hui, la femme française accepte volontiers, et même avec enthousiasme, son rôle colonial. Aujourd'hui le foyer colonial existe. Le couple français peut, s'il le veut, bâtir aux colonies[3]. » La presse met en garde les rêveuses, « persuadées que l'on va au Congo pour ne rien faire, pas même le ménage, puisqu'il y a des boys à tout faire, que la vie s'y passe à chasser, à parader, à flirter[4] ». L'image que la propagande impériale véhicule est celle de « la femme de l'administrateur devenue l'infirmière des Noirs à Thiès ». Petit à petit, la littérature s'empare du personnage de la « broussarde », une femme solide et courageuse, soutenue par la certitude de jouer un rôle hors du commun,

1. *Ibid.*
2. Georges Barthélemy, *Les Colonies françaises. Ce qu'elles sont, où elles sont, ce qu'on y fait, comment on y vit*, Imprimerie d'Éditions, 1928.
3. *La Femme française aux colonies*, Larose, 1929, coll. « Vies coloniales ».
4. *L'Essor colonial et maritime* du 20 avril 1928.

elle qui « sait que sa silhouette seule se découpera sous la véranda[1] ». Et, si l'époux devait succomber aux charmes passagers de quelque Africaine, « puisse la coloniale dispenser l'indulgence qui ne ferme pas tout à fait les yeux, mais qui baisse à temps les paupières[2] ». Au demeurant, pour éviter les tentations, Mme Chivas-Baron ne manque de souligner « la nécessité chez le colonial qui veut rester lui-même de choisir soigneusement une compagne de son éducation, de son milieu social[3] ».

Avec ou sans aventures extra-conjugales, la colonisation cesse définitivement d'être une affaire de célibataires après 1945. Des maternités s'ouvrent dans les hôpitaux pour Blancs. Des écoliers français se mélangent aux Noirs dans certaines écoles. Les hommes ne seront pas seuls pour vivre la grande mutation des indépendances.

Le chapeau de brousse remplace le casque blanc

Dakar n'est plus la seule ville blanche quand, en 1962, paraît le premier *Guide bleu* de l'Afrique centrale, avec une préface de Francis Ambrière pour remercier diplomatiquement les responsables de « jeunes États à qui nous avons communiqué nos travaux » et ceux de l'époque coloniale révolue : « MM. les commandants de Cercles et chefs de Subdivisions, les directeurs des différents hôtels des Relais Aériens et de la Cie Internationale des Wagons-lits, les représentants de Cie Maritime des Chargeurs Réunis et tous les pilotes du réseau aérien de l'Afrique centrale. »

Il faut alors dix-neuf jours aux six bâtiments des Chargeurs réunis et de la Compagnie Fraissinet-Fabre, le *Brazza*, le *Foucauld*, le *Général-Leclerc*, le *Foch*, le *Général-Mangin* et le *Jean-Mermoz*, pour relier Bordeaux ou Marseille à Port-Gentil (où les forestiers de l'Ogooué descendent à chaque mouillage d'ancre pour danser à bord toute la nuit) *via* Dakar, Conakry, Abidjan, Lomé, Cotonou, Lagos et Douala. Heureux temps où le *Guide bleu* consacrait plusieurs dizaines de pages aux réjouissances de la vie à bord et aux

1. *La Femme française aux colonies*, *op. cit.*
2. *Ibid.*
3. *Ibid.*

excursions possibles dans les escales touristiques du périple : Vigo, Lisbonne, Palma de Majorque, Ténériffe, Madère ou Alger ! Sans parler des conseils sur la façon d'occuper ses dernières heures place de la Comédie à Bordeaux avec son « rare cachet de luxe et d'élégance » avant l'embarquement pour le tout autre univers africain.

Néanmoins, la concurrence du réseau aérien se fait déjà sentir. Air France et l'UAT (Union aéromaritime des transports) ont ouvert plusieurs agences en Afrique. (Adresse de l'UAT à Bangassou : « Mission catholique » !) Commence l'époque où, au Bourget, l'on souscrit une assurance vie en cas d'accident sur les lourds DC-6 bientôt remplacés par les Constellation plus profilés. Des écriteaux invitent les passagers à vider leur stylo à encre avant d'embarquer. L'avion se traîne à 500 km/h, mais à bord les hôtesses traitent tout le monde comme un VIP.

Autres moyens de transport, autres passagers. Les coopérants remplacent les anciens fonctionnaires coloniaux. Aux « petits Blancs », souvent évincés par les Libanais, succèdent ingénieurs et spécialistes qu'appellent les grands chantiers ouverts pour ancrer l'Afrique indépendante à la France.

La notion d'expatrié – hôte d'un pays souverain – remplace celle de colon – partout chez lui. Ce sont des comportements différents. Et aussi des habillements nouveaux. De façon plus significative qu'il ne paraît le « chapeau de brousse » se généralise, bien que les authentiques « broussards » se fassent moins nombreux. Le casque de liège couvert de toile blanche, à bord plat, avait supplanté au début du siècle le lourd casque « à la Brazza » qui descendait très bas sur la nuque. À son tour, il est relégué au musée des souvenirs. Le Blanc veut se sentir plus libre de ses mouvements, pour conduire sa voiture au lieu de se faire trimbaler par des porteurs, pour aller à la plage, dénudé au soleil au lieu de se draper contre lui, pour danser avec des Africaines qu'il commence à épouser au lieu de coucher simplement avec elles. Posent encore devant le photographe avec le casque les adeptes d'un certain folklore chasseur, ceux auxquels un permis coûtant 12 000 francs CFA [1] en 1961 donne le droit d'abattre en un an deux hippopotames, huit buffles, deux autruches, une girafe et quatre éléphants.

1. CFA : voir encadré, p. 167.

La nivaquine a remplacé les gros cachets de quinine. Les antibiotiques sont plus efficaces que les douches au permanganate pour lutter contre les démangeaisons des mycoses. Il y a plus approprié que les antiques « lotions de Brazza » pour se préserver des « mout'mouts » (ou fourrous), dont la succion provoque la dingue, de la mouche filaire, aux vers transparents amateurs d'articulations et de prunelles, et autres bestioles. L'hygiène et la pharmacopée modernes permettent d'atténuer le redoutable paradoxe d'un continent aux paysages sublimes et à la microfaune ennemie de la race humaine. Le colonisateur a quitté l'Afrique au moment où il l'avait rendue habitable – habitable en tout cas par les gens pourvus de moyens.

Le Quai, les satellites et les « chefs de village »

Plus forts que les risques naturels, il restait ceux résultant de l'instabilité politique. Au moment des indépendances, le Cameroun connut la seule alerte véritablement de nature à faire craindre la répétition des sanglants événements du Congo belge dans les colonies françaises. Alors que chaque appareil de la Sabena se posant à Douala apportait des récits d'atrocités commises à Léopoldville, des émeutes et des attentats avaient lieu au Cameroun à l'instigation des éléments radicaux de l'UPC (Union du peuple camerounais), parti révolutionnaire fondé par le syndicaliste Ruben Um Nyobé. Dans un récit sans prétention mais criant de vérité [1], Stéphane Prévitali, chef de chantier d'une grande entreprise française, raconte pourquoi les Blancs stockaient eau douce et conserves, comment ils blindaient leurs portes et préparaient l'autodéfense. L'introduction de diverses armes individuelles (surtout le calibre 7,65 court) dans un pays indépendant était toujours un exercice éprouvant pour les nerfs, même quand, à l'aéroport, le jovial Camerounais préposé à la fouille terminait l'examen de vos cantines de technicien au service de sa jeune nation par un « Bon travail, patron ! », comme s'en souvient M. Prévitali.

1. *Le Cameroun par les ponts et par les routes. La naissance d'une nation vue par un terrassier (1953-1963)*, Karthala, 1988.

Heureusement la communauté française d'Afrique noire ne céda pas à la psychose pendant le drame congolais, pas plus qu'elle ne s'était affolée lors de la sanglante révolte des Mau-Mau contre les Blancs du Kenya en 1952. Les divers coups d'État qui ponctuèrent la première décennie des indépendances n'influèrent en rien sur les affaires et la coopération. Aujourd'hui, les expatriés ayant tout à perdre – leur maison, leur commerce, leur entreprise – sont de moins en moins nombreux. Contrairement aux colons, ils disposent généralement de biens et de ressources dans l'Hexagone. Ils peuvent partir rapidement, grâce aux évacuations militaires, et revenir une fois l'alerte passée. Au pire, comme cela s'est vu à Brazzaville en janvier 1999, ils risquent d'être bloqués chez eux pendant quinze jours, communiquant par radio avec le personnel de l'ambassade également retranché dans ses bureaux. Certains, je l'atteste, éprouvent un certain goût pour ces moments de vie « intense ».

Les sensations fortes de l'ancienne vie de colon se combinent aujourd'hui avec l'apprentissage de la technologie la plus sophistiquée en matière de sécurité. Même le vénérable ministère des Affaires étrangères se met à l'heure de la téléphonie spatiale et des systèmes de repérage par satellites. Destinée à la protection des expatriés, sa cellule de veille vante les avantages de ces « outils qui, reliés à des stations d'émission radio sur longue distance en hautes fréquences, pourraient optimiser l'autonomie des communications dans les zones isolées [1] ». À la suite de troubles à Pointe-Noire, en octobre 1997, la cellule de crise s'est aussi dotée d'un système téléphonique spécial – dit « Crisetel » – pour pouvoir répondre aux appels des familles en cas d'événements graves.

Le ministère des Affaires étrangères s'efforce en outre de susciter des vocations. Sous son égide, la Maison des Français de l'étranger (dans l'ancien hôtel *Majestic*, 34, rue La Pérouse) fournit renseignements et documentation à ceux qui songent à travailler dans le secteur privé hors de l'Hexagone. *La Voix de France* (de droite) et *Français du monde* (de gauche), les périodiques des deux associations concurrentes de Français à l'étranger, sont équitablement distribués aux visiteurs, avec diverses brochures du ministère sur les pays susceptibles de les intéresser.

1. Bilan interne de la Cellule de veille en date du 18 mars 1999.

100 000 inscrits dans les consulats... en comptant le ministre gabonais

Sur les 960 939 personnes immatriculées dans les consulats français à l'étranger au 1er janvier 1998, 104 157 vivaient en Afrique noire francophone. Il fallait y ajouter environ 20 000 non immatriculés pour raisons diverses.

Par rapport à 1997, ces chiffres étaient en progression de 4,5 %. En apparence donc – si l'on ajoute immatriculés et non-immatriculés – la colonie française n'a pas considérablement baissé par rapport à ce qu'elle était en 1960, année des indépendances : 150 000 personnes. Toutefois, les données consulaires sont trompeuses, car elles comportent un nombre croissant de binationaux : 39,5 % en 1998. En dehors même des couples mixtes, une partie de la classe dirigeante africaine dispose de deux passeports (ce qui lui permet, entre autres choses, de mettre ses enfants dans les lycées français) et figure donc sur les listes. C'est ainsi que le consulat de Libreville a vu un ministre gabonais déposer son bulletin dans l'urne, très légalement et sans aucun complexe, lors de la dernière élection présidentielle en France.

Qui part en Afrique noire aujourd'hui ? « Des gens que rebute l'excès de réglementation chez nous, constate un responsable de la Maison des Français de l'étranger. L'image d'une Afrique où les gains sont fonction du mérite, sans paperasserie, sans contraintes bureaucratiques continue de séduire. Mais il faut accepter de travailler dur. Un Blanc ne fait pas grève ! Quant aux 35 heures... »

L'appel de l'Afrique peut sonner chez n'importe qui, n'importe où dans la France du chômage. Il n'est pas spécialement entendu dans des régions connues naguère pour cela : Midi, départements dotés de grands ports. Il n'y a plus de traditions ni de filières locales. Même la Corse, autrefois célèbre pour ses fonctionnaires et ses commerçants coloniaux, a cessé de se distinguer dans ce domaine. Et si son « mal » s'expliquait en partie par la perte de cette ancienne soupape de sécurité que constituait l'empire ?

En lisant entre les lignes consacrées à l'« ambiance pour un expatrié », chaque destinataire de la prose du Quai peut comprendre que, pour un Français, les pays de l'ancien empire ne seront jamais tout à fait comme les autres. Le statut d'ancien colonisateur peut y faciliter certaines choses et en compliquer d'autres. Extrait de l'édition 1997 de la brochure sur le Cameroun : « Les contacts, autres que professionnels, avec les nationaux peuvent être très bons mais parfois aussi difficiles, notamment dans les rapports avec les administrations locales. Aussi est-il conseillé de conserver son calme, de rester patient, d'être discret dans ses propos et de respecter scrupuleusement les règles d'immigration. Il est recommandé de ne formuler aucune appréciation dans le domaine politique. » La brochure consacrée à la Côte d'Ivoire évoque le sida, le banditisme urbain et autres fléaux modernes, mais sans omettre de recommander à ceux qui iront en brousse de faire, comme autrefois, « la visite au chef de village ».

Chapitre 8

Les surprises du bilan économique

L'Afrique a le pouvoir de faire rêver. Tantôt elle parle d'héroïsme et d'aventure. Tantôt elle alimente une certaine fantasmagorie sur l'argent que les puissants peuvent y faire.

En octobre 1979, après que *Le Canard enchaîné* eut mis en cause le président de la République à propos des petits diamants qu'il avait imprudemment acceptés de Bokassa, *Le Monde* enfonça le clou en évoquant un patrimoine familial amassé outre-mer. Le quotidien assurait : « La famille de M. Valéry Giscard d'Estaing est étroitement liée, depuis plusieurs décennies, à des sociétés qui opèrent en Afrique et ont opéré en Indochine. » Parmi ces sociétés, il était question de la fameuse Compagnie forestière du Sangha-Oubangui – celle de Gide et de Céline –, une des nombreuses participations de la Société financière pour la France et les pays d'outre-mer (Soffo), qui s'appelait Société financière française et coloniale à l'époque où elle était présidée par Edmond Giscard d'Estaing, père du chef de l'État. « Après la première guerre d'Indochine, la Soffo a réinvesti en Afrique, notamment dans l'ancienne AEF où elle avait déjà des intérêts », écrivait *Le Monde* en laissant imaginer une juteuse reconversion.

La double page du *Monde*, qui mentionnait aussi les activités africaines de François et Jacques Giscard d'Estaing, cousins germains de Valéry, priva peut-être celui-ci d'un second mandat présidentiel. En l'espèce, le paradoxe était qu'Edmond Giscard d'Estaing fut plutôt un contestataire dans les milieux coloniaux de son époque, un de ceux qui dénoncèrent le caractère archaïque de certaines rentes de situation.

Alors que le marché intérieur métropolitain était limité par l'importance d'un monde paysan vivant presque en autarcie et par la faiblesse du pouvoir d'achat des ouvriers, les colonies passaient pour offrir un débouché sûr au commerce et à l'industrie de transformation. Sous la tutelle politique et administrative de la métropole, un système de protection douanière très élaboré assurait l'apparente pérennité d'un ensemble de 100 millions d'habitants aux économies réputées complémentaires. Pendant la crise de 1929, l'empire avait joué un rôle « amortisseur », à l'écart des grandes zones de dépression capitaliste à l'américaine.

C'est pourtant à cette époque-là qu'un doute commença à s'insinuer : et si l'apparente sécurité qu'offrait l'empire encourageait la paresse d'esprit face au nécessaire redéploiement de l'économie française dans un contexte mondial en pleine évolution ? En 1931, l'année même de l'Exposition, Paul Reynaud, ministre des Colonies, charge Edmond Giscard d'Estaing, alors jeune inspecteur des Finances, directeur de la Financière française et coloniale, administrateur du Crédit foncier de l'Ouest africain, d'une mission d'enquête en AOF. En principe, il s'agit de rechercher une solution aux difficultés que connaissent certaines banques en Afrique noire. Remis en 1932, le rapport d'enquête va bien au-delà : « Le véritable problème de mise en valeur africaine consiste essentiellement à produire la plus grosse quantité possible des différents produits coloniaux au plus bas prix possible rendus en Europe ou en Amérique, c'est-à-dire dans les lieux de consommation. » Finis donc les prix garantis au producteur et au grossiste grâce aux barrières douanières. Place à la concurrence, quitte à ce que l'huilerie marseillaise achète aux Indes des arachides moins chères et meilleures que celles du Sénégal, quitte à ce que le café brésilien supplante celui des planteurs ivoiriens. Dans l'intérêt à long terme de l'Afrique, pense Edmond Giscard d'Estaing, il faut sacrifier les secteurs non rentables ou mal organisés et cesser de disperser les efforts improductifs.

C'était le début d'un long débat, aujourd'hui oublié, entre « libéraux », partisans du redéploiement, et « conservateurs », attachés au *statu quo*, dans les diverses instances de l'Union coloniale. Créé en 1893, ce syndicat des principales maisons françaises ayant des intérêts dans l'empire traîna toujours une réputation sulfureuse de groupe de pression uniquement soucieux de rentabilité immédiate. Pourtant, il était fort hétérogène et divisé par les intérêts divergents de ses membres, selon la nature de leur activité et leur implantation géographique. En fait, il n'y eut pas l'équivalent, au niveau économique, du « parti colonial » qui, dans les sphères politiques, transcenda la droite et la gauche classiques (voir le chapitre suivant).

Les soixante pages du rapport Giscard d'Estaing constituent un témoignage étonnant sur les doutes des milieux capitalistes des années 30, pas tous enthousiasmés par la colonisation, contrairement à ce que croient les auteurs qui réduisent celle-ci à un pillage. Elles furent retrouvées aux Archives nationales, entre un dossier poussiéreux sur les conséquences du conflit italo-abyssin en AOF et un autre sur le rattachement du cercle de Gao au Niger, par un jeune universitaire marxiste. Après ce qu'il appellera plus tard « une lecture passive de Lénine », Jacques Marseille, persuadé que l'impérialisme était le « stade suprême du capitalisme » s'était lancé dans une thèse de doctorat d'État sur la colonisation. Il aurait pu s'agir d'une de ces « sommes » illisibles par lesquelles plusieurs générations d'agrégés de gauche se sont donné bonne conscience tout en s'assurant une place dans l'Université. Seulement, Jacques Marseille était un vrai « chercheur ». Il prit la peine d'aller lui-même aux sources. Il lut les procès-verbaux des séances de l'Union coloniale. Il fouilla les cartons des Archives nationales. Il médita sur les statistiques du commerce extérieur, en remontant par exemple jusqu'à l'année 1906, où, pour s'en tenir à des postes alors importants, l'empire absorbait 88 % des bougies produites en France, 75 % de la bière, 34 % de l'eau-de-vie et 27 % des « chapeaux de paille ». Outre celles du ministère des Colonies, il dépouilla les archives des ministères de l'Agriculture, du Commerce et de l'Industrie, des Travaux publics.

Commencée en 1970 et achevée en 1983, cette recherche se termina par une soutenance de thèse à la Sorbonne, et surtout par la publication de sa « version allégée » (tout de même 458 pages en caractères minuscules dans l'édition de poche ultérieure [1]) sous le titre *Empire colonial et capitalisme français, histoire d'un divorce*. Avec une feinte surprise, M. Marseille s'étonna du silence ou des critiques de la presse « amie », alors que *Présent*, l'hebdomadaire du Front national, auquel il n'avait pas envoyé de service de presse, saluait son travail comme « une nouvelle et importante étape dans

1. Le Seuil, coll. « Points Histoire », n° H126.

l'opération de déshabillage du marxisme » et comme « la réfutation des mécanismes du mensonge appliqués au domaine colonial ».

Que disait donc M. Marseille de si nouveau et si étonnant ? Qu'en termes strictement financiers, notamment en Afrique, l'aventure coloniale n'avait pas toujours été une bonne affaire. Qu'à partir des années 30, au sein de l'Union coloniale, certains eurent le sentiment que l'empire voulu par le pouvoir politique devenait un boulet économique. Que ce « divorce » s'accentua avec les débuts du Marché commun européen. Et l'auteur concluait par cette question provocante : « La décolonisation a-t-elle été une conquête des peuples colonisés appuyés par les forces métropolitaines hostiles au capitalisme ou, au contraire et à la fois, un délestage voulu par une certaine fraction du patronat français pour stimuler la croissance de ses activités ? »

Par réaction contre les fariboles de ses collègues thésards, Jacques Marseille a peut-être poussé le paradoxe un peu loin. Il n'en reste pas moins que les candidats à l'« exploitation » de l'Afrique furent moins nombreux qu'on pourrait l'imaginer et que le bilan économique se résume essentiellement à l'action de quelques sociétés très motivées et très spécialisées.

« La fondation des colonies est la meilleure affaire dans laquelle on puisse engager les capitaux d'un vieux et riche pays », affirmait l'économiste Paul Leroy-Beaulieu à la fin du XIXe siècle. On peut appartenir à la grande bourgeoisie parisienne, donner son nom à un amphithéâtre de l'École libre des sciences politiques, et ne pas être vraiment entendu par ceux auxquels on s'adresse en priorité. En dehors de brèves périodes d'engouement, les très grosses fortunes, les « deux cents familles », participèrent peu à la colonisation africaine. Dans un premier temps, celle-ci fut surtout l'œuvre de provinciaux. Des commerçants plutôt que des capitaines d'industrie, des emprunteurs plutôt que de gros comptes chez les agents de change, des gens formés sur le tas plutôt que des diplômés des grandes écoles, des « rêveurs » souvent suspects aux conseils d'administration avant de prendre goût à leur tour au combat économique.

Dynasties bordelaises

Au commencement, avant même les grandes explorations, il y eut le « commerce muet », et la légende, chez les populations côtières, selon laquelle les Européens étaient « fils de l'eau ». « Ils surgissaient au large du littoral, relate Amadou Hampâté Bâ, rapporteur de cette légende [1], déposaient leurs objets et marchandises sur une plage, allumaient un grand feu et retournaient sur leurs bateaux ; les Africains, qui voyaient la fumée de loin, sortaient alors des forêts riveraines, venaient prendre les objets européens et déposaient en échange leurs propres richesses sur la plage. »

Ensuite, le bateau lui-même fut transformé en comptoir, marchandises étalées sur le pont. À l'arrière, les étoffes et fusils à échanger seulement contre de l'or ; à l'avant, la pacotille habituelle de la traite, payable en ivoire, peaux d'animaux, bois. Un coup de canon annonçait l'arrivée des Blancs et leur volonté de traiter. Les pirogues quittaient le rivage. À bord, les Noirs indiquaient les objets de leur convoitise et proposaient leurs contreparties. Le marchandage commençait. À l'approche du coucher de soleil, les transactions se concluaient. Certains capitaines étaient réputés pour leur art de susciter chez l'indigène les « achats d'impulsion ».

Puis vint le temps des comptoirs fixes, à terre, et celui des factoreries, avec des échanges plus diversifiés. Tout naturellement les familles qui se lancèrent dans cette aventure habitaient les ports : Bordeaux et Marseille en particulier. Elles disposaient de relais dans la classe politique. Armateur bordelais, le baron Portal avait été ministre de la Marine sous la Restauration. Un de ses successeurs sous Napoléon III fut Théodore Ducos, député de la cité girondine et ancien négociant. En 1860, la chambre de commerce de Bordeaux, qui avait subventionné quelques missions d'exploration en Afrique noire, était assez puissante pour obtenir de Paris le renforcement des installations militaires de Saint-Louis du Sénégal.

Devès et Chaumet, Maurel et Prom, Buhan et Teyssère : les dynasties bordelaises du négoce au Sénégal marchent souvent par deux.

1. *Oui mon commandant !*, *op. cit.*

Justin Devès, alors âgé de vingt et un ans, arrive à Saint-Louis en 1810. Il gagne beaucoup d'argent dans le commerce de la gomme mais songe vite à se diversifier avec une petite société de remorquage à l'embouchure du fleuve. Il s'associe alors avec Gustave Chaumet et place les membres des deux familles à des postes stratégiques. En 1858, Gaston Devès, membre du clan, est un des administrateurs de la Banque du Sénégal récemment fondée. Deux ans plus tard, les Devès montent une huilerie à Bordeaux, à partir de l'arachide. Elle deviendra la Grande Huilerie bordelaise, connue dans tout le Sud-Ouest.

La fortune des Prom date de Faidherbe. Louis-Hubert et Hilaire Prom savent combiner au bon moment l'activité des factoreries, le métier d'armateur, et la politique, avec la présidence du conseil général du Sénégal pour Louis-Hubert. Président de la Banque de l'Afrique occidentale, le cousin Marc Maurel apporte l'indispensable soutien bancaire en 1858. De l'association, on passe à la fusion en 1919, pour faire de la maison Maurel-Prom une huilerie pilote dont la réclame s'étalera sur les murs africains et français pendant un quart de siècle. Lucien Maurel, président de Maurel-Prom, sera l'une des voix influentes de l'Union coloniale dans les années 30.

Il y eut aussi les Chavanel, les Verdier, les Régis, les Daumas et autres familles dont l'histoire se confond avec celle du Soudan, de la Côte d'Ivoire, du Dahomey et du Congo. Quelle que soit la forme juridique de l'entreprise, le principe était toujours le même : acheter la production des Africains et la transformer, sur place ou en métropole ; leur vendre en retour des tissus, de la quincaillerie, des conserves. Si possible en utilisant pour ces transports les services d'entrepreneurs amis, telle la Société navale des chargeurs Delmas-Vieljeux.

Pendant plus d'un siècle, à partir de 1867, les cargos Delmas-Vieljeux arborèrent leurs célèbres cheminées (roue de Mulhouse sur fond bleu ciel) sur tout le littoral africain, quelles que fussent les péripéties politiques de l'époque. Jusqu'au jour du printemps 1991 où un raid de Vincent Bolloré modifia la donne, on disait que Tristan Vieljeux, protestant rochelais, avait, grâce à ses comptoirs, une meilleure connaissance de l'Afrique noire que tous les « réseaux » et services de renseignement réunis. Le caractère familial de l'entreprise était proclamé par le nom de baptême des fleurons de sa flotte :

le *Thérèse-Delmas*, dont la fière maquette est aujourd'hui exposée au musée de la Marine à Paris ; le *Véronique-Delmas* dont la photo orne toujours la publicité du groupe.

Le siècle de Périclès Zarifi à Marseille

Des capitaux collectifs vinrent concurrencer ces maisons enfantées par le génie commercial de quelques individus durs en affaires et sentimentaux dès qu'il s'agissait de la famille. Peyrissac, Sentenac et autres sonorités du Sud-Ouest firent place aux sigles glacés des sociétés anonymes : CFAO (Compagnie française de l'Afrique occidentale, créée en 1887), SCOA (Société commerciale de l'Ouest africain, fondée en 1906), etc. Moins marquées par la personnalité des pères fondateurs, ces firmes eurent quand même le charme des groupes spécialisés dans l'outre-mer, avec une forte « culture d'entreprise » africaine.

Établie à Marseille, la CFAO compta pour principaux actionnaires Périclès Zarifi, homme d'influence très lié aux milieux bancaires, et quelques autres personnages portant le prénom de l'emploi. Grâce au soutien de la Société marseillaise de crédit, elle développa rapidement un réseau de traite et de services dans toute l'Afrique occidentale. Toujours en quête de diversification, mais sans faire d'investissements lourds, elle s'offrit le luxe de « défendre » sa clientèle noire dans divers combats contre l'administration dont elle dénonçait les abus tout en faisant preuve d'une âpreté sans faille quand ses propres intérêts étaient en cause.

Quelques sociétés commerciales à vocation hexagonale essayèrent un moment de concurrencer sur leur terrain les champions bordelais et marseillais du négoce africain. Outre la passion des philatélistes (révélée par l'abondance des offres d'achat ou d'échange de timbres dans la presse de l'époque), l'organisation des services postaux en Afrique noire, de 1890 à 1920, suscita l'intérêt des grands magasins déjà experts dans la vente par correspondance et sur catalogue. À la fin du XIXe siècle, le Printemps de Paris fut sans doute le premier à proposer un « magnifique album illustré spécial pour les Pays d'Outre-Mer » par des publicités en pleine page dans la presse africaine. « Écris pour moi à mam'zelle Samaritaine », demande son boy à Albert Londres en 1927. « Les catalogues de nos gros grands magasins inondent l'Afrique, note le reporter, non seulement la côte mais l'intérieur. Ils arrivent par sacs. Les sacs sont adressés à MM. les interprètes, M. le chef des gardes, M. le chef de canton, MM. les élèves des écoles. Et l'on dit que le commerce français n'est pas astucieux ! Ces livraisons remportent le plus triomphal succès. Le nègre qui reste deux mois sans recevoir *son catalogue* se croit lésé et fait écrire aux grands magasins une lettre de rappel. Des journées entières ce joli livre est sous les yeux de l'indigène qui ne trouve rien de plus séduisant. Et il commande à tour de bras [...]. À Ouagadougou, trois camions de colis postaux arrivent chaque semaine [1]. »

Les vécépistes ne visent évidemment pas la seule clientèle africaine, à faible pouvoir d'achat. Articles pour dames, potions diverses contre les maladies tropicales sont proposés aux Blancs par des maisons aux raisons sociales parfois pittoresques, tel le célèbre « Institut Freedy », à Paris, qui, de façon sans doute révélatrice, remporte un franc succès avec un « remède, nouvellement découvert, possédant la qualité merveilleuse de dégoûter le buveur de tout alcool ». Même la maison Louis Vuitton, qui, il est vrai, avait déjà fourni Brazza, s'y met et fait de la réclame pour une malle contenant un lit pliant, avec brancards pour porteurs.

Les journaux officiels des colonies sont les premiers à tirer profit de cette réclame. Dans son étude sur certains aspects de la colonisation de 1870 et 1914, Henri Brunschwig a recensé 3 483 annonces émanant de 222 maisons – du potage Liebig aux montres Loiseau – entre 1898 et la Première Guerre mondiale [2]. Le chiffre d'affaires de ces maisons n'est sans doute pas faramineux, mais leur souci de se faire connaître montre que la présence d'une importante colonie française outre-mer est alors un fait social dont tiennent compte tous les agents économiques.

Même les firmes étrangères s'intéressent aux colons français du continent noir. Ernst Matthaei, à Hambourg, vante son « pousse-pousse Afrique », en tubes d'acier montés sur une roue, qui « peut être employé même dans les steppes sans aucun chemin tracé », à moindres frais que la chaise à porteurs ou le hamac traditionnels,

1. *Terre d'ébène*, *op. cit.*
2. *Noirs et Blancs dans l'Afrique noire française*, *op. cit.*

« attendu que deux coolies *(sic)* sont en mesure de conduire le véhicule sans aucune fatigue, du matin au soir ».

Grands concessionnaires, mines d'or et rêves brisés

En 1929, la CFAO se trouve en huitième position au palmarès du bénéfice net pour les sociétés implantées dans l'empire, derrière les Phosphates de Gafsa, les Distilleries indochinoises, les Charbonnages du Tonkin et autres établissements aux raisons sociales exotiques. Un beau score africain après seulement quarante-deux ans d'activité. Néanmoins, plus que la société de négoce, ce qui fascina les Français ce fut la compagnie concessionnaire installée sur des dizaines de milliers d'hectares pour l'exploitation du caoutchouc, du bois, et, plus discrètement, de l'ivoire.

Propre à la lointaine AEF, où il fallait attirer des capitaux à tout prix, souvent critiquée pour ses abus, comme on l'a vu avec Gide, la société concessionnaire symbolisait vraiment l'aventure coloniale, avec ses profits supposés rapides, sa liberté de manœuvre seulement limitée par un cahier des charges. Signé en contrepartie de l'attribution des terres, celui-ci était rarement appliqué à la lettre, la présence d'anciens hauts fonctionnaires coloniaux dans les conseils d'administration étant censée constituer un garde-fou. En échange de quelques redevances à la colonie et de quelques prestations de service, telle la navigation fluviale à vapeur, les concessionnaires se voyaient attribuer la propriété effective de tous les produits naturels pour trente ans.

En 1899, les compagnies concessionnaires occupaient environ les deux tiers de l'AEF, la Société des sultanats du Haut-Oubangui – un de ces noms que le romancier n'oserait pas inventer – s'adjugeant à elle seule 140 000 km^2, le tiers de la France. Leur domaine avait un peu diminué en 1905 mais elles étaient vingt-quatre à se partager encore 470 000 km^2. L'investissement dans ce type d'entreprise resta généralement le privilège de quelques spéculateurs avertis, le Français moyen se contentant d'assister en observateur aux péripéties de cette période très particulière de l'activité économique.

Les rentiers se rattrapèrent avec les offres des sociétés minières, quand l'espoir se répandit que l'AOF et l'AEF recelaient des zones aurifères aussi importantes que celles qui avaient fait la fortune de Cecil Rhodes en Afrique australe. Parce que les indigènes trouvaient un peu d'or en Guinée, au Soudan, au Dahomey et en Côte d'Ivoire avec des méthodes rudimentaires, l'idée vint à certains esprits aventureux de lever des capitaux en bourse pour une prospection systématique avec des moyens modernes. Comme les permis de recherche se payaient à l'hectare, l'administration, toujours en quête de recettes, laissa d'abord circuler des rumeurs encourageantes. En métropole, des milliers de personnes mirent leurs économies dans cette course au trésor qui était aussi un moyen de participer patriotiquement à l'épopée coloniale.

Le ministre des Colonies reçut vite des missives de petits épargnants inquiets. « J'ai acheté l'an passé des titres de mines d'or de Guinée pour 15 000 F environ, écrivait par exemple un employé de banque à Lyon. Je perds actuellement 10 000 F sur ces titres. J'ai suivi avec attention votre voyage dans cette contrée, et nulle part je n'ai vu un compte rendu parlant de la richesse d'or de ce pays. [...]. Veuillez me faire l'honneur d'une réponse et me dire simplement s'il y a réellement de l'or à extraire pour faire vivre ces sociétés. Je ne vous demanderai pas de me donner votre opinion et un conseil, craignant d'abuser de vos instants, et me bornerai à vous remercier à l'avance de ce que vous voudrez bien me dire, votre parole devant me réconforter ou du moins me fixer[1]. » Vaines flatteries. Le seul courrier en retour sera celui-ci : « L'administration n'intervient en aucune façon dans les exploitations entreprises par les sociétés de mines en Afrique occidentale. Je ne puis donc vous fournir les indications que vous avez sollicitées. »

Pourtant, à l'initiative d'Ernest Roume, gouverneur général de l'AOF de 1902 à 1908, un service de surveillance et de contrôle fut mis en place dans chaque colonie, et, à partir de 1904, le *Journal officiel* de la République française publia régulièrement des informations sur la réalité des prospections. La spéculation ne cessa pas pour autant. La personnalité de certains des fondateurs des sociétés minières permettait de vendre facilement du rêve. Ainsi la Compagnie de l'Ouest africain français fut-elle créée en 1908 par l'illustre Gustave Binger, tour à tour militaire, explorateur, gouverneur de la

1. Lettre citée par H. Brunschwig.

Côte d'Ivoire, directeur des Affaires d'Afrique au ministère des Colonies, qui sitôt à la retraite s'était lancé dans les affaires. Les 30 000 actions souscrites par le public passèrent de 100 à 532 francs entre janvier et juin 1908... avant de s'effondrer.

Pratiquement aucune découverte n'ayant eu lieu, beaucoup de ces sociétés minières avaient déjà disparu en 1914, quand les mirages africains firent place aux réalités de la guerre. Mais le mal était fait. Les petits épargnants seront peu enclins à prendre des risques dans des placements coloniaux. Seuls les « emprunts Maginot »[1] lancés en 1931 pour les investissements publics outre-mer, connurent du succès. Grâce à eux, l'industrie du bois commença à se développer en Côte d'Ivoire et au Gabon, la banane fut introduite avec succès en Guinée, l'arachide devint au Sénégal une culture industrielle qui put fonctionner de façon autonome après la défaite de 40. Mais la Bourse ne suivit pas. Seule la traite classique inspirait confiance. En 1945, 63 % des entreprises françaises installées en Afrique noire et cotées à Paris avaient une activité commerciale, contre seulement 16 % pour les plantations et forêts, 7 % pour les mines et 4 % pour l'industrie.

Marché commun contre marchés tropicaux

Il y eut toutefois, pendant les années 50, des moments où parurent réunies les prémices d'un véritable décollage économique. Quand la France, remise sur pied par le plan Marshall, eut l'ambition de jouer en Afrique noire un rôle analogue à celui des Américains en Europe. Quand elle parut avoir à cœur d'arrimer à son économie, par des investissements appropriés, les pays que la « loi-cadre » orientait vers l'indépendance.

« Les événements qui se préparent nous obligent à considérer notre présence en Afrique noire comme limitée dans le temps, affirme en 1956 le délégué en Afrique de la Fédération des industries mécaniques. C'est en vendant français, c'est en imposant du matériel français, c'est en créant une industrie nouvelle française en

1. André Maginot ne fut pas seulement le père de la ligne de fortifications portant son nom mais aussi un actif ministre des Colonies.

Afrique que nous garderons le contact moral profond qui existe actuellement entre les Africains et nous. » Alors qu'en métropole l'EDF construit des barrages sur le Rhin, le Rhône et la Durance, et que les Ponts-et-Chaussées commencent à doter le pays d'autoroutes, les entreprises de travaux publics, pourtant surchargées de commandes, n'hésitent pas à expédier une partie de leurs meilleurs éléments en Afrique, où s'ouvrent également des chantiers grâce aux fonds publics. Cadre de l'entreprise familiale Razel (aujourd'hui absorbée par un groupe allemand), Stéphane Prévitali a laissé un témoignage saisissant sur cette époque bénie du plein-emploi dans son livre *Le Cameroun par les ponts et par les routes*, déjà cité : le patron ne rechigne pas à venir inspecter ses troupes sur place (et à poser pour la photo de famille avec la femme de son salarié) ; contremaîtres et ouvriers travaillent dur même en pleins troubles fomentés par l'UPC ; ils expérimentent de nouveaux matériels pour l'entreprise tout en s'identifiant au personnel africain du jeune pays dont ils sont les accoucheurs ; ils rentrent en métropole à jamais marqués par l'expérience camerounaise, à jamais nostalgiques des routes taillées à vif dans la forêt équatoriale. (Plus tard, en 1969, le président Ahidjo en personne remettra la médaille du Mérite camerounais au chef de chantier Prévitali pour le remercier de ses bons et loyaux services.)

Certes, installations portuaires et aéroportuaires, routes et barrages sont financés par l'État ; le capital privé ne s'investit toujours pas. Mais, pour ces chantiers, PME ou grandes sociétés doivent embaucher, acheter du matériel, financer des « bases de vie », conclure des marchés avec des sous-traitants. Comme dans les années 30, un débat s'instaure alors entre les partisans de l'ouverture au marché mondial et ceux d'un bloc douanier protégeant la France et ses anciennes colonies au sein de la zone franc.

Déjà, en 1944, la conférence de Brazzaville avait exprimé le vœu suivant : « Les Colonies doivent être dotées d'un régime plus libéral et plus souple, capable de s'adapter aux aléas de l'économie mondiale, comme aux besoins de territoires trop divers pour être soumis aux mêmes règles ou tarifs. » À quoi les partisans du *statu quo* avaient riposté dès 1946 en invoquant les avantages d'une « assimilation douanière » totale entre la métropole et l'empire, pour faire de la France « une nation de 100 millions d'habitants ».

En 1953, les mêmes s'inquiètent des conséquences d'une éventuelle confrontation entre l'Union française et le nouveau marché qui commence à se dessiner avec la Communauté européenne du charbon et de l'acier (CECA, instituée en 1951, avant la CEE de 1957). Ils repoussent « tout projet d'organisme supranational qui serait incompatible avec le maintien de l'Union française » et récusent d'avance toute autorité « appelée à édicter des dispositions directement applicables aux pays d'outre-mer de l'Union française [1] ».

Déjà fort embarrassé par la contestation « cartiériste » des dépenses publiques en Afrique noire (voir le chapitre suivant), le gouvernement ne prendra pas clairement position. Mais une partie majoritaire du patronat le fera à sa place en optant pour l'ouverture tarifaire et pour un redéploiement de l'économie française en direction du Marché commun, sans trop se soucier des intérêts coloniaux. Au moment des indépendances, la conquête des marchés européens est déjà la priorité des très grandes entreprises. Les nouveaux travaux d'infrastructure immédiatement commandés par les Républiques africaines, avec des prêts publics français ou internationaux, ne seront que des marchés d'appoint. Le moment psychologique pour ce qui aurait pu constituer une grande aventure économique et financière était passé.

Bien sûr, les apparences furent trompeuses. Quand chaque pays africain, jaloux de son « indépendance », voulut avoir sa compagnie aérienne, sa banque, son université, son armée, les sociétés françaises surent épouser le mouvement et « filialiser » aux nouvelles couleurs nationales. Ce fut la valse des sigles ronflants. Par branches entières – automobile, matériel de bureau, alimentation, bâtiment – de nouvelles raisons sociales, issues d'une même société mère, meublèrent les pages des minces annuaires téléphoniques nationaux, qui en avaient bien besoin.

Vint ensuite la période des « éléphants blancs », ces gigantesques et inutiles réalisations auxquelles incitaient la flambée passagère du cours des matières premières et les facilités de crédit. Sur un marché presque captif, les grands groupes français se taillèrent des bilans

1. Séance de 18 novembre au Comité central de la France d'outre-mer, mentionnée par Jacques Marseille.

de rêve grâce à une Afrique encouragée à vivre au-dessus de ses moyens. En 1983, les Cimenteries d'Afrique de l'Ouest sont conçues pour fournir au Ghana, au Togo et surtout à la Côte d'Ivoire tout le clinker nécessaire aux réalisations de cabinets d'architectes que l'essor d'Abidjan transforme en grands sorciers de l'urbanisme. Elles ferment au bout de quelques mois, incapables d'écouler leur production à un prix deux fois supérieur aux cours mondiaux. Pendant dix ans, le secteur français des travaux publics vit de la construction du « Transgabonais », long chemin de fer inauguré par le président Bongo en 1986. Le Gabon, lui, peut payer. Mais il arrive qu'une aide publique destinée à rétablir l'équilibre budgétaire de pays en difficulté (l'aide dite « hors projet ») soit déviée de son but et serve encore à de folles dépenses. Tel le CHU de Cotonou dont les lits de réanimation hors de prix restent vides sur plusieurs étages, faute de personnel sachant utiliser leur appareillage ultramoderne.

Aujourd'hui, sans doute conscientes du caractère peu glorieux de cette page, les sociétés qui profitèrent des « éléphants blancs » n'aiment guère évoquer ce qu'on appellerait un abus de confiance à l'égard des anciens colonisés si des dirigeants africains n'en avaient pas été les complices intéressés.

Banque et psychologie indigène

9, avenue de Messine, ce fut longtemps une des plus belles façades d'immeubles haussmanniens du VIIIe arrondissement. Ministres et hommes de confiance des présidents défilaient sur les parquets cirés de l'étage de la haute direction. Ils y croisaient parfois leurs propres enfants, auxquels la maison ne pouvait pas refuser un stage très prisé du gratin africain. Aujourd'hui, la corporation baisse encore la voix pour en parler. Ce fut le plus tragique exemple de diversification ratée, quand, dans les années 80, « sa direction céda à d'autres attractions intellectuelles que l'Afrique pour laquelle elle était faite » et s'intéressa à l'Amérique du Sud. Dans son rôle d'actionnaire de référence, la BNP y a perdu pas mal de plumes en 1990, lorsqu'il fallut fermer et sauver ce qui pouvait encore l'être en vendant par morceaux. Oui, feu la Banque internationale pour l'Afrique occidentale (BIAO) a laissé des souvenirs contrastés. Malgré son caractère technique, son histoire est intéressante, dans la mesure où elle bat en brèche bien des idées reçues.

Née officiellement en 1965, la BIAO avait derrière elle un passé centenaire puisqu'elle succédait à la Banque du Sénégal (à laquelle Napoléon III avait confié le privilège d'émission dans ce territoire en 1853), elle-même transformée en Banque de l'Afrique occidentale (BAO) en 1901, avec privilège d'émission étendu à toute l'AOF et toute l'AEF.

La BAO, « établissement d'économie mixte », était une de ces entités typiquement françaises, dont l'État se réservait une partie du capital avec le gouvernement général de l'AOF et celui de l'AEF, le reste des actions étant ouvert au public et coté en bourse. En 1955, le gouvernement, prévoyant déjà l'évolution de l'Union française vers les indépendances, ne lui renouvela pas son privilège d'émission, confié à un institut spécial. Elle se transforma en banque de dépôt privée tandis que l'État cédait ses actions au Crédit commercial de France, au Comptoir national d'escompte et autres établissements de la place de Paris. Aux indépendances, elle fut placée devant un choix difficile : épouser la logique des nouveaux États, qui voulaient se doter chacun de sa propre banque de développement et encourageaient les banques françaises installées chez eux à constituer des filiales de droit local ; ou bien rester elle-même, c'est-à-dire une enseigne unique pour toute l'Afrique francophone, avec un réseau d'agences susceptible de devenir un moyen d'intégration économique. Refusant de céder à la facilité, elle choisit la seconde solution, mais, pour se défaire de son étiquette « coloniale », elle voulut se donner une image « internationale » en s'adossant à la First National City Bank of New York. De cela naquit la BIAO, partagée entre le groupe américain (49 % du capital) et les actionnaires français.

En 1973, année où elle connut peut-être son apogée, la BIAO possédait le plus vaste réseau d'Afrique francophone. À partir de ses agences de Marseille et de Bordeaux, elle avait créé un réseau périphérique dans le Midi et le Sud-Ouest. Elle employait 800 personnes en France et 2 500 en Afrique, dont seulement 135 expatriés. Entrer à la BIAO était le rêve de nombreux jeunes diplômés africains, pour lesquels elle avait ouvert des centres de formation spéciaux à Bordeaux et à Marseille. Se targuant d'être proche des populations, elle faisait du crédit documentaire aux petits planteurs de café ou de cacao en même temps qu'elle montait de complexes opérations de financement international. Mais elle eut le tort de consentir trop de facilités à des clients ayant des créances sur des ministères africains mauvais payeurs. Diverses tentatives de diversification ne pouvaient rien contre son problème structurel.

Quand la BNP, principal actionnaire, décida de mettre fin à l'aventure, ce fut une véritable affaire d'État, qui occupa beaucoup les ambassadeurs de France en Afrique subsaharienne, lors de leur réunion annuelle à l'Élysée, en janvier 1990. Quelques jours auparavant, les directeurs généraux africains du groupe BIAO avaient signé un mémorandum dans lequel on lisait : « La maison mère a commis de graves erreurs de gestion dont il serait fondamentalement injuste que les filiales d'Afrique, et donc les économies africaines, supportent les conséquences. » Un « plan Ouattara », du nom du futur Premier ministre ivoirien, avait été élaboré contre la « mise à mort » du groupe. L'Afrique tenait à « sa » banque. Cela n'empêcha pas les radoteurs tiers-mondistes de présenter la BIAO comme le principal agent financier de l'« exploitation coloniale ».

À l'époque de sa toute-puissance, il ne manquait déjà pas de prophètes de malheur pour annoncer la déconfiture de la vieille dame de l'avenue de Messine, « trop investie en Afrique ». Ces messieurs parisiens de la finance n'avaient sûrement pas le temps de lire *Psychologie économique africaine*[1], le savant ouvrage de Jacques Binet, directeur de recherches à l'Orstom[2], mais certains en partageaient depuis toujours les analyses, sans en tirer les mêmes conclusions que l'auteur.

Que disait Jacques Binet après avoir beaucoup vécu sur le terrain ? Qu'« il n'est pas possible de faire comme si l'Africain était un Européen moins riche », que, pour le Noir, « l'affectivité est dominante », qu'il « ne vit pas dans un monde mental asservi à l'économie monétaire ». Extrait :

« L'Afrique donnera-t-elle jamais à l'économie la primauté absolue que nous lui accordons depuis deux siècles ? Les Africains ne

1. Payot, 1970.
2. Office de recherche scientifique et technique outre-mer, devenu plus tard l'Institut français de recherche scientifique pour le développement en coopération, mais en conservant l'ancien sigle.

semblent pas près d'accepter la morale austère que s'imposait l'*homo œconomicus* parfait du XIXe siècle : travailler au maximum, gagner le plus possible, dépenser le moins possible [...]. Il n'est pas certain que les Noirs, dans leur ensemble, puissent se plier à la monotonie des rythmes de travail inspirée par des esprits froidement rationnels. La difficulté n'est pas aussi grave que l'on aurait pu le croire il y a un demi-siècle. Depuis quelques années, nous avons appris que des industries pouvaient fonctionner avec des employés à mi-temps, des loisirs. Tous les aménagements sont possibles si le coût n'en est pas déraisonnable. »

De façon remarquable, les plus imaginatifs des « afro-optimistes » évoquent aujourd'hui la possibilité de tels « aménagements », avec la délocalisation de certaines sociétés de service employant une main-d'œuvre locale connectée aux ordinateurs européens. À Madagascar et à la Réunion, on constitue déjà des banques de données, on fabrique des fichiers, on compose des catalogues et même des livres. Après avoir raté son industrialisation, l'Afrique a paradoxalement sa place dans ces activités nouvelles, assurent certains Français, avec parfois des arguments inattendus. « Ne pas le reconnaître, écrit l'expert en développement Jean-Paul Gourévitch [1], au moment où éclatent des affaires africaines de piratage de cartes bleues, de faux papiers, de fausses cartes à puce téléphoniques et de faux billets serait sous-estimer le savoir-faire africain. »

Et, parce que l'Afrique peut encore susciter l'enthousiasme, M. Gourévitch enchaîne à propos du télétravail : « Celui qui travaille à Abidjan contractuellement avec le siège de Paris a une garantie d'emploi et des possibilités de couverture sociale que sa seule entreprise à Abidjan ne pourrait lui fournir. S'adosser à des entreprises, voire à des services publics solides, ancrerait davantage une coopération de terrain et pourrait restreindre l'évasion des cerveaux en leur assurant par ailleurs un contact permanent avec la recherche et tout simplement avec la vie quotidienne en France. »

Il est intéressant de constater que, de nos jours, des banquiers français évoquent eux aussi les progrès techniques pour réviser en partie leurs anciennes certitudes pessimistes. Ainsi, le téléphone

1. Spécialiste de l'Afrique francophone à la Banque mondiale et à l'Unesco, auteur de *L'Afrique, le Fric, la France*, Le Pré aux Clercs, 1997.

satellitaire faciliterait l'émergence – enfin – d'une génération de jeunes patrons, solidement formés et persuadés que la politique, avec les pots-de-vin y afférents, n'est plus le seul moyen de gagner de l'argent en Afrique. Actuellement, la presse économique locale regorge de publicités, par des sociétés de vente françaises, pour ces appareils satellitaires, en valise portable, permettant de pallier les insuffisances en équipements fixes. En 1998, selon l'hebdomadaire *Jeune Afrique* [1], quelque 40 % du trafic mondial d'Immarsat était constitué par des liaisons avec le continent africain. « Tout va changer avec le satellitaire, c'est un moyen formidable pour sortir de l'isolement et pour échapper à la pression familiale et tribale », constate Noël Bazoche, responsable des filiales et des bureaux du CCF à l'étranger [2].

Beaux restes dans le VIIIe arrondissement

L'Afrique hante encore d'autres immeubles du VIIIe arrondissement. Au 159, boulevard Haussmann, tout près de l'ancien siège de la BIAO, l'entrée majestueuse de l'actuelle ambassade du Burkina ne doit pas étonner : il s'agit de feu l'Agence économique de l'AOF, longtemps chargée de l'information sur les plus fréquentées de nos colonies noires. Au 190 du même boulevard, se trouve un immeuble sur la façade duquel s'inscrivait en grosses lettres, naguère, le nom de l'hebdomadaire économique qui faisait la pluie et le beau temps en Afrique francophone : *Marchés tropicaux et méditerranéens*. Vendu par la famille Moreux à un gros imprimeur normand, le titre existe toujours (il bouclait – beau score pour un hebdo – son numéro 2 780 lors de ma visite, en février 1999), mais n'est plus ce qu'il était, quand les propriétaires, patriotes et passionnés d'Afrique, faisaient pavoiser les balcons pour le 14 Juillet.

Ce qui reste de la rédaction peut encore songer à la grande époque en descendant un étage pour retrouver un vieux locataire du groupe Moreux : le CIAN. Autrefois, c'était le Conseil des investisseurs

1. Numéro du 26 janvier 1998.
2. Entretien avec l'auteur en février 1999. Le Crédit commercial de France (CCF) avait alors des accords de coopération ou d'assistance technique au Cameroun, au Gabon et en Côte d'Ivoire.

Le franc survit à l'euro grâce au CFA

Ce fut l'une des nombreuses acrobaties accomplies quand il fallut rayer le mot « colonies » du vocabulaire. Après les indépendances, le sigle CFA accolé au franc des tropiques ne signifia plus « colonies françaises d'Afrique » mais « communauté financière africaine », en Afrique occidentale, ou « coopération financière africaine », en Afrique centrale.

Le franc CFA est le symbole d'une double solidarité : celle des pays africains entre eux, par la mise en commun de leurs réserves de change et de leur institut d'émission ; celle de la France avec ses anciennes colonies, par la garantie, quoi qu'il advienne, de la convertibilité internationale de leur monnaie.

Longtemps, 1 franc CFA valut 2 centimes français. Mais, avec la crise des matières premières dans les années 80, la distorsion s'accentua entre sa valeur garantie et les réalités économiques et financières des pays où il avait cours. Créé pour stimuler la croissance, il devenait un handicap. La dévaluation de 1994 ramena sa valeur à 1 centime.

La création de l'euro alarma les Africains, très attachés à une monnaie qui leur permet d'effectuer l'essentiel de leur commerce extérieur sans risques de change. Voulu par Paris, le maintien de la zone franc était-il compatible avec le tentaculaire traité de Maastricht ? Oui, admirent les ministres des Finances de l'Union européenne, le 6 juillet 1998. La zone franc continuera de fonctionner sans interférences bruxelloises. Le franc CFA subsiste, et sa convertibilité reste garantie par le Trésor français, à un cours fixe vis-à-vis de l'euro. À la BICIS, à la SGBCI et autres filiales sénégalaises ou ivoiriennes de la BNP ou de la Société générale, il restera possible d'obtenir des billets CFA en échange d'un chèque tiré sur une agence de Paris.

français en Afrique noire, né de la fusion de syndicats coloniaux parisiens, marseillais et bordelais. Aujourd'hui, parce qu'il s'est élargi au Maghreb et à l'Afrique australe, au lieu de se contenter de la zone franc, c'est le Conseil des investisseurs français en Afrique. Mais le sigle est resté inchangé. Cela arrive parfois avec les organismes franco-africains ayant un beau passé, sans troubler personne, comme si une espèce d'attachement aux anciens noms, et aux souvenirs qu'ils évoquent, était plus fort que tout.

De 1984 jusqu'à sa mort, en 1998, le président du CIAN fut Jean-Pierre Prouteau, une de ces personnalités à l'interminable carte de visite, comme on en trouve souvent dans les milieux franco-africains, où tout est imbriqué : ancien secrétaire d'État chargé des PME-PMI dans le troisième gouvernement Barre (1978), président du comité ACP (Afrique, Caraïbes, Pacifique) du CNPF[1], membre du conseil de surveillance de la Caisse française de développement, président du Centre français de promotion industrielle en Afrique, administrateur de l'Orstom, fondateur du comité Bordeaux-Sud-Ouest-Afrique-Océan Indien de la chambre de commerce et d'industrie de Bordeaux (et aussi grand maître du Grand-Orient de France, de 1973 à 1975). Aujourd'hui confié à Gérard Pélisson, co-fondateur du groupe Accor, très présent en Afrique, le CIAN comprend dans son bureau des hommes ayant une longue expérience du continent noir[2]. Il réunit, pour la promotion et la défense de leurs intérêts plus d'une centaine de sociétés représentant 80 % de l'activité du secteur privé français dans la zone. Cela va d'une cinquantaine de PME ou PMI aux groupes internationaux.

Tous les ans, le CIAN signe un rapport faisant autorité. On y trouve des rappels utiles, par exemple que, bon an, mal an, les parts de marché de la France en Afrique francophone sont de l'ordre de 60 %, alors que la part française du commerce international est de quelque 6 %. Ou des calculs surprenants, par exemple que le continent africain, qui représente modestement 5 % du commerce extérieur français, assure à lui seul 20 % du solde positif de ce commerce, ce qui le met en seconde position, immédiatement après l'Union européenne[3]. Le *Moci* (*Moniteur du commerce international*) publie rituellement ce document de référence dans un supplément spécial comportant des « témoignages » de dirigeants de grands groupes ayant investi en Afrique et de la publicité des mêmes groupes.

Parmi les intervenants habituels, on retrouve une centenaire : la CFAO, devenue en 1990 une filiale de Pinault-Printemps-Redoute, installée dans un siège social ultramoderne à Sèvres, leader de la distribution spécialisée en Afrique subsaharienne après avoir absorbé une partie de la SCOA, son ancienne rivale. Implantée dans

1. Conseil national du patronat français.

2. Tels mes interlocuteurs en février 1999 : Jean-Louis Castelnau, président délégué, ancien d'Air Liquide pour l'Afrique, et Pierre de Seauve, ancien des Ciments Lafarge.

3. En 1997, ce solde positif était de 10 milliards de francs français avec l'Afrique du Nord et également de 10 milliards avec l'Afrique subsaharienne.

vingt pays d'Afrique, elle se présente comme « un acteur économique majeur » pour ce continent, une « entreprise citoyenne », qui emploie quelque 8 000 personnes et dont 70 % des dépenses profitent aux pays où elle opère, sous forme d'investissements, de salaires, d'impôts et de taxes. Elle assure la vente et le service après-vente d'une trentaine de grandes marques mondiales. Son chiffre d'affaires, de 6,52 milliards de francs en 1997, se réalise essentiellement dans le secteur automobile (40 %), la pharmacie (30 %), la consommation courante et l'équipement professionnel.

Pour un Africain, qu'il le sache ou non, rouler Peugeot ou Toyota, prendre les médicaments distribués par Eurapharma, utiliser un ascenseur OTIS, boire de la bière Gala ou Primus, écrire avec une pointe Bic, c'est faire tourner la CFAO. Sans états d'âme particuliers, celle-ci vend des produits originaires pour moitié de France et pour moitié de l'étranger, notamment du Japon (33 %). « Les économies africaines, explique-t-elle dans ses brochures, ont des caractéristiques propres : éloignement par rapport aux grandes zones de production, marchés étroits nécessitant une logistique d'approche efficace, environnement difficile. La CFAO possède les atouts indispensables pour réussir dans ce contexte : outils logistiques performants et longue expérience de l'Afrique. » Au nom de cette expérience, elle propose ses services pour la pénétration des départements et territoires d'outre-mer (DOM-TOM). Répartition actuelle de son chiffre d'affaires : Afrique francophone, 60 % ; Afrique anglophone, 10 % ; DOM-TOM, 27 %. C'est maintenant au Havre que l'ancienne compagnie marseillaise regroupe et expédie ses marchandises, sur des plates-formes de stockage portant des noms de vents africains : « Alizés », « Harmattan ».

La « recolonisation » par les privatisations ?

Autre gros calibre du CIAN : le groupe Bolloré. Combien de fumeurs africains sont-ils, sans le savoir, des clients de Vincent Bolloré à travers sa filiale Coralma International[1] ? Champion de

1. Née en 1990, Coralma est partagée entre Bolloré (60 %) et la SEITA (40 %). Elle vend 10 milliards de cigarettes par an.

la diversification spéculative, l'homme d'affaires breton n'est pas ingrat à l'égard d'un continent qui préfère encore les Boston, la marque fétiche de Coralma, aux Winston américaines. Alors que tant de financiers désespèrent de gagner rapidement de l'argent dans ces régions, il a déclaré à *Match*, fin 1998, que « numéro un en Afrique pour les cigarettes, numéro un dans le transport maritime nord-sud, numéro un dans l'huile de palme et le caoutchouc », il ambitionnait aussi de devenir leader dans son « nouveau domaine d'expansion, à savoir les matières tropicales, café, cacao et bois ». Après avoir acquis des plantations en Côte d'Ivoire, il a investi dans les chemins de fer camerounais et sénégalais. Pour renforcer son rôle d'armateur, il s'est porté candidat à la privatisation de plusieurs ports, dont Douala.

Aujourd'hui, le marché africain, c'est surtout celui que laissent entrevoir les privatisations partout à la mode. Au point que certains de nos concurrents étrangers, fort dépités, voient dans cette politique, pourtant imposée par la Banque mondiale et le Fonds monétaire international (FMI), un début de « recolonisation économique de son pré carré par la France ».

La privatisation n'a pas fait rentrer tous les capitaux africains évadés à l'étranger, loin de là. Mais, sans tambour ni trompette, elle permet à des groupes français de reprendre le contrôle de secteurs étatisés pendant la colonisation ou nationalisés au moment des indépendances. Électricité, téléphone, production et distribution de l'eau : la Côte d'Ivoire a lancé le mouvement. Pourtant moins acquis à l'économie libérale, le Sénégal suit. 1996 : la SAUR (filiale de Bouygues) acquiert 50,5 % du capital de la SDE (Sénégalaise des eaux). 1997 : France Câbles Radio (France Télécom) rachète 33 % du capital de Sonatel (Société nationale des télécommunications) et en devient l'« opérateur stratégique ». 1999 : battant EDF, un consortium franco-canadien réunissant Élyo (groupe Suez-Lyonnaise des eaux) et Hydro-Québec (la francophonie c'est aussi cela, parfois) devient l'opérateur de la Senelec (Société nationale d'électricité du Sénégal) après avoir racheté 34 % de son capital. C'est compliqué, parfois opaque, cela ne fait que quelques brèves embrouillées dans la presse, mais tout un paysage économique est en train de changer.

Un ancien du Sdece au Medef-Afrique

Quand Michel Roussin déclare froidement que, de son temps, « l'Afrique occupait 30 % de l'activité du Sdece [1] », on hésite à le citer, tant cela peut prêter à malentendu. L'ancien directeur de cabinet d'Alexandre de Marenches (patron des services secrets français de 1976 à 1981) n'est pas un fanatique des coups tordus et se dit partisan de la « transparence » entre l'Afrique et la France. Dans son dernier livre [2], il semble plutôt réservé à l'égard des « réseaux », notamment ceux de Jacques Foccart, que son patron n'aimait guère. Devenu ministre de la Coopération d'Édouard Balladur pendant le second septennat de François Mitterrand, il s'est heurté à de puissants intérêts, notamment pour avoir préconisé la dévaluation du franc CFA. Nommé ensuite vice-président Afrique du groupe Bolloré, il anime aussi le comité Afrique du Mouvement des entreprises de France (Medef, ex-CNPF). Alors que le CIAN représente les sociétés déjà investies en Afrique, le comité Afrique vise pour sa part à intéresser au continent noir celles qui en sont absentes. « Mon rôle est de faire le marieur, explique M. Roussin. En deux ans, j'ai emmené 367 entreprises sur place, pour étudier des possibilités de “joint ventures” ou d'investissements directs. Avec un taux de réussite de 23 %. Pouvoir travailler dans sa langue, pratiquement dans le même fuseau horaire, avec des pays où le secteur privé prend la relève du secteur public, est un argument qui porte de plus en plus. Les PME commencent à se convertir à l'Afrique, notamment dans la région Aquitaine. » Les Bordelais encore ! Apparemment, la mondialisation n'a pas détruit certains tropismes.

Certains investissent, d'autres s'établissent carrément sur place. Selon le poste d'expansion économique près l'ambassade de France à Dakar, en 1996, sur les quelque 900 « entreprises formelles » enregistrées au Sénégal, 240 étaient françaises, dont 40 créées après 1990. Ces entreprises avaient un effectif moyen de 100 salariés et faisaient un chiffre d'affaires moyen de 38 millions de francs fran-

1. Entretien avec l'auteur en avril 1999.
2. *Afrique majeure*, *op. cit.*

çais. En Afrique, le vocabulaire est souvent trompeur. À Libreville, cas limite, la plupart des membres de la « Confédération patronale gabonaise » sont des Européens, à la tête de sociétés de droit gabonais, qui, selon les calculs des intéressés, créent 80 % du PIB national. Parmi les plus en vue de ces Blancs, il y a les dirigeants du groupe Castel, qui débutèrent au Gabon par la vente de vins de Bordeaux, se convertirent ensuite à la bière et gagnèrent assez d'argent pour racheter les Brasseries et glacières d'Indochine (BGI [1]), une « institution » de l'ex-empire.

La 504, modèle fétiche

Le souvenir le plus visible de la colonisation peut être une marque de bière toujours plébiscitée par les consommateurs. Ou bien une voiture fétiche. Le lion de Peugeot n'a rien à voir avec l'Afrique : il symbolisait à l'origine la qualité de l'acier produit par la dynastie de Sochaux, aussi solide que les dents du fauve. Mais la marque a la cote auprès de la population. Elle symbolise la réussite et le pouvoir, ne serait-ce que par le fait qu'elle fut celle des anciens colonisateurs les plus en vue. (Jusqu'à ce que la République cesse bêtement de faire attention à ces choses-là, rouler français était une obligation pour notre corps diplomatique.) Peugeot vend seulement quelques milliers de véhicules neufs par an au sud du Sahara, où les taxes multiplient par deux le prix d'achat, mais l'Afrique noire représente 35 % du chiffre d'affaires mondial de la marque pour les pièces de rechange.

« C'est le reflet du parc », dit-on au siège de la société [2]. Chaque année, dans la zone, il se revend 100 000 Peugeot d'occasion. Les « docteurs auto » font des miracles pour prolonger la vie de modèles oubliés de l'argus en France mais toujours prisés là-bas. Mieux, en 1999, au rythme annuel de 5 000 exemplaires, on fabriquait encore des 504 neuves, le modèle fétiche, dont les plus antiques reliques

1. Les BGI sont devenues les Brasseries et glacières internationales. Pierre Castel, leur patron, a pris le contrôle du caviste Nicolas et possède aujourd'hui huit châteaux dans le Bordelais.

2. Entretien de l'auteur avec Bernd Schantz, responsable de la politique des prix, et Bernard Moreau, responsable de la zone Afrique, en février 1999.

parfument toujours les routes de brousse de leurs fumées de diesel épaisses comme des fumigènes. Tout a commencé en 1975, avec l'installation d'une usine de montage à Kaduna, au nord du Nigeria anglophone, choisi pour servir de tête de pont sur l'ensemble du continent. Jusqu'en 1983, la cadence annuelle de production fut de 60 000 voitures. Quand le port de Lagos se révéla trop encombré, à cause du boom pétrolier, il y eut un « pont aérien » entre Lyon et Kaduna pour l'acheminement des pièces à assembler. On s'en souvient encore avenue de la Grande Armée, où l'on dit : « L'exportation, pour Peugeot, ce fut d'abord l'Afrique. »

Miferma, Fria et autres « États dans l'État »

Il y a des marques fétiches et il y a des sociétés qui font partie de l'histoire nationale, des « États dans l'État » tantôt vilipendés et menacés de nationalisation, tantôt suppliés de ne pas fermer boutique malgré les retournements du marché mondial. Elles s'appelaient Compagnie togolaise des mines du Bénin (phosphates), Société des mines de l'Aïr (uranium du Niger), Miferma, Fria. Qu'elles aient échappé ou non à la nationalisation, elles furent, à l'origine, des consortiums où l'on retrouve souvent les mêmes noms prestigieux : Pechiney, Saint-Gobain, Ugine-Kuhlman, Usinor, etc.

*

Quand les pilotes de l'Aéropostale survolaient les confins du rio de Oro et de la Mauritanie, les aiguilles de leurs instruments de bord devenaient folles. On sut pourquoi lorsque furent découverts les gisements de fer de la Kedia d'Idjil (littéralement, « la montagne de fer ») : un minerai d'une teneur exceptionnelle, qui valait la peine de construire 650 km de voies ferrées dans une région désertique, entre Zouerate et le port minéralier de Cansado, lui aussi créé de toutes pièces au sud de Nouadhibou. Pour acheminer vers l'océan la principale ressource de la Mauritanie, il fallut inventer le train minéralier le plus long du monde : deux kilomètres de wagons tractés par d'increvables locomotives diesel, longue chenille dont le voyage dure dix-huit heures dans les sables. Au bout du dispositif, à Cansado, sous un soleil perpétuel, un tapis roulant de 2 km pour déverser le fer dans les bateaux.

Née en 1952, la Miferma (Mines de fer de Mauritanie) réalisait à elle seule 80 % des exportations du pays en 1974, année de sa nationalisation, bientôt suivie du transfert de ses biens à une société mauritanienne placée sous la tutelle directe du président Moktar Ould Daddah[1]. Beaucoup de cadres européens sont partis, le fer rapporte moins, la guerre du Sahara occidental voisin a perturbé la production, les crises de confiance entre Paris et Nouakchott ont pesé sur l'ambiance de travail, mais l'exploitation de la « montagne de fer » reste la plus grande aventure industrielle de la région. Loin de gâcher des sites hostiles et grandioses, la machine y acquiert une beauté de combattante.

*

Miferma : refus de se plier à la dictature des éléments naturels. Fria : art de composer avec la dictature d'un homme. Pas de chance pour Pechiney que Sékou Touré ait entretenu de si mauvais rapports avec de Gaulle alors que le groupe venait de commencer la production d'alumine en Guinée. Décidé à profiter de la bauxite, qui manquait à la France, Pechiney n'avait pas lésiné sur les moyens : usine ultramoderne à Fria, un simple village qui a donné son nom à l'entreprise avant de devenir une ville de 50 000 habitants ; chemin de fer de 150 km pour transporter l'alumine vers le port de Conakry ; pont métallique de quatre travées pour franchir le Konkouré, travail dû à Jean Gandois, alors ingénieur des Ponts-et-Chaussées à la direction des Travaux publics de Guinée et sans doute loin de se douter qu'il serait un jour le PDG de Pechiney.

Fria était déjà en passe de constituer la principale ressource du pays quand Sékou Touré dit non à la Communauté franco-africaine et lança la Guinée dans une expérience d'économie révolutionnaire sur les conseils de Charles Bettelheim. L'économiste marxiste contre les énarques, les « X Mines », « les X Ponts » de Fria ! Ce combat de géants entre Français n'eut pas lieu. Sékou Touré avait

1. La Société nationale industrielle et minière (SNIM) qui représente actuellement 12 % du PIB mauritanien..

trop besoin de devises, et la stratégie du groupe était trop fondée sur la sécurité des sources de matières premières. L'esprit de compromis prévalut. Avec ses nombreux cadres expatriés, Fria resta une enclave capitaliste dans un pays socialiste, et aussi une « ambassade de France *bis* » entre 1965 et 1975, décennie pendant laquelle les relations diplomatiques officielles furent rompues. Grâce à Fria, des professeurs de français purent continuer leur travail en Guinée même au plus fort de la crise avec Paris. Des cadres africains menacés par le dictateur durent sans doute leur vie sauve à leur situation dans une société « intouchable ». Malgré la formation de clans opposés, Malinkés, Peuls et Soussous furent bien obligés de cohabiter sous la tutelle de Raoul de Vitry, patron français pour lequel même les rancœurs ethniques devaient s'effacer au profit de la culture d'entreprise.

Fria, société anonyme, fut nationalisée en 1973 et fit place à Friguia, société d'économie mixte dont la Guinée détenait 49 % du capital. En 1984, quand la mort de Sékou Touré permit de normaliser la situation entre les deux gouvernements, François Mitterrand fut le premier à demander que Pechiney continue de « piloter » Friguia. Pechiney qu'il avait fait nationaliser un an plus tôt...

« Elf Africaine »

Dommage que, par la faute de quelques dirigeants, Elf fasse si mauvais genre dans ce tableau, elle qui devait être le puissant symbole d'une coopération réussie entre la France et son ancien outre-mer. De Gaulle doit se retourner dans sa tombe s'il voit en quelle pompe à finances personnelle a été transformée l'entreprise dont il avait voulu qu'elle incarne l'indépendance nationale en matière d'énergie.

La Compagnie française des pétroles – future Total – c'était, sans panache particulier, sans « baroud », le pétrole du Moyen-Orient à côté des majors américaines et britanniques. La SN Repal [1] – future composante du groupe Elf, notamment avec la Société nationale des pétroles d'Aquitaine –, ce devait être le pétrole saharien, sans partage avec les Anglo-Américains. Bien qu'en 1956 les deux compagnies

1. Société nationale de recherche et d'exploitation en Algérie.

aient prospecté le désert ensemble et découvert en même temps les gisements d'Hassi Messaoud, Elf revendiquait l'essentiel de l'exploitation au nom de sa mission d'origine. L'indépendance de 1962 puis la nationalisation des actifs pétroliers en 1972 mirent fin à ses ambitions. Elle plia bagage alors que Total faisait preuve de souplesse et restait présente, aux conditions voulues par l'Algérie. Le premier choc pétrolier aurait pu porter le coup de grâce à une compagnie privée de l'essentiel de ses approvisionnements. Il n'en fut rien parce que quelques hommes surent opérer une spectaculaire reconversion au Gabon, au Congo, au Cameroun (et aussi en Angola et au Nigeria).

Par quels moyens ? Le grand déballage des « affaires » en a donné une idée à un public ébahi non par le procédé mais par les chiffres. Pour obtenir les permis d'exploration, Elf Aquitaine – « Elf Africaine », comme on disait éloquemment – ne lésina pas sur les « bonus[1] » aux heureux présidents des pays du golfe de Guinée. André Tarallo, patron d'Elf-Congo puis d'Elf-Gabon dans les années 70, avant de devenir le « Monsieur Afrique » du groupe, a dit ces choses-là avec l'aplomb et le sens de l'euphémisme qui conviennent à l'emploi : « Ces versements s'inscrivent dans une continuité, dans le cadre de relations établies sur le long terme entre la compagnie et le pays considéré et dans un climat de confiance avec les dirigeants de cet État. Une de mes missions, au sein du groupe Elf, consistait à entretenir ces relations et à être le garant de l'exécution des engagements pris[2]. »

Pour préserver le « climat de confiance », M. Tarallo disposait de comptes suisses et d'une accueillante résidence près du golfe de Bonifacio. En mai 1997, un rapport de la brigade financière, cité par *Le Monde*, estimait à 89 millions de francs le coût cette demeure corse présentée par l'intéressé comme « un lieu de rencontre pour recevoir mes amis africains ». Quand la presse africaine reprend ce genre de propos, elle donne parfois l'impression d'être inconsciemment flattée de tant d'attentions pour les « nègres », dans la corruption mondialisée...

Et pourtant, au moins en apparence, rien de plus suspicieux qu'un ministre gabonais à l'égard du « premier investisseur français en

1. Le mot que les pétroliers utilisent pour désigner les pots-de-vin.
2. Déclaration à Hervé Gattegno, dans *Le Monde* des 24-25 octobre 1999.

Afrique » ! En mai 1990, après quelques troubles à Port-Gentil, Elf décida d'arrêter sa production au Gabon et demanda l'évacuation de son personnel par l'armée française, ce qui fut fait. Cette attitude donna lieu à l'expression de points de vue diamétralement opposés. Les uns y virent une façon de forcer la main au gouvernement français pour qu'il vole au secours du président Bongo. Les autres parlèrent d'une mise en scène pour « punir » le Gabon d'avoir récemment accordé de nouveaux permis de recherche à la Shell. « On a été surpris et on s'interroge, car ce n'est pas clair, déclara en connaisseur Jean Rémi Pendy Bouyiki, ministre gabonais de l'Information. Ces grandes compagnies internationales ont une énorme autonomie de décision [1]. » Apparemment, la corruption systématique et le lobbying politique en faveur de ses bénéficiaires ne fut pas le choix de Total, moins engagé dans la prospection et la production mais premier distributeur en Afrique francophone. Alors qu'ils ignoraient leur destin de futurs associés, les cadres de Total ne se privaient pas d'évoquer en privé les pratiques tortueuses de leurs rivaux. Quelques mois avant la réussite de l'OPA, sans citer Elf, Bruno Ribeyron-Montmartin, secrétaire général de Total outremer, avait écrit noir sur blanc ce qu'il en pensait : « L'instabilité du continent africain peut être perçue comme une gêne à toute activité économique désireuse de s'inscrire dans la durée. Cela dit, nous constatons, sur le terrain, que l'instabilité est moins celle des peuples et des consommateurs que celle des décideurs politiques. Et, à ce stade, les instructions de Total à ses représentants locaux sont claires : ils doivent nouer tous les contacts nécessaires avec les autorités de tutelle pour mener à bien leur mission, mais sans prendre parti [2]. »

Difficile d'être plus insinuant tout en respectant les règles de la « confraternité ». Reste que la tâche n'est pas aisée pour les PDG, quand les dirigeants politiques français sont les premiers à placer les relations avec leurs homologues africains sous le signe de l'« affectivité ».

1. Déclaration à l'auteur dans *Le Monde* du 30 mai 1990.
2. Le *Moci* du 14 janvier 1999.

Chapitre 9

Un long consensus droite-gauche

Comme autant de couches géologiques, on les retrouve tous à la réception de la fête nationale ivoirienne ou au cocktail de l'association France-Gabon : derniers « gaullistes historiques » ; giscardiens encore fringants ; socialistes des divers courants ; chiraquiens de stricte ou moins stricte observance. Les plus âgés semblent tout requinqués au contact de la faune habituelle : universitaires multicartes de la francophonie ; journalistes « africanistes » familiers des palais présidentiels ; grands édiles de province, friands de destinations exotiques au titre de la récente « coopération régionale » ; « conseillers » blancs en tout genre ; ambassadeurs à la retraite collectionneurs de décorations tropicales ; organisateurs de colloques et autres habitués non payants des premières classes de la compagnie Air Afrique. Un observateur averti repère les brefs apartés des généraux en civil, reconnaît à leur façon de se saluer les maçons du Grand Orient et ceux de la Grande Loge, identifie les membres des divers « réseaux » pendant leurs manœuvres d'encerclement du ministre africain de passage, venu en voisin depuis le *Crillon.*

L'Afrique noire réussit à susciter un des seuls grands consensus franco-français, au moins dans la classe politique, et les trois cohabitations Élysée-Matignon n'ont fait qu'entériner un état de fait ancien. Les paroles et les écrits qui ont marqué ce consensus pendant cent cinquante ans, sauf de courtes périodes, sont si nombreux qu'on hésite à resservir cette tarte à la crème des historiens de la colonisation. Donnons seulement quelques échantillons de rhétoriques du XIXe siècle.

En 1868, dans son livre *La France nouvelle*, Lucien-Anatole Prévost-Paradol, grand libéral pourtant hostile à Napoléon III sur le plan intérieur, se fait le défenseur des conquêtes du Second Empire :

« Quel moyen nous reste-t-il pour ménager dans ce monde autre chose qu'un souvenir honorable ? » Réponse : cesser de nous « consumer sur place dans les guerres civiles » ou de « piétiner dans les boues de la vieille Europe » à cause de conflits de frontière[1] ; consacrer notre énergie à « l'Afrique qui ne doit pas être pour nous un comptoir comme l'Inde, encore moins un champ d'expérience pour nos philanthropes ».

Sans doute, quand il écrivait « Afrique », Prévost-Paradol pensait-il surtout à l'Algérie, comme la plupart de ses contemporains. Mais, quelques années plus tard, c'est l'ensemble du continent qui inspire Leroy-Beaulieu dans *De la colonisation chez les peuples modernes*, avec des pages préfigurant le rêve moderne de francophonie : « Qui peut nier que la littérature, les arts, les sciences d'une race amplifiée par la colonisation n'acquièrent un ressort que l'on ne retrouve pas chez les peuples d'une nature plus passive et sédentaire ? Il se produit dans le domaine intellectuel un phénomène analogue à celui que nous avons noté dans le domaine de l'industrie. Quand le personnel des arts libéraux se recrute parmi les citoyens d'une race qui a peuplé de vastes contrées des autres parties du monde, n'est-il pas naturel que les œuvres intellectuelles soient plus nombreuses et plus remarquables ? Quand un écrivain sait qu'il s'adresse dans sa propre langue à des milliers de lecteurs situés à des milliers de lieues, quel encouragement n'est-ce pas ? »

Ferry, Clemenceau, Jaurès, entre mer et « pot-au-feu »

Lorsqu'il accède à la présidence du Conseil, en 1880, Jules Ferry n'est plus le rédacteur au *Temps* qui s'indignait des pratiques douteuses du Second Empire, le polémiste qui ébranla le régime avec *Les Comptes fantastiques d'Haussmann*. Il a trouvé un sens à l'action politique comme ministre de l'Instruction publique, père de l'enseignement laïc gratuit pour tous. En quelques années, l'établissement du protectorat sur la Tunisie par le traité du Bardo, l'implantation française à Madagascar et la conquête du Bas-Congo font de

1. Désespéré par la déclaration de guerre à la Prusse, Prévost-Paradol se suicida en 1870.

lui la figure emblématique du « credo colonial » fondé sur le jacobinisme ultramarin, l'exaltation de la mission civilisatrice de la France, la quête parfois naïve de nouveaux marchés. Incarnation de ce qu'on appelle à l'époque « le colonisme », sans la touche péjorative du « colonialisme », il sera cependant acculé à la démission en mars 1885, un mois après la fin de la conférence de Berlin, par une coalition entre adversaires du laïcisme et pusillanimes qu'effraie l'annexion du Tonkin.

28 juillet 1885 : débat sur la politique coloniale à la Chambre des députés, un des plus vifs de l'histoire de la IIIe République. À la tribune, Ferry, vaincu, parle comme s'il savait déjà que justice lui serait rendue et que, quatre ans plus tard, serait inaugurée à Tunis, en sa présence, une statue le représentant debout sur la carte du monde. « Est-il possible de nier, s'exalte-t-il, que ce soit une bonne fortune pour ces malheureuses populations de l'Afrique équatoriale de tomber sous le protectorat de la nation française ? » Il se trouve des « légitimistes » et des « orléanistes » pour l'applaudir quand il poursuit : « Le parti républicain a montré qu'il comprenait bien qu'on ne pouvait pas proposer à la France un idéal politique conforme à celui des nations comme la libre Belgique et comme la Suisse républicaine ; qu'il faut autre chose à la France, qu'elle doit porter partout où elle le peut sa langue, ses mœurs, son drapeau, ses armes, son génie. »

Ces tirades s'adressent au principal adversaire du « colonisme », ce Georges Clemenceau aux yeux déjà rivés sur la « ligne bleue des Vosges ». Le débat dure plusieurs jours. Avant Clemenceau, un second couteau, le député Raoul Duval, développe contre Ferry l'argument démographique : « Pour faire de la politique coloniale, il faut avant tout un premier article d'exportation, c'est l'article humain. Or n'oubliez pas qu'en 1871 nous avions 300 000 étrangers en France et qu'actuellement nous en comptons plus d'un million. L'invasion pacifique de notre pays se fait lentement et nous n'avons donc pas de Français à envoyer à l'extérieur. »

Si, pour les uns, l'épopée coloniale est une magnifique revanche sur l'humiliation de Sedan, pour les autres, elle constitue une dangereuse dispersion du potentiel français. Après Duval, le député de gauche Frédéric Passy enfonce le clou en faisant allusion à un nouveau conflit franco-allemand : « Nous sommes, nous les adversaires de ces aventures lointaines, de meilleurs ménagers de la force expansive de la nation, de plus vrais représentants de l'esprit national, lorsque nous nous refusons à sacrifier en pure perte des choses précieuses, l'or et le sang de la France, lorsque nous voulons que nos forces soient réservées pour les périls inévitables. »

Pour sa part, dans son intervention du 31 juillet, Clemenceau s'en tient à une argumentation délibérément prosaïque, « cartiériste » avant la lettre : « Pendant que vous êtes perdus dans votre rêve colonial, il y a à vos pieds des hommes, des Français, qui demandent des dépenses utiles, fructueuses [...]. Faites donc pour une heure la politique du pot-au-feu. »

Malgré les apparences – la défaite politique de Ferry –, ce débat est le chant du cygne des « anticolonistes ». En quelques années, la cause sera entendue pour la plupart des parlementaires. Il n'y aura plus d'hérétiques dressés contre le « credo colonial » ; simplement des divergences entre « assimilationnistes » et « associationnistes ». Les premiers veulent « franciser » au plus vite les colonisés. Les seconds souhaitent gouverner en superposant les institutions républicaines et les structures politico-culturelles locales. Ils reçoivent pour cela le soutien de certains grands noms d'une jeune science qui doit beaucoup à l'étude des peuples colonisés : la sociologie. Ainsi, en 1902, dans un article anonyme écrit en fait par Émile Durkheim, la très influente *Revue de Paris* avertit-elle le colonisateur qu'« il ne faut pas juger les institutions d'un peuple par rapport à un idéal arbitrairement défini » et qu'« on ne saurait interrompre brusquement une race sans déterminer un trouble profond ».

Même Jaurès, grand dénonciateur des excès de la conquête militaire au Maroc en 1913, ne condamnera pas la colonisation dans son principe. Il ne remettra jamais en question le messianisme qui l'animait en 1881 quand, jeune professeur de lettres, il donnait à Albi une conférence édifiante comme un discours de distribution des prix : « En prenant possession d'un pays, nous devons y amener avec nous la gloire de la France [...]. Nous pouvons dire à ces peuples, sans les tromper, que jamais nous n'avons fait de mal à leurs frères volontairement ; que, les premiers, nous avons étendu aux hommes de couleur la liberté des Blancs et aboli l'esclavage ; qu'au Congo, Monsieur de Brazza traverserait, sans tirer un coup de feu, des vastes territoires et des tribus guerrières, parce qu'il a su se faire aimer. »

Eugène Étienne, celui de Port-Étienne

Un des aspects sympathiques de l'aventure impériale est la chance qu'elle constitua pour un certain nombre de personnages pittoresques, trop vite oubliés. Eugène Étienne ne figure ni dans le *Petit Robert des noms propres* ni dans le *Petit Larousse*. Il est pourtant une « personnalité capitale de notre histoire coloniale », estime Raoul Girardet[1]. Au point qu'à sa mort, en 1921, ses contemporains donnèrent son nom au port mauritanien qui devint ensuite Nouadhibou, en Mauritanie. Fils d'officier, né à Oran en 1844, il renonce à Saint-Cyr pour entrer dans une maison marseillaise de négoce, se fait élire député en 1881 et devient sous-secrétaire d'État aux Colonies. Tour à tour affairiste et journaliste de talent – aussi bien au *Figaro* et au *Temps* qu'au *Petit Marseillais* et à *La Petite Gironde* – il fonde le groupe colonial à la Chambre des députés, entendons par là une alliance dépassant les clivages des partis traditionnels lors des votes importants. À sa naissance, en 1892, le groupe colonial rassemble des parlementaires de tous les bords, avec une majorité issue du centre. En 1902, il compte 200 députés, ce qui fait de lui le groupe le plus important de la Chambre, après le groupe agricole. Cette alliance constitue un lobby efficace et « éclairé ». Elle compte moins de notables locaux et moins de « propriétaires » que la moyenne du Parlement, mais plus d'avocats, plus de négociants, industriels ou armateurs, plus de journalistes (11 à l'origine) et même des diplomates de carrière. En feront notamment partie Paul Doumer, Gaston Doumergue, Félix Faure, Albert Lebrun, Raymond Poincaré.

Dans une conférence donnée à Bordeaux en 1901, Étienne exalte particulièrement l'œuvre française au sud de l'équateur : « Quand vous examinez notre campagne au Soudan, vous pouvez constater que nous n'avons jamais tenté de subjuguer les Noirs tranquilles. Nous les avons toujours délivrés, car ils étaient la proie des conquérants venus de l'Est aussi bien d'Ahmadou, fils d'El-Hadj Omar que

1. *L'Idée coloniale en France*, *op. cit.*

de Samory lui-même. Ceux-là écrasaient les Noirs, les dépouillaient, les vendaient. » Pour autant, il ne fait pas profession d'idéalisme. Défendant les grandes compagnies privées au Congo, il écrit dans *Le Temps*, en 1897, que « le seul critérium à appliquer à toute entreprise coloniale » est « la somme d'avantages et de profits devant en découler pour la métropole ». En cette période remarquable pour son absence d'inhibitions, il peut conclure ainsi son article : « Si je n'avais eu le sentiment profond, l'intime conviction qu'après la conquête s'ouvrirait la période de l'utilisation économique de ces territoires, je le dis avec une entière franchise, j'aurais considéré comme un devoir patriotique de ne pas engager mon pays dans des entreprises où il n'aurait recueilli que des satisfactions platoniques. »

Diverses associations gravitent autour du groupe colonial et forment avec lui une nébuleuse que la presse de la fin du XIXe siècle appelle le « parti colonial », sans qu'il s'agisse d'un parti formellement constitué. Fondé en 1890 par le prince d'Arenberg, directeur du *Journal des débats* et futur vice-président du groupe colonial à la Chambre, le Comité de l'Afrique française recueille des fonds pour les missions d'exploration à l'intérieur du continent noir et encourage les études le concernant. Jules Charles-Roux, membre de la chambre de commerce de Marseille et président de la Compagnie des messageries maritimes, siège dans son conseil d'administration, aux côtés de parlementaires, de militaires, de marins, de professeurs et d'écrivains. Ces personnalités multiplient conférences et dîners débats dans toute la France pour la propagande coloniale. L'exemple du Comité de l'Afrique française sera suivi par un Comité de l'Asie française et même par un Comité de l'Océanie française...

Cela représente des électeurs. Enfin parvenus au pouvoir en 1902, les radicaux se gardent bien de remettre en cause la politique qu'ils avaient reprochée à Ferry. La présence française outre-mer devient même un élément de leur fonds de commerce électoral après la Première Guerre mondiale, Albert Sarraut, ministre des Colonies de 1920 à 1924, puis de 1932 à 1933, n'hésitant pas à faire amende honorable en leur nom dans son livre *Grandeur et servitude coloniales*.

Lors de la constitution du Front populaire en 1935, puis sous le gouvernement présidé par Léon Blum, la SFIO [1] se montre discrète

1. Section française de l'Internationale ouvrière

quant à l'héritage colonial des gouvernements bourgeois. Marius Moutet, ministre des Colonies, fait un distinguo entre l'impérialisme et ce qu'il appelle la colonisation « altruiste ». Même les communistes, par la voix de Maurice Thorez au congrès d'Arles de décembre 1937, estiment que « l'intérêt des peuples colonisés est dans l'union avec le peuple de France, non dans l'attitude qui pourrait favoriser les entreprises du fascisme » et que « le droit au divorce ne signifie pas l'obligation de divorcer ». Il s'agit alors de ne pas affaiblir les démocraties, éventuelles alliées de Moscou contre Hitler. Les infinies ressources de la dialectique permettent à Aragon et à ses amis d'oublier provisoirement la « contre-expo » de 1931 !

Vichy, « puissance » coloniale

Les chantres de l'empire avaient toujours présenté celui-ci comme un atout décisif en cas de guerre contre l'Allemagne. Quand la défaite devint prévisible, cet empire apparut comme l'ultime recours. Ce ne fut pas par hasard que le dernier gouvernement de la IIIe République évacua l'or de la Banque de France en AOF et à la Martinique. Il y eut continuité de pensée après l'Armistice et Vichy véhicula l'idée que les colonies restaient la dernière carte du Maréchal pour maintenir l'État français à un niveau de souveraineté crédible face à l'occupant. Le vice-amiral Platon, secrétaire d'État aux Colonies, déploya particulièrement cette argumentation en direction des gouverneurs d'Afrique noire, où la population pouvait fuir dans les colonies britanniques et où la « contagion » gaulliste pouvait s'étendre à partir du Tchad.

Au milieu des vicissitudes, Vichy eut une « pensée » et une « politique » africaines relativement cohérentes. Dès octobre 1940, la création d'un « fonds de solidarité coloniale » mit fin aux dispositions de la loi fondamentale de 1900 selon laquelle les territoires d'outre-mer devaient s'autofinancer en coûtant le moins possible à la métropole. Un plan décennal – de 1942 à 1951 ! – prévoyait l'investissement de capitaux publics et privés en AOF. Toutefois, début 1942, le gouverneur général Boisson, dans ses « Directives pour un programme d'équipement administratif et économique » se montrait réservé quant à l'industrialisation. Tout en soulignant que

« l'Afrique peut, veut et doit sortir du premier âge », il indiquait, dans une transposition tropicale de la doctrine pétainiste, qu'elle « est et doit rester paysanne ».

En métropole, Radio-Paris, contrôlée par l'occupant, consacra trois émissions hebdomadaires à « notre domaine d'outre-mer » qu'il s'agissait de défendre « contre les convoitises de l'impérialisme anglo-saxon ». En zone « libre », un « service intercolonial d'information » distribuait obligeamment à la presse des « papiers » sur la vie de l'empire. Les salles de cinéma se voyaient imposer des longs et courts métrages sur le même thème. Sans doute les spectateurs ne venaient-ils pas pour cette propagande, mais, dira l'historien Charles-Robert Ageron, « dans la nuit de l'Occupation, le mythe impérial fut peut-être un des toniques les plus puissants de la nation [1] ». Entre les messages de Vichy et ceux qui leur parvenaient sur les ondes de la France libre, « beaucoup de Français, naguère indifférents ou sceptiques, se persuadèrent sans doute que l'Empire restait la seule porte ouverte sur l'avenir [2] ».

Mitterrand, Giscard, Chirac, tous « amoureux »

Après que de Gaulle lui eut ouvert la voie par la conférence de Brazzaville (voir le chapitre suivant), il appartint à la IVe République de commencer l'émancipation des peuples de l'Union française. En Afrique noire, elle le fit avec une cohérence et cohésion qui lui manquèrent, on le sait, au Maghreb et en Indochine. Un de ses meilleurs legs à la Ve fut une situation apaisée au sud du Sahara.

Valéry Giscard d'Estaing : « J'aime l'Afrique. Les Africains, je crois, le savent. [...]. Cet amour a eu des conséquences sur le cours de ma présidence [3]. » Jacques Chirac : « Moi j'aime l'Afrique [4]. » L'amitié légendaire de Senghor, son compagnon d'études, lui suffisant, Georges Pompidou fut le seul occupant de l'Élysée à s'abstenir de proclamer une « passion » qui fait apparemment partie de

1. *Histoire de la France coloniale*, t. 3, ouvrage collectif, Armand Colin, 1991.
2. *Ibid.*
3. *Le Pouvoir et la Vie*, t. 2, *L'Affrontement*, Compagnie 12, 1991.
4. Interview à *Jeune Afrique Économie* en août 1991. Le « moi » vient sans doute par opposition à Édouard Balladur, réputé coincé avec les Africains.

toute « image présidentielle » dans l'Hexagone, comme si l'attachement au continent de nos explorateurs et de nos missionnaires jouait encore dans l'alchimie électorale un rôle aussi rassurant que la fidélité à l'Auvergne ou à la Charente natales.

Être élu à l'Élysée, c'est, il est vrai, la quasi-certitude de donner de son vivant son nom à quelque boulevard, avenue ou pont dakarois ou abidjanais. Celle aussi d'onduler sur des milliers de croupes africaines, quand, à l'occasion des visites officielles, les femmes revêtent les boubous ornés des portraits du président français et de son homologue local.

François Mitterrand ne fut pas en reste dans ces déclarations d'amour, assorties chez lui de sentences célèbres. « Sans l'Afrique, il n'y aura pas d'histoire de France au XXIe siècle », prophétise-t-il en 1957 dans *Présence française et abandon*[1]. « La France ne serait plus tout à fait elle-même si elle renonçait à être présente en Afrique », conclut-il en novembre 1994, à Biarritz, lors du dernier sommet franco-africain de sa présidence.

Avant même d'y avoir posé le pied, Mitterrand était attiré par l'Afrique. En 1945, à l'âge de vingt-neuf ans, il écrit dans *Libres*, journal des anciens prisonniers de guerre : « Essayons de voir les faits tels qu'ils sont : sous l'affreux aspect de l'utilitarisme, nos colonies nous sont nécessaires. Les abandonner serait s'abandonner. Changeons nos méthodes si elles sont néfastes. Mais évitons l'éternel complexe d'infériorité. Notre œuvre est imparfaite et mélange le bon et le mauvais, la générosité et la sottise. Mais qui donc a fait mieux[2] ? » En 1949, alors qu'il est ministre de l'Information, Mitterrand découvre le Congo, le Gabon, le Tchad et le Soudan, à l'invitation de Bernard Cornut-Gentille, haut-commissaire de l'AEF. Ce premier voyage le marque profondément. « J'en étais revenu brûlant du désir d'agir », racontera-t-il plus tard[3]. Il avait vu le côté négatif, mais aussi « la France aimée ». Aimée « pour ses instituteurs, ses missionnaires, ses ingénieurs sans doute, mais aussi pour elle-même et ses prestiges préservés qui parlent au cœur et à l'esprit ». C'est après cette découverte qu'il réclama et obtint le

1. Plon.
2. Cité par Catherine Nay dans sa biographie du président *Le Noir et le Rouge, ou l'histoire d'une ambition*, Grasset, 1984.
3. Entretiens avec Alain Duhamel dans *Ma part de vérité*, Fayard, 1969.

ministère de la France d'outre-mer quand René Pleven lui proposa d'entrer dans son gouvernement.

Pourtant court (de juillet 1950 à mars 1951), ce passage rue Oudinot, dans le majestueux siège de l'ancien ministère des Colonies, « a été l'expérience majeure de ma vie politique dont elle a commandé l'évolution », assurera Mitterrand dans *Ma part de vérité*. C'est à ce moment-là qu'avec Pleven il fit un numéro de charme à Félix Houphouët-Boigny, leader du RDA, parti interafricain qui comptait plusieurs députés au Palais-Bourbon, pour l'amener à renoncer à son « apparentement » parlementaire avec le PC. Non exempte d'arrière-pensées politiciennes – grossir les rangs de l'Union démocratique et socialiste de la Résistance (UDSR) pour en faire un « groupe charnière » dans les majorités de coalition concoctées à l'époque – cette opération sera déterminante pour l'évolution pacifique de l'Afrique noire française.

Ministre de la Justice dans le cabinet Guy Mollet en 1956, Mitterrand est un des plus fermes soutiens de Gaston Defferre, son successeur rue Oudinot, quand celui-ci présente la loi-cadre du 23 juin modifiant le statut des territoires de l'Union française (voir la chronologie en fin d'ouvrage). Le vote de cette loi reste un des grands moments du consensus gauche-droite sur l'Afrique noire, le chef de cabinet du ministre de la France d'outre-mer est alors... Pierre Messmer, futur ministre des Armées de De Gaulle, futur Premier ministre de Pompidou.

Quarante-deux ans plus tard, dans son livre *Les Blancs s'en vont*, Messmer rendra hommage à « la clairvoyance » de Defferre. Il s'amusera aussi à compter, pour en déplorer le grand nombre, les interventions de l'armée française sous les septennats de Mitterrand, qu'il présente comme « un maniaque de la gesticulation militaire en Afrique », ce qui ne manque pas de sel sous une plume gaulliste.

Envois de contingents au secours d'amis en difficulté, sans consultation du Parlement ; maintien d'un « domaine réservé » confié à une cellule élyséenne indépendante des ministères des Affaires étrangères et de la Coopération : Mitterrand s'est coulé sans difficulté dans le moule africain laissé par ses prédécesseurs. Il a officié avec un plaisir évident dans le rituel des sommets franco-africains créé par Pompidou, même s'il a prétendu délivrer un message différent, axé sur le respect des droits de l'homme, à La Baule (1990), à Biarritz (1994) et autres lieux de villégiature choisis pour ces « réunions de famille ». Homme de la durée, de l'alternance et de la cohabitation, il a incarné la continuité africaine non seulement sous la Ve République mais aussi, de par son passé, entre la IVe et la Ve. Pour le meilleur et pour le pire.

De la connivence aux compromissions

Les Africains ne sont pas les derniers à cultiver la nostalgie de l'empire chez les Français. Certains de leurs propos et de leurs comportements semblent de véritables « cris du cœur », au souvenir du temps de la colonisation, enfin assumée de part et d'autre. En octobre 1980, à l'occasion des cérémonies du centenaire de la fondation de Brazzaville, en présence d'une forte délégation française, les Congolais donnèrent ostensiblement du « Monsieur le Gouverneur » à Pierre Messmer, dans un rappel décomplexé de ses anciennes fonctions qui laissa perplexes bien des invités étrangers.

Jouer de cette connivence est un exercice qui requiert lucidité et rectitude. D'une part, nos partenaires peuvent se révéler de parfaits manipulateurs sous leurs airs « bons diables ». D'autre part, ils excellent à compromettre ceux qui peuvent leur être utiles. L'Afrique noire, en principe si « mal partie », attire toujours. Intérêt intellectuel et intérêt tout court s'entrecroisent pour expliquer des prises de position, des activités et des comportements parfois déconcertants pour les non-initiés. Voici, à titre d'exemples, en dehors des affaires carrément crapuleuses, deux des surprises que la lecture de la presse a pu offrir aux âmes simples en l'espace de quelques mois :

– Décembre 1998, élection présidentielle au Gabon. Une mission d'« observateurs » français – des avocats et des magistrats en principe au-dessus de tout soupçon – se rend à Libreville pour surveiller la régularité du scrutin. Qui organise ce voyage ? Robert Bourgui, avocat du président Bongo et conseiller officieux de l'Élysée pour les affaires africaines. La lettre dans laquelle il rend compte des préparatifs au chef de l'État gabonais commence par un étonnant « Bonjour Papa » et se termine ainsi : « Allez Papa, vous nous reviendrez à Paris en triomphateur des élections. Dieu vous garde ! Votre fidèle et respectueux Robert[1]. »

– Août 1999. Le général Eyadéma est une fois de plus contesté pour ses méthodes autoritaires. Qui lui accorde sa caution morale ? Bernard Stasi, l'ancien ministre centriste, le médiateur de la République française en personne, qui signe dans *Le Monde* une libre opinion présentant l'homme fort de Lomé comme un « facilitateur pour le dialogue intertogolais ».

Pas de quoi crier au scandale absolu, certes. Simplement de quoi éprouver un certain malaise.

Grands et petits « réseaux »

Qu'il soit de gauche ou de droite, l'« atavisme africain » d'une partie de la nomenklatura française se perpétue dans les « réseaux ». Très proche d'Elf, le « réseau Foccart » a illustré une époque aujourd'hui révolue. Il a existé, il existe toujours, d'autres « réseaux ».

Pour rester dans la famille gaulliste, Charles Pasqua, quand il était ministre de l'Intérieur, jouissait d'une « véritable capacité d'influence » (comme dit avec quelque amertume Michel Roussin dans *Afrique majeure*), grâce à ses relations amicales avec les présidents Bongo, Biya, Compaoré et bien d'autres. Il a continué d'exercer cette « influence » par le biais de la « coopération décentralisée » du conseil général des Hauts-de-Seine, la collectivité locale la plus riche de France après Paris, celle dont la présidence constitue un instrument de pouvoir même en matière internationale.

À un niveau plus modeste, mais de façon assez instructive, Hervé Bourges, n'a jamais caché les relations qu'il cultive avec plusieurs de ses anciens élèves africains de l'École supérieure internationale de journalisme de Yaoundé, devenus ministres ou hommes de presse. C'est l'ancien président Ahmadou Ahidjo qui fut à l'origine de cette école, quand M. Bourges cherchait une nouvelle activité après une expérience de conseiller de Ben Bella, premier chef de l'État algérien. Le futur patron de TF 1, l'homme promis à la présidence du Conseil supérieur de l'audiovisuel, est aussi l'auteur d'un ouvrage

1. *Le Monde* du 9 décembre 1998.

de référence sur l'Afrique d'après les indépendances [1]. Aujourd'hui, au milieu de toutes ses occupations, il « prend » toujours un appel de Libreville, Dakar ou Yaoundé. Il reste friand d'invitations élyséennes quand un voyage présidentiel se profile au sud du Sahara. Connaître « tous les restaurants de poisson de Dakar » fait partie des traits valorisants que ses amis soulignent quand un journal veut faire un portrait de sa personne [2].

Franc-maçonnerie, l'autre initiation

La franc-maçonnerie joue un rôle dans l'« amitié » franco-africaine, que celle-ci soit de bon ou de mauvais aloi. De même que les missionnaires repéraient les sujets prometteurs, de même les « frères de lumière » s'ouvrirent assez tôt aux indigènes ambitieux et capables. Culturellement, il était tentant pour ceux-ci de passer des rites et des initiations de l'Afrique ancestrale à ceux de la Grande Loge de France ou du Grand Orient. Ancien élève des frères missionnaires de Ploërmel, Blaise Diagne fut initié en 1899. Premier député noir du Sénégal, il devint par la suite vénérable de la loge « Pythagore » à Paris, membre du conseil de l'ordre du Grand Orient en 1922, et président de la « Fraternelle » des parlementaires.

Après que la loge de Saint-Louis du Sénégal, établie dès 1781 pour les Européens et les métis, se fut ouverte aux Noirs, il se créa un peu partout en Afrique des loges « Victor-Schoelcher », l'homme qui fit adopter l'abolition de l'esclavage aux colonies. Pour un Rastignac africain, accéder à la « maîtrise » dans ces loges, encore très dépendantes des obédiences métropolitaines, faisait partie de tout plan de carrière sérieux. Plus tard, après les indépendances, l'initié Bongo « gabonisa » et créa un Grand Rite équatorial. (Cela n'empêcha pas une amicale mobilisation parisienne pour qu'on ne cherche pas noise au président gabonais quand, en 1979, un amant asiatique de sa femme fut mystérieusement assassiné dans le Lot-et-Garonne.) Pour leur part, les Congolais Denis Sassou N'Guesso et Pascal Lissouba, qui se disputèrent si âprement le pouvoir dans les

1. *Les 50 Afriques*, en collaboration avec Claude Wauthier, Le Seuil, 1979.
2. « Le roi Bourges », dans *Le Monde* des 16-17 janvier 1999.

années 90, appartenaient respectivement à la Grande Loge de France et au Grand Orient de France. En vain les deux obédiences tentèrent-elles une conciliation en 1993.

À un niveau plus modeste, pour l'élite africaine, l'appartenance à la franc-maçonnerie est une protection contre l'arbitraire. Les « frères » français peuvent intervenir discrètement en faveur de tel ou tel des leurs tombé en disgrâce et menacé dans sa liberté ou ses biens.

La franc-maçonnerie a permis d'arrimer encore plus solidement l'Afrique indépendante à l'ancienne métropole. Nulle part ailleurs que chez elle, le consensus franco-français sur l'Afrique ne s'est affirmé avec autant de constance. Au point qu'elle se départ parfois de sa légendaire discrétion dans les prolongements tropicaux de ses solidarités. Ancien patron de la puissante Garantie mutuelle des fonctionnaires (GMF), passionné d'Afrique, Michel Baroin, tué en 1987 dans un accident d'avion au retour d'un voyage au Congo, ne faisait pas mystère de son appartenance au Grand Orient. Guy Penne, responsable de la cellule africaine de l'Élysée au début des années 80, devait autant sa promotion à sa qualité de dentiste personnel de François Mitterrand qu'à ses relations africaines de franc-maçon notoire.

Quand le moindre putsch faisait la « une » à Paris

Aujourd'hui, à l'Agence France-Presse (AFP), le continent noir n'est plus « couvert » que par quelques chefs français de bureaux régionaux. Ils coiffent un réseau de collaborateurs africains dans les pays jugés trop peu importants pour mériter la présence continue d'un vrai correspondant. Pourtant, les médias français ont suivi de près les premiers pas des nouveaux États africains. Dans les années 60 et 70, l'AFP disposait d'un envoyé spécial permanent, détaché de la rédaction parisienne, dans toutes les capitales. Le métier n'était pas simple. Il ne fallait déplaire ni au gouvernement français ni au régime en place dans le pays hôte, tout en gardant sa dignité et sa crédibilité professionnelle, notamment face à la concurrence de Reuters, incarnée pendant des décennies par la Française Odile Leroux, véritable mémoire de l'Afrique francophone dans le bureau parisien de l'agence britannique.

De *L'Humanité* à *La Croix*, chaque rédaction parisienne avait son ou ses « africanistes ». *Le Monde* payait à ses envoyés spéciaux de longs séjours dans de petits pays pour des « séries » d'au moins trois articles, l'ordre quasi immuable du triptyque étant : la politique intérieure (avec interview du président) ; la situation économique (avec les éternels espoirs de découverte de pétrole) ; les relations avec la France et ses éventuels concurrents (ceux-ci furent selon les époques : les Israéliens, grands pourvoyeurs d'aide en échange du soutien diplomatique à l'ONU ; les Libyens de Kadhafi ; les anglophones du Nigeria, voire de l'Afrique du Sud).

Nom, prénoms, attributions nouvelles et anciennes : le lecteur du *Monde* ne devait rien ignorer de la composition du gouvernement à chaque remaniement mauritanien ou voltaïque. L'« africaniste » maison vivait sous la menace permanente du putsch matinal, avec « bulletin de l'étranger » en première page, biographie du président évincé (voire nécrologie, si les mitraillettes avaient parlé), et « portrait » de son successeur, fût-il un capitaine inconnu.

La récompense de cette tension perpétuelle était la confection de « suppléments », avec invitation présidentielle à la clé. Ces « suppléments » étaient d'un volume variable en fonction de la publicité, la partie rédactionnelle jouant un simple rôle de faire-valoir. Pour habiller la pub de la compagnie aérienne nationale (3 jets en leasing) rien ne valait un « reportage » sur quelque « paradis » touristique au bord de l'Atlantique chaud, avec son golf plus vert qu'un parcours normand. Champion toutes catégories des « suppléments », le Togo, bientôt imité par d'autres pays, trouva un jour plus simple de s'adresser directement à une officine parisienne (Adefi-International, qui employait notamment Élisabeth Mitterrand, femme de Jean-Christophe) pour sa propagande. Par comparaison avec les « dossiers de presse » que confectionna cette officine dans les années 85-90, on finissait par prendre pour des modèles de subtilité les bonnes vieilles « lettres confidentielles » dont quelques stipendiés européens de Mobutu ou d'Houphouët abreuvaient rédactions et grandes entreprises pour faire passer des « scoops » cousus de fil blanc. Le Français qui n'avait pas assez d'Afrique avec les pages du *Monde* pouvait se procurer divers magazines dans les kiosques parisiens. Plus ou moins inspiré et financé par l'Algérie, *Afrique-Asie*, de Simon Malley, soutenait les régimes « progressistes » et dénonçait les turpitudes ivoiriennes ou gabonaises. Plus professionnel, plus riche et plus diffusé, l'hebdomadaire *Jeune Afrique*, dirigé par le Tunisien Béchir Ben Yahmed mais installé à Paris, offrait – et offre toujours – l'exemple à peu près unique d'une rédaction tendue, par son mélange de Maghrébins et de Noirs (plus quelques Français), vers le vieil idéal unitaire de l'Organisation de l'unité africaine (OUA).

Le « cartiérisme », anticolonialisme utilitaire

Finalement, en ce qui concerne l'Afrique noire, le débat d'idées sur la colonisation, la décolonisation et l'attitude à adopter à l'égard des nouveaux États indépendants a surtout eu lieu en marge du monde politique, à l'université, dans les médias et chez les intellectuels.

Raymond Cartier est sans doute le seul journaliste qui laissa son nom à une doctrine au XXe siècle. Qui plus est pour des articles publiés dans un média populaire ! Jusqu'à ses enquêtes sur le terrain parues dans *Paris Match* en août et septembre 1956 sous le titre « En France noire avec Raymond Cartier [1] », cet homme avait plutôt la réputation d'un « nostalgique » de l'empire, associé dans son esprit à la « défense de l'Occident », sans tentation de remise en question ni de « braderie ». D'où la surprise causée par sa condamnation de la « coûteuse philanthropie » française à l'égard des Africains et le retentissement durable de ses prises de position, servies par un incontestable talent d'écriture.

Cartier disait à ses lecteurs qu'il était temps de choisir entre la France profonde et l'outre-mer (on lui fit dire plus tard « entre la Corrèze et le Zambèze »). D'un côté, il y avait, il y avait les écoles, les hôpitaux, les barrages – bref le « pot-au-feu » de Clemenceau – dont l'Hexagone avait bien besoin pour s'affirmer sur la scène économique internationale. De l'autre côté, il y avait les milliards « engloutis » dans les infrastructures d'un continent promis, on le sentait déjà à l'époque, à une indépendance prochaine. Avant que d'autres ne dénoncent les « éléphants blancs » de la coopération, Cartier s'indignait d'investissements inadaptés. Là, « un lycée d'un quart de milliard pour quatre cents élèves qu'il est impossible de trouver dans le territoire » ; ailleurs, des halles en béton « hautes comme une cathédrale » et « non occupées par les Africains, qui préfèrent les marchés traditionnels en plein vent ». « N'eût-il pas mieux valu construire à Nevers l'hôpital de Lomé et à Tarbes le lycée de Bobo-Dioulasso ? », demandait aux contribuables français le journaliste déjà assuré de la réponse.

1. D'autres articles de la même veine parurent en mars 1964.

« Le pays le plus riche et le plus stable d'Europe, la Suisse, n'a jamais eu un mètre carré d'outre-mer, écrivait aussi Cartier. La Suède, autre phénomène de prospérité, est dans le même cas [...]. Le cas de la Hollande est plus frappant encore. Il était admis comme un axiome que son existence était basée sur les Indes orientales, bouquet de trésors, pétrole, caoutchouc, riz, thé, café, étain, coprah, épices. Or, la Hollande a perdu ses Indes orientales [1] dans les pires conditions, au moment où elle était dévastée, noyée, et il a suffi de quelques années pour qu'elle connaisse plus d'activité et de bien-être qu'autrefois. »

La France peut-elle se comparer à ses petits voisins européens ? Le prix de l'influence culturelle, du prestige international, ou, tout simplement, des carrières administratives et commerciales offertes à de jeunes gens avides de promotion sociale par l'aventure coloniale, peut-il se quantifier et figurer à l'actif, à côté du passif constitué par le coût de l'ex-empire ? Raymond Cartier ne répondait pas à la question. D'autres le firent à sa place, tel Pierre Moussa, alors directeur des Affaires économiques et du Plan au ministère de la France d'outre-mer, qui publia en 1957 *Les Chances économiques de la communauté franco-africaine* [2]. Constitué à l'origine par un cours à l'ENA, cet ouvrage, par ailleurs fort technique et nuancé, faisait un constat essentiel : « On peut estimer que 500 000 Français environ résidant en métropole (dont 300 000 au titre de l'industrie) tirent directement ou à peu près directement leurs revenus du commerce entre la métropole et les pays d'outre-mer : 1 ménage sur 28, en métropole, vit donc grâce à l'existence d'un ensemble français [...]. Chacun des partenaires, métropole d'une part, pays d'outre-mer d'autre part, doit une partie importante de son activité aux commandes de l'autre partenaire. » Certes, ces calculs s'appliquaient à la totalité de l'« ensemble français », duquel l'Afrique noire n'était qu'une partie. Mais cette réaction contre le « complexe hollandais » pesa dans l'esprit des dirigeants politiques, un moment ébranlés par le succès du « cartiérisme », notamment quand les Français d'Algérie comparaient avec exaspération leur chiche indemnisation et les sommes consacrées à l'Afrique noire.

1. Occupées par les Japonais en 1941, les Indes néerlandaises devinrent indépendantes en 1945, sous le nom d'Indonésie.

2. Armand Colin.

Pour un « Nuremberg » colonial !

Paris Match lança le « cartiérisme ». Avant lui, *L'Observateur* (devenu ensuite *Le Nouvel Observateur*) avait mis le « tiers-mondisme » sur orbite médiatique. Le concept de « tiers-monde » fut utilisé pour la première fois par Alfred Sauvy dans un article publié en août 1952 par l'hebdomadaire parisien, sous le titre « Trois mondes une planète ». En pleine guerre froide, le célèbre sociologue et démographe catalan, représentant de la France à la commission de la Population de l'ONU, y évoquait, entre le « monde communiste » et le « monde libre », l'existence de nations, le plus souvent situées dans l'hémisphère Sud et naguère colonisées, qui refusaient de s'aligner sur l'un ou l'autre « camp », et souhaitaient pouvoir se développer de façon autonome. « Ce Tiers-Monde, ignoré, exploité, méprisé, comme jadis le Tiers-État, veut lui aussi être quelque chose », affirmait l'auteur, loin de deviner à quel point sa formule allait faire fortune.

Trois ans plus tard, en avril 1955, à Bandung, capitale hôte de la première conférence internationale des non-alignés, les représentants de vingt-quatre pays d'Afrique et d'Asie, en majorité arabo-musulmans, se prononçaient pour un neutralisme entre l'Est et l'Ouest. Ils ajoutaient au concept de « non-alignement » celui de « tiers-monde » en lui donnant un sens géopolitique que Sauvy n'y avait sans doute pas mis. En France, le tiers-mondisme passa dans le vocabulaire politico-médiatique à peu près à la même époque que le « cartiérisme ». Il prit une coloration nettement plus africaine qu'à l'origine à partir du moment où il fallut expliquer pourquoi le continent noir était « mal parti », ainsi que l'agronome René Dumont en fit le constat rageur six ans seulement après les indépendances [1].

Idéologie mettant l'accent sur les potentialités novatrices des peuples affranchis et sur la nécessaire solidarité avec eux en raison des torts que la colonisation était réputée leur avoir faits dans le passé, le tiers-mondisme multiplia les slogans accusateurs à l'égard de la France « néo-coloniale » et de ses « vassaux » africains, qui, à l'in-

1. *L'Afrique noire est mal partie*, Le Seuil, 1966.

verse des Algériens par exemple, n'avaient pas pris leurs distances à son égard. Il eut une variante marxiste, axée sur « l'anti-impérialisme », et une variante chrétienne, véhiculée notamment par le Comité catholique contre la faim et pour le développement (CCFD), la Cimade [1] protestante, et le mensuel *Croissance des jeunes nations*. De ce côté-là des chrétiens, le modèle était la Tanzanie anglophone du catholique Julius Nyerere, grand admirateur de René Dumont et inventeur du « socialisme ujamaa ». Fondée sur des coopératives villageoises (*ujamaa* est un mot swahili dont la traduction approximative est « lien familial », au sens large), l'expérience tanzanienne inspira une multitude de livres et d'articles passablement candides [2]. À part quelques missionnaires, d'ailleurs trop prompts à juger une politique sur ses intentions plutôt que sur ses résultats, bien peu d'auteurs avaient mis le pied dans l'ex-Tanganyika britannique, mais l'essentiel était de disposer d'une utopie pour la proposer à la « décevante » Afrique francophone. Alors que la classe politique s'entendait sur l'essentiel en matière d'aide à l'Afrique et que la gauche ne se distinguait de la droite que par des divergences sur l'organisation du ministère de la Coopération et la ventilation de ses crédits, on est frappé par la violence verbale du tiers-mondisme militant. En 1986, René Dumont intitule son nouveau livre *Pour l'Afrique, j'accuse* [3]. Quels sont les responsables de l'échec patent de l'Afrique pourtant délivrée du colonialisme depuis un quart de siècle ? Les gouvernements français dans leur ensemble, la coopération, les dirigeants africains « complices ». Tous des criminels, pour lesquels Dumont réclame « de nouveaux tribunaux de Nuremberg ».

Même parmi les professeurs à l'École nationale de la France d'outre-mer, il y avait des spécialistes qui n'étaient pas loin de souscrire à l'affirmation selon laquelle la colonisation fut « un mélange de crimes et de bonnes intentions ». S'inscrivant dans une longue tradition savante de soupçon à l'égard des images d'Épinal, l'orientaliste Jacques Berque en arrive par exemple à s'interroger sur le personnage légendaire de Caillié, le découvreur de Tombouc-

1. Cimade : Comité inter-mouvements auprès des évacués (créé en 1939).

2. Envoyé m'extasier sur place, j'ai publié dans *Le Monde*, en décembre 1972, une série d'articles plutôt désabusés mais qui ne se départaient pas du respect « dû » à l'intouchable Nyerere.

3. Plon, 1986, coll. « Terre humaine ».

tou. On se rappelle le récit que l'explorateur fit de ses misères quand il dut regagner le Maroc à travers le Sahara. « Qui sait si l'une de ses tortures, se demande perfidement Berque, n'est pas de sentir qu'il va livrer aux siens ces êtres dont la méchanceté n'est que naïve alors que lui dissimule en sa conscience d'Occidental une meurtrière préparation des temps nouveaux [1] ? »

Avec les tiers-mondistes partisans du « Nuremberg » colonial, on est loin de cette simple prise de distance. Il n'y a plus de « bonnes intentions » à invoquer. Simplement des « crimes » à recenser. « Pour une ultime exigence d'orgueil, note subtilement Marc Ferro, la mémoire historique européenne s'est assuré un dernier privilège, celui de parler en noir de ses propres méfaits, de les évaluer elle-même, avec une intransigeance inégalée [2]. » Les guerres civiles au Tchad et au Cameroun ? La faute aux frontières « artificielles » héritées des explorateurs et des militaires. La famine au Sahel ? La responsabilité des colons qui substituèrent les « cultures d'exportation » aux « cultures vivrières traditionnelles ». L'absence de solidarité nationale et de morale politique dans les nouvelles républiques ? Les « dégâts humains » causés par l'esclavage.

L'arrêt du « sanglot »

Il arriva un jour où des voix s'élevèrent pour dire que trop, c'était trop. D'abord celle de Gérard Chaliand, avec *Mythes révolutionnaires du tiers-monde* [3]. Puis celle de Pascal Bruckner, avec *Le Sanglot de l'homme blanc. Tiers-monde, culpabilité, haine de soi* [4] : un titre et un sous-titre de nature à retenir l'attention des plus indifférents destinataires du service de presse. « *A priori* pèse sur tout Occidental une présomption de crime, attaquait d'emblée la quatrième de couverture. Nous autres Européens avons été élevés dans la haine de nous-mêmes, dans la certitude qu'au sein de notre culture un mal essentiel exigeait pénitence. Ce mal tient en deux mots : colonialisme et impérialisme. »

1. Préface à l'édition du *Voyage à Tombouctou* parue en 1989 à La Découverte.
2. *Histoire des colonisations*, Le Seuil, 1994.
3. Le Seuil, 1976.
4. Le Seuil, 1983.

Bien que l'illustration choisie pour la couverture fût une image de Brazza au Congo, le livre de Bruckner n'avait pas l'Afrique pour seul objet. Mais il marqua plus d'un « africaniste » dans les rédactions. Puis, *Empire colonial et Capitalisme français*, le savant ouvrage de Jacques Marseille relativisant le bénéfice économique de la colonisation pour la métropole, ajouta au trouble. En février 1985, *Paris Match* ouvrait ses colonnes à Rony Brauman et à Claude Malhuret, spécialistes de l'« humanitaire », déjà en vogue. Brauman démontait la mystification tanzanienne. Avec bon sens, Malhuret observait que l'Éthiopie, symbole des maux de l'Afrique avec ses famines et ses guerres civiles, n'avait pratiquement pas été colonisée. Même l'Université cessa d'appartenir aux seuls tiers-mondistes. Maître de conférences en histoire à Lyon-III, Bernard Lugan osa dire ce qu'il pensait : « La colonisation fut probablement une chance historique pour l'Afrique noire qui n'a pas su la saisir [...]. À la veille d'être colonisée, l'Afrique était déjà en danger de mort ; la colonisation l'a provisoirement sauvée en prenant en charge son destin [1]. »

Rompant avec le ton lénifiant de leurs ministres, des spécialistes de la coopération, exaspérés par la mauvaise utilisation des fonds, brisèrent ensuite un des tabous de la classe politique : le montant de la « facture africaine » pour ceux des Français qui paient l'impôt. Ainsi Jean-Paul Gourévitch en 1997 : « La France dépense actuellement pour l'Afrique une somme annuelle de 700 francs par habitant ou, pour ne tenir compte que de ceux qui vraiment l'acquittent, de 2 500 francs par foyer fiscal imposé, soit en moyenne un huitième de leur impôt sur le revenu. Ce chiffre, qui est une estimation minimale, ne bénéficie naturellement d'aucune couverture médiatique. Il se lit pourtant facilement à travers les bilans de l'aide publique et les comptes de la nation [2]. »

À noter toutefois que, dans cette famille de pensée, on prend toujours soin d'invoquer un intérêt persistant pour l'Afrique et des liens personnels avec elle. Si Lugan appelle au « franc-parler », c'est parce qu'il l'estime dû à « nos amis africains ». Gourévitch dédie son brûlot à « Boubacar, Mamadou, Moussa, Samba, Seydou » et

1. *Afrique, l'Histoire à l'endroit*, Perrin, 1989, coll. « Vérités et légendes ».
2. *L'Afrique, le Fric, la France*, *op. cit.* Gourévitch intègre le coût de l'immigration dans ses calculs, tout en admettant qu'il est « difficile à évaluer ».

quelques autres. Dire leurs quatre vérités aux Africains, oui. Mais passer pour raciste, ça jamais !

Profil bas à Bruxelles

Aujourd'hui, chez les spécialistes de la coopération, l'essentiel du débat porte sur l'opportunité de maintenir une aide spéciale aux pays du « pré carré » ou de s'orienter vers une « aide au développement » à l'ensemble des pays du Sud, notamment *via* l'Union européenne, qui, en principe, ne se soucie pas des anciennes « appartenances ».

Sur les 98 milliards de francs que les contribuables français devaient verser en 2000 pour le financement du budget des Quinze, une petite partie (moins de 5 %) devait bénéficier aux 70 « pays ACP » signataires des accords de Yaoundé (puis de Lomé) avec Bruxelles.

Chez les Quinze, la France plaide-t-elle en faveur de l'aide à ses anciennes colonies africaines autant que celles-ci le lui demandent ? Le moins qu'on puisse dire est qu'en la matière elle a adopté un profil bas.

Tout au long des années 90, quelques Français ont occupé des postes importants au sein de la « DG 8 » (direction générale pour le Développement) de la Commission et s'y sont montrés fort actifs [1]. Mais ils étaient bien seuls. Paris ne pousse guère ses « eurocrates » à occuper les positions stratégiques au sein de cette « DG », sous prétexte que, « dans le système, notre passé colonial les gênerait plutôt qu'il ne les aiderait ».

Dans les marchandages bruxellois, la France ne semble pas particulièrement intéressée par le fauteuil de commissaire européen en charge du dialogue avec le Sud. L'intitulé exact de cette fonction varie selon le partage des tâches et les « sensibilités » particulières dans chaque commission. Au sein de l'actuelle commission Prodi, le Nordique Poul Nielson est responsable du « développement et de l'aide humanitaire ». Dans la commission Santer, le Portugais João

1. Tels Philippe Soubestre, directeur adjoint de cette « DG » puis responsable de la coordination de l'aide communautaire, et Yves Roland-Gosselin, chargé des derniers « territoires d'outre-mer » des pays membres. M. Soubestre a été évincé en septembre 1999 sans que Paris paraisse s'en émouvoir.

de Deus Pinheiro s'occupait des « relations extérieures avec les pays ACP ». Au temps de Jacques Delors, il s'agissait de l'Espagnol Manuel Marin. Il faut remonter aux années 80 pour trouver un Français : Claude Cheysson, commissaire « chargé des pays en voie de développement » de 1973 à 1981, ministre des Relations extérieures de François Mitterrand de 1981 à 1984, de nouveau commissaire européen, « chargé des relations Nord-Sud » de 1985 à 1988.

Malgré les déclarations officielles en faveur d'une action concertée au sein de l'Union européenne, ce relatif effacement à Bruxelles s'explique sans doute par le fait que nombre de responsables français préfèrent une « aide bien identifiable », dans un cadre bilatéral, à une « aide diluée ». Ce qui est aussi la préférence que les Africains expriment en privé. La Commission a du temps et de l'argent à consacrer à l'étude de son image. En 1989, elle fit faire, par un institut spécialisé, un sondage auprès de 1 250 « leaders africains » (fonctionnaires, enseignants, cadres, professions libérales). Seulement 4 % de ces grosses têtes furent capables de citer les douze membres de la Communauté. Rien n'indique que les quinze de l'Union auraient aujourd'hui plus de succès. Même sur la « place de l'Europe » que Jacques Delors alla inaugurer en 1991 dans l'île de Gorée.

Chapitre 10

Gaullisme tropical

Jeudi 12 novembre 1970. Tandis qu'à Colombey-les-Deux-Églises on enterre dans l'intimité familiale et villageoise le général de Gaulle – cercueil encadré par quatre saint-cyriens dont un Africain –, les grands de ce monde participent à l'hommage solennel à Notre-Dame de Paris. À côté des Nixon et des Kossyguine, les Africains, en costume sombre ou en boubou blanc, témoignent par leur présence massive du caractère unique du couple franco-africain devant les caméras de tout l'univers. À quoi songent-ils dans la nef ? À la cérémonie grandiose au cours de laquelle, place de la Concorde, le 14 juillet 1959, le Général leur remit à chacun un drapeau de la Communauté ? Aux attentions du défunt quand il les logeait au château de Champs, réservé aux hôtes de l'ancien empire ? À ses marques de confiance à leur égard, quand il les informait secrètement de la première explosion de la bombe A française au Sahara et les invitait à désigner un représentant de leur choix pour assister à l'événement sur le polygone saharien de Reggane ?

Dans la solitude de Colombey, le Général, rédigeant ses *Mémoires d'espoir* [1], avait poli ses compliments sur leur personne : Houphouët-Boigny, « cerveau politique de premier ordre » ; Senghor, « ouvert à tous les arts et, d'abord, à celui de la politique ». Ils n'ont pas été avares d'éloges eux non plus. *Le Figaro*, en ces jours de deuil, publie la nécrologie d'un « héros du tiers-monde » et c'est signé Léopold Sédar Senghor. *Le Monde* y va d'un sonnet :

> *De Gaulle n'est pas mort : son nom est liberté*
> *Et rayonne sur nous, rouge d'éternité.*

1. Plon, 1970.

Ces vers, mauvais mais bien intentionnés, sont l'œuvre du ministre malgache des Affaires étrangères, Jacques Rabémananjara, condamné à mort en 1947 pour avoir demandé l'indépendance de son pays au sein de l'Union française, puis gracié.

Après le requiem, conformément à leur désir, la plupart des invités africains se rendent à Colombey dans un train spécial. Par un privilège qui fait bien des envieux dans la classe politique française, Mme de Gaulle les reçoit à La Boisserie. La veuve sent que, pour quelques heures encore, il lui incombe de maintenir avec les Africains le cérémonial de cour dont son mari se faisait, comme il disait, « un devoir, un honneur, un plaisir ».

Brazzaville, 1940

« Tous ceux qui ont collaboré à la politique africaine de Charles de Gaulle, écrira Jean Lacouture [1], nous ont signalé que cet homme qui s'était fait une cuirasse d'impavidité semblait, en présence des Africains, la délacer. Le Général, de toute évidence, aimait ses interlocuteurs africains, comme les foules chaleureuses qu'ils étaient censés représenter. »

Le Général avait pour cela des raisons qui remontaient loin. Au regard de l'Histoire, l'épopée africaine de la France libre fut l'absolue légitimation de la colonisation. Pétain s'est accroché à l'empire avec l'espoir qu'il constituerait la véritable « zone libre » de la France vaincue et continuerait à lui assurer une relative marge de manœuvre vis-à-vis des Allemands. De Gaulle s'est employé à lui ravir cet atout, persuadé qu'aux yeux des Alliés le contrôle des territoires africains légitimerait sa prétention à représenter la France et à en faire non seulement un pays libéré mais aussi un pays vainqueur.

Il le dit dès l'Appel du 18 juin, c'est dans « les vastes étendues » africaines que la France pourra « se refaire une armée et une souveraineté ». Il croit un moment que la reconquête aura lieu depuis l'AOF, puis, très vite, il comprend que c'est à partir de la lointaine AEF que commencera une « aventure aux dimensions de la terre ».

1. *De Gaulle*, t. 3, *Le Souverain*, 1959-1970, Le Seuil, 1986.

Dans le chapitre « L'Afrique » des *Mémoires de guerre* [1], une soudaine alacrité du récit restitue sans doute l'état d'esprit de l'auteur quand il apprenait les premières vraies bonnes nouvelles depuis l'Armistice :

26 août 1940, à Fort-Lamy : le gouverneur (guyanais) Félix Éboué et le colonel Marchand, commandant militaire du territoire, proclament le ralliement officiel du Tchad au Général. Celui-ci peut annoncer l'événement à la radio et cite le Tchad « à l'ordre de l'Empire ».

27 août : parvenus nuitamment en pirogue à Douala, avec « une poignée de militaires et de colons », Leclerc et Claude Hettier de Boislambert s'emparent de Douala, premier port important à la disposition de la France libre. La rumeur du prochain retour des anciens colons allemands y circulait déjà !

28 août : parti de Léopoldville – où il disposait de la sympathie active du gouverneur général Ryckmans, soucieux de l'honneur de la Belgique dans la guerre –, le colonel de Larminat traverse le fleuve Congo et s'installe à Brazzaville comme haut-commissaire de l'Afrique équatoriale, passée aux gaullistes.

Désormais, le Tchad est la tête de pont des opérations militaires tandis que Brazzaville s'érige en capitale politique de l'Afrique française libre. C'est à Brazzaville, le 27 octobre 1940, que le Général s'institue lui-même « gérant des intérêts de la France » et s'engage à « rendre des comptes au peuple souverain » dès sa libération. « Je fixai, en terre française, à Brazzaville, cette position nationale et internationale par un manifeste, deux ordonnances et une déclaration organique dont l'ensemble allait constituer la charte de mon action. »

Dans l'avion qui le ramène ensuite à Londres, *via* Lagos, Freetown et autres capitales d'une Afrique anglophone où l'indigène n'assiste pas à l'humiliation d'un colonisateur vaincu sur son propre sol, le Général, se rappelant Chateaubriand, sait qu'il lui faudra « mener les Français par des songes ». Pouvait-il rêver mieux que « les immensités du centre de l'Afrique, sous le climat équatorial » comme théâtre des « incroyables détours par où, dans cette guerre étrange, devaient désormais passer les Français combattants pour atteindre l'Allemand et l'Italien » ?

1. T. 1, *L'Appel*.

Leclerc en pirogue

Magnifié par sa mort accidentelle près de Colomb-Béchar à l'âge de quarante-cinq ans, paré de son prestige de « grand soldat qui ne fit jamais de politique », Leclerc, né Philippe de Hauteclocque, a fait rêver une partie de la jeunesse française au moins autant que de Gaulle. Parmi ses nombreuses biographies, celle de Pierre Croidys, *Notre second Bayard, le général Leclerc, grand soldat, grand chrétien*, parue en 1949 aux très catholiques éditions Spes, a longtemps occupé une place de choix dans les bibliothèques des écoles libres. Malgré des naïvetés d'époque, inconsciemment racistes, elle donne une image particulièrement valorisante de l'Afrique et de ses habitants, blancs et noirs, à ses jeunes lecteurs.

Parvenu à Lagos, *via* la frontière franco-espagnole et le Portugal, pour se mettre au service de De Gaulle, Leclerc est tout de suite réconforté par ce qu'il y découvre : « Il y avait heureusement, en Nigeria, de braves gens qui ne voulaient pas accepter le postulat insolent d'une France définitivement vaincue. C'étaient des tirailleurs dahoméens et de la Côte d'Ivoire qui attendaient, à la frontière du Cameroun, dans un camp créé par eux, qu'on voulût bien les appeler pour combattre encore. »

Avant de s'illustrer dans les sables du désert avec sa colonne blindée, Leclerc connaît l'aventure en pirogue. Croidys fait un récit détaillé de la prise de contrôle de Douala, plus sobrement évoquée par de Gaulle dans ses *Mémoires*. Leclerc part du Cameroun britannique avec seulement « 23 braves » pour atteindre son objectif par la mer, « non pas sur des canots de la marine, mais dans deux pirogues, de 16 mètres de long, creusées dans des troncs d'okoumé ». Comme il dispose de la complicité de « deux pères du Saint-Esprit, missionnaires au Cameroun, bravement ralliés à la France libre », il ne saute pas totalement dans l'inconnu. « On pagaie toute la nuit et puis, avec précaution, on se glisse dans l'estuaire de la rivière. Ce sont encore les ténèbres quand on défile devant la douane. Un gabelou hèle les piroguiers. Le P. Dehon, missionnaire, répond : "C'est moi, le père Dehon, je rentre de mission avec des amis." Chacun rit sous cape de la ruse. Le commandant Leclerc sourit. La pirogue porte la France et sa fortune. »

« Il ne reste plus que le Gabon qu'il faut souder à l'Afrique-Équatoriale et au Cameroun, pour former le bloc de la résistance africaine ; mais ce sera l'œuvre de demain dont, en partie, se chargera le bataillon de marche du Cameroun, qui vient d'être formé : près de 1 000 hommes intrépides, colons, administrateurs, paysans noirs, anciens tirailleurs, qu'aucun obstacle n'arrêtera. »

En 1941, Leclerc quitte Fort-Lamy pour constituer au Congo l'armée avec laquelle il se lancera à la conquête du Fezzan. « Il partit donc pour Brazzaville le plus rapidement possible. 1 600 kilomètres à franchir, en auto, en canot à vapeur, à travers l'immense forêt vierge, en se servant des voies fluviales. Ce fut ainsi qu'il descendit la grande rivière Oubangui. Il lui arrivait souvent de croiser des convois de radeaux qui montaient vers le front saharien des hommes, du matériel, des munitions, des vivres. Dès qu'il était signalé, Blancs et Nègres se livraient à d'enthousiastes démonstrations de joie, de fidélité, qui étaient, pour son cœur de soldat, la meilleure des récompenses et l'assurance de la victoire. »

Brazzaville, 1944

Aujourd'hui ambassade de France, une construction en grès mauve du pays, au bord du fleuve Congo, avait été offerte au Général par un groupe d'amis en 1941. C'est dans ce que Brazzaville appelait déjà « la case de Gaulle » que le chef de la France libre revint en janvier 1944 pour délivrer le fameux discours inaugural de la conférence sur les destinées de l'empire.

À l'exception du Guyanais Félix Éboué et d'un autre gouverneur, d'origine antillaise, pas une peau de couleur parmi les auditeurs du Général : une vingtaine de gouverneurs d'Afrique noire et de Madagascar ; neuf délégués de l'Assemblée consultative provisoire d'Alger, dont Félix Gouin, son président ; six hommes envoyés par le gouverneur général de l'Algérie et les résidents généraux du Maroc et de la Tunisie (à titre de simples observateurs car il n'était pas question de discuter du sort de ces protectorats en l'absence de leurs souverains) ; une trentaine d'experts, tous fonctionnaires à l'exception de deux présidents de chambres de commerce et de Mgr Biechy, évêque de Brazzaville. Deux présences féminines dans les couloirs, mais évidemment sans droit à la parole : une princesse noire, descendante du roi Makoko avec lequel Brazza avait traité, et une vieille demoiselle blanche, Marthe, la propre fille de l'explorateur.

« Comme toujours, la guerre elle-même précipite l'évolution », constate le Général. Il sait que l'assistance est partagée en deux courants opposés : ceux qui demandent une « assimilation » des territoires à la métropole ; ceux qui, derrière Félix Éboué et René Pleven, commissaire aux Colonies, préconisent une fédération. C'est à ces derniers qu'il semble donner raison, encore que les avis des exégètes diffèrent sur ce point. Certes, il évoque d'abord l'existence d'un « lien définitif » entre la métropole et l'empire, où « elle a trouvé son recours et sa base de départ pour sa libération ». Mais il poursuit en exprimant le souhait que les hommes vivant « sous notre drapeau » puissent « s'élever peu à peu jusqu'au niveau où ils seront capables de participer chez eux à la gestion de leurs propres affaires » de façon à « s'intégrer dans la communauté française avec leur personnalité, leurs intérêts, leurs aspirations, leur avenir ».

Dans les pages des manuels d'histoire consacrées à la mythique conférence de Brazzaville, on ne dit pas aux écoliers africains que les « recommandations » adoptées par les participants furent un véritable salmigondis doublé d'un charabia. « La Conférence africaine française de Brazzaville, indique le texte final, a cru devoir poser le principe ci-après : les fins de l'œuvre de civilisation accomplie par la France dans les colonies écartent toute idée d'autonomie, toute possibilité d'évolution hors du bloc français de l'empire ; la constitution éventuelle, même lointaine, de *self-governments* dans les colonies est à écarter. » Mais plus loin, quand il s'agit de la représentation politique des colonies, il est dit : « L'organisme nouveau à créer, Parlement colonial ou, de préférence, Assemblée fédérale, devra respecter la vie et la liberté locale de chacun des territoires constituant le bloc France-colonies, ou, si l'on veut bien admettre ce terme malgré les objections qu'il peut soulever, la Fédération française. » Comprenne qui pourra ! Sans doute était-il inhumain de demander de rompre avec la mystique de l'empire à ceux dont la vocation avait été de le servir.

À leur décharge, les gouverneurs se montraient bien plus à l'aise quand, délaissant l'organisation politique, ils abordaient les questions économiques et sociales. Le régime du travail aux colonies, la « justice indigène », l'enseignement, l'attitude à adopter à l'égard des coutumes et des langues locales étaient l'objet de « recommandations » relativement audacieuses. Ainsi : « Les administrateurs auront le devoir de faire évoluer les diverses coutumes vers la liberté et la dignité de la femme. Touchant plus particulièrement la grande polygamie, il paraît indispensable que ce fléau de l'Afrique noire soit combattu par tous les moyens au pouvoir de l'Administration. Le mariage monogamique doit être favorisé. Ce mariage devra faire l'objet d'un contrat enregistré à l'état civil, contrat qui comportera une clause de dommages-intérêts dans le cas où le second mariage serait contracté par l'époux sans que le premier eût été rompu. » Bien peu d'Africains se prirent la tête entre les mains pour décrypter les « recommandations » de la conférence. En revanche, le discours du Général, largement diffusé par la radio, eut un grand écho dans la population qui en retint l'essentiel : les choses allaient bouger. De Gaulle avait atteint son double objectif : couper l'herbe sous les pieds des Américains, bien décidés à remettre en question le sort des empires coloniaux après la victoire ; se doter d'une stature personnelle chez les « évolués », dont le vote pèserait plus tard sur les destinées de la France.

Brazzaville, 1958

Quand le Général prend congé de la IVe République, sa renommée est telle que certaines tribus ont adopté un nouveau fétiche au fin fond du Gabon et du Congo : le fétiche N'Gol qui, peint en jaune et noir, représente un personnage ayant un long nez, des yeux plissés et un képi étoilé.

Pendant sa « traversée du désert », « N'Gol » fait plusieurs voyages en AOF et en AEF. Houphouët-Boigny lui rend une visite secrète en février 1958, alors que le régime chancelle déjà. Ministre de la IVe il était, ministre de la Ve il restera, et même ministre d'État. Avec quelques autres, il a vite compris que le changement de Constitution est le moment ou jamais de dépasser le stade de l'autonomie offerte par la IVe. Les principaux ténors africains ont déjà choisi quand, le 8 août 1958, de Gaulle invite les peuples à se prononcer par référendum sur leur entrée dans un nouvel ensemble de son invention : la Communauté, complexe édifice juridique, d'inspiration fédérale sans que le mot soit prononcé.

Brazzaville, ville fétiche du fétiche « Ngol » ! Le 24 août, à peine le Général est-il descendu de son Starliner toujours frappé de la croix de Lorraine, qu'elle lui manifeste un enthousiasme délirant. La fête est orchestrée par le chef du gouvernement et maire de la ville, l'abbé Fulbert Youlou, en soutane de soie blanche taillée par un grand couturier parisien. Au stade Éboué, un nouveau rendez-vous est pris avec l'Histoire : « Il est naturel et légitime que les peuples africains accèdent à ce degré politique où ils auront la responsabilité entière de leurs affaires intérieures, où il leur appartiendra d'en décider eux-mêmes. »

Malraux et les indépendances tcha-tcha-tcha

« Affaires intérieures », mais pas souveraineté internationale. Pourtant, deux ans plus tard, le 15 août 1960, Brazzaville fêtait l'accession du Congo à l'indépendance pleine et entière. Dans *Le Petit Soldat de l'Empire*, Guy Georgy, alors haut-commissaire de la République, a relaté l'événement d'une façon qui restitue bien le mélange de gravité et de burlesque consubstantiel aux rapports franco-africains.

D'abord, il avait fallu régler la question du drapeau : « Nous avions tant tardé que toutes les combinaisons de couleurs et d'emplacement étaient déjà prises par d'autres pays comme le Sénégal, le Cameroun, la Côte d'Ivoire. Je suggérai, en désespoir de cause, de mettre les trois couleurs (vert, jaune, rouge) en biais dans n'importe quel ordre. C'est ainsi que la république du Congo eut un emblème un peu de guingois jusqu'au jour où, à la faveur d'une révolution marxiste-léniniste scientifique, elle se dota du drapeau de l'Union soviétique. » Puis, à l'avant-veille de l'événement, on s'aperçut qu'il manquait l'hymne national. En tournée dans une boîte de nuit locale, l'accordéoniste de Joséphine Baker fut chargé de la musique, tandis qu'un journaliste de Radio-Congo écrivait les paroles de *La Congolaise* en une nuit.

Sur ce, débarqua Malraux, représentant personnel du Général pour les cérémonies. « Après un bref tour de ville dans la moiteur du soir, il se retira vers minuit sous une véranda de la Case de Gaulle et se mit à écrire, raconte Georgy. Là, devant un pichet de whisky-jus de fruit et une secrétaire ensommeillée, il entreprit la rédaction d'un morceau inoubliable. » (L'écrivain travaillait à la chaîne ; la veille, également pour la proclamation de l'indépendance, il était à Bangui où il avait lancé devant la foule : « Une ère s'achève avec le soir qui tombe... Ce n'est pas un transfert d'attributions mais un transfert de destin. »)

Le jour J, devant un auditoire qui avait d'abord scandé l'air à la mode, « Indépendance, tcha-tcha-tcha », Malraux évoqua, d'une voix tremblée, « le pas lourd des légions africaines » en marche vers les champs de bataille où s'était jouée la liberté de la France. Plus tard, le canon tonna et un parachutiste entreprit d'abaisser le drapeau français pour hisser à sa place le nouvel emblème national. « Il avait à peine tendu la main vers la drisse, poursuit Georgy, que le président Youlou manifesta à haute voix son désaccord. Il n'était pas question, disait-il, de séparer l'enfant de sa mère et il exigeait que le drapeau congolais montât aux côtés de celui de la France et non pas à sa place. »

*

Malraux égaya-t-il de Gaulle de ce récit ? Le Général vivait mal, alors, la mort de ses projets initiaux pour l'Afrique. En effet, bien qu'approuvée à de très larges majorités par tous les pays africains, sauf la Guinée, lors du référendum du 28 septembre 1958, la Communauté fut vidée de sa substance quand, l'année suivante, le Sénégal et l'ancien Soudan, réunis au sein d'une éphémère Fédération du Mali, revendiquèrent le plein exercice de leur souveraineté dans les « compétences communes », jusqu'alors attribuées à Paris. C'était le signal, tout au long de l'année 1960, de la « course aux indépendances » au sein d'une vague « confédération d'États souverains ». De Gaulle n'avait rien fait pour s'opposer au désir de Modibo Keita. Pourtant, à y regarder de près, dans la forme sinon dans l'esprit, le Mali, bientôt suivi par les autres, obtenait ce qui avait été refusé à la Guinée en 1958 : à la fois l'indépendance et l'aide de la France.

Une « épreuve morale »

Les *Mémoires d'espoir* sont intéressants autant pour ce qui y est dit que pour ce qui y est tu. La passion contenue transparaît dans le récit détaillé de la rupture avec Sékou Touré, au cours de l'escale à Conakry, après celle, triomphale, de Brazzaville, pendant la tournée préréférendaire de l'été 1958. On sent de Gaulle bouillir tout au long de la « réunion de travail » où le leader guinéen fait le procès de la France et réclame l'indépendance, mais essaie de ne pas avoir à en payer le prix en proposant une vague association. On admire qu'il invoque comme un « signe éclatant » le fait que l'arrogant tribun a, malgré tout, « parlé en très bon français ».

Sortant de sa discrétion habituelle, le Général rapporte ces propos presque insultants à Sékou Touré au cours d'un tête-à-tête : « Pour la France d'aujourd'hui le colonialisme est fini. C'est dire qu'elle est indifférente à vos reproches [...]. Elle a vécu très longtemps sans la Guinée. Elle vivra encore très longtemps sans elle si elle en est séparée. » Il n'assista pas à la réception prévue par le malheureux gouverneur Mauberna. À Sékou Touré, qui l'avait quand même accompagné jusqu'à l'aéroport, il signifia au pied de la passerelle : « Adieu la Guinée [1] ! »

*

Que de sobriété et de sérénité, par contraste, dans la courte relation de la journée du 11 décembre 1959 où, arrivant à Saint-Louis pour y présider le conseil exécutif de la Communauté, de Gaulle accéda à la requête malienne de transfert de souveraineté ! « Vivement encouragé par le Premier ministre Michel Debré qui se trouve à mes côtés, je donne publiquement à entendre que la France est prête à approuver ce qui lui est demandé [...]. Comme cette transformation est de droit, qu'elle ne comporte pour nous aucun dommage, qu'elle ne fait que modifier la forme sans nullement changer le fond de la solidarité franco-africaine, nous l'acceptons volontiers. »

C'était faire contre mauvaise fortune bon cœur. Une petite phrase étonnante met tout de même la puce à l'oreille : « Cependant, je dis aux chefs d'État réunis autour de moi, comme les pèlerins d'Emmaüs le disaient aux voyageurs : "Restez avec nous ! Il se fait tard ! La nuit descend sur le monde !" »

En fait, rapportera plus tard le ministre Raymond Triboulet, cité par Lacouture [2], de Gaulle était « bouleversé » par la tournure des événements. « Ils s'en vont, ils s'en vont », dit-il, « des larmes dans la voix », à Triboulet, reçu au lendemain de la réunion de Saint-

1. Telles sont du moins les paroles mentionnées dans les *Mémoires d'espoir* avec une rancœur persistante. Dans *Les Blancs s'en vont*, Messmer affirme qu'il a entendu : « Adieu monsieur le Président. Bonne chance à la Guinée. »

2. *De Gaulle*, t. 3, *op. cit.*

Louis. Ce proche collaborateur vit là une manifestation inattendue de la « sensibilité » du Général, et c'était l'Afrique qui la suscitait !

Évoquant au début de ses pages consacrées à l'outre-mer « l'action, dans ces frustes contrées, de tant de soldats, d'administrateurs, de colons, d'enseignants, de missionnaires, d'ingénieurs », le Général avait indiqué ce qu'il savait l'attendre au moment de son retour au pouvoir : « Quelle épreuve morale ce serait donc pour moi que d'y transmettre notre pouvoir, d'y replier nos drapeaux, d'y fermer un grand livre d'Histoire. » Mais, « quelque mélancolie que l'on pût en ressentir, le maintien de notre domination sur des pays qui n'y consentaient plus devenait une gageure où, pour ne rien gagner, nous avions tout à perdre ».

Même la Communauté, pourtant imprécise à dessein, avait été ressentie comme un carcan ! S'étant ressaisi, le Général eut le génie de transformer un fiasco constitutionnel en réussite politique.

Jacques Foccart, maintien de la volonté de puissance

Dans sa notice au *Who's Who*, la profession que revendiquait le « père Joseph » du Général en matière africaine était modestement celle d'« exportateur ». Jacques Foccart, patron d'une petite affaire de négoce avec l'outre-mer, n'avait qu'une trentaine d'années quand la Résistance lui donna l'occasion de faire ses preuves au sein du Bureau central de renseignement et d'action, le service secret de la France libre. Après 1945, il progressa dans la hiérarchie du RPF [1] et fut l'un des sept « barons » qui portèrent le gaullisme au pouvoir en 1958. C'est à lui que pensa de Gaulle quand il eut décidé que le continent noir ferait partie du « domaine réservé » de l'Élysée et qu'il chercha un homme de confiance pour diriger un service plus important que bien des ministères : le secrétariat général de la Communauté à la Présidence de la République (devenu secrétariat général pour les Affaires africaines et malgaches quand le mot Communauté fut rayé du vocabulaire).

Sans doute les relations africaines que l'« exportateur » s'était faites expliquaient-elles ce choix. Surtout, de Gaulle appréciait chez

1. Alors Rassemblement du peuple français.

Foccart une vision de la France post-impériale qui le stimulait au moment où il était lui-même en proie au doute.

C'est étrangement dans la préface d'un ouvrage fort technique – *Les Accords de coopération entre la France et les États africains et malgache d'expression française*, publié en 1965 à la Documentation française – que Jacques Foccart a dit à quelle hauteur il situait la question franco-africaine :

« Si l'on en venait à abandonner maintenant la tâche entreprise au temps de la colonisation, parce que nous serions persuadés qu'elle n'est plus rentable sur le plan du profit, de la force, et de la puissance, nous trahirions notre civilisation comme semblent se préparer à le faire les États qui sont sur le point de réduire leur effort d'aide, pourtant très faible. Quant à eux, les peuples de couleur seraient fondés à manifester leur hostilité, leur crainte, leur rancune et leur mépris à notre égard. [...] En Afrique, la France mène une entreprise parallèle à celle qu'elle a réussie en Europe : la liquidation d'un passé qui avait engendré ou qui pouvait engendrer des antagonismes destructeurs. De même que nous avons su dépasser la vieille haine franco-allemande, nous dépassons en Afrique le "colonialisme" par la volonté des deux parties de ne pas insister sur l'ombre qu'il comportait pour mettre en valeur sa lumière [1]. »

À ceux qui entrèrent dans ces vues, Foccart ne marchanda ni son temps ni les moyens, officiels ou occultes, de la République. « Le "réseau" Foccart, c'est surtout le réseau téléphonique », plaisantaient ses collaborateurs. À tout moment, les Bongo, les Houphouët, les Ahidjo savaient où l'appeler. À chacun de leurs nombreux séjours en France leurs émissaires pouvaient le rencontrer chez lui, à la « villa Charlotte » de Luzarches, en dehors des « heures ouvrables » des palais de la République.

Dans ce type de relations extrêmement personnalisées, fondées sur la parole donnée plutôt que sur les accords écrits, les Africains étaient mis en confiance par la certitude que leur interlocuteur disposait de tous les atouts : la considération du Général et les facilités que cela procurait dans l'appareil d'État officiel ; le contrôle d'une

1. Cité par Pierre Péan, dans son ouvrage, par ailleurs très hostile, *L'Homme de l'ombre. Éléments d'enquête autour de Jacques Foccart, l'homme le plus mystérieux et le plus puissant de la Vᵉ République*, Fayard, 1990.

partie du Sdece, dont le service « Afrique » bénéficiait d'une large autonomie à son profit ; un tissu de relations parmi les hommes d'affaires implantés outre-mer ; l'amitié de plusieurs grands ambassadeurs, pourtant sous la tutelle d'un Quai d'Orsay souvent réservé à son égard.

*

De Gaulle apprécie que la diversité de ces moyens d'action soit au service d'un homme sachant exactement ce qu'il veut. Dès 1960 Paris est placé devant un choix délicat : intervenir ou non contre la rébellion bamilékée au Cameroun. De 1956 à 1958, les Français ont déjà lutté contre les maquis de l'UPC, mais, cette fois-ci, il s'agit de mener des opérations dans un pays indépendant, et la communauté internationale peut s'émouvoir d'un si rapide retour en force. Foccart est celui qui plaide avec le plus de détermination pour le soutien militaire au président Ahidjo. Laisser s'étendre la rébellion, ce serait accepter l'idée que l'intégrité territoriale de nos anciennes colonies peut être immédiatement mise en cause et que les guerres civiles sont le destin de l'Afrique francophone. En quelques mois, pendant l'été 1960, sous les ordres du général Max Briand, cinq bataillons français, un escadron blindé et un escadron de chasseurs bombardiers matent la révolte des Bamilékés. En pleine guerre d'Algérie, l'expédition passe presque inaperçue. (Pas un mot sur elle dans les *Mémoires d'espoir*.) Elle aurait quand même fait 3 000 morts chez les rebelles. Mais le Cameroun resta un pays viable.

*

La volonté de préserver le « pré carré » français va effrontément de pair avec des immixtions dans les « chasses gardées » de voisins européens moins motivés.

Le 26 février 1960, le baron Jaspar, ambassadeur de Belgique en France, sort passablement éberlué d'un entretien avec Maurice Couve de Murville. Le ministre français des Affaires étrangères vient de lui indiquer qu'au moment où Bruxelles s'apprête à reconnaître l'indépendance du Congo-Léopoldville, Paris ne se sent plus lié par l'accord conclu au XIXe siècle entre Léopold II et Jules Ferry quant au renoncement français à toute ingérence dans la colonie belge.

Cette prévenante annonce résultait de la situation au Katanga (actuel Shaba), dont les richesses minières (cuivre, uranium, cobalt, diamants) suscitaient convoitises et agitations. Quelques mois après la démarche de « Couve », alors que Moïse Tschombé vient de proclamer la sécession du Katanga contre le pouvoir central de Patrice Lumumba, la France lui dépêche le colonel Trinquier, ancien membre du comité de salut public d'Alger, pour ses conseils éclairés. Ensuite, armes et munitions françaises transitent par Brazzaville pour aider les Katangais, encadrés par des mercenaires français, à repousser une offensive des « casques bleus » de l'ONU. L'avènement de Mobutu rendra sans intérêt la poursuite du soutien à Tschombé mais l'intention était claire : combler le vide laissé par les Belges. Elle ne changera pas, tout au long du triste feuilleton zaïrois.

*

C'est encore la volonté de puissance en Afrique qui guide Jacques Foccart quand une cinquantaine de mercenaires français, dont des anciens du Katanga, apportent leur concours au colonel Ojukwu, qui a proclamé l'indépendance du Biafra, la région pétrolière de la fédération du Nigeria, en 1967. En dehors même de leurs promesses de concessions à Elf, les Ibos catholiques du Biafra, naguère évangélisés par des missionnaires irlandais, ont la sympathie de De Gaulle (et aussi du Vatican). Le 31 juillet 1968, à peine remis des événements de Mai, le Général déclare qu'ils ont le droit de « s'affirmer en tant que peuple ». Les agents de Jacques Foccart se chargent de l'acheminement de matériel militaire, y compris des avions, *via* le Gabon et la Côte d'Ivoire. Comme l'écrit à l'époque le *Sun*, quotidien populaire travailliste, le Nigeria est devenu le théâtre d'une « gigantesque bataille postcoloniale entre la Grande-Bretagne et la France ».

La cause biafraise est alors très populaire dans l'Hexagone. Alors que le rapport des forces se révèle défavorable au colonel Ojukwu, le soutien de Paris encourage celui-ci à une résistance désespérée. Paradoxalement, cette guerre atroce que leur pays a contribué à attiser suscite chez les Français la découverte d'une fibre « humanitaire ». Bernard Kouchner, futur promoteur de Médecins sans frontières, est présent sur le terrain pour le compte de la Croix-Rouge française.

Cependant, à l'exception des présidents Bongo et Houphouët-Boigny, l'aventure biafraise apeure les interlocuteurs africains de Jacques Foccart, sensibles à la réprobation de l'OUA. Le 23 avril 1969, au cours du dernier Conseil des ministres tenu sous sa présidence, de Gaulle a beau répéter que « le peuple biafrais a le droit de disposer de lui-même », Foccart se voit contraint d'inciter les émissaires d'Ojukwu au compromis avec Lagos.

Le drame se termine pratiquement au début du septennat de Georges Pompidou. Il est le seul échec patent du Général et de son conseiller en Afrique noire. Une bonne partie des intellectuels et des faiseurs d'opinion se sont trompés avec eux et ont contribué à ce que la photo des enfants affamés, au visage mangé par les mouches, se substitue à l'affiche riante de l'amateur de Banania dans la représentation collective de l'Afrique.

*

Maintenu dans ses fonctions par Pompidou, Jacques Foccart devra s'effacer après l'élection de Valéry Giscard d'Estaing. Mais en mars 1986, à soixante-treize ans, il est rappelé par le Premier ministre Jacques Chirac comme conseiller ès Afrique pour la première cohabitation.

Ce retour eut valeur de symbole, quoique l'intéressé ne recherchât pas l'affrontement systématique avec Jean Audibert, son homologue de l'Élysée. Sa fierté était alors d'incarner une certaine continuité dans la politique française au sud du Sahara. Dans l'appartement discret que ses services occupaient en face de l'hôtel Matignon, il m'exposa un jour ses vues *off the record*, tout en se gardant orgueilleusement de livrer ces petits secrets par le « partage » desquels la plupart des hommes de pouvoir essaient de se concilier la presse. Je le quittai cependant avec la satisfaction d'avoir bu le thé en compagnie d'une légende vivante.

Il était révélateur que le personnage le plus mythique des débuts de la Ve République fût le « monsieur Afrique » du Général. Dans l'imaginaire collectif, quel meilleur terrain pour un homme d'action que cette Afrique indépendante, si désorganisée que le Blanc y retrouvait paradoxalement la marge de manœuvre qui était la sienne à l'époque héroïque de la colonisation ?

À la fin de sa vie, diminué mais honoré par le titre de « représentant personnel » du président Chirac auprès des chefs d'État africains, Jacques Foccart sera la preuve assez pathétique que même la plus forte des passions – celle qu'il nourrissait pour le continent noir – ne préserve pas indéfiniment des atteintes de l'âge. Le 24 mars 1997, tous les survivants du gaullisme historique se retrouveront en l'église Saint-Louis des Invalides pour les obsèques d'un homme auquel plusieurs présidents africains viendront rendre un dernier hommage.

Certains des présents, tel le Malgache Didier Ratsiraka, l'avaient combattu, mais, au fond d'eux-mêmes, tous étaient flattés d'avoir eu pareil calibre pour interlocuteur. Les ministres français des Affaires étrangères et de la Coopération sont passés et ont été oubliés ; tous ceux qui pensent et s'expriment en Afrique se souviennent de Foccart et ont une opinion sur sa politique et sa personne.

En 1995, puis en 1997, les éditions Fayard, en coopération avec *Jeune Afrique*, avaient publié deux tomes d'entretiens avec lui. Malgré le titre – *Foccart parle* – « l'homme de l'ombre », celui qui passait pour être « au parfum » de tant de choses, ne s'y départait pas de sa discrétion et respectait la loi du silence dans les vraies affaires d'État. En 1999, *Jeune Afrique* voulut relancer ses ventes. Que croyez-vous que l'hebdomadaire du continent noir offrit en cadeau contre deux ans d'abonnement ? Les « confessions » de l'incarnation fascinante du « néocolonialisme » : *Foccart parle*.

Chapitre 11

Syncrétismes

Moktar Ould Daddah, Ahmadou Ahidjo et Hamani Diori sont oubliés. Trop musulmans, trop embouboutés. Bokassa, en Napoléon cannibale, faisait peur. Eyadéma est trop fruste. Bongo joue trop au mariolle. Heureusement, comme produits très présentables de la colonisation, il est resté Senghor et Houphouët-Boigny. Chacun à sa façon, ils eurent le bon goût de faire montre d'un sens du syncrétisme qui rendait moins déroutants les personnages exotiques dans lesquels les Français avaient besoin de se retrouver pour être rassurés sur leur œuvre africaine.

Aujourd'hui, les touristes blancs visitent avec recueillement la maison des Senghor à Joal, sur la « Petite Côte », au sud de Dakar. S'ils se laissent guider par les nombreux gamins que fait vivre la célébrité de l'enfant du pays, ils finissent par trouver l'ancien collège spiritain de Ngasobil, où s'éveilla la sensibilité du chantre de la négritude. Pour que son fils apprenne à bien lire et bien écrire, Basile Diogoye Senghor, fournisseur des frères Maurel en arachides, s'était adressé à un missionnaire. Frappé par les dons de cet enfant, et conscient des limites d'un magistère exercé en marge d'activités paroissiales, le bon père Dubois avait pris sur lui de le confier à d'autres soutanes. À Ngasobil, Sédar, prénom sérère, s'efface au profit de Léopold, le second prénom, plus catholique (comme pour tant d'autres Africains, la dualité du pensionnaire commençait avec son état civil). En plus du français, le jeune cerveau doit faire l'apprentissage d'une troisième langue : en effet, les spiritains tiennent à enseigner le catéchisme en ouolof, la langue véhiculaire du Sénégal, bien distincte du sérère maternel de leur élève.

Le latin et le grec s'ajoutent au programme quand Léopold, qui croit avoir la vocation, est envoyé au collège séminaire Libermann de Dakar. Il s'agit toujours d'un bon élève, mais un supérieur qui ne veut pas de prêtrises par erreur d'aiguillage lui explique qu'il n'est pas fait pour l'ordination. L'ex-séminariste va préparer son baccalauréat dans un établissement de l'enseignement public qui compte seulement deux élèves noirs en classe de philo.

La suite appartient à l'imagerie de la République laïque, avec la photo d'une « khâgne » du lycée Louis-le-Grand où le front studieux du boursier Senghor voisine avec celui de Georges Pompidou. Le futur premier président du Sénégal et le futur successeur de De Gaulle amis comme Montaigne et La Boétie ! C'est tellement beau que certains historiographes en ont rajouté. Non le Noir ne fut pas reçu à « Normale Sup » en même temps que le Blanc ; il obtint « seulement » un diplôme d'études supérieures, pour son mémoire *L'Exotisme chez Baudelaire*, et une agrégation de grammaire.

Le genre de bagage qu'on exigeait à l'époque pour une nomination de professeur de lettres en banlieue. Photo de classe (6e A) au lycée de Saint-Maur-des-Fossés à la rentrée scolaire 1938-1939 : trente-sept jeunes Français sourient autour d'un professeur africain qui écrit secrètement des poèmes et auquel le déjà « grand écrivain catholique » Daniel-Rops vient de demander une contribution pour un essai collectif intitulé *Ce que l'homme noir apporte*. Bien sûr, le poète habite Paris, dans le quartier de la porte Dorée, à deux pas du musée des Colonies, où il va chercher l'inspiration dans la contemplation des masques africains.

« Négritude »

Pour enseigner, Senghor a acquis la nationalité française et fait un an de service militaire. En 40, comme tout le monde il est mobilisé, et comme tout le monde il est fait prisonnier. D'abord interné dans un camp à Amiens, il entend parler de l'Appel du 18 juin. Cela lui inspire le poème *Au guélowar* (*guélowar* est un mot sérère qui désigne le noble, descendant des conquérants mandingues). Par allusion transparente, la voix du « guélowar » y est présentée comme celle qui « dit l'honneur, l'espoir et le combat », celle qui « dit la République dans l'égalité des peuples fraternels ». De stalag en stalag, le 2e classe Senghor accumule les « poèmes chants », que lui inspirent les psalmodies des autres prisonniers sénégalais. « Pendant ma captivité, j'ai découvert et prouvé, écrira-t-il sans excès de modestie, qu'il existait une véritable prosodie négro-africaine [1]. »

Libéré en 1942, il reprend son enseignement à Saint-Maur et continue à accumuler les poèmes. Dans ce qui constituera plus tard *Hosties noires*, il célèbre les « soldats négro-américains » qui arrivent en libérateurs et même un « FFI noir blessé [2] ».

Évocation des débuts de l'exil, le recueil *Chants d'ombre* [3] paraît enfin aux éditions du Seuil en 1945. Il est suivi par *Hosties noires*, en 1948, année faste pour le jeune auteur puisqu'elle voit aussi la publication, aux Presses universitaires de France, de son *Anthologie de la nouvelle poésie nègre et malgache de langue française*, avec une préface intitulée *Orphée noire* et signée Jean-Paul Sartre. Cette « poésie nègre » était à mille lieues de l'existentialisme germanopratin. Qu'importe ! « La poésie noire de langue française est de nos jours la seule grande poésie révolutionnaire », décrète Sartre.

Ensemble des manières de pensée, de sentir et de s'exprimer propres à la race noire, la « Négritude » avait sous la plume de Sartre un caractère plus agressivement militant que sous celle de son inventeur, qui voulait la concilier avec ce qu'il appelait la « francité ». Le poète s'accommoda de ce malentendu utile à sa renommée ; l'homme politique s'emploiera à le dissiper.

En effet le premier agrégé sénégalais, plus que l'homme de lettres débutant, a été pressenti par Lamine Guèye, maire de Dakar, pour figurer parmi les candidats africains participant à la campagne des législatives d'octobre 1945. Élu par le second collège, celui des « évolués », Senghor se retrouve au Palais-Bourbon avec Houphouët-Boigny et quelques autres députés de couleur. Il adhère à la SFIO puis la quitte pour les Indépendants d'outre-mer, habiles à profiter de l'instabilité gouvernementale pour se placer quand les grands

1. *Liberté V*, Le Seuil, 1993. Les nombreux textes de Senghor ayant trait aux questions culturelles et politiques ont été rassemblés, sous le titre général *Liberté*, en cinq volumes parus au Seuil entre 1964 et 1993.

2. Une cinquantaine de Sénégalais participèrent aux combats du Vercors en 1944.

3. *Chants d'ombre*, *Hosties noires*, *Nocturnes*, *Lettres d'hivernage*, *Élégies majeures*, *Poèmes perdus* ainsi que diverses considérations sur la poésie francophones sont réunis en édition de poche sous le titre *Œuvre poétique*, Le Seuil, coll. « Points Essais », nº 210.

sorciers de Matignon concoctent des majorités de coalition. Il décroche un maroquin de secrétaire d'État dans un gouvernement Edgar Faure en 1956.

*

« Je dirai ton nom, Senghor... » Vingt-huit ans plus tard, à l'Académie française, c'est l'ancien président du Conseil qui prononce le discours de réception du poète-président élu au fauteuil du duc de Lévis-Mirepoix. Un immense titre barre la une du *Soleil*, le grand quotidien sénégalais qui a succédé à *Dakar-Matin* : « Senghor parmi les Immortels. » L'Afrique n'en revient pas.

Le Quai Conti rend hommage à l'homme de lettres mais aussi à l'homme d'État. Celui qui a survécu aux complots et aux agitations de la rue (notamment en mai 1968, quand Dakar a connu une révolte étudiante par mimétisme) sans répandre le sang. Celui que ses nombreux discours dans les enceintes internationales ont érigé en « sage » de la décolonisation à la française. Celui qui n'a pas amassé de fortune personnelle pendant les vingt ans où il fut président de la République. Celui qui a librement choisi de s'effacer en 1980 et de remettre le pouvoir à un Premier ministre préparé à la succession. Et c'est précisément à cause de ce passé politique, en ce 29 mars 1984, sous la Coupole, que certains pensent tout bas qu'il sera beaucoup pardonné au faiseur de poèmes.

La préciosité érudite de Senghor en agace quelques-uns. Mais comment en vouloir à quelqu'un qui, en 1968, dédie une élégie « aux coopérants du contingent » et qui, en 1974, en compose une autre à la mémoire de Georges Pompidou, l'ami aux « yeux clairs sous les longs sourcils de brousse brûlée » ? À la mort de l'Auvergnat, Senghor se trouvait en Inde. Rien ne put le distraire de sa peine : « Dans la nuit tamoule, je pense à toi mon plus-que-frère. »

« Vous nous faites l'honneur de nous aider à vous comprendre, l'Afrique et vous, dans notre langue », lui a dit Alain Bosquet. Pierre Emmanuel a célébré son « français d'ébène aux odeurs si cambrées [1] ». Quand il s'est rendu au premier festival mondial des Arts nègres à Dakar, en avril 1966, Malraux lui-même y est allé d'un

1. Compliments reproduits par leur destinataire dans *Œuvre poétique*.

hommage à sa manière : « Nous voici donc dans l'Histoire. Pour la première fois un chef d'État prend entre ses mains périssables le destin d'un continent [...]. » De plus grandes modesties que celle de son hôte auraient succombé à de tels compliments !

« Normandité »

Après la guerre, Senghor avait pris une épouse de race noire, Ginette Éboué, fille du gouverneur guyanais de l'AEF rallié à de Gaulle. Cette union n'ayant pas duré, celui dont un des poèmes les plus connus était pourtant un hymne à la femme noire (« Femme nue, femme noire, vêtue de ta couleur ») se remaria en 1957 avec Colette Hubert, jeune fille de la bonne société normande. C'est dans la propriété familiale de celle-ci qu'il s'établit définitivement après avoir quitté la présidence de la République sénégalaise à l'âge de soixante-quatorze ans. À Verson, localité de 3 500 habitants dans le Calvados, le patron de la maison de la presse se met à vendre l'œuvre senghorienne et se fait régulièrement l'interprète des clients désireux d'avoir une dédicace du citoyen d'honneur de la commune.

Senghor est toujours disponible pour prendre la parole devant les assemblées les plus diverses. Il peut parler de tout, même de la poésie de sainte Thérèse d'Avila aux « journées thérésiennes de Mazille » en juillet 1982. Dans d'innombrables symposiums, forums, séminaires, il cite Socrate, Alain, Aristote, Teilhard de Chardin, Mallarmé, ou François Mitterrand, « écrivain de grand talent », assure-t-il lors d'un de ces colloques « sur la culture et le développement » dont il est friand. Rien ne se perd, tout est gardé pour publication dans les recueils *Liberté*. En mai 1986, devant l'académie des sciences, arts et belles lettres de Rouen, il parle longuement de la « normandité ». (Attention, explique-t-il savamment, mieux vaut dire « normandité » que « normanditude ».) Tout y passe : le P. Dubois son premier maître à Joal (« un Normand »), la grand-mère de sa femme (Mme de Betteville), Corneille, Barbey d'Aurevilly, Jean de La Varende et Michel de Saint-Pierre.

Après son quatre-vingt-dixième anniversaire, on vit de moins en moins à Paris celui que tout homme politique français pondant un livre sur l'Afrique se devait de citer en exergue, à côté d'un proverbe peul ou bambara. Dans ce que les rédactions appellent éloquemment « le frigidaire », les nécrologies, rédigées à l'avance, s'allongeaient. Que retenir, le poète ou l'homme d'État ? « Mes poèmes, c'est là l'essentiel », insistait l'intéressé. Sera-t-il exaucé ? Une fois passé le temps des admirations de commande, certains diront peut-être que beaucoup de ses versets afro-claudéliens ne valaient pas tant de louange et que son vrai chef-d'œuvre fut sa vie.

Une vie de réussites qui aurait été aussi celle d'un homme heureux si un de ses fils n'avait pas trouvé la mort dans un accident de voiture [1] et si un autre n'avait pas mis fin à ses jours en se jetant par la fenêtre d'un appartement parisien. L'AFP évita d'employer le mot suicide, puisque, après son long chemin, le petit Sérère remarqué par le P. Dubois appartenait en France au cercle restreint des personnalités assez connues pour que les médias s'intéressent à leur domaine privé et assez puissantes pour qu'ils soient obligés de le respecter.

« Je suis devenu chef coutumier à cinq ans »

En recevant Senghor sous la Coupole, Edgar Faure avait fait allusion à son père « polygame mais qui n'en était pas moins catholique ». Qu'aurait-il dit s'il avait eu affaire à Félix Houphouët-Boigny, né dans une famille de chefs animistes ? Alors que la jeunesse du père de la « négritude » demeure suffisamment dans la norme française pour nourrir un discours académique, celle de son rival en « sagesse africaine » ancrée dans les profondeurs du continent noir n'appartenait pas à l'univers mental des dirigeants français au niveau desquels il se hissa, et c'est précisément ce qui les fascinait chez lui.

Écoutons-le, mystérieux et séducteur, se raconter à Valéry Giscard d'Estaing à Yamoussoukro alors que tombe autour d'eux la nuit africaine :

« J'appartiens à la tribu Faafoué, une des huit tribus entre lesquelles la reine des Baoulé avait réparti son territoire. Quand le chef de

1. Dédiée « à Colette sa mère », l'« Élégie pour Philippe-Maguilen Senghor » atteint, celle-là, au pathétique, avec l'évocation du coup de téléphone reçu en Normandie, « comme au cœur un coup de fusil ».

Un Blanc pour éminence grise

Le poste de conseiller spécial des présidents africains a été très convoité par les Blancs après les indépendances. Il y en eut de toutes sortes, mais aucun n'égala jamais Jean Collin, éminence grise (si l'on ose dire) de Senghor pendant vingt ans, puis de son successeur, Abdou Diouf.

Né en 1924, mort en 1993, Collin ne fut pas un « toubab » passagèrement en faveur auprès d'un président versatile et méfiant à l'égard de ses compatriotes africains, comme il en exista quelques-uns. Ce fut un vrai Sénégalais, qui fait partie de l'histoire nationale. Son roman d'amour avec l'Afrique commence en 1946, quand, licencié en droit, il débarque au Cameroun comme secrétaire du haut-commissaire français. C'est le départ d'une sage carrière administrative qui le conduit en 1949 au cabinet de Jean Letourneau, ministre de la France d'outre-mer. Mais cette carrière s'arrête quand le parfait fonctionnaire, adhérant à l'idéal nationaliste d'une partie des Africains, se transforme en militant. En poste au Sénégal en 1958, il se prononce pour le « non » au référendum sur la Communauté... contre l'avis des dirigeants sénégalais eux-mêmes.

Il prend alors la nationalité sénégalaise et s'impose comme collaborateur de Mamadou Dia, président du Conseil, puis de Senghor. Marié à une nièce du chef de l'État (puis veuf remarié à une autre Africaine), il cumule les fonctions de tout-puissant ministre de l'Intérieur et de secrétaire général de la Présidence de la République. Non seulement Abdou Diouf le garde après le départ de Senghor mais il en fait le seul ministre d'État du gouvernement, ce qui, dans un système où il n'y a plus de Premier ministre, revient à lui en confier la fonction sans le titre.

Pendant les absences de Senghor et d'Abdou Diouf, Jean Collin expédiait seul les affaires courantes dans son bureau de la présidence, l'ancien palais des gouverneurs de l'AOF. Ennemi des mondanités, il se montrait peu mais ne faisait pas de complexe à l'égard de ses anciens compatriotes français, tout en leur signifiant qu'ils ne devaient pas compter sur lui pour obtenir des faveurs. Ses manières un peu distantes, son refus du tutoiement et des embrassades, ont incontestablement donné son style propre à la haute administration sénégalaise, celle qui rappelle le plus, par sa relative rigueur, le modèle français.

la tribu, mon oncle, le frère de ma mère, est mort, je suis devenu chef coutumier à cinq ans[1]. J'avais tous les pouvoirs. On se sent réellement le maître quand on peut procéder aux sacrifices humains,

1. Il était déjà orphelin de père.

sans l'autorisation de personne, ce qui était mon cas. À onze ans, quand j'ai été baptisé, j'ai juré que je ne verserais plus le sang de personne.

« À cette époque, les chefs ne croyaient pas à la pérennité du pouvoir des Blancs. Ma tante, qui avait épousé un lieutenant français, a pensé qu'il serait bon pour moi d'aller à l'école, et elle est venue me chercher pour m'y conduire. Autrement j'aurais été analphabète. Jusqu'en 1939, j'étais le seul descendant de chefs à avoir fréquenté l'école. »

Ces propos furent rapportés par l'ancien président de la République dans son « Adieu au sage de l'Afrique » publié par *Le Figaro* le 7 février 1994, jour où lui-même, le président Mitterrand, le Premier ministre Édouard Balladur, sept anciens chefs de gouvernement et de nombreux ministres ou ex-ministres assistaient à une messe dite à la mémoire d'Houphouët-Boigny, en la basilique Notre-Dame-de-la-Paix, à Yamoussoukro. Giscard ajoutait à la fin de cet étonnant article : « J'irai revoir cet après-midi l'arbre des sacrifices : il me l'a montré. C'est là que l'enfant aux yeux dilatés d'effroi a appris l'horreur de verser le sang. »

Dans *Le Pouvoir et la Vie* [1], Giscard d'Estaing avait déjà raconté sa première rencontre avec « l'arbre des sacrifices », au cours d'une visite officielle, en janvier 1978, et les obligeantes explications de son hôte :

« Les hommes qu'on sacrifiait étaient des esclaves, des serviteurs. À cette époque [2], les familles de notre tribu disposaient d'esclaves. Parmi les maîtres, il y en avait qui étaient bons, et d'autres exigeants et cruels. Quand le maître mourait, se posait la question du sort de ses esclaves. Allaient-ils suivre leur ancien maître, ou être donnés à un nouveau ? Il faut savoir que pour nous, les Baoulés, les morts vivent juste au-dessous de la surface du sol [...]. Ils mènent exactement la même vie que nous, c'est pourquoi nous leur donnons des ustensiles et de la nourriture. Et ils ont besoin des services de leurs esclaves. Alors on demandait aux esclaves s'ils voulaient accompagner leur maître. S'il s'agissait d'un bon maître, ils préféraient rester avec lui plutôt que de prendre le risque d'être donnés à un maître méchant.

1. T. 2, *L'Affrontement*, *op. cit.*
2. Au début du siècle. En principe, Houphouët était né en 1905.

D'autres refusaient. Quand ils avaient décidé de le suivre, on commençait les cérémonies rituelles. On leur faisait boire de l'alcool de palme, jusqu'à ce qu'ils soient enivrés, et on les sacrifiait. »

Commentaire de Giscard : « Il dit "sacrifiait", et je pense "égorgeait". »

C'est un élève empli de tels souvenirs que forment les professeurs de l'école normale William-Ponty [1]. Félix (prénom préféré à celui, originel, de Dia, au moment de son baptême) est doué mais pas porté sur les lettres comme Senghor. Il s'inscrit à l'école de médecine de Dakar, en sort major et devient médecin auxiliaire de l'assistance médicale indigène à l'hôpital central d'Abidjan.

En fait, il n'a pas besoin d'emploi administratif pour vivre. Depuis plusieurs années, les chefs traditionnels, dont il fait partie, ont pris conscience de l'intérêt des cultures spéculatives – café, cacao – et se sont octroyé à titre privé d'anciennes terres collectives, hautement rentables. En 1939, Houphouët est déjà le planteur africain le plus riche du pays. En 1944, il est l'un des fondateurs d'un syndicat réunissant ses compatriotes producteurs de café et de cacao, ce qui lui permet de se faire élire à l'Assemblée constituante française, deux ans plus tard. Au Palais-Bourbon, entre deux référendums sur la Constitution, il fait voter l'abolition du travail forcé en Afrique. Pour cela il s'est habilement servi du mauvais souvenir que les Français ont gardé du Service du travail obligatoire (STO) en Allemagne pendant l'Occupation. Ce succès lui vaut en Afrique une popularité telle qu'il entrevoit un destin nouveau. À son nom d'Houphouët, il ajoute son patronyme de Boigny (« bélier », en baoulé), comme s'il sentait que le trait d'union serait bientôt l'équivalent de la particule pour la bourgeoisie française.

« Personne ne peut m'acheter car je suis plus riche que le gouverneur », assure-t-il. Il s'« apparente » néanmoins avec le Parti communiste, alors au gouvernement. Le service d'accueil du PC multiplie en effet les attentions à l'égard des élus africains, leur prêtant un bureau dans l'immeuble de son siège (avec des secrétaires qui ne

1. Pépinière de futurs cadres africains, notamment les instituteurs, l'école William-Ponty, du nom du gouverneur du Sénégal qui l'avait créée en 1903, recrutait chaque année par concours une centaine d'étudiants en AOF. D'abord installée à Saint-Louis, elle avait déjà été transférée dans l'île de Gorée, en face de Dakar, à l'époque d'Houphouët.

manquent pas de l'informer sur les activités de ses protégés). Charles Tillon, ministre communiste de l'Armement, avait pour avion personnel une « prise de guerre » : l'appareil d'Hermann Göring, maréchal du Reich. Il le met aimablement à la disposition d'Houphouët-Boigny quand celui-ci doit se rendre à Bamako pour la création du Rassemblement démocratique africain en 1946. Plus tard, Houphouët-Boigny minimisera la signification de cet « apparentement », expliquant que les élus africains s'étaient partagé le travail sans considérations idéologiques et qu'ils tenaient à être représentés dans chacun des grands partis gouvernementaux : PC, SFIO, MRP [1]... Approché par Paul Henri Siriex [2], chargé des affaires africaines au cabinet de René Pleven, il quitte les communistes et rejoint l'UDSR en 1951.

Senghor avait été secrétaire d'État dans un gouvernement Edgar Faure en 1955. Houphouët-Boigny devient carrément ministre de la Santé dans un cabinet Guy Mollet en 1956 et termine sa carrière « française » comme ministre d'État du général de Gaulle. C'est un prêté pour un rendu, pendant les six premières années de l'indépendance, trois Français auront des maroquins à Abidjan : Jean Millier, ingénieur des Ponts-et-Chaussées, directeur des travaux publics de la Côte d'Ivoire jusqu'en 1960, maintenu dans ses fonctions avec le titre de ministre ; Raphaël Saller, ancien administrateur puis gouverneur de la France d'outre-mer, ministre ivoirien de l'Économie et des Finances ; Georges Monnet, ancien ministre de l'Agriculture du Front populaire en 1936, ministre ivoirien de l'Agriculture...

Après 1966, le « père de l'indépendance » ne voudra plus de « toubab » pour ministre. Mais plusieurs Français seront conseillers à la Présidence de la République, dans les grands ministères et même à l'ambassade de Côte d'Ivoire à Paris, où le mari d'une célèbre journaliste de radio sera chargé de la communication. De son accession à la Présidence de la République jusqu'à sa mort, Houphouët-Boigny gardera un seul directeur de cabinet : Guy Nairay, d'origine guadeloupéenne, ancien gouverneur de la France d'outre-mer, toujours appelé « gouverneur » dans l'exercice de ses fonctions !

1. Mouvement républicain populaire.
2. Celui-ci lui consacrera plus tard deux hagiographies, notamment *Houphouët-Boigny ou la Sagesse africaine*, Nathan, 1986.

« *Quand vous allez au Fouquet's* »

Malgré les efforts de certains énarques pour le banaliser, le métier d'ambassadeur en Afrique francophone n'est pas le même qu'ailleurs. Il exige notamment un contact quasi permanent avec « la présidence ». Pour Houphouët-Boigny, la connivence avec le représentant diplomatique de la France était complémentaire des prestations des « toubabs » maintenus en fonction dans les plus hautes sphères du pouvoir ivoirien. Il obtint de Paris que ceux qui eurent sa confiance, tel Michel Dupuch, actuel conseiller de Jacques Chirac pour les affaires africaines, restassent en poste infiniment plus longtemps qu'il n'est d'usage au Quai d'Orsay.

Conseillers personnels ou diplomates amis, ces Blancs avaient finalement le rôle d'intermédiaires entre les deux mondes dans lesquels se mouvait Houphouët-Boigny : l'Europe et l'Afrique profonde, avec laquelle, malgré les apparences, il avait sans doute moins rompu qu'aucun autre de ses pairs.

Ce qu'il y avait d'unique en lui était cette cohabitation intellectuelle, qui s'exprimait par des références perpétuelles aux deux cultures, aux deux modes de vie, parfois sous les formes les plus savoureuses. Un jour, à Abidjan, il se livra à une comparaison très parisienne pour me « sensibiliser » à la chute du prix international des produits agricoles : « En France, 1 kilo de café vous permet de servir 50 tasses, et la tasse, au niveau du petit restaurant, c'est 600 francs CFA. » Soupir... « Et encore, quand vous allez au *Fouquet's*, c'est 2 000 francs CFA ! » Resoupir : « Comparez avec les 1 000 francs CFA qu'on nous refuse pour le kilo à la production [1]. »

Le syncrétisme houphouëtien a, bien sûr, culminé avec la transformation du village natal du président en « Versailles ivoirien ». Immense décalage entre la perception médiatique de cette coûteuse fantaisie de « roi nègre » et les compliments officiels. Le Livre d'or de la mairie s'ouvre par l'hommage de Giscard d'Estaing qui, en 1978, saluait « le village de Yamoussoukro où souffle l'esprit de la Côte d'Ivoire ». Quatre ans plus tard, sur le même Livre d'or, Mit-

1. Entretien avec l'auteur, publié dans *Le Monde* du 28 décembre 1989.

terrand exaltait « la marche vers l'avenir » d'une cité en principe promise au destin de capitale politique du pays.

Yamoussoukro, seule « ville » africaine qui ne doit rien à la colonisation ! Quel mélange ! Guère plus de 100 000 habitants mais un hôtel *Président* surplombant un golf international ; des avenues rectilignes avec 10 500 lampadaires (plus qu'à Abidjan) ; un domaine présidentiel où nichent la maison d'hôte et 80 villas, derrière un mur d'enceinte au pied duquel dorment les caïmans « sacrés » ; une mosquée ultramoderne (puisqu'il en faut bien une dans ce pays où l'islam est devenu majoritaire), mais surtout la basilique, indifférente aux accusations d'intempestif triomphalisme catholique.

Les chiffres donnent encore plus le vertige que la montée vers la coupole dans les ascenseurs dissimulés au cœur des colonnes creuses de style ionique : 800 000 m^3 de terrassement pour le péristyle, le parvis couvert et la basilique proprement dite ; des bancs pour 7 000 fidèles ; un déambulatoire pour 11 000 autres personnes ; une croix qui culmine à 149 m de haut. Climatisation, bénitiers de laiton. Sur un vitrail figure en toute simplicité le Français qui dirigea les grands travaux confiés à un pool d'entreprises où Dumez eut la part du lion.

Combien a coûté cette réplique tropicale de Saint-Pierre de Rome ? Le secret est aussi bien gardé que les aveux chuchotés dans les 12 confessionnaux de kotibé massif. « Ah non, pas ça ! s'insurgeait Houphouët-Boigny si on osait lui poser la question. Ce que je fais avec Dieu, je ne le dis pas. Dieu n'a pas besoin de livre de comptes [1]. »

De comptes il fallut bien parler en 1994, quand un avocat français – Jacques Vergès, toujours égal à lui-même – se chargea des intérêts d'Hélène Houphouët-Boigny, fille « légale » du président défunt, car issue d'un mariage civil contracté avec la jolie Thérèse en 1952, en conflit avec les héritiers au titre d'un premier mariage, « coutumier » celui-là. Comptes en Suisse, résidences réparties entre plusieurs continents, dont l'hôtel particulier de la rue Masseran dans le VIIe arrondissement. Les dirigeants français s'accommodaient de ce train de vie, l'un d'eux me répondit un jour : « Et alors ! C'est

1. *Ibid.*

sa façon à lui de préserver la réputation d'ubiquité des chefs traditionnels ! »

Pourquoi s'étonner d'une si indulgente explication « ethnologique », puisque Jacques Chirac, président de la République française, assure que, « depuis trente ans », il n'a jamais pris une décision importante « sans aller consulter Houphouët à Yamoussoukro » [1] ?

1. Entretien de Jacques Chirac avec Jean Lacouture. M. Chirac comparait ses relations et celles de Mitterrand avec Houphouët. Ces propos figurent en appendice au tome 2 de *Mitterrand, une histoire de Français*, Le Seuil, 1998.

Chapitre 12

Mémoire d'outre-mer

« Votre mère consulte un fétichiste. Décrivez la scène » ; « Vous avez assisté à une cérémonie rituelle. Racontez-la. » En proposant ce genre d'exercices pratiques, les auteurs – français et africains – de *Pages africaines*, petit manuel scolaire édité par Hatier et fort répandu dans les classes d'Abidjan et de Dakar après l'indépendance, faisait preuve d'un sens du syncrétisme aussi pittoresque que celui d'Houphouët et Senghor...

« Adapter étroitement aux réalités de l'Afrique l'enseignement dispensé aux futures élites par un véritable retour aux sources, tel sera le rôle essentiel de la collection », assurait la préface. Le problème était que l'écrit manquait cruellement pour ce « retour aux sources ». La préface d'un autre manuel scolaire de la même époque, *Histoire de la Côte d'Ivoire*, coédité par Hatier sous la responsabilité d'un agrégé français de l'Université, directeur des Réformes et des Programmes au ministère ivoirien de l'Éducation nationale, l'indiquait sans ambages : « Dans notre société africaine, la tradition orale tient lieu d'archives historiques, de bibliothèques populaires, de coutumes religieuses et morales, tandis que nos griots détiennent la chronique des familles et des tribus et entretiennent les légendes et les songes épiques de nos aïeux. » Ce n'étaient pas les récits des griots qu'on trouvait dans les pages « lectures » de ce manuel mais les écrits d'auteurs français, depuis Teilhard de Chardin (à propos de l'apparition de l'homme en Afrique) jusqu'aux journalistes André Blanchet et Max Jallade (au sujet des premiers pas des partis africains dans les années 50), en passant par Binger et le gouverneur Clozel (quant à l'état de la colonie au début du siècle)...

Avec une passion que l'on comprend sans se laisser convaincre par elle, le Voltaïque Joseph Ki-Zerbo, auteur de la première histoire de l'Afrique écrite par un Noir francophone[1], dénonce l'européocentrisme des ouvrages concernant son continent, y compris sous la plume de « nos meilleurs amis, voire nos maîtres », tel Charles-André Julien, coupable d'avoir écrit : « L'Afrique noire, la véritable Afrique, se dérobe à l'Histoire[2]. » Le « péché mignon » – comme dit Ki-Zerbo – des historiens occidentaux est de vouloir des sources écrites. Sans écrit, pas de traces durables et donc pas d'« histoire » pour un continent hors du temps, en vase clos, coupé du monde connu par le Sahara, obstacle naturel bien plus difficile à franchir que la Méditerranée. D'où la relégation décrétée par Hegel en 1830 dans son *Cours sur la philosophie de l'histoire* : « L'Afrique n'est pas une partie historique du monde. Ce que nous entendons par Afrique est l'esprit ahistorique, encore enveloppé dans les conditions de la vie naturelle, et qui doit être présenté ici comme au seuil de l'histoire du monde. »

Mais, protestent les Africains, il y a les récits des « voyageurs arabes » à l'époque du Moyen Âge européen, notamment aux confins soudanais ; il y a les « sources éthiopiennes », puisque ce vieux pays de civilisation chrétienne consigna certains faits relatifs aux régions voisines dans la langue qui allait devenir l'amharique. Bien sûr, bien sûr ! Il n'empêche que, sans remonter à Ibn Battuta, l'histoire du Sénégal c'est d'abord celle de Faidherbe racontée à partir de documents français.

40 kilomètres d'archives

On reconnaît peut-être un grand pays à ces « petites » choses-là : le tome III – *Marine et Outre-Mer* – de l'*État général des fonds* des Archives nationales ne compte pas moins de 700 pages. Prodigieux inventaire des documents disponibles pour le chercheur intéressé par l'aventure coloniale ! Les ministères de la Marine, des Affaires étrangères, des Colonies, ont fait des dépôts pour que les générations suivantes n'ignorent rien de ce qui se passait depuis l'époque des galères royales jusqu'à celle où le gouvernement du

1. *Histoire de l'Afrique noire*, *op. cit.*
2. Dans *Histoire de l'Afrique*, PUF, 1941.

Front populaire créa une commission d'enquête sur « les besoins et les aspirations légitimes des populations habitant les colonies ». Journaux de marche des armées, relevés topographiques, documents d'état civil, comptabilités, inventaires, procès-verbaux, mémoires techniques, récits de voyage, correspondances, instructions, rapports : à chaque curieux de s'y retrouver dans les états numériques des séries les plus diverses, en jonglant entre « les dossiers relatifs à l'exécution du décret du 24 novembre 1849 concernant l'indemnisation des propriétaires d'esclaves à la suite de l'abolition de l'esclavage » et les cartons sur l'application du décret du 29 juin 1880 « remettant au corps de l'Artillerie de marine le service des constructions militaires et des fortifications aux colonies ».

Ouvrons au hasard, page 429, le gros volume vert contenant notre inventaire. Il s'agit de la Guinée. Lisons en diagonale : « émigration des Peuls » ; « droits d'ancrage » ; « rapatriements » ; « décorations » ; « vaccinations » ; « plan de la ville de Conakry et aménagement du port » ; « construction de la route du Niger, 1898 » ; « chemin de fer de Conakry au Niger, 1899-1902 » ; « dossiers des produits agricoles » ; « passage de caravanes » ; « commerce syrien à Conakry » ; « navigation et naufrages, 1890-1910 » ; « sociétés établies en Guinée » ; « demandes de concessions, 1846-1907 » ; « esclavage en Guinée, 1890-1908 » ; « transport de mulets à Conakry, 1902 ». Rien n'a échappé à l'administration. Tout est là pour qui veut juger sur pièces.

Une bonne partie de ce fonds se trouve aujourd'hui à côté de la faculté des lettres d'Aix-en Provence, au Centre des archives d'outre-mer (CAOM) où furent rapatriées les archives des colonies françaises après les indépendances. 40 km de documents sous forme matérielle, si l'on additionne tous les rayonnages, et 350 km de microfilms ; 40 000 cartes et plans ; une bibliothèque de 10 000 volumes ; une photothèque de quelque 50 000 gravures et images. L'Algérie se taille la part du lion dans l'immeuble ocre du 29, chemin du Moulin-Destesta, mais il y a aussi l'Asie – de l'Indochine aux comptoirs des Indes – et l'Afrique noire, surtout l'AEF. Les archives de l'AOF ont été laissées à Dakar (« sous la responsabilité d'un chartiste sénégalais », tient à préciser une responsable) et ne figurent à Aix que sous la forme de microfilms.

*

Après les Archives, la Bibliothèque nationale ! Non pas dans l'univers informatisé des tours François-Mitterrand à Tolbiac, mais sur le « site Richelieu-Louvois », au cœur du si convivial hôtel Tubeuf (XVIIe siècle), où niche toujours le département « Cartes et plans ». Ambiance conventuelle, tables de lecture en bois patiné par les manches de plusieurs générations d'érudits, vieux abat-jour diffusant une lumière douce aux yeux fatigués, fichiers manuels. Pas un écran d'ordinateur en vue devant les quatorze chaises de la salle de consultation. La seule note de « modernité » est l'exigence du stylo-bille, et non la plume d'oie, pour remplir en double exemplaire les demandes d'ouvrage.

Ici se trouvent notamment les collections que la Société de géographie remit à la Bibliothèque nationale en 1942, aux heures sombres de l'Occupation : 90 000 livres, dont la majeure partie des récits de voyage imprimés au XIXe siècle ; 2 000 titres de périodiques ; 60 000 cartes ; 10 000 gravures, dessins et aquarelles ; 90 000 épreuves photographiques sur papier et 40 000 clichés sur plaques pris par les voyageurs les plus divers.

Les vendredis de la Société de géographie

Une sage école de commerce occupe aujourd'hui la plus grande partie de l'hôtel particulier du 184, boulevard Saint-Germain, port d'attache de tant de personnages hauts en couleur, que seule l'aventure faisait vibrer, avec la caution morale, et même l'aide financière, de quelques bourgeois romantiques. Mais l'illustre Société de géographie reste installée au troisième étage, et sa plaque est toujours posée sur la façade, entre deux cariatides, l'une représentant le voyage par la mer, l'autre le voyage à pied. Qui prête attention aux dites cariatides parmi les touristes en marche vers *Les Deux Magots* ? Quelle histoire pourtant !

C'est en 1821 qu'Edme-François Jomard, ingénieur géographe de l'expédition d'Égypte, fonde la Société pour encourager aventuriers, savants, militaires, missionnaires partis à la découverte de terres inconnues en intéressant à leurs entreprises romanciers (Jules Verne sera un membre assidu), essayistes, journalistes, ingénieurs, médecins, fonctionnaires, juristes, ecclésiastiques, dont Paris, voire la province, était le seul horizon. Six membres de l'Académie française figurent parmi les parrains de cette « société savante », forte de 217 adhérents à ses origines. (Elle en revendiquera plus de 2 000 au début du XXe siècle et plus de 3 000 après l'Exposition coloniale de 1931.) Cinq ans après sa fondation, l'administration des Ponts-et-Chaussées, misant sur l'avenir, entre en force dans ses organes, mais c'est après la défaite de 1870 qu'elle connaît son plein essor, comme si le rêve exotique aidait à oublier l'humiliation aux frontières. Elle consacre plus du tiers de son bulletin [1] à l'Afrique, qui sera quelque temps son terrain de prédilection. Un entreprenant fonctionnaire du ministère de la Guerre, Charles Maunoir, devenu son secrétaire général en 1868, prend l'initiative de réunir chaque vendredi le gratin des explorateurs français et étrangers de passage à Paris. Il s'agit d'un dîner informel à l'issue de la réunion hebdomadaire de la Société, à deux pas du siège, dans l'arrière-salle d'une crémerie de la rue Mazarine, *La Petite Vache*, bientôt célèbre pour ses clients, qui s'appelaient Henri Duveyrier, Francis Garnier ou Pietro Savorgnan de Brazza.

La Société de géographie avait aidé Caillié pour son expédition à Tombouctou. Elle soutient aussi Brazza, en l'honneur duquel elle loue le grand amphithéâtre de la Sorbonne le 24 janvier 1879 pour que le public soit nombreux à l'accueillir au retour d'un voyage. Des legs de particuliers affluent. Celui de l'ingénieur des Ponts-et-Chaussées Renoust des Orgeries, l'un des plus importants, permet de financer la mission Foureau-Lamy en 1898. Ce qui est fascinant dans les salles de la BNF affectées au fonds de la Société de géographie, c'est qu'on y trouve un savoir qui est le fruit de l'action plutôt que de l'étude en pantoufles, et, rien que pour la beauté de la chose, il est bon que cela se passe dans le cadre désuet de l'hôtel Tubeuf.

1. Toujours publié aujourd'hui sous le titre d'*Acta geographica*.

L'Académie de la rue La Pérouse

Il est une autre adresse parisienne recommandée à tout curieux de l'empire : le 15, rue La Pérouse, siège de l'actuelle Académie des sciences d'outre-mer. Au troisième étage de son hôtel particulier, à deux pas de l'Étoile, celle-ci offre à quiconque le désire le libre accès à 50 000 ouvrages – romans d'époque, récits, essais – qui racontent une épopée impériale à laquelle furent mêlés la plupart de ses membres. Si les Français avaient davantage la curiosité d'y aller, ils constateraient que les étudiants africains, eux, fréquentent l'endroit. Février 1922 : le journaliste Paul Bourdarie, accompagné de l'africaniste Maurice Delafosse et du gouverneur Alfred Martineau, professeur au Collège de France, remet à Albert Lebrun, alors ministre des Colonies, une note expliquant la nécessité d'une académie savante, spécialisée dans les problèmes de l'empire. Le futur président de la République est séduit par un programme qui deviendra la devise de l'institution : « Savoir. Comprendre. Respecter. Aimer. » Un an plus tard a lieu la séance d'ouverture d'une Académie des sciences coloniales ayant pour but d'« encourager par tous les moyens en son pouvoir la diffusion de l'idéal français et de la langue française dans l'étendue du domaine extérieur et colonial ». Parmi les membres fondateurs, « représentant respectivement le Parlement, l'Armée, l'Administration et les explorateurs », on compte : trois futurs présidents de la République, Albert Lebrun, Gaston Doumergue, Paul Doumer ; Gabriel Hanoteaux, de l'Académie française ; le maréchal Lyautey ; le général Louis Archimard, « ancien commandant supérieur des troupes au Soudan » ; le général Charles Mangin, « ancien membre de la mission Congo-Nil » ; Albert Calmette, sous-directeur de l'institut Pasteur ; Auguste Pavie, « explorateur, ministre plénipotentiaire » ; Mgr Alexandre Le Roy, « supérieur général des Pères du Saint-Esprit » ; le R. P. Henri Maurice, « des Pères du Saint-Esprit, explorateur », Pierre Mille, journaliste et écrivain.

Une des premières communications reçues a trait au Souvenir colonial français. Fondée par Bourdarie en 1909, cette association, indique le compte rendu de séance, « poursuit le but de conserver la mémoire de ceux des nôtres qui, à des titres divers, ont servi la France aux colonies et qui, la plupart, y sont morts pour la grandeur de notre pays » ; cela en « disséminant dans nos colonies des plaques de bronze commémorant des noms et des faits notables de l'exploration et de l'histoire coloniale ».

Culte des grands ancêtres et patriotisme sans complexe seront un des traits marquants de l'Académie des sciences coloniales. Par leur présence parmi les fondateurs, le président de la CFAO, celui de l'Association cotonnière coloniale, le vice-président de la Banque de l'Indochine et d'autres représentants du monde de l'économie témoignent que les travaux de l'assemblée ne sont pas seulement « académiques ».

Plus tard, une kyrielle d'ambassadeurs et de professeurs d'université se joindront rue La Pérouse à diverses personnalités politiques intéressées par l'outre-mer. Edgar Faure, René Pleven, Jacques Soustelle, Yves Guéna, Pierre Messmer, en furent ou en sont toujours, pour s'en tenir à une époque récente. Sans parler de l'armée, de Leclerc à Juin, et du Quai Conti. De nos jours encore, illustres et moins illustres, « jeunes » et moins jeunes, assidus ou moins assidus, tous, abondamment décorés comme le veut généralement la loi du genre, se réunissent deux fois par mois, pour écouter des communications savantes, ensuite publiées dans la revue *Monde et Cultures*, et participer à différents travaux autour de leur secrétaire perpétuel[1]. Ministère de tutelle, l'Éducation nationale continue à verser quelques subventions, évidemment moins importantes qu'à la grande époque.

Dès sa naissance, l'Académie des sciences coloniales, devenue Académie des sciences d'outre-mer en 1957, avait décidé d'« associer à l'œuvre humaine et coloniale de la France les meilleurs des coloniaux étrangers et les meilleurs parmi les élites indigènes en formation ». En raison du passé congolais, il existe toujours une Académie royale des sciences d'outre-mer de Belgique. Cela n'empêcha pas Albert Ier et Léopold III d'illustrer aussi la rue La Pérouse. Plus tard, l'entrée de l'ancien président portugais Mario Soarès rappela l'intérêt de Lisbonne pour les affaires ultramarines.

1. Actuellement, Gilbert Mangin, ancien magistrat de l'outre-mer, conseiller honoraire à la Cour de cassation.

Du côté des « élites indigènes », on compte plusieurs chefs ou anciens chefs d'État parmi les membres libres ou associés, d'Abdou Diouf à Bao Daï, l'ex-empereur d'Annam en exil dans le XVIe arrondissement.

« Explorateurs de civilisation »

La colonisation a coïncidé avec les débuts des sciences humaines, et, d'une certaine façon, celles-ci lui doivent une fière chandelle même si elles en notèrent surtout les aspects négatifs. À côté des explorateurs au sens propre, il y eut ceux que Senghor appelle, pour leur rendre hommage, « les grands explorateurs des civilisations exotiques » : Lucien Lévy-Bruhl, théoricien controversé de *La Mentalité primitive*, que Gide cite plusieurs fois dans son *Voyage au Congo* ; Marcel Mauss, disciple de Durkheim en sociologie, directeur de l'Institut d'ethnologie de Paris, qui dépendait du ministère de l'Éducation nationale et aussi, de façon révélatrice, du ministère des Colonies ; Paul Rivet, l'anthropologue fondateur du musée de l'Homme en 1937.

Toutefois ces « explorations » étaient surtout intérieures, nombre d'ethnologues français répugnant à aller sur le terrain, à la différence des Anglo-Saxons. Jusqu'au jour de 1931, en pleine Exposition coloniale, où Marcel Griaule, un « débutant » de trente-trois ans, monta la première grande expédition française à destination de l'Afrique et inaugura l'utilisation de moyens modernes : photos, films, enregistrements sonores.

Intitulée *L'Afrique de Marcel Griaule*, une exposition au musée de l'Homme, en octobre 1998, a fait revivre cette expédition Dakar-Djibouti qui parcourut l'Afrique d'ouest en est d'avril 1931 à janvier 1933 en passant par le Sénégal, le Soudan français, le Niger, la Haute-Volta, le Dahomey, le Nigeria, le Cameroun, l'Oubangui-Chari, le Soudan anglo-égyptien et l'Éthiopie. En ces temps où la classe politique pouvait s'enthousiasmer en chœur pour autre chose que des matchs de football, le Parlement, à l'unanimité, avait voté une loi conférant un statut officiel à la mission, qui était parrainée par diverses firmes commerciales et des banques.

À la revue *Documents* de Georges Bataille, Marcel Griaule avait rencontré Michel Leiris, déjà en proie à un mal existentiel, qu'il convainquit de le suivre avec le titre de « secrétaire archiviste » d'une équipe pluridisciplinaire fortement motorisée, avec interprètes. Le but était d'observer, mais aussi de collecter du matériel avec le concours des autorités coloniales. À l'intention de celles-ci, Leiris rédigea une brochure intitulée *Instructions sommaires pour les collecteurs d'objets ethnographiques*. Extraits : « Les objets les plus communs sont ceux qui en apprennent le plus sur une civilisation [...]. Une collection d'objets ethnographiques n'est pas une collection d'œuvres d'art. »

Résultats des opérations : 3 500 objets, 6 000 photos, 3 600 m de film, 200 enregistrements sonores. Paul Rivet se félicita d'un tel « butin », sans mettre de malice dans ce mot. Pourtant, même pour la bonne cause, certaines méthodes étonnent aujourd'hui. L'expédition ne s'en tint pas à la collecte des objets usuels montrés dans les vitrines de l'exposition de 1998 : épingles à cheveux en os, « baguettes divinatoires » (morceaux de bambous jetés puis « lus » par le devin), etc. Une photo montre Griaule en train de décoller une peinture murale dans une église éthiopienne. Sur instruction de son chef, Leiris « préleva » nuitamment un fétiche, « sorte de cochon de lait en nougat brun (c'est-à-dire du sang coagulé) pesant au moins 15 kilos », raconta l'intéressé, qui gardait un souvenir mitigé de l'aventure. Un panneau de l'exposition de 1998 expliquait carrément que les objets montrés avaient été « achetés, réquisitionnés, fabriqués à la demande, ou offerts par des administrateurs coloniaux ».

Au retour de l'expédition, Leiris remit ses carnets de route à André Malraux, alors lecteur chez Gallimard, qui les publia en 1934 sous le titre *L'Afrique fantôme*. Devenu un « livre culte » pour le voyage près de l'équateur, *L'Afrique fantôme* dépasse évidemment les ouvrages de spécialistes par sa qualité d'écriture. Avec la franchise lucide dont il a fait un genre littéraire, Leiris, parti pour oublier son « intellectualité » dans la « communauté d'action », ne trouva bien sûr qu'un continent « fantôme », une population qui lui échappait d'autant plus qu'« il eût dû s'apercevoir que les raisons trop personnelles qui l'avaient décidé à s'arracher à ses proches empêchaient, dès le principe, qu'il en fût autrement[1] ». Qu'importe le résultat pour l'ethnologie ! Après Albert Schweitzer, et par des

1. Préface à la réédition de 1950, Gallimard, coll. « Tel », n° 125.

moyens différents, Leiris découvrait dans l'Afrique le continent le plus propice aux aventures personnelles intenses.

*

Afrique fantôme, avait avoué Leiris. Afrique ambiguë, constatera Georges Balandier vingt-trois ans plus tard, tant ce chercheur de terrain se rendra compte que son « journal ethnologique et philosophique » renseigne plus sur un homme jeune en rupture avec la France de l'après-guerre que sur un continent noir pourtant devenu sa « terre d'élection » et sa « référence » au fil des années passées au Sénégal, en Guinée, en Côte d'Ivoire, au Cameroun, au Gabon et au Congo. Aidé, dit-il, par sa « culture socialiste », Balandier a voulu faire « des découvertes qui n'étaient plus celles des terres inconnues, mais celles des changements et des mutations bouleversant le vieil ordre du monde » dans les années 50. Outrepassant son but immédiat – l'étude de quelques messianismes africains –, il crut en « la possibilité d'une anthropologie de la contestation [1] ». Ce qui l'intéressait c'était moins l'Africain en tant que tel que le colonisé en mutation. Il regarda, fasciné, « la ceinture de feu qui flambait tout au long des Tropiques » à une époque où l'on pouvait craindre que la décolonisation se ferait dans la violence, aussi, au sud du Sahara. Heureusement les choses ne tournèrent pas assez mal pour lui fournir longtemps cette matière-là.

L'érudition comme remède au trouble de conscience

En 1965 eut lieu une de ces substitutions de sens dont l'ingéniosité amuse toujours ceux qui se donnent la peine de chercher ce que désignent certains sigles franco-africains. L'IFAN, Institut français d'Afrique noire, créé en 1938 à Dakar par le naturaliste Théodore Monod, devint l'Institut fondamental d'Afrique noire. Organe pluridisciplinaire, avec des « laboratoires » très spécialisés, l'IFAN était à la fois un temple du savoir et un lieu convivial de dialogue franco-

1. Préface de la troisième édition de *Sociologie actuelle de l'Afrique noire*, PUF, 1982.

africain, voire un « refuge de bien des persécutés », comme le dit l'écrivain Amadou Hampâté Bâ qui fit pour lui des enquêtes ethnologiques, historiques et religieuses à travers toute l'AOF de 1948 à 1958. Rattaché administrativement au Muséum national d'histoire naturelle de Paris, Monod, qui cumula ses fonctions de directeur de l'IFAN avec celles de doyen de la faculté des sciences de Dakar pendant les années 50, fut sans doute la dernière grande figure de la recherche française dans l'Afrique en marche vers les indépendances. Surtout connu en France pour sa découverte scientifique du Sahara, il était, en raison de ses qualités de coordinateur à l'IFAN, un de nos compatriotes dont le nom demeure dans la mémoire de ceux des Dakarois qui ont encore comme repères mentaux « l'avant 60 » et « l'après 60 ».

Il y eut, dans la décennie qui suivit les indépendances, une grande perplexité chez les « africanistes » français de toutes disciplines. Ils se dirent qu'il y avait trop de paternalisme inconscient dans l'ardeur des chercheurs en sciences humaines à expliquer aux Africains qui ils étaient. Était-il convenable de continuer à travailler comme autrefois chez des peuples devenus maîtres de leur destin ? La réponse, informulée, fut non.

Aujourd'hui, l'Afrique noire n'est plus le domaine des grands noms de la sociologie et de l'ethnologie. Cela laisse quand même la place à d'honnêtes témoins et érudits dont les livres constituent encore le fonds des rares librairies africaines dignes de ce nom. En dehors du dernier Goncourt et de la dernière confession de Brigitte Bardot (pas seulement pour les expatriés), que trouve-t-on, par exemple, à la vitrine de la librairie *Clairafrique* à Dakar ? Bien souvent la production, récente ou ancienne, d'une maison sise boulevard Arago à Paris : Karthala. Là, dans un bel immeuble d'angle, un ancien spiritain veille à l'enrichissement constant du plus sérieux des catalogues pour africanistes. Certes, Karthala survit grâce à des titres plus généralistes, mais il se trouve toujours assez de lecteurs « ciblés » pour qu'un tirage moyen de 1 500 exemplaires soit la règle avec des ouvrages comme *Tribus, ethnies et pouvoir en Mauritanie*, *Anthropologie et Sida*, *Bordeaux port négrier*, *Le Synode africain*, et autres monographies pointues.

Parmi les auteurs habituels de Karthala, il y a d'anciens responsables de l'administration coloniale que la nostalgie de leur jeunesse ne prive pas nécessairement de lucidité, des acteurs de l'activité économique africaine, des militaires, des médecins, et, bien sûr, des missionnaires. *Dictionnaire français-éwé*, *Dictionnaire français-haoussa*, *J'apprends le bambara*, *J'apprends le wolof* : tels sont quelques-uns des titres de la collection « Langues ». Ils sont souvent l'œuvre de religieux qui s'inscrivent dans une longue tradition depuis que Mgr Jean-Rémy Bessieux, fondateur de l'église catholique au Gabon, publia en 1847 une *Grammaire mpongwé*. Pour son dictionnaire d'arabe dialectal, paru en 1999, Patrice Jullien de Pommerol, jésuite du Tchad, a mis au point une méthode de transcription en caractères latins qui permet de gagner beaucoup de temps dans l'apprentissage d'un idiome parlé par 60 % de la population. « Il y a 13 000 entrées dans mon ouvrage. C'est une langue très nuancée pour les choses simples, les choses importantes de la vie », assure le père avec la fraîcheur du saint homme doublée de celle du savant [1].

Malgré ses onze collections différentes, Karthala écarte toujours beaucoup de manuscrits. Pour le diplomate refusant la moindre coupe dans ses souvenirs, pour le coopérant monomaniaque, pour l'universitaire par trop jargonneur, il reste les Éditions de l'Harmattan, sorte de coopérative d'auteurs au catalogue kilométrique et inégal. Certains déplorent la fuite en avant éditoriale de cette maison portant le nom du vent subsaharien. Mais, après tout, il s'agit seulement d'une manifestation inoffensive du « virus africain », dans ce quartier Maubert-Mutualité où quelques librairies spécialisées ont toujours une clientèle pour les vieux livres exaltant feu l'empire.

1. Entretien avec l'auteur en février 1999.

Chapitre 13

Encres noires

Il arrive un âge où l'on relit les livres dans le seul but d'y retrouver les émotions du jeune homme que l'on était la première fois qu'on les ouvrit. La couverture compte beaucoup dans ce genre de remémoration. Ainsi celle de *Magie noire*, vendu 12 francs en 1928 par Bernard Grasset : un nègre jouant du saxophone, yeux dans les yeux avec une négresse dénudée dont la croupe évoque irrésistiblement Joséphine Baker. L'amour physique sans frontières, les sensations primitives que seuls procurent les pays chauds, tout était assez adroitement suggéré pour que plusieurs générations d'adolescents s'emparent discrètement des nouvelles de Morand à l'heure des premières lectures sans tuteur. Je le fis dans une de ces bibliothèques familiales d'après-guerre encore garnies de tant d'œuvres à la gloire de l'empire, à côté des huis clos landais de Mauriac et des célébrations solognotes de Genevoix.

Romanciers, essayistes, ils furent nombreux à « donner ». Des colonies, et singulièrement de l'Afrique, les uns firent leur fonds de commerce, ayant conscience de leurs limites et pariant modestement sur une association automatique de leur nom à celui de telle ou telle contrée lointaine pour « passer à la postérité ». Les autres, plus sûrs de leur talent et portés par l'air du temps, allèrent seulement chercher sous les tropiques de quoi inspirer une « période » de leur œuvre.

Morand était de ces derniers. Dans la France des années 20 gagnée par le jazz, il se dit qu'il fallait « répondre à cet appel des ténèbres, aller voir ce qu'il y a derrière cette impérieuse mélancolie qui sort des saxophones ». D'où, entre 1925 et 1928, de Djibouti à l'Alabama, en passant par Cuba, Haïti, la Guadeloupe et la Martinique,

« 50 000 kilomètres, 28 pays nègres [1] », avec, pour la seule année 1928, « Dakar, la Guinée, le Fouta-Djalon, le Soudan, le sud du Sahara, le Niger, Tombouctou, le pays Mossi, la Côte d'Ivoire ». Cela donna *Paris-Tombouctou*, encore si présent dans l'esprit des visiteurs de l'Exposition coloniale, et *Magie noire*, avec notamment l'histoire de la franco-américaine Paméla, fille d'une richissime quarteronne. Paméla que l'Afrique reprendra aux Blancs à la faveur d'une croisière de luxe avec escale en Côte d'Ivoire. Paméla qui croyait apprendre « la mélancolie, l'alcool, le baiser et autres manières des Blancs » à son amant africain et qui finit dans l'extase atavique d'une danse sacrée au cœur d'un village inconnu, ne valant plus 100 millions de dollars mais « trois bœufs comme les autres femmes », se frappant les paumes, « croupe tendue, comme les négresses, maintenant l'une d'elles ».

Simenon et le « visa pour la vraie vie »

Autres retrouvailles méditatives pour qui revisite la bibliothèque paternelle : Simenon dans les éditions de l'époque. Je sais, amis belges qui protestez déjà, il est né à Liège ; les Français l'annexent abusivement. Mais comment faire autrement avec une œuvre à ce point consubstantielle à l'Hexagone ? (Né dans une Belgique colonisatrice du Congo, Simenon avait d'ailleurs eu une enfance marquée par des récits exaltant l'aventure africaine, comme les petits Français). En 1932, un an après l'exposition de la porte Dorée, l'Afrique fait toujours recette à Paris. *Voilà*, « l'hebdomadaire de reportage » lancé par Gaston Gallimard, accepte de « financer la curiosité » de Simenon, comme dira ce dernier. Avant d'embarquer, l'étoile montante de la littérature à grand tirage s'achète un casque colonial à Marseille. « Ce premier casque, c'était en somme mon passeport, mon visa pour la vraie vie », racontera plus tard le père du casanier Maigret.

Jusqu'alors Simenon avait publié sous divers pseudonymes une dizaine de romans de gare ayant pour cadre une Afrique stéréotypée : *Le Gorille-Roi*, *Le Cercle de la soif*, etc. Cette fois, écrit son

1. Avant-propos de *Magie noire*.

biographe Pierre Assouline [1], « il n'a plus droit à la candeur ou à la naïveté », même si cette « naïveté » non dépourvue de racisme était d'un bon rapport. « Après avoir recréé l'Afrique mystérieuse à sa façon, au gré de sa fantaisie, en la faisant coller à son imaginaire par le biais du roman populaire, il s'apprête à franchir la ligne qui sépare le rêve de la réalité. » Cap sur Le Caire, puis Khartoum, pour rejoindre par voie fluviale son frère Christian qui a une situation à Matadi, le grand port du Congo belge. (Toujours cette parentèle dispersée aux colonies, que l'on fût Belge ou Français !) Retour vers Bordeaux *via* Port-Gentil, Libreville, Conakry.

L'écrivain reporter rend sa copie à *Voilà* qui la publie sous le titre « L'heure du nègre » dans une série de six numéros à l'automne 1932. Puis, installé à Porquerolles, il écrit *Le Coup de lune*, qui paraît en 1933, juste après *Les Fiançailles de M. Hire*. Le « coup de lune », au Gabon, c'est l'accès de fièvre hallucinatoire qui vous brise momentanément un homme. Une fièvre que les Blancs de Libreville préfèrent attribuer à Joseph Timar quand ce jeune Charentais, fraîchement débarqué dans la colonie grâce au piston d'un oncle, refuse de « jouer le jeu » et sacrifie ses amours avec une Blanche, patronne d'hôtel, pour sauver un nègre injustement accusé de meurtre.

« Le gouverneur, raconte le romancier, était du Havre, sa femme de Cognac. Un coupeur de bois venait de Limoges, un autre de Poitiers, et Bouilloux était né dans le Morvan. » La plupart se retrouvent chez Adèle, propriétaire du seul hôtel pour Blancs et maîtresse épisodique de Timar. « Le comptoir verni, à lui seul, était capable de donner l'illusion de la sécurité, car c'était le même que dans n'importe quel café de province, en France, avec les mêmes bouteilles, les mêmes marques d'apéritifs et de liqueurs. » Seulement, quand quelqu'un meurt dans ce pays où l'on s'éclaire au groupe électrogène et où il ne passe qu'un paquebot par mois, on l'enterre à la sauvette dans un « faux cimetière », un cimetière où la terre est trop rouge, avec « une haie d'arbustes biscornus qui, à eux seuls, proclamaient l'éloignement de l'Europe ».

Tout en observant les conditions de vie des Blancs, sans excès de sympathie à leur endroit, Simenon essaie surtout de comprendre les Noirs, leur gaieté déconcertante, leur docilité à l'égard des Euro-

1. *Simenon*, Julliard, 1992.

péens, leur fatalisme. À l'image de son héros, il éprouve d'abord « une curiosité cordiale », puis il est gagné par une sorte de compassion, il est troublé par l'énigme que les Africains demeurent pour le colonisateur, au-delà des attitudes codifiées.

Le « coup de lune » atteint Timar pendant un voyage en pirogue sur le fleuve : « Le plus beau, oui vraiment le plus beau de tout, c'était le moment où les douze pagaies se levaient en même temps et où, un dixième de seconde, les douze nègres retenaient leur souffle, leurs douze paires d'yeux braqués sur le Blanc. » Il est vrai que Timar a des raisons d'être pensif. La nuit précédente, dans sa case, il a possédé une fille de cette race mystérieuse, une vierge qu'il a déflorée sans un mot, puisqu'il ne parlait pas sa langue et qu'elle ignorait la sienne. Le matin, quand il a embarqué, elle se tenait à distance des autres villageois et, au moment où la pirogue se laissait emporter par le courant, il a eu « l'impression qu'elle levait le bras, ou plutôt qu'elle l'écartait du corps, mais de dix centimètres à peine, en un geste d'adieu inachevé ». Était-elle donc plus qu'un petit animal ?

Simenon n'avait même pas pris la peine de changer le nom de l'établissement dans lequel il situait son intrigue. Alertée par la publication du roman dans *Candide*, une veuve Mercier, patronne du *Central Hôtel* à Libreville, l'attaque en diffamation tandis que les *Annales coloniales* se déchaînent contre lui. Fayard, l'éditeur, recourt aux services de l'illustre Maurice Garçon pour sa défense lors du procès devant le tribunal correctionnel de Paris. Bien que son avocat brandisse une pétition signée par 500 petit Blancs en colère, la plaignante est déboutée.

En 1936, le romancier vient de passer chez Gallimard quand il publie *45° à l'ombre*, toujours inspiré par son reportage pour *Voilà*. Cette fois l'intrigue se situe sur l'*Aquitaine*, paquebot qui fait le trajet Matadi-Bordeaux *via* les grands ports de l'AOF. Est-il de meilleur endroit pour observer la société coloniale ? Il y a les Pères Blancs qui voyagent en seconde et à qui l'on permet l'accès du pont-promenade des premières ; les jeunes officiers d'infanterie coloniale à la recherche d'un flirt avec les rares passagères ; le gros colon, malade et fier de sa fortune, qui sait que l'Afrique épuise ses dernières forces mais qui ne décrochera pas ; le médecin de bord qui connaît tout des misères humaines ; le jeune ménage désargenté dont le bébé n'a pas supporté le climat ; le polytechnicien ingénieur en chef du chemin de fer Congo-Océan. Et, sur le pont, les Annamites employés pour la construction dudit chemin de fer, qui meurent doucement de la fièvre jaune. Sans compter les colons des escales qui ont une fois par mois la distraction de venir prendre l'apéritif à bord et apportent les lettres à poster en France.

Seul le père du bébé malade ne s'intègre pas à ce microcosme. Il finira sa vie comme sous-chef comptable d'une compagnie d'assurance à Meaux. N'est pas colon qui veut, suggère Simenon, sans dire qui le navre le plus, ce type d'homme ou les ronds-de-cuir provinciaux. En 1937, un autre colon, ni tout à fait coupable ni tout à fait innocent, reviendra hanter le romancier. Cela donnera *Le Blanc à lunettes*, écrit devant un totem d'ébène acheté au cours du périple de Simenon en AEF et qui, au fil des nombreux déménagements, ne quittera jamais son bureau.

Les dividendes romanesques de l'aventure

Tout comme l'épisode africain du *Voyage au bout de la nuit*, *Magie noire* et *Le Coup de lune* sont des œuvres trop originales et personnelles pour être classées dans le genre « littérature coloniale ». Alors que les filons indochinois (exotico-érotique), saharien (métaphysique) et marocain (économico-touristique) étaient exploités avec un relatif bonheur d'écriture et un minimum de vraisemblance, le thème négro-africain fut longtemps « traité » par des auteurs plus remarquables pour leur imagination en chambre close que par leurs dons d'observation d'une réalité dont ils ignoraient tout. Cela changea quelques années après la Grande Guerre quand, la colonisation cessant d'être une aventure accaparant tous les instants, certains des fonctionnaires expatriés outre-mer eurent du temps à consacrer à l'écriture.

Dans un article sur la littérature coloniale, le 16 avril 1923, *Le Figaro* constate ce phénomène nouveau : « Les auteurs de ces romans qui, du Tonkin ou des provinces africaines, affluent, comme poussés par la nostalgie de la mère patrie, vers la grande capitale, sont tous ou presque des fonctionnaires qui, avant de prendre la plume, ont passé de longues années au contact journalier, et pas toujours facile, des mœurs étrangères et des civilisations primitives où le gouvernement leur a donné mission, comme autrefois Rome à ses proconsuls, de faire régner la paix française. » Au point que pendant quelque temps, ces fonctionnaires écrivains jouiront d'une sorte de rente de situation. Jusqu'à ce que de plus jeunes bourlingueurs renouvellent le genre à leur tour.

On imagine mal aujourd'hui combien l'empire pouvait occuper la République des lettres au cours des années 20-30 où se tenaient des « congrès de littérature coloniale » et où le grand prix de la Littérature coloniale et le grand prix littéraire de l'Empire vous faisaient largement rentrer dans vos frais après une incursion chez les anciens « sauvages », souvent pour le compte d'un des quotidiens nationaux intéressés par la naissance de ce qu'on appelait alors « la plus grande France ».

*

Avant d'être journaliste, Pierre Mille (1864-1941) s'était ennuyé comme clerc d'avoué. Il a trente-cinq ans quand *Le Temps* publie, à la mode de l'époque, son feuilleton intitulé *Barnavaux, général*[1]. Pourquoi accoler ce grade au nom d'un simple fusilier de 2e classe « appartenant au respectable corps de l'infanterie de marine » ? Parce que, seul ou presque dans un poste isolé de Madagascar, Barnavaux a pratiquement tous les pouvoirs. Il fait régner l'ordre, il lève des hommes pour les corvées. « Entre moi et le président de la République, se vante-t-il, il n'y a que deux personnes, le général et le ministre. » Bien sûr, même si loin de Paris, il y a la paperasserie : « Je recevais deux ou trois arrêtés par semaine, et des instructions et des circulaires. J'avais des tas de petites formules, toutes différentes, que je devais remplir et envoyer à Tananarive. » Au début, Barnavaux avait été aidé par son unique camarade, hélas emporté par « l'anémie tropicale ». Description de cette maladie : « Une éternelle petite fièvre, qui élève à peine le pouls, des langueurs et puis des accès nerveux comme une jolie femme, l'impossibilité de manger, un grand dégoût de vivre. La fin arrive tout doucement, et on l'accepte sans ennui, pour mieux dormir. » C'est

1. *Le Temps* du 23 au 27 juillet 1899.

comme ça qu'on se retrouve seul, avec pour unique auxiliaire « un tirailleur sénégalais qui avait appris le malgache depuis son arrivée dans l'île, car il y avait épousé trois femmes ».

Les lecteurs ayant apprécié ce récit, Pierre Mille se lance dans le roman et fait de Barnavaux un type de colonial aux multiples facettes. De 1908 à 1927, cela donne, chez divers éditeurs, *Barnavaux et quelques femmes*, *Louise et Barnavaux*, *Barnavaux, soldat de France*, etc.

« Ironique à l'égard des parasites de l'administration et sévère à l'égard des abus qui rapetissaient au niveau de leur médiocrité la grandeur de la mission coloniale de la France », écrit son biographe[1], Pierre Mille a été un des exemples les plus estimables du « romancier colonial », avec une cinquantaine d'ouvrages variés. Journaliste polyvalent travaillant tour à tour au *Temps*, au *Journal des débats*, à la *Revue des deux mondes* et à la *Revue de Paris*, ce grand voyageur n'était pas ennemi des honneurs et des institutions : membre fondateur de l'Académie des sciences d'outre-mer et de l'Association des écrivains coloniaux (en 1926), il a donné son nom à un prix annuel qui distingue encore de nos jours un reportage sur les pays de l'ancien empire et qui est décerné dans un de ces climats d'amicale complicité que seules certaines nostalgies partagées peuvent entretenir.

*

Avec André Demaison (1883-1956), des critiques littéraires de l'époque étaient persuadés que la France tenait son « Kipling africain ». Cet enfant du Sud-Ouest fut précepteur des enfants Maurel à Bordeaux avant d'aller travailler pour l'illustre maison de négoce au Sénégal en 1903. Après la Grande Guerre, il s'inspire de son expérience des tirailleurs sénégalais pour aider Jérôme et Jean Tharaud à rédiger *La Randonnée de Samba Diouf*. Les deux frères l'ayant encouragé à se lancer lui-même dans la carrière littéraire, il connaît le succès avec *Le livre des bêtes qu'on appelle sauvages*, Grand Prix du roman de l'Académie française 1929.

1. Robert Cornevin dans *Hommes et Destins. Dictionnaire bibliographique d'outre-mer*, Académie des sciences d'outre-mer, 1975.

Plutôt qu'un roman, ce livre est une suite de récits imaginaires consacrés chacun à un animal africain, de la lionne à l'antilope. Il commence par la triste destinée de Ouarâ, jeune lionne élevée par un Français qui « avait cherché le sens de la vie hors les frontières de notre civilisation et avait cru le trouver dans un pays de la boucle du Niger ». Après avoir vécu parmi des « êtres simples, aux pensées aussi droites que le trajet de leurs flèches », ce Français doit quitter l'Afrique et se séparer de la lionne. Celle-ci se retrouve bientôt dans un zoo en métropole, à l'étroit dans une cage, elle qui « n'avait pas commis de crime ». Elle dépérit et meurt sans que soit réalisé son fol espoir de revoir un jour son ancien maître adoré, « celui qui avait dissipé pour elle le très vieux malentendu qui éloigne des hommes les lions et tous les animaux qui habitent la brousse ».

Après ce livre fondateur de tout un genre romanesque associant colonisation et « zoologie sentimentale », Demaison, comme beaucoup d'autres « écrivains de l'outre-mer », y va de l'hagiographie d'un bâtisseur d'empire. Son *Faidherbe* paraît en 1932 chez Plon dans la collection « Les grandes figures coloniales », qui, de Brazza au cardinal Lavigerie, faisait alors recette. Un an après l'Exposition coloniale, l'intérêt de la République pour l'aventure africaine est tel que le livre peut paraître avec cette dédicace : « À Monsieur le Président Albert Lebrun, ancien ministre des Colonies, Chef de l'État, je dédie respectueusement ce livre en souvenir d'un voyage au Sénégal et au Soudan où nous suivions ensemble les traces de Faidherbe. »

De la IIIe République à l'État français ! Entre 1942 et 1944, Demaison est un des responsables de la Radiodiffusion nationale, ce qui lui permet d'obtenir des Allemands la libération d'une partie des prisonniers de guerre africains, comme on l'a vu au chapitre 3. Condamné à deux ans de prison pour collaboration, il n'en poursuit pas moins une carrière d'auteur à succès après la Libération. Écrit en 1944 mais publié par les Presses de la Cité en 1948, *L'Étoile de Dakar* est encore présent dans la mémoire des vieux Européens de cette capitale. Le roman commence par l'arrivée en paquebot d'Antoine Corvin, parti en Afrique pour « échapper aux faux cols de celluloïd » de la métropole, et se termine par une épidémie de fièvre jaune, rappel brutal des réalités tropicales dans une ville qui « avec ses tuiles rouges et ses maisons imitées de France pouvait donner l'illusion d'un port de Méditerranée, du côté de Sète ». Une couverture illustrée, genre « littérature de gare », témoigne du caractère toujours populaire de cette prose.

*

Jean d'Esme – Jean d'Esménard (1894-1966) pour l'état civil – fut sans doute le dernier des « grands » romanciers coloniaux à écrire avec une candeur dépourvue de tout complexe de culpabilité. Fils d'un fonctionnaire des Douanes en Indochine, reçu à l'École coloniale en 1912, journaliste à *L'Intransigeant* et au *Matin*, il combina une vie de grand chasseur amateur de randonnées en Afrique avec une carrière parisienne qui le porta à la présidence de la Société des gens de lettres en 1955. À peu près tout l'empire a défilé dans une série de romans et de récits situés aussi bien en Indochine qu'en AEF.

Les Barbares [1] lui vaut la notoriété à trente ans. Pas une particule ne manque aux divers personnages de ce roman « historique » sur la conquête de Madagascar. Le ton est donné dès les premières lignes : « Assis à l'avant du canot, Jacques de Pronis regardait la rive grandir. » Les dernières pages narrent la mort de ce militaire, blessé lors d'une bataille au cours de laquelle soixante-treize Français repoussèrent « dix mille barbares » et montrèrent à « ces gens madagascarois ce qu'il en coûte de nous faire la guerre ». Entre les deux, 379 pages d'un récit exalté au cours duquel Pronis épouse la fille du « roi de l'Anatanossy », qui le préfère à un fils de prince local, « pour resserrer plus solidement les liens qui doivent désormais nous unir » (nous, Français et Malgaches).

En 1963, l'abondante production de Jean d'Esme se termine par *Compagnons de brousse* [2], qui raconte la vie de « Boubou-le-Chimpanzé » et de « Tiguidi-le-Guépard », en s'inspirant manifestement du livre de Demaison, et évoque, comme dit la quatrième de couverture, les « pionniers des âges héroïques de l'Afrique équatoriale ».

Récit de l'un de ces pionniers : « Ça se passe en 1898 et j'avais 19 ans ! Un certain capitaine Marchand qui a laissé un nom dans

1. Albin Michel, 1925.
2. Flammarion.

l'Histoire remontait le Congo, en route vers un patelin appelé Fachoda. Las de traîner sur tous les pavés parisiens, je m'étais engagé dix-huit mois plus tôt, en truquant mon âge, dans l'infanterie de Marine, histoire de voir du pays et de courir l'aventure. » Tout ça dans un monde peuplé de bons nègres : « Konkou était l'un des infirmiers noirs attachés à l'institut Pasteur voisin. Tout jeune et d'une intelligence exceptionnelle, il avait été pris en affection par le directeur de l'institut qui le faisait travailler avant de lui obtenir les bourses nécessaires à son séjour en France où il tâcherait d'obtenir ses bachots. »

Parfaitement ! Cette prose bien intentionnée mais quelque peu paternaliste pouvait paraître avec succès, chez un grand éditeur parisien, en 1963, trois ans après les indépendances africaines !

Quatre Goncourts, quatre époques

Entre 1921 et 1976, le prix Goncourt fut attribué à quatre romans situés au sud du Sahara. D'inégale qualité littéraire, ceux-ci nous renseignent sur la vision qu'auteurs, jurys et public purent avoir de l'Afrique noire à quatre époques différentes.

*

René Maran (1887-1960) doit à sa naissance en Martinique, dans une famille de fonctionnaires originaires de Guyane, d'être classé par les uns parmi les auteurs coloniaux et par les autres parmi les pères de la « négritude ». Après une enfance en France, il rentre dans l'administration coloniale et exerce des fonctions en Oubangui-Chari, sans doute le plus pauvre des territoires d'AEF. En 1921, il a deux recueils de poèmes à son actif quand il publie *Batouala. Véritable roman nègre* chez Albin Michel. Pourquoi ce sous-titre ? Parce que les Blancs n'y occupent pas le devant de la scène comme dans les autres romans coloniaux. Parce que l'auteur veut faire découvrir les joies et les peines quotidiennes des Noirs. Évoquant son expérience, il écrit dans sa préface : « Par les soirs de lune, allongé en ma chaise longue, de ma véranda, j'écoutais les conversations de ces pauvres gens. Leurs plaisanteries prouvaient leur résignation. Ils souffraient et riaient de souffrir. »

Pour Batouala, « grand chef » de tribu, « le pernod est la seule importante invention » des Blancs. Allergique à l'activisme des colonisateurs, il professe : « La vie est courte. Le travail ne plaît qu'à ceux qui ne la comprendront jamais. » Parmi ses neuf épouses, Yassigui'nja est sa favorite, sans doute à cause de la « renommée » que lui vaut le fait d'avoir été un moment la maîtresse d'un « commandant » blanc. Or voici que Bissibi'ngui, un jeune homme qui rêve d'entrer dans la prestigieuse carrière de « milicien » des Français, tourne autour de Yassigui'nja. Peut-il y avoir place pour la jalousie dans une société tribale où la femme est surtout appréciée pour sa valeur marchande ? Cela aurait pu être un bon thème. Ce n'est pas le cas, Maran ayant préféré s'en tenir à une tentative de roman « naturaliste », comme dirent certains critiques littéraires de l'époque, dans un style censé faire vrai, du genre Yassigui'nja, vingt ans, « marchait vers sa vingtième saison des pluies ».

Plutôt rasoir, *Batouala* s'était surtout fait remarquer par une préface, assez déclamatoire, qui s'en prenait au mythe impérial : « La large vie coloniale, si l'on pouvait savoir de quelle quotidienne bassesse elle est faite, on en parlerait moins, on n'en parlerait plus. » Le jury Goncourt récompensa à la fois cette mise en question et l'originalité d'une « tentative de reconstitution de la vision du monde à travers une vision africaine [1] ». Ce choix fit scandale. Deux ans plus tard, le jury du Grand Prix de la littérature coloniale échut à un autre administrateur colonial, bien pensant celui-là, Gaston Joseph, auteur de *Koffi* [2], ouvrage sous-titré *Roman d'un Noir*, en réplique transparente au Goncourt 1921.

À vrai dire, *Batouala* demeure marginal dans l'œuvre de Maran, dont plusieurs livres, notamment une biographie de Brazza, exaltèrent ensuite la grandeur de l'empire. Non dédaigneux des distinctions académiques, Grand Prix Broquette-Gonin de l'Académie française en 1942, Grand Prix de la Société des gens de lettres en 1949, l'homme n'avait rien d'un révolutionnaire. Une lecture plus attentive de la fameuse préface de *Batouala* aurait dû permettre de

1. Raoul Girardet, *L'Idée coloniale en France*, *op. cit.*
2. Éditions du Monde nouveau, 1922.

relativiser le « scandale ». Ainsi ce passage : « C'est à redresser tout ce que l'administration désigne sous l'euphémisme d'"errements" que je vous convie. La lutte sera serrée. Votre tâche est belle. À l'œuvre donc, et sans plus attendre. La France le veult ! *(sic)* » Avec plus de talent, Gide ne parlait pas autrement. Mais seule compte la légende. Réédité une nouvelle fois en 1999, *Batouala* est encore dans la cantine de coopérants désireux de comprendre l'« âme nègre ».

*

Ancien des Forces françaises libres (il fit toutes les campagnes d'Afrique comme aviateur dans le groupe Lorraine), ancien diplomate en poste en Afrique noire, gaulliste flamboyant, Romain Gary (né Roman Kacew en Russie) explique dans la réédition en livre de poche du Goncourt 1956, *Les Racines du ciel*[1] : « J'ai situé mon récit dans ce qu'on appelait encore en 1956 l'"Afrique-Équatoriale Française" parce que j'y ai vécu et peut-être aussi parce que je n'ai pas oublié ce que fut l'AEF qui, la première, répondit jadis à un appel célèbre contre l'abdication et le désespoir et que le refus de mon héros de se soumettre à l'infirmité d'être un homme et à la dure loi qui nous est faite rejoignait dans mon esprit d'autres heures légendaires. »

Quel était donc le refus de Morel, le personnage central des *Racines du ciel* ? Celui de voir les éléphants de l'AEF décimés pour satisfaire la « passion » des chasseurs et la cupidité des fabricants de coupe-papier et de ronds de serviette éburnéens. D'abord agitateur, Morel devient une célébrité internationale que les autorités françaises et les nationalistes africains, incapables de comprendre son désintéressement, se soupçonnent mutuellement de manipuler. Parfois présenté comme « le premier roman écologique », ce livre met aussi en scène une série de personnages représentatifs de l'époque qui précéda les indépendances : deux missionnaires qui font penser l'un au P. de Foucauld, l'autre au P. Teilhard de Chardin ; un photographe américain étonné de constater, une fois sur le terrain, « à quel point les Français ont réussi leurs conquêtes partout où ils sont passés ».

1. Gallimard, 1956.

Il y a aussi un gouverneur fataliste, un peu dépassé par les événements et heureux de l'être : « C'était ça l'Afrique : il en sortait toujours quelque chose de nouveau, d'inattendu. On pouvait la mener tout doucement dans une direction nouvelle : elle continuerait toujours à vous surprendre, à faire jaillir sous vos yeux quelque chose d'extraordinaire, de totalement insensé et s'il existait encore une terre où l'homme pouvait susciter une légende, c'était bien cette terre-là. »

Autre personnage que ces messieurs du Goncourt firent connaître aux Français : Waitari, petit-fils de roi, formé en France, ancien député à l'Assemblée nationale, rentré au pays pour tenter d'y organiser une révolte nationaliste. (Fields, le photographe américain, a son opinion sur la question : « Cet Africain avait été trop nourri des traditions de la grandeur militaire française pour ne pas rêver de s'égaler à elle. ») Waitari, qui « avait la nostalgie de Paris, des repas préparés par sa femme [française], de l'atmosphère des réunions politiques, où son visage noir commandait immédiatement l'attention ». « Même au Parlement français, ce qu'il avait représenté, ce n'était certainement pas les conceptions démocratiques des tribus Oulé, mais la conscience qu'avaient les Français de leurs propres aspirations démocratiques. »

Colonialiste, alors, l'illustre Gary ? À Jean Daniel, qui s'en inquiétait confraternellement, il ne cacha pas sa façon de voir : « Historiquement, le colonialisme a été – je dis bien *a été* – une entreprise justifiée. Le mot colon est un mot qui a eu pendant longtemps et qui souvent peut encore avoir aujourd'hui un certain accent noble de contribution à la naissance d'une œuvre nouvelle et de progrès matériels et culturels. Mais on fait en sorte qu'aujourd'hui le colonialisme évoque aussitôt des images politiques d'un contenu ancien qui déshonorent la chose et le mot et qui transforment la vérité historique. On juge le présent sur un passé reconstruit et fallacieux [...]. Le colonialisme ne doit pas être jugé comme un péché historique, mais comme une forme sociale naguère explicable, aujourd'hui révolue [1]. »

Peut-être Gary a-t-il contribué à ce que les indépendances toutes proches ne soient pas vécues par les Français comme l'expiation d'un péché dont il les déchargeait.

1. Entretien dans *L'Express* du 4 janvier 1957.

*

Depuis que Loti avait raconté les « amours » d'un spahi français et de Fatou, « fruit savoureux du Soudan » qui avait jeté sur lui « un charme d'amulette [1] », un des thèmes majeurs du roman colonial était l'union mixte – l'union du Blanc avec une femme de couleur, s'entend. Indépendances obligent, Georges Conchon renversa les rôles dans *L'État sauvage*, vainqueur au troisième tour de vote des académiciens Goncourt en 1964.

Ce best-seller ayant été porté à l'écran, une Marie-Christine Barrault douloureuse incarne dans notre mémoire Laurence, la femme-enfant qui a abandonné son mari et l'Europe pour suivre un petit aventurier français en Afrique et qui, sur place, est devenue la concubine de Patrice Doumbé, jeune ministre noir à « Fort-Jacul ». Arrive Jacques Dutronc dans le rôle d'Avit, le mari bafoué qui tente d'oublier son infortune comme fonctionnaire de l'Unesco en mission lointaine. Il ignore tout de la présence de Laurence sous ces cieux. On se charge de la lui apprendre, côté nègre et côté expatriés. Parce qu'il ne parvient pas à détester Doumbé, parce qu'il le respecte en tant qu'homme, le cocu est mis au ban de la colonie française, tout comme Doumbé, traître à sa race et à sa tribu pour avoir fait entrer la Blanche sous son toit, est rejeté par les siens. Le premier reprendra l'avion pour la France sous les quolibets. Le second sera mis à mort par une intolérante population africaine, à la louange de laquelle *L'État sauvage* n'a certes pas été écrit, malgré son image « anticolonialiste ».

L'État sauvage commence par une citation de Proust (*Sodome et Gomorrhe*) : « Ils avaient l'air d'une bande d'anthropophages chez qui une blessure faite à un Blanc a réveillé le goût du sang. » « Bien entendu, mon titre ne signifie nullement que les nouveaux États noirs seraient des États sauvages, expliqua Conchon. *L'État sauvage*, c'est cette part, cette mauvaise part de chacun de nous, Noirs ou Blancs, qui fait qu'instinctivement nous nous opposons à un groupe ethnique différent [...]. À mon avis mieux vaudrait que chacun reconnût loyalement la présence en lui d'une certaine dose de racisme inconscient, et essayât de s'en guérir, plutôt que de conti-

1. *Le Roman d'un spahi*, Calmann-Lévy, 1881. Disponible en coll. « Folio », n° 210.

nuer à vivre avec sa bonne conscience idyllique d'antiraciste, et risquer de se réveiller un beau matin prêt à tuer dans la rue un individu qui n'est pas de sa couleur[1]. »

Qui eût dit que ces propos d'il y a trente-cinq ans, appliqués non plus à la décolonisation mais à l'immigration incontrôlée, sonneraient aussi prophétiquement ? Ancien secrétaire des débats à l'Assemblée de l'Union française, Conchon avait écrit son livre à la suite d'un séjour à Bangui, comme secrétaire général de l'Assemblée législative centrafricaine. Après lui, aucun coopérant, aucun agent des organisations humanitaires n'a rapporté d'Afrique un roman à ce point puissant et politiquement incorrect.

*

Aujourd'hui, Patrick Grainville entasse chez lui statuettes et masques rapportés de ses nombreux voyages en Afrique noire. La ville de Djenné, au Mali, est un de ses lieux favoris. Mais quand il publia *Les Flamboyants*, refusé par Gallimard (qui aurait voulu que l'auteur taillât son manuscrit à la machette) et gagnant de la course aux prix sous la couverture du Seuil en 1976, il n'avait fait qu'un voyage dans la région. « Tout gosse, j'étais déjà attiré par l'Afrique, précisa-t-il à l'époque[2], je lisais beaucoup de livres sur elle, sans doute écrits par d'affreux colons. Puis je l'ai oubliée, et je l'ai retrouvée comme étudiant à la cité universitaire, où je me suis lié avec beaucoup d'Africains. Les thèses et les documents que j'ai lus ont nourri mon imagination plus que mon voyage. »

Vagues réminiscences d'une enfance émerveillée, d'abord, puis replongée dans cette enfance lors du travail de documentation, et contact avec les élèves africains de l'auteur, professeur de lettres au lycée de Sartrouville : ainsi naquit un roman baroque, fait de morceaux de bravoure à coups de mots rares et oscillant perpétuellement entre l'horreur et la féerie, comme l'Afrique son « modèle ».

L'action se situe au début des années 70 dans une contrée qui constitue une synthèse des pays francophones et des pays anglophones. Une fois enrichis grâce à « l'inégalité hurlante, l'injustice absolue », ses

1. Entretien dans *Les Nouvelles littéraires* du 26 novembre 1964.
2. Entretien avec Jacqueline Piatier dans *Le Monde* du 17 novembre 1976.

dirigeants rêvent de prendre une retraite anticipée à Londres, mais Tokor, son « général-roi », lit *Le Figaro* et s'entiche d'Hélène, la femme d'un « petit ingénieur français sous contrat dans le cuivre ». Notre Ubu tropical porte un couvre-chef en peau de léopard, à la Mobutu, et se fait appeler tour à tour « Seigneur » ou « Papa ». Comme il se doit, il est confronté aux complots d'un colonel socialiste et se méfie de tous les gradés de son armée. Cette armée à la parade burlesque de laquelle la colonie étrangère assiste régulièrement avec un « mélange bizarre d'angoisse et d'hilarité », dit Grainville dont la divination de romancier recoupe ici l'expérience des journalistes.

Fascinations

L'Afrique noire inspira de nouveau Grainville avec *Le Tyran éternel*[1] dans lequel il imagine Houphouët-Boigny devenu un esprit après sa mort et planant au-dessus de Yamoussoukro, SA capitale. Le décor est solidement planté avec une basilique et un hôtel *Président* plus vrais que nature et ainsi entrés dans la littérature quasiment à l'état neuf, mais le caractère prêté aux principaux personnages déconcerte ceux qui ont connu les modèles. Avec le bien réel Houphouët comme avec son imaginaire Tokor, Grainville oscille toujours entre la répulsion et la fascination.

Devenu sujet de roman, le thème du pouvoir absolu exercé par les « rois nègres » est si porteur qu'il inspire parfois des réussites inattendues à des écrivains d'occasion. Parmi les curiosités de la production postcoloniale, il faut mentionner *L'Empereur*[2] de Jacques Duchemin, ancien conseiller français de Moïse Tschombé au Zaïre, passé au service de Bokassa qui en fit un temps son « ministre de l'Information » et le considérait comme « le Red Adair de l'Empire » au moment où les choses commencèrent à mal tourner pour lui. « Présenter l'inévitable sous les couleurs les moins déplaisantes et tenter, à l'intérieur, de prévenir les coups de folie meurtrière qui secouent, de temps en temps, tous les gouvernements noirs sans exception », telle est la « spécialité » de Wilfrid Dancourt, le nom d'emprunt sous

1. Le Seuil, 1998.
2. Albin Michel, 1981.

lequel Duchemin parle de lui-même à la troisième personne en s'attribuant le beau rôle. Chronique burlesque des raptus bokassiens, ce « récit » inclassable mais plein de verve est aussi une charge de la République giscardienne dans son volet africain. On atteint au délire quand l'empereur reproche à sa femme de se laisser faire la cour par le président chasseur, nommément cité, « pour qu'il la mette dans un de ses romans quand il sera battu aux élections ».

Élysée et Afrique ! La littérature coloniale se renouvelle parfois sous des formes inattendues ! Dans *Le Nègre du Palais* [1] de Thierry Pfister, ancien conseiller de Pierre Mauroy à Matignon, un clone de Mitterrand, miné par un cancer de la prostate, s'adresse en désespoir de cause au neveu d'une espèce de sorcier qui lui avait prédit son destin présidentiel alors qu'il était ministre des Colonies. L'ascendant de l'Africain sur le malade ira jusqu'à lui faire enterrer nuitamment un fétiche dans le parc du « Château »...

« Nègre » de Mitterrand pendant une partie d'un septennat, rédacteur du fameux discours sur les droits de l'homme prononcé par le chef de l'État au sommet franco-africain de La Baule, co-auteur d'un essai symptomatiquement intitulé *Besoin d'Afrique* [2], Érik Orsenna n'a pas manqué d'introduire la dimension africaine dans *Grand Amour* [3], récit romancé de son expérience élyséenne. On y voit un de ses homologues s'adresser à un marabout « recommandé par Senghor » et spécialisé dans les « retours d'affection » pour faire remonter la cote présidentielle dans les sondages...

En 1999, dans son discours de réception à l'Académie française, en présence de deux femmes ministres venues l'une du Mali, l'autre de la Côte d'Ivoire, Orsenna a « salué » l'Afrique, « l'Afrique où depuis vingt-cinq ans je vais chercher sans cesse des leçons de rire, de fidélité, de vaillance et de mystère ».

Les anciens boys prennent la plume

Dans un Quartier latin où les librairies sont peu à peu remplacées par les enseignes des « créateurs » de fringues, il est toujours ras-

1. Albin Michel, 1994.
2. Fayard, 1992.
3. Le Seuil, 1993.

surant de passer devant la vitrine pérenne de *Présence africaine*. On s'amuse de son composite achalandage de voyageurs blancs authentiquement désireux de se « mettre dans le bain » et d'étudiants noirs véritablement inscrits à la Sorbonne ; on goûte son fonds éclectique mélangeant allégrement le roman de mœurs colonial vaguement empreint de nostalgie et l'essai en langue de bois tiers-mondiste. Contre vents et marées, il subsiste en ce 25 *bis*, rue des Écoles, foyer de l'intellectualisme tropical, un échantillon de l'immigration telle qu'on l'aime.

En 1997, année du cinquantième anniversaire de la revue, le Centre national du livre a prêté son concours pour la réimpression en fac-similé du premier numéro de *Présence africaine*. On y retrouve le prestigieux comité de patronage réuni par le Sénégalais Alioune Diop dont l'ambition était de faire entendre la voix de l'Afrique non seulement par le nouveau mensuel mais aussi par des livres portant sa marque : un haut-masque dogon stylisé. Il y a notamment André Gide, Jean-Paul Sartre, Albert Camus, Michel Leiris, Emmanuel Mounier. Cela pour le côté français de l'Hexagone. Mais, outre Senghor, on remarque aussi Aimé Césaire et Richard Wright, puisque Diop avait pour but initial d'agir dans un cadre « pan-noir » englobant les Antillais et les descendants américains des esclaves africains. D'où, dans la revue, la traduction en anglais du premier article d'Alioune Diop, article qui commençait lui-même par un proverbe toucouleur et une citation de Saint-Exupéry...

« Ce ne fut point par la parole que le peuple noir se fit d'abord entendre, mais par la musique », remarque Gide dans sa contribution, par référence évidente au jazz américain. Très lucide, l'auteur du *Voyage au Congo* va droit au cœur du problème :

« Tandis que la musique et la plastique nègres s'offraient directement à nous sans emprunter rien à notre culture, pour nous parler, pour être comprises par nous, il faut ici recourir à notre langue, instrument d'emprunt, et qui risque de tout fausser [...]. Ce que le monde noir a sans doute de plus particulier, l'étrangeté même de son lyrisme, reste intraduisible et ne peut, je le crains, nous parvenir que tempérée, qu'assagie. Ses extraordinaires facultés d'assimilation, ou plus exactement de mimétisme, jointes à son désir de nous plaire, le feront, lorsqu'il s'adressera à nous, s'observer, se retenir. Il importe dès lors de l'aider à prendre cette conscience de soi et cette confiance en soi qui lui manquent encore ; cette assurance dans ses vertus les plus spécifiques, sans souci de notre approbation. »

Pour sa part, Sartre fait preuve d'un enthousiasme plus politique : « Une langue étrangère habite les Noirs et leur vole leur pensée ; mais ils se retournent en eux-mêmes contre ce vol, ils maîtrisent en eux ce bavardage européen et, finalement, en acceptant d'être trahis par le langage, ils le marquent de leur empreinte [...]. Je souhaite que nous apprenions à lire ces œuvres et que nous sachions gré aux Noirs d'enrichir notre vieille culture cérémonieuse ; embarrassée dans ses traditions et son étiquette, elle a besoin d'un apport neuf [...]. Il faut que la présence africaine soit, parmi nous, non comme celle d'un enfant dans le cercle de famille, mais comme la présence d'un remords et d'un espoir. »

La suite fut-elle à la hauteur de ces encouragements ? Les contingences financières et le rapide déclin du panafricanisme dont se réclamait Diop obligèrent celui-ci à limiter ses ambitions. Reste que *Présence africaine* est inséparable des débuts de la plupart des écrivains africains francophones dans les années 50. Ce n'était sûrement pas le but recherché à l'origine, mais peu de catalogues contiennent autant de noms de futurs ministres et de futurs ambassadeurs (en France ou à l'Unesco, en tout cas à Paris !), tant, à cette époque de la fin annoncée de la colonisation, ambition politique et ambition littéraire se confondaient chez les élites africaines, fidèles en cela à une tradition bien française. De l'Ivoirien Bernard Dadié, promis au ministère de la Culture, au Nigérien Boubou Hama, illustre comme président de l'Assemblée nationale, que de futurs membres de l'establishment postcolonial parmi les jeunes auteurs célébrés par Sartre ! Seul le Camerounais Mongo Beti (qui publie *Ville cruelle* sous son premier pseudonyme d'Eza Boto en 1954) restera un éternel rebelle et préférera un long exil de professeur de lettres classiques au lycée Corneille de Rouen avant de prendre à Yaoundé une retraite consacrée à l'animation de la Librairie des Peuples noirs.

Un an après la publication de son premier roman à *Présence africaine*, l'étudiant Mongo Béti présente un compatriote à Maurice Nadeau alors éditeur chez Julliard. Il s'agit de Ferdinand Oyono, promis lui aussi au destin d'ambassadeur, pour l'heure auteur inconnu d'un manuscrit au titre éloquent : *Une vie de boy*. Le roman, qui se présente comme la confession faussement naïve d'un Noir au service d'un « commandant » trompé par sa femme, est retenu par Julliard. Enfin la colonisation vue par les intéressés ! De *Combat* aux *Nouvelles littéraires*, le critique ne demandait qu'à s'enthousiasmer. « Un nouvel et véritable écrivain noir prend place auprès des écrivains nord-africains, dont la valeur n'est plus à démontrer », assure Michel Zeraffa. En 1953, Plon avait bien publié avec succès le premier roman de Camara Laye, un immigré guinéen spécialisé en mécanique, mais *L'Enfant noir*, remémoration d'une jeunesse africaine, péchait par excès de bons sentiments aux yeux de l'intelligentsia. Autrement percutant était Oyono décrivant le *washman* Baklu en train d'exhiber les serviettes hygiéniques de la patronne devant une « boyerie » soudain affranchie de tout respect pour le Blanc.

Dès lors, la plupart des grands éditeurs parisiens essaieront d'avoir « leur » romancier africain. Flammarion se fait remarquer en 1960 avec *Kocoumbo, l'étudiant noir*, récit d'un exil au Quartier latin par l'Ivoirien Aké Loba. Julliard récidive en 1961 avec *L'Aventure ambiguë* de Cheikh Hamidou Kane (encore un futur ministre !), témoignage de la rencontre de deux mondes, l'Occident et l'Afrique noire, telle qu'a pu la vivre un jeune Sénégalais de culture française mais de sensibilité musulmane.

La découverte de la Ville lumière par les anciens colonisés est d'ailleurs un des thèmes qui « marchent », dans la mesure où il flatte le narcissisme français. *Un nègre à Paris*, titre carrément Bernard Dadié pour un récit empruntant aux *Lettres persanes*. Pour autant qu'ils puissent acheter des livres, les Africains – eux – préfèrent le roman « ethnologique », celui qui parle de l'enfance heureuse au pays natal avant le brutal accès à la modernité en Europe, celui dont les passages les plus édifiants seront retenus pour les « morceaux choisis » à l'usage de la première génération d'écoliers nés après l'indépendance.

À *Présence africaine* ou chez les éditeurs français, la quête d'identité et l'exaltation, quelque peu idéalisée, des sociétés précoloniales commençaient à tourner au poncif quand le prix Renaudot 1968 couronna *Le Devoir de violence* de Yambo Ouologuem, un inconnu que Le Seuil présentait ainsi : « Né en 1940 au Mali. Admissible à l'École normale supérieure. Licencié es lettres. Licencié en philosophie. Diplômé d'études supérieures d'anglais. Prépare une thèse de doctorat de sociologie. » Pourtant, rien de l'application senghorienne chez Ouologuem. Un révolté, contre la « négritude » justement, un iconoclaste s'inscrivant en faux contre l'image bucolique de sociétés africaines qui furent despotiques et cruelles.

Instable, accusé de plagiat, Ouologuem fut vite oublié, sauf en Afrique où certains universitaires continuèrent à voir dans son livre « une machination néocolonialiste ». Mais, après lui, la thématique bien huilée de l'opposition entre tradition et modernité sembla de plus en plus répétitive. Le moment était venu d'en finir avec le roman d'initiation et de parler de l'Afrique contemporaine. Cela advint en 1970 avec *Les Soleils des indépendances.* Né en 1927, l'Ivoirien Ahmadou Kourouma était plus âgé qu'Ouologuem, mais, avec lui, Le Seuil tenait encore un inconnu bien différent des auteurs des années 50-60, devenus des excellences quelque peu essoufflées. Qu'on en juge d'après ce portrait en quatrième de couverture : « Né en pays Malinké. Études supérieures à Bamako d'où il est expulsé à la suite d'une grève. Service militaire en Côte d'Ivoire ; refuse de réprimer une émeute et se retrouve à Saigon en pleine guerre d'Indochine. Trois ans plus tard, reprend ses études à Paris puis à Lyon. Exerce actuellement la profession d'actuaire. »

Une naissance en « pays Malinké » faute de se rattacher à une patrie qui n'existait pas encore, des études entrecoupées d'activités subversives, un dressage dans l'armée française, et, pour finir, ce métier, tellement peu « africain », de statisticien pour banque et assurance. Pareille biographie était déjà un roman en soi, mais ce n'était pas de sa personne que parlait l'auteur. Il préférait conter l'histoire de Fama, déçu d'une indépendance qui ne lui a apporté que la carte d'identité nationale et celle du parti unique, alors qu'allaient à d'autres « les plus gras et plus viandés morceaux » du pouvoir.

L'indépendance racontée aux Blancs

Avec Kourouma, les Français étaient pris à témoin de l'arbitraire subi par leurs anciens colonisés. Soutenus par l'écrivain François-Régis Bastide, d'autres jeunes romanciers africains allaient avoir droit à la couverture blanc et rouge du Seuil pour évoquer la violence faite à leur population par des Ubus tropicaux que Paris recevait souvent en déployant leur drapeau sur les Champs-Élysées. Tel le Congolais Sony Labou Tansi, si habile à faire partager le perpétuel sentiment d'insécurité de ses compatriotes. Tel le Guinéen Tierno Monénembo, qui savait de quoi il parlait pour être né dans un pays tyrannisé par Sékou Touré, et qui écrivait malicieusement au début de ses *Crapauds-Brousse* : « Les lieux et les personnages de ce roman ne devraient exister que dans mon imagination. »

Divine surprise ! ces livres exauçaient tardivement le souhait de Sartre, ils inventaient leur propre forme pour exister ! Pas un imparfait du subjonctif n'avait manqué naguère dans la dénonciation des abus coloniaux. Tout au plus certaines expressions françaises étaient-elles « transposées ». Sous la plume du romancier cinéaste sénégalais Sembène Ousmane, un sourire « aigre-doux » devenait un sourire « patate-piment » et fondre « comme neige au soleil » était remplacé par « comme karité au soleil ».

Kourouma et ses émules se libérèrent de cette ultime « aliénation » pour parler du « président Sâ Matrak » et consorts. Refusant d'être de simples « hommes-sandwichs de la négritude » avant tout soucieux de séduire leur public blanc en se conformant à ses canons, ils greffèrent leur langue natale sur le français, ils recherchèrent une osmose syntaxique entre l'écrit de leur maturité et l'oralité de leur langage d'origine, ils tirèrent des effets de couleur locale en empruntant au malinké ou au ouolof des mots traduits par le contexte.

Certes, il y eut des admirations de commande dans les dithyrambes que certains livres suscitèrent. Le paternalisme colonial prend parfois des formes subtilement inconscientes. Mais pourquoi douter de la sincérité d'un Jean-Marie G. Le Clézio quand il dit qu'il espère retrouver un jour les inventions verbales de Kourouma « dans *Le Robert*[1] » ?

1. Vœu exprimé au journal de France Inter, le 3 mai 1999, jour de la remise du prix des Lecteurs France Inter à l'Ivoirien, pour *En attendant le vote des bêtes sauvages*, Le Seuil, 1998.

Chapitre 14

À la recherche du « sperme vivificateur »

Au printemps 1999, un inconnu bénéficia d'un de ces phénomènes d'engouement dont Paris a le secret : Ousmane Sow, promu nouveau Rodin pour des statues exposées – excusez du peu ! – sur le pont des Arts, entre le Louvre et l'Institut de France. Des centaines de milliers de curieux ont défilé devant les Masaïs, les Zoulous et les Peuls de cet artiste sénégalais travaillant avec des matériaux de récupération. Le fer à béton et la toile de sacs à patates au lieu du marbre et du bronze ! Cette substitution imposée par la nécessité de faire avec les moyens du bord eut son importance dans l'alchimie complexe d'un triomphe où l'accessibilité de l'œuvre, résolument figurative, s'alliait opportunément avec le côté sympathique de son créateur.

Du *Monde* à *Match*, la presse s'empara du personnage d'Ousmane Sow, ce bon nègre devenu riche et célèbre grâce à de gentils Français. Celui dont le nom s'étalait en grosses lettres sur les affiches du métro annonçant l'exposition était né à Dakar en 1935 dans une famille pauvre. « À 22 ans, il part pour la France avec 500 francs en poche. Pour fêter son arrivée à Paris, il s'offre un petit déjeuner à 250 francs au bar du *Port-Royal* et laisse le reste en pourboire. Le soir, il couche sur un quai de la gare de Lyon, puis chez les flics, qui l'accueillent aimablement et lui offrent chaque jour à souper [1]. » Pour se payer des études de kinésithérapie, il multiplie les petits boulots, de manutentionnaire à « cuiseur de cornichons ». Grâce à son travail, il peut ouvrir à Montreuil un cabinet de kiné qui lui permet de mieux connaître ce corps humain dont il rêve de devenir le statuaire entre deux visites aux musées Rodin et Bourdelle. « Dans

1. *Paris Match* du 8 avril 1999.

les années 70 son cabinet se transforme, le soir, en atelier. Sow fabrique alors des marionnettes articulées avec tout ce qu'il a sous la main, pour raconter des histoires. C'est de retour à Dakar, au début des années 80, qu'il devient sculpteur à part entière, qu'il invente sa technique et son "produit" à partir de déchets de l'usine de matière plastique voisine de sa maison. Aujourd'hui, sculpteur reconnu, Ousmane Sow vit près de Dakar, dans une maison qu'il a construite lui-même. À soixante-cinq ans, c'est un sage, qui sait protéger son indépendance, par exemple en s'adonnant aux "choses spirituelles" dans la chambre haute de sa maison, ouverte aux quatre vents de l'esprit [1]. »

C'est que, entre-temps, la fée Coopération s'était penchée sur sa destinée. En 1982, alerté par sa renommée locale, le Centre culturel français de Dakar avait organisé une première exposition qui le « révéla », indiquait un panneau explicatif placé à l'entrée du pont des Arts par la mairie de Paris, « présentatrice » de l'exposition de 1999 avec l'aide de Radio-France Internationale et du groupe Bolloré [2]. Après un rappel sur les 7 millions de Peuls habitant l'Afrique occidentale, ce panneau évoquait « les métissages réussis entre l'art de la grande statuaire occidentale et les pratiques rituelles africaines ».

*

Les badauds auxquels le battage médiatique autour de Sow donnait un but de promenade dominicale sortant de l'ordinaire renouaient sans le savoir avec une longue tradition d'enthousiasme français à l'égard de l'art africain. Dans un contexte fort différent, plus élitiste, cet art avait été l'origine d'une autre bien belle histoire, au début du siècle, celle de Paul Guillaume, l'homme qui fit fortune en vendant fétiches et masques d'initiation dans le VIIIe arrondissement.

Fin de la première décennie du XXe siècle, vogue de l'automobile : Joseph Brummer, un marchand d'origine hongroise, remarque un bel objet dans un magasin d'accessoires de voiture. Il s'informe de son origine auprès d'un jeune employé qui lui dit recevoir de temps en temps des « curiosités nègres » par l'intermédiaire des fournis-

1. *Le Monde* du 24 mars 1999.
2. Très implanté en Afrique, comme on l'a vu au chapitre 8.

seurs en caoutchouc des fabricants de pneus. Brummer achète et demande qu'on l'informe des nouveaux arrivages. À quoi tiennent certaines vocations ! Paul Guillaume, le serviable employé, a compris qu'il y avait là ce qu'on appellerait aujourd'hui un « créneau ». Il place dans quelques journaux des encarts avertissant anciens militaires ou fonctionnaires coloniaux qu'il est acquéreur des « objets nègres » éventuellement en leur possession et ouvre rue de Miromesnil la première galerie parisienne d'art africain.

En 1910, Brummer présente à M. Guillaume un autre Guillaume, le poète Apollinaire, qui s'intéresse à l'art africain depuis que son ami le critique Félix Fénéon l'y a initié. En 1917, quand le marchand édite *Sculptures nègres*, un album qui fera date, il a l'auteur d'*Alcools* pour préfacier. La guerre, qui valut une cruelle blessure au poète avant que la « grippe espagnole » ne l'emporte, était peu propice à ces activités. Mais, dès 1919, Paul Guillaume organise la première grande exposition d'« art primitif » à Paris, puis une retentissante « fête nègre » à la Comédie des Champs-Élysées. Installé désormais rue du Faubourg Saint-Honoré, il devient l'expert incontesté d'un art soudain en vogue chez les bourgeois argentés après avoir inspiré secrètement les plus grands peintres du siècle pendant leur période de vaches maigres.

Art et ethnographie

Braque, qui commença par l'achat d'un masque du Gabon à un marin rencontré au Havre en juillet 1905, fut sans doute le premier collectionneur d'« art nègre ». Pendant le même été 1905, André Lhote s'offre un masque ivoirien arrivé Dieu sait comment chez un brocanteur bordelais. En septembre, Maurice de Vlaminck paie une tournée générale aux clients d'un café d'Argenteuil ; deux inconnus le remercient en lui donnant des statuettes en provenance du Dahomey et de la Côte d'Ivoire. Puis il se voit offrir un masque fang par un ami de son père. Il le cède à Derain, son compagnon d'atelier à Chatou, pour boucler une fin de mois difficile. Au printemps 1906, Picasso et Matisse, de passage chez Derain, tombent en admiration devant l'objet. Désormais, et bien avant la mode lancée chez les bourgeois par Paul Guillaume, il n'est pas un « fauve », pas un

« cubiste », qui ne travaille sans interroger quelque masque ou statue nègres dans son atelier, riche ou misérable.

Souvent, comme les expressionnistes allemands l'ont fait avant eux, les peintres et sculpteurs français ou étrangers installés à Paris quittaient leur atelier pour chercher de fécondes émotions dans des musées ethnographiques, pourtant conçus à des fins plus scientifiques qu'artistiques. Rapportées par des voyageurs de tous les coins du monde, des milliers de pièces s'entassaient dans le musée d'Ethnographie du Trocadéro. Installé sur la colline de Chaillot après l'Exposition universelle de 1878 pour rassembler des « objets des peuples étrangers à l'Europe [1] », celui-ci manquait cruellement de moyens. Mais, encore plus forte que les contraintes budgétaires, il y avait la volonté profondément ancrée dans l'Occident – c'est son honneur – de conserver, malgré tout, des « œuvres » auxquelles leurs créateurs anonymes n'attachaient qu'une importance éphémère.

En 1907, on parle déjà d'« art tribal » dans les ateliers quand Picasso se décide à faire le voyage jusqu'au Trocadéro. « C'était dégoûtant, racontera-t-il plus tard à Malraux [2]. Le marché aux puces. L'odeur. Je voulais m'en aller. Je ne partais pas. Je restais. Je restais. J'ai compris que c'était très important : il m'arrivait quelque chose. Les masques, ils n'étaient pas des sculptures comme les autres [...]. J'ai compris à quoi elle servait, leur sculpture, aux Nègres. Pourquoi sculpter comme ça et pas autrement. Ils n'étaient pas cubistes tout de même ! [...] Les esprits, l'inconscient (on n'en parlait pas encore beaucoup), l'émotion, c'est la même chose. J'ai compris pourquoi j'étais peintre. »

Comme ses amis français, l'Espagnol, parisien d'adoption, est sensible à une sculpture qui ne cherche pas à imiter l'apparence humaine mais en combine les éléments essentiels par un agencement de formes et de volumes exprimant une interprétation magique de la réalité et non son apparence. Il plaque des répliques de masques africains sur certaines de ses *Demoiselles d'Avignon* peintes l'année de sa visite au musée d'Ethnographie. La « période nègre » qui s'ensuit comporte d'évidents emprunts à la source africaine, notamment avec *Femme nue aux bras levés* (1907) et *Trois Nus féminins* (1908).

1. Rappelons que le musée d'Ethnographie est devenu un des éléments du musée de l'Homme après la construction du palais de Chaillot pour l'Exposition internationale de 1937.

2. André Malraux, *La Tête d'obsidienne*, Gallimard, 1974.

Alors que Matisse, Braque, Picasso, Vlaminck et les autres prétendent « réhabiliter » l'« art tribal » et proclament « l'autonomie du fait plastique », sa « plénitude suffisante », certains ethnologues crient au malentendu et à l'appropriation abusive. Ils rappellent la destination religieuse ou sociale de statues liées le plus souvent au culte des ancêtres et de masques destinés à être portés lors de cérémonies rituelles sans vocation à créer une émotion ou une contemplation esthétiques.

Qu'importent les observations des spécialistes ! Pendant quelques années, « fauves » et « surréalistes » ne jurent plus que par le « délire instinctif » d'un « art nègre » qui a « aboli le sujet ». Issu de sociétés sans écriture, celui-ci séduit par sa simple beauté formelle, sans commentaires littéraires. Ironie de la chose : aux yeux de futures célébrités dont la signature vaudra plus tard des millions de dollars, le fait que les Africains qui ont taillé ces polychromies de bois dur au cœur de la forêt soient restés par définition inconnus ajoute encore à l'« authenticité » de leur art.

*

Après la Grande Guerre, la vogue de l'art africain est encore telle que le photographe surréaliste Man Ray, Américain de Paris, évoque ironiquement son appropriation par l'Occident avec sa célèbre photo *Noire et Blanche* (1926) représentant une Européenne allongée à côté d'un masque d'Africaine. Aujourd'hui, l'« art d'aéroport », fabrication en série de stéréotypes à l'intention des touristes, ne suscite évidemment aucun intérêt chez les amateurs éclairés. Alors que la peinture était pratiquement absente de la production africaine admirée par Paul Guillaume et ses amis (en tout cas, pas de la même qualité que la statuaire), de nos jours, seules méritent le nom d'œuvre d'art certaines toiles signées par les Congolais de l'« école de Poto-Poto ». Il s'agit du nom d'un quartier populaire de Brazzaville où le Français Pierre Lods créa des « ateliers hangars » au bord du fleuve. Dans les années 80, avant que la guerre civile ne change tout, nombreux furent les visiteurs du conseiller culturel de l'ambassade de France qui reprirent l'avion avec, sous le bras, une toile de Zigom ou autre virtuose noir de la palette œuvrant dans une ambiance à la fois débonnaire et authentiquement inspirée.

En dehors de quelques galeries de la rue des Beaux-Arts et du quai Malaquais, des expositions rappellent périodiquement l'intérêt porté par divers Français à l'art mystérieux des populations qu'ils « civilisèrent », intérêt qui s'inscrivait à l'origine dans un vaste courant international de réflexion sur l'« art primitif » au sens large. À l'automne 1999, des dizaines de milliers de Parisiens se sont pressés à l'exposition *Le fauvisme ou « l'épreuve du feu »* organisée au musée d'Art moderne. Certains eurent la curiosité de descendre de l'avenue du Président Wilson jusqu'à l'avenue de New York pour admirer une exposition concomitante : *L'Autre Visage, masques africains de la collection Barbier-Mueller*[1], à la Fondation Mona-Bismarck, dans l'ancien hôtel particulier de la richissime veuve du magnat américain Harrison Williams, remariée au petit-fils du grand chancelier.

« Il y a dans cette exposition une exposition dans l'exposition », expliquait pertinemment le catalogue, celle des masques célèbres aussi à cause de leurs anciens propriétaires : un masque facial téké (Congo) qui avait séduit Derain ; un sublime visage kwélé (Gabon) en forme de cœur qui fit partie de la collection de Tristan Tzara ; le fameux masque mahongwé (Congo), avec ses reliefs taillés à la serpe, qui passe pour avoir inspiré *Les Demoiselles d'Avignon.*

La contemplation d'un tableau célèbre s'accompagne bien sûr d'une pensée pour celui, souvent pauvre et non reconnu, qu'était son auteur à l'époque où il le peignit. Consciente ou non, cette association de l'œuvre et de son créateur est à la base de la fascination qu'exercent certaines expositions. Alors, que dire des songeries devant les plus belles pièces de l'art africain ? Face à ces masques presque abstraits, issus parfois d'une « vision » de leur auteur dans un monde sylvestre peuplé d'esprits et destinés à des cérémonies rituelles dont les Africains contemporains ont eux-mêmes oublié le sens, comment ne pas chercher à imaginer l'homme entre les mains duquel ils naquirent ? Ce Noir si radicalement différent de nous et néanmoins notre frère, ce génie dépassé par sa création, admiré, reconnu et pourtant à jamais inconnu !

1. Visible habituellement au musée du même nom à Genève. Il existe aussi un musée privé d'art africain à Paris, celui de la fondation Dapper, créée en 1983 par Michel Leveau, patron d'une société minière implantée au Gabon.

Un archétype du « cinéma d'auteur »

« L'art nègre est le sperme vivificateur du XXe siècle spirituel », écrivait Paul Guillaume en 1929 [1]. La vertu créative attribuée à l'Afrique par les peintres, d'autres Français ont cru en elle dans d'autres domaines, bien différents.

Aujourd'hui, plusieurs caractéristiques concourent par exemple à faire du cinéma africain un archétype du « cinéma d'auteur », louangé par la critique, distingué par les jurys de festival... et relativement boudé par le public. Il s'agit de films tournés le plus souvent avec des acteurs non professionnels, dans des décors naturels, dans une certaine improvisation aussi.

Alors qu'il est naturel de tourner en français pour mettre en scène des citadins d'Abidjan, il l'est beaucoup moins de faire parler des bergers peuls dans une autre langue que la leur. Passe à la rigueur qu'un Américain « parle français » à l'écran ; il appartient au « même » monde occidental que la salle. Si cela se produit avec un acteur censé incarner un personnage à mille lieues de notre civilisation, le spectacle peut devenir surréaliste. Indispensable mais onéreux – donc elliptique –, le sous-titrage à vous faire attraper le torticolis dans les salles « art et essai » est fort prisé par les puristes. Il contribue paradoxalement à renforcer le côté élitiste de la production africaine, du moins au stade de la diffusion en Europe. Cela alors même que ladite production se départ rarement de la naïveté simplificatrice de tout art naissant et que ses créateurs peuvent s'exprimer avec l'alacrité de ceux qui n'ont pas encore à se soucier de la signification « au second degré » !

Le plus souvent parés d'un de ces titres en langue africaine qui semblent valoir brevet d'authenticité, des longs métrages qui ne feront que quelques milliers d'entrées dans deux ou trois salles spécialisées du Quartier latin ont périodiquement droit aux louanges de certains critiques de grands journaux parisiens, par principe

1. Dans le numéro 17 de *La Dépêche africaine*, cité par Philippe Dewitte, auteur du chapitre « Le Paris noir de l'entre-deux-guerres » de l'ouvrage collectif *Le Paris des étrangers*, Imprimerie nationale, 1989.

indulgents pour les œuvres venues du tiers-monde. On surprendrait sans doute les auteurs de ces faciles « bonnes actions » en soutenant que leur parti pris d'admiration à l'égard de films mineurs est une forme particulièrement perverse du « mépris bienveillant » naguère reproché aux colonialistes.

Cela dit, des réalisateurs méritent amplement leur notoriété parmi ceux dont le nom « s'étale » sur les modestes affiches des quartiers populaires africains tout en figurant parmi les interviewés réguliers des *Cahiers du cinéma*. À la fois romancier et cinéaste, le Sénégalais Sembène Ousmane fut sans doute le premier à se démarquer du cinéma d'« ethnofiction » dans lequel s'illustra, de façon d'ailleurs fort estimable, le Français Jean Rouch, un passionné d'Afrique, dont Jean-Luc Godard avait célébré le *Moi, un Noir* en 1957. Né en 1923 en Casamance, autodidacte, ancien docker à Marseille, ancien « tirailleur », prix Jean-Vigo 1967 (pour *La Noire de...*), collectionneur de « sélections » flatteuses, Ousmane arbore une de ces biographies méritantes que les jurés en smoking des grands festivals récompensent parfois dans leurs bons jours. Il n'a que trois rivaux en palmarès : son compatriote sénégalais Djibril Diop Mamety, sélectionné à Cannes pour *Hyènes* en 1992 ; le Malien Souleymane Cissé, prix du Jury 1987 pour *Yeelen* (*La Lumière*) ; le Voltaïque Idrissa Ouedraogo, autre habitué de la Croisette, notamment pour *Yaaba* (*Grand-mère*), prix de la Critique internationale 1989.

Avec quelques autres, tels le Camerounais Bassek Ba Kobhio et le Nigérien Oumarou Ganda, ces hommes ont en commun le refus de donner dans le « cinéma calebasse », idéalisation un peu niaise du passé, à laquelle les réalisateurs africains n'échappèrent pas plus que les romanciers. Ils optent pour des thèmes contemporains, traités souvent à la lumière de leur expérience. À Ousmane, les « tirailleurs » inspirèrent *Camp de Thiaroye* (1988), rencontre d'un sergent africain et d'un sergent afro-américain. À Cissé, l'adaptation des Africains à la vie d'usine suggéra plusieurs scènes de *Baara* (*Le Travail*, 1979). Dans *La Noire de...* il est notamment question d'un ménage de coopérants français et de son intérêt pour un masque nègre. Les ambiguïtés de l'humanitaire furent évoquées dans *Le Grand Blanc de Lambaréné* (1994), où Ba Kobhio retrace la vie d'Albert Schweitzer.

Cabascabo (1969) de Ganda, ancien sous-officier de l'armée française, commence de façon très forte : tapi dans les roseaux, les yeux dilatés par l'attention, un Africain guette un Asiatique embusqué dans une rizière. Soudain quelqu'un bouge, les doigts se crispent sur la détente des pistolets-mitrailleurs. L'homme aux yeux bridés a perdu. Pendant que les mouches arrivent sur le cadavre de son adversaire, le Noir, engagé volontaire dans le corps expéditionnaire français d'Indochine, s'entend promettre un galon. Une bonne chose pour le pécule de Cabascabo, personnage éponyme, qui, rentré au pays, dépensera en quelques semaines l'argent qu'il avait mis des années à gagner en « cassant du Viet ». Nouvelle variation sur le thème du « tirailleur » !

*

Dans une séquence de *Cabascabo*, un jeune Africain qui fait la cour à une des compagnes intéressées du militaire lui demande ce qu'elle a été voir au cinéma : avant-hier un policier, hier un western, et, aujourd'hui, *Samson et Dalila.* Ce dialogue, dans un film si peu bavard, n'a rien de fortuit. Il était pour l'auteur une façon de dénoncer l'abrutissement de ses concitoyens par des longs métrages « sélectionnés » à leur intention par les deux compagnies, à capitaux français mais basées à Monaco, qui se partagèrent longtemps le marché de la distribution en Afrique, avant de passer la main à l'Union générale cinématographique (UGC). Celle-ci tenta de mettre un peu d'ordre dans le circuit puis s'effaça partiellement au profit d'un consortium interafricain dont l'histoire mouvementée pourrait être en soi la matière d'un film sur les empêchements de la décolonisation culturelle.

En dehors du problème de la commercialisation, la difficulté réside dans la grande misère des salles. Pour un cinéma tel *Les Studios* à Abidjan, à la riche programmation, combien de bâtiments au matériel de projection à bout de souffle et aux sièges défoncés ? La francophonie qui compte – non pas celle des colloques mais celle des réalités économiques – ne pourra pas éternellement s'accommoder de cette situation en se disant qu'en Afrique « le spectacle est aussi dans la salle » et que l'état de lieux importe peu à une clientèle connue pour son esprit festif et sa très démonstrative participation au spectacle.

Parfois la carrière « commerciale » d'un film africain se limite à des projections dans les centres culturels français. Seule la gaieté africaine parvient à faire que ne soient pas sinistres telle « avant-première », telle « exclusivité », entièrement dépendantes de l'enthousiasme du conseiller culturel de l'ambassade...

*

En Afrique, les cinéastes européens filment plus volontiers les animaux que les hommes, observait un jour Souleymane Cissé dans une émission tournée en marge du rallye Paris-Dakar [1]. Les coproductions franco-africaines demeurent en effet fort rares. Il est heureusement des gens qui, à Paris, continuent de croire en la création locale. Rarissimes sont les cinéastes noirs qui se passent des subventions de la coopération française. Le budget moyen d'un long métrage africain tourne autour de 6 millions de francs français. C'est peu à l'aune occidentale, mais beaucoup pour un réalisateur du Sud, même pour un Cissé dont le *Yeelen* fit 340 000 entrées en France. Animé par des anciens de l'IDHEC [2], un bureau du Cinéma au ministère de la Coopération aida bien des Africains qui estimaient « avoir un film dans le ventre » après les indépendances. Sa cellule technique, dans le VIIIe arrondissement, fut le point de rencontre de tous les passionnés à l'époque héroïque. « Tourner en Afrique signifie qu'on ne peut visionner les rushs, raconte l'ancien directeur de cette cellule [3]. Nous développions au fur et à mesure ceux que nous envoyait Cissé lorsqu'il tournait *Baara*. Il téléphonait du centre culturel français tous les deux jours pour me demander ce qu'ils valaient. Je pouvais lui indiquer un voile ou une poussière dans telle bobine, tel plan... Je me suis souvent rendu en catastrophe en Afrique avec une nouvelle caméra. »

Ensuite, la relève fut assurée par Fonds Sud, organe interministériel présidé par Frédéric Mitterrand, qui finança l'achat de pellicule, la location de matériel de tournage et les opérations de post-production pourvu qu'il y eût un sous-titrage en français. Le rêve caressé est l'accès du film aidé au marché international. Rêve souvent déçu malgré la mise en œuvre de moyens parfois inattendus.

1. « Le bivouac » de Philippe Lefait, sur France 2, le 12 janvier 1999.
2. Institut des hautes études cinématographiques.
3. Lucien Patry, cité par Olivier Barlet dans *Les Cinémas d'Afrique*, L'Harmattan, 1996.

Cofinancé par la Coopération, les Affaires étrangères et Canal +, *Waati* (*Le Temps*, 1995) de Souleymane Cissé nécessitait la présence d'un lion. Le producteur Daniel Toscan du Plantier reçut un appel angoissé d'Abidjan. Il n'y avait pas de fauve adéquat en Côte d'Ivoire. Il fallut en faire venir un du zoo de Marne-la-Vallée, à grands frais. Manifestement « incommodé » par la chaleur, il terrorisa les figurants ivoiriens par ses sautes d'humeur.

Paris, capitale des « ambianceurs »

Dire ce que reggae, rap, ou m'balax [1] africains représentent aujourd'hui pour une partie de la jeunesse française, c'est « descendre » encore d'un registre dans l'échelle des arts mais pas nécessairement s'éloigner du thème de notre chapitre. Parler d'Alpha Blondy, de Manu Dibango et de Youssou N'Dour, c'est peut-être s'intéresser à l'aspect le plus vivant des relations « culturelles » franco-africaines. C'est en tout cas toucher à ce qui représente le plus d'argent, comme le savent Barclay, Polydor, EMI France et les responsables des rayons musique de la FNAC.

On peut ne pas raffoler d'Alpha Blondy, de sa dégaine rasta, des paroles simplistes de ses chansons. Le quadragénaire ivoirien est néanmoins une institution pour ses compatriotes et ceux des Parisiens qui, bien au-delà du *Cithéa* et autres bars ou boîtes spécialisés de l'Est de la capitale, ovationnent de temps en temps quelque « ambianceur », comme on dit en Afrique, au Zénith et à Bercy.

Le président de « l'Association ivoirienne de professeurs de philosophie », auteur d'une thèse de troisième cycle à la Sorbonne et spécialiste des « rapports entre l'esthétique et la politique africaine », a consacré un très sérieux ouvrage à Blondy [2]. On y apprend que « les disc-jockeys qui installent le reggae sont une variante du griot ». Or, Blondy, c'est la relève du reggae jamaïquain par l'Afrique, c'est l'homme qui succéda à Bob Marley, prématurément enlevé à l'affection intéressée des multinationales du show-business,

1. Nouveau rythme sénégalais qui, disent les Africains, « affole les hanches des femmes et pousse les hommes à la frime ».

2. Yacouba Konaté, *Alpha Blondy. Reggae et société en Afrique noire*, Karthala, 1987.

quand elles décidèrent de faire des airs nègres une musique universelle, au début des années 80.

La célébrité internationale de Blondy tient en partie à la diversité de son langage. Sur le podium, il se sert du français populaire d'Abidjan pour les spectacles qui introduisent ses chansons. Quand il évoque la vie quotidienne des Africains, il utilise son dioula natal. Lorsqu'il veut « faire passer un message », il recourt volontiers à l'anglais. Dans *Super Powers*, démago mais bien rythmé, cela donne : *« Go away with your CIA. Go away with your KGB. »*

Houphouët-Boigny était très conscient de l'influence des vedettes de la chanson sur l'opinion publique africaine. En bon politique, il sut flatter Blondy et le traiter généreusement. Moyennant quoi, la vedette internationale s'étant mise à l'œuvre, la province française dansa sur un *Jah Houphouët* quelque peu flagorneur (« Il s'est saigné à blanc pour nous ses petits-enfants. Il a consacré sa vie pour nous ses petits ») ou un surprenant *Jérusalem* quand, en 1985, le chef de l'État ivoirien rétablit avec Israël des relations diplomatiques auparavant rompues pour plaire aux pays arabes de l'OUA. Plus tard, Blondy fit un tabac avec *Dictature* : « Président élu une fois, élu deux fois, élu trois fois, élu quatre fois, ça devient de la dictature ! » Que ne l'avait-il dit du vivant de son « admirateur » ! Versatile, malin, Blondy a assez d'amis français pour se produire en duo à Abidjan avec Julien Clerc. En plus de ses dons musicaux, il est considéré comme une « conscience » africaine par les médias parisiens. D'ailleurs, « une chanson, c'est la conscience de l'inconscience », affirme-t-il en parlant de lui [1].

*

Les Français nés avant la décolonisation ont peut-être plus d'atomes crochus avec Manu Dibango : l'illustre, le vétéran, le saxophoniste pionnier des rapprochements entre jazz et musique africaine. On aime toujours l'entendre raconter ses débuts d'une voix chaude et doucement rigolarde : naissance au Cameroun d'un père fonctionnaire qui voulait en faire un professeur ; arrivée à Marseille à 3 heures du matin un jour de l'automne 1949 (il n'a que quinze ans

1. Émission *C'est arrivé demain* sur Europe 1, le 7 février 1999.

et apporte du café, denrée alors rare, à son correspondant, un instituteur ami de la famille) ; scolarité dans la Sarthe, au cœur de la province profonde ; mariage avec une Française, sa compagne de quarante années. Celui qui se prénommait alors Emmanuel est resté l'enfant du village à Saint-Calais, même après le prodigieux succès de son album *Soul Makossa*, consécutif à des années de galère. *Village's news* (indicatif de Cameroon Airlines), *Baobab sunset*, *Gentlemen de Camp Yabassi* : les titres sont souvent en anglais, mais l'inspiration sent son Afrique francophone, et même la doulce France, comme dans l'album *Manu Safari*, où Manu chante *À la claire fontaine* en duo avec une Blanche.

*

À la tête d'un véritable empire (studios, groupe de communication) dans son pays, seul le Dakarois Youssou N'Dour égale Manu Dibango en renommée chez d'anciens colonisateurs persuadés que l'Afrique peut être « le sang neuf » d'une chanson française ou faiblarde ou américanisée. Depuis que Yannick Noah a fêté la victoire à une certaine finale de coupe Davis par une *Saga Africa* dansée devant des millions de téléspectateurs, chacun sait que sport et musique africaine font bon ménage. C'est à Youssou N'Dour que la France fit appel pour composer l'« hymne officiel » de la Coupe du monde de football 1998. « À toi de faire rêver. À ton tour de jouer. À ton tour de marquer. À mon tour de gagner » : le refrain a été rabâché pendant des mois dans l'Hexagone. Tout en étant allergique à un unanimisme un peu crétin autour du foot, on pouvait se réjouir de ce choix musical, témoignant de l'imprégnation africaine de la France.

Sympathiques « salopards »

La production nègre s'étale splendidement au rayon Afrique des disques et cassettes des magasins spécialisés. Quelques titres repérés début 1999 à la FNAC : *100 % Afrique*, *Esprits y'a bien*, *Les Divas du Mali*. Beaucoup de Maliens en effet parmi les étoiles montantes, et aussi des Congolais, des Ivoiriens, tels les provocateurs qui ont choisi de s'appeler « Les Salopards », enchaînés comme des bagnards sur la pochette de leur album *Génération sacrifiée*. Selon leur producteur parisien, ces anciens étudiants d'Abidjan expriment au moyen d'une « danse philosophique de revendication » les besoins et les tares d'une société africaine encore conditionnée par l'ancienne métropole. Malgré leur accoutrement, les Salopards ne gueulent pas. Alternant langue maternelle et bribes de français, ils expriment d'une voix douce une mélancolie plutôt sympathique dans des morceaux intitulés *Sans papiers* ou *Bouche B*, par allusion à une Afrique où personne n'ose parler. « Trop de privations appelle la révolution », se plaignent les Salopards, soudain convertis au langage le plus châtié. Rien que pour la fraîcheur de cette francophonie de la musique électronique, on a envie de se joindre aux 130 000 acheteurs de *Bouche B* en Afrique !

Fraîcheur aussi de Zao, soliste congolais, prix Découvertes Radio-France Internationale. Présentateur de son album français, Frank Tenaille assure que « comme son idole Jean de La Fontaine, il scénarise en de petites miniatures musicales les mœurs de ses contemporains et dissèque la société africaine moderne ». *Adam et Ève* parle de nos ancêtres communs qui, en mangeant le fruit défendu, ont provoqué « famine, racisme et sida ». Dans la même association de concepts et de mœurs franco-africains, *Soûlard* raconte la vie d'un poivrot carburant sans discrimination au vin de palme et au gros rouge.

Longtemps *Libération* fut le seul journal non spécialisé à parler de ces gens-là, et d'autres gens moins intéressants. Signe des temps, *Le Monde* s'y met. Presque une page entière, le 4 avril 1999, sur le collectif Bisso na Bisso (« Entre nous », en lingala), des Congolais de Sarcelles dont le disque *Racines* « marque un tournant capital pour le rap français », assure le quotidien. Dans la même page, on apprend – sans être assuré de bien comprendre ! – que, « du Bronx à Saint-Denis, la culture hip-hop[1] s'est nourrie de défis lancés entre potes, à la rime ou à la danse » et que, « de Sarcelles à Marseille, de Paris à Strasbourg, les axes d'invitation dans le hip-hop s'élargissent ». Encore une pleine page, le 13 août suivant, pour un débat entre mordus du rap et mordus de la techno. En faveur du rap, le

1. Dont le rap est une forme d'expression... avec le tag.

poète Jean-Pierre Verheggen, pour lequel les rappeurs « sont peut-être les plus grands rhétoriciens d'aujourd'hui ». Pas moins !

Selon les spécialistes, la France est aujourd'hui le deuxième marché mondial du hip-hop. À l'ère de la *world music*, cette situation fait le bonheur de quelques sociétés productrices. Alors, chacun cherche l'oiseau rare, y compris ceux dont l'appât du gain n'est pas le moteur. Le centre culturel français de Dakar organise un concours annuel de rap. Après tout, Richard Bona, virtuose camerounais du jazz-rock, aujourd'hui installé à New York, avait été découvert par un hôtelier français de Douala qui l'avait engagé dans l'orchestre de l'établissement !

Bien sûr, il y a là de quoi rendre songeurs les « ethnomusicologues » : ceux qui vont chercher dans l'Afrique profonde des airs anciens, enregistrés et conservés ensuite dans la collection Ocora[1] de Radio-France ; ceux qui, aux sonos amplificatrices de décibels, préfèrent les harpes dont les sculpteurs fangs firent à la fois des instruments musicaux sans pareil et des objets d'art. Bien sûr – phénomène de mode pour phénomène de mode –, on peut préférer le défilé des Parisiens devant les sculptures d'Ousmane Sow aux chaudes soirées de Bercy. On peut être plus intéressé par le fécond face-à-face de Derain et de son masque gabonais que par les enthousiasmes grégaires en faveur d'un rappeur. Mais, chaque catégorie d'artiste, chaque public, chaque génération, a bien le droit d'exprimer à sa façon sa croyance en la vitalité et en la créativité nègres.

1. Office de coopération radiophonique africaine, financé par la France.

Chapitre 15

De nouveaux types d'hommes

Quand Georges Perec inventa avec *Les Choses* une forme nouvelle de roman pour raconter la vie d'un jeune couple représentatif des années 60, il fit quitter Paris à ses deux personnages, afin de tenter l'aventure de la coopération. Jérôme et Sylvie étaient partis pour la Tunisie [1]. Ils auraient aussi bien pu se retrouver en Afrique noire, comme quelque 13 000 des 37 000 coopérants de l'époque [2]. Une partie des effectifs se renouvelant chaque année, environ un demi-million de Français ont fait l'expérience de la coopération depuis les indépendances jusqu'à nos jours. Cela constitue un fait de société dont leurs compatriotes ne mesurèrent pas la nouveauté et l'originalité parce qu'ils furent dissuadés de s'y intéresser par le caractère assommant des innombrables rapports auxquels la coopération a donné lieu chaque fois qu'un Premier ministre voulut occuper un de ses amis désœuvré.

Quoi qu'il en soit, le coopérant est devenu un nouveau type d'homme, après le colon. Il a inspiré d'autres romanciers que Perec, tel Jean Chatenet, qui, après avoir passé deux ans en Afrique occidentale pour adapter les programmes d'une radio nationale aux besoins d'un auditoire rural, a écrit un *Petits Blancs, vous serez tous mangés* [3] devenu la référence dans le genre. Le phénomène coopération est si riche d'enseignements qu'il a même réussi le tour de force d'inspirer un essai bien écrit à un docteur en sociologie, François de Negroni. Sous le titre provocant de *Les Colonies de vacan-*

1. *Les Choses. Une histoire des années 60*, Julliard, coll. « Les Lettres nouvelles », 1965.
2. Au fil des années, le rapport s'est inversé au profit de l'Afrique subsaharienne, notamment en raison de la fonte des effectifs en Algérie.
3. Le Seuil, 1970.

ces[1], son livre étudie le « Club Coopération » comme d'autres auraient pu étudier le Club Méditerranée.

« Spécialiste (technicien, enseignant) et en particulier soldat du contingent, chargé par un pays industrialisé d'aider un autre pays à scolariser sa population, développer son industrie, etc. » En avançant cette définition du coopérant, le dictionnaire *Robert* donne l'année 1967 pour la datation du mot. En fait, la coopération, au sens politique, avait déjà plus d'un lustre.

Du magistrat au contrôleur des poids et mesures, quelque 10 000 fonctionnaires de la métropole travaillaient en Afrique noire quand la Constitution de 1958 créa la Communauté. La gestion des affaires intérieures incomba alors aux États africains. En moins de trois ans, ceux-ci demandèrent le transfert des compétences communes et assurèrent toutes les charges de la souveraineté. L'insuffisance numérique des cadres locaux, le manque de ressources budgétaires, l'obligation d'adapter à un cadre national des structures conçues jusqu'alors dans l'esprit fédérateur de l'AOF et de l'AEF, impliquaient que la France apportât son concours : ce fut l'objet des accords dits « de coopération » signés avec Paris dès 1961.

Une partie du personnel de l'ancienne administration coloniale fut évidemment maintenue sur place avec un nouveau statut. Il fallait des agents administratifs et des enseignants (ces derniers constituèrent plus de la moitié des effectifs à partir de 1965, contre un quart au départ), mais aussi les spécialistes les plus divers, dits « assistants techniques ». On aurait pu imaginer la création d'un corps de fonctionnaires spécialisés à vie dans la coopération. Par crainte de voir se former une nouvelle « caste » incapable de s'adapter aux évolutions futures, il fut seulement décidé que tous les départements ministériels seraient appelés à « détacher » les fonctionnaires qui se porteraient volontaires pour l'Afrique. À cause de ce qu'un responsable appela pudiquement « la position inconsciemment restrictive des administrations françaises »[2], il devint vite nécessaire d'ouvrir des postes à des contractuels non fonctionnaires. De cette mesure imposée à l'origine par les frilosités bureaucratiques, il résulta ce qui fit l'originalité de la coopération : son ouverture aux candidats

1. Éditions Hallier,1977.
2. Rapport d'Yvon Bourges sur la coopération en 1971.

les plus divers de la « société civile », son caractère en marge de la fonction publique française.

Le « grand ministère » souhaité par de Gaulle

Parce que, ministre des Anciens Combattants, il s'était intéressé au sort des « tirailleurs sénégalais » et aux Africains en général, Raymond Triboulet eut la surprise de se voir proposer la Coopération par de Gaulle en 1962. « C'est un ministère jeune, qui n'est pas structuré, lui dit le chef de l'État. Faites-en un grand ministère [1]. »

Triboulet s'installe en plein VIIe, au 20, rue Monsieur, dans le charmant hôtel de Montesquiou-Fezensac, avec une centaine de fonctionnaires motivés, et recrute en masse des experts qualifiés pour des missions de longue durée. Africains et africanistes défilent dans une administration qu'on appelle désormais la « rue Monsieur », comme on disait la « rue Oudinot » pour l'ancien ministère des Colonies, à deux pas de là. Incités à magnifier l'idée nouvelle de coopération, quelques journalistes sont les invités du ministre dans la salle à manger aménagée sous les combles mansardés du second étage.

« L'indication politique paraît claire, note Triboulet à propos de l'ordre du Général, et pourtant, poursuit-il amèrement dans son livre, on laisse Couve de Murville affecter exactement aux mêmes États que moi son secrétaire d'État aux Affaires étrangères, mon ancien collaborateur Michel Habib-Deloncle. » Le profane peut trouver cette précision sans intérêt. Pourtant, elle contient en germe ce qui sera une constante navrante de la politique française en Afrique : la guéguerre entre le Quai d'Orsay et la Rue Monsieur. Le responsable de la Coopération a-t-il le titre du ministre à part entière ou bien doit-il se contenter d'un secrétariat d'État ? Doit-il supporter que le ministre des Affaires étrangères morde sur ses compétences par le biais d'un autre secrétariat d'État, comme l'avait vite obtenu Couve de Murville ? Ces « graves » questions occuperont bien des esprits sous les lambris ministériels en même temps que, sur le terrain, les coopérants tantôt souffriront, tantôt profiteront de l'absence de tutelle bien définie.

1. Raymond Triboulet, *Un ministre du Général*, Plon, 1985.

Souvent meurtris, les divers ministres de la Coopération seront presque toujours des passionnés, des hommes atypiques au sein du gouvernement, comme leurs subordonnés le seront au sein de l'administration française. Avant que la fonction ne soit plus ou moins diluée avec la francophonie dans le gouvernement Jospin, Michel Roussin fut l'un des derniers de ces « phénomènes » à défendre son maroquin africain à l'heure de la mondialisation et de la globalisation. « Gérer cette mosaïque de spécialistes divers ayant tous le virus africain, c'était, intellectuellement, une des choses les plus intéressantes que j'ai faites dans ma vie », assure-t-il[1], lui qui fut le directeur de cabinet d'un patron légendaire du Sdece. On dit la Coopération promise à disparaître à moyen terme, dès lors que l'aide multilatérale, dans un cadre européen, aura pris le « relais ». Peut-être manquera-t-il quelque chose de spécifiquement français aux Conseils des ministres quand plus personne n'y siégera ès qualités pour raconter les derniers potins africains au retour de Bamako ou Lomé ?

Volontaires du progrès et « culs blancs »

Pendant son séjour Rue Monsieur, Triboulet avait eu l'idée de lancer une organisation distincte de l'assistance technique de haut niveau, un équivalent français du Peace Corps américain. Ce furent les Volontaires du progrès, créés en 1963 dans le but, expliqua le ministre, de « mobiliser la jeunesse française pour l'idéal de l'aide au développement ». Il s'agissait d'une organisation sous l'égide de la Rue Monsieur mais dont le conseil d'administration comprenait divers délégués de mouvements de jeunesse, allant des Scouts de France aux clubs Léo-Lagrange. Les premiers Volontaires du progrès se recrutèrent notamment dans l'Ouest, où des journaux locaux publièrent des annonces émanant d'une association catholique de Nantes contactée par le ministre.

« Recherchons jeunes animateurs ruraux pour l'Afrique », disaient des annonces dans des régions qui avaient déjà beaucoup donné au temps des missions. Les paysans étaient les bienvenus, et aussi les

1. Entretien avec l'auteur en avril 1999.

travailleurs manuels titulaires de certificats d'aptitude professionnelle. Le premier demandeur fut le président centrafricain David Dacko. Le général de Gaulle, qui aimait l'inspiration « France profonde » du projet, reçut personnellement un groupe d'une cinquantaine de Volontaires avant leur départ. Triboulet suggéra à l'ORTF [1] un feuilleton sur les Volontaires, « la naissance de leur vocation dans la campagne française et leur accomplissement en Afrique ». Finalement, il refusa le scénario proposé pour cause de stupidité, comme si aucun producteur n'avait vraiment compris l'esprit de l'entreprise. Faute de promotion durable dans les médias, les Volontaires ne se comptèrent que par centaines.

La place restait libre pour des contractuels moins désintéressés mais tout aussi avides d'expérience lointaine : les coopérants au sens courant du mot. En juillet 1972, la coopération était si bien entrée dans les mœurs de la jeunesse et dans le paysage politique français qu'une loi fixa le statut de ses agents. Elle exclut la notion de carrière, prévoit des garanties de reclassement et fixe la déontologie. Son article 3 précise que les coopérants « sont tenus aux obligations de convenance et de réserve résultant de l'exercice de fonctions sur le territoire d'un État étranger ».

Cet article 3 fut particulièrement douloureux aux coopérants de gauche que le comportement des nouvelles élites africaines décevait. Les affectations résultaient plutôt de la loterie administrative que d'un choix délibéré. « Nous ne voulions que d'un pays progressiste, soucieux de son indépendance réelle et de son peuple », assuraient volontiers les couples d'enseignants au journaliste de passage. C'est comme cela qu'on se retrouvait un beau jour en Côte d'Ivoire, grande « consommatrice » de coopérants parce que, en 1986, elle avait signé avec Paris un accord dit de « globalisation des charges financières » qui mettait sur son compte les dépenses d'assistance en personnel au-delà d'un forfait de 42 millions de francs. Cela, bien sûr, seul Houphouët-Boigny pouvait se le payer, embarquant sur le même bateau simples amateurs d'exotisme, littéraires en quête d'emploi, et professionnels motivés par la décolonisation. Une telle contradiction entre les motivations originelles et les « compromissions » imposées par le devoir de réserve dans des pays – Côte

1. Office de radio-télévision française.

d'Ivoire, Gabon, Cameroun – fort peu « révolutionnaires » suscita des cas jusqu'alors inconnus de schizophrénie tropicale. Le symptôme le plus banal était la lecture suspicieuse de la rubrique africaine du *Monde* et l'envoi systématique à la rédaction en chef de missives la sommant de publier la propre prose de l'indigné.

Le coopérant vivait le plus souvent à l'écart des anciens colons, jugés racistes et franchouillards, et ignorait superbement une histoire impériale qui se rappelait pourtant à son souvenir par des noms de rues que les Africains omettaient nonchalamment de débaptiser. Les Français ayant fait souche sur place lui rendaient bien son mépris, brocardant son avarice et sa peur de vivre à l'africaine. « Cul blanc », ainsi l'appelaient-ils par allusion à la couleur des plaques minéralogiques de sa voiture, importée en TT sans droits de douane. Une voiture dans laquelle il revenait de son congé en France avec des provisions de cassoulet, d'eau minérale et de papier hygiénique pour plusieurs mois.

Seule la fréquentation commune du *Palm Beach* et autres lieux au nom abusivement évocateur pour entretenir à longueur d'année un même bronzage de boucanier permettait d'éphémères « fraternisations » entre coopérants sous contrat temporaire et Français enracinés dans le pays. Par rapport au colon devenu un « expatrié », le coopérant n'était qu'un touriste sous contrat. Il avait beau se meubler en « afro-Levitan », poser son verre à whisky sur un tam-tam, accrocher des « fixés sous verre » de l'artiste local à ses murs, il rentrerait bientôt dans une France dont il entretenait d'ailleurs la nostalgie à coup de vidéocassettes. Il n'avait même pas l'excuse de vivre à la dure comme l'ancien colon. Depuis longtemps, le climatiseur avait remplacé le bon vieux brasseur d'air qui agitait les voiles de la moustiquaire.

Bien qu'ils s'en défendissent, les coopérants perpétuaient par leur présence la transcendance blanche. Ils avaient les mêmes privilèges que le colon, depuis le droit à la sacro-sainte sieste jusqu'à la jouissance, avec boys y attachés, d'une villa rebaptisée « case ». Ils éprouvaient le même sentiment de puissance à travailler en étant leur propre maître, la hiérarchie autochtone n'ayant ni l'envie ni le pouvoir réel de sévir contre des subordonnés blancs payés par Paris.

Pour certains, qui signèrent plusieurs contrats successifs, la coopération fut une très longue parenthèse dans la vie professionnelle, voire leur seule période d'épanouissement avant un retour grognon en France. Pour presque tous, elle fut une joyeuse rupture avec des études souvent décevantes, avant le retour au « réalisme » dans l'Hexagone. Les coopérants eurent leurs tics et leurs travers. Ils incarnèrent aussi une forme d'utopie sympathique dans une France des « trente glorieuses » quelque peu matérialiste mais qui était le seul pays européen à offrir une telle occasion de voyager à sa jeunesse. Les meilleurs n'ont pas oublié ces années différentes. Ils sont parfois à l'origine de jumelages entre une localité africaine et la commune où ils poursuivent leur vie de Français moyen. Parce que Argenton-sur-Creuse (Indre) est jumelé avec un bled mauritanien, sa bibliothèque municipale, pressée par de nombreuses demandes, a constitué un fonds de documentation sur le continent noir et s'est abonnée à *Jeune Afrique*[1].

Un service militaire intelligent

Toujours attentif aux faits de société, le *Robert* répertorie comme un nom commun, appartenant au « français d'Afrique », l'unité lexicale VSN (pour volontaire du service national), « jeune Français effectuant son service militaire en coopération ». Dès 1964, en effet, il apparut que les recrutements de civils opérés par la Rue Monsieur seraient insuffisants pour faire face aux besoins. D'où l'idée de soustraire une partie du contingent aux corvées de chiottes dans les casernes pour affirmer par d'autres moyens la présence française dans le monde.

Une des caractéristiques de la coopération classique, qui attirait des candidats de tous les milieux, était le grand brassage social auquel elle donnait lieu, le même qui fut, dans d'autres conditions, l'apanage de l'armée formatrice de conscrits. Paradoxalement, les VSN furent souvent des pistonnés retenus en fonction de leur niveau d'études et de leurs relations familiales. Les étudiants issus des classes dirigeantes ayant vite compris quel intérêt il y avait à faire figurer sur un curriculum vitae la direction à vingt-cinq ans de

1. Rapporté par Michel Aurillac, ancien ministre de la Coopération, dans *L'Afrique à cœur*, Berger-Levrault, 1987.

l'intendance de l'hôpital de Bamako ou la confection du journal télévisé de Lomé, il fallut se battre pour pouvoir « se dévouer » outre-mer. Principale destination des VSN à l'origine, l'Afrique noire commença à occuper une place dans l'esprit de certaines familles bourgeoises découvrant que la colonisation, avec ses ultimes effets indirects, si bénéfiques à leurs fils, avait finalement eu du bon.

En 1986, après une forte réduction de l'assistance technique dite « de substitution », il restait encore 21 000 coopérants français dans le monde, dont plus de la moitié au sud du Sahara, et près de 6 000 étaient des VSN. Puis ceux-ci furent remplacés par une nouvelle catégorie d'appelés, les coopérants du service national (CSN), dont la création répondait en principe au désir de sortir du « pré carré » et d'élargir le champ de l'assistance française.

Une partie des CSN, les CSNE (coopérants du service national en entreprise) servirent même de cadres à bon marché pour les firmes françaises établies dans les pays développés. Europe et mondialisation aidant, personne ne s'offusqua de cette dénaturation du projet initial. Devenus de simples auxiliaires de la politique française d'exportation, « gérés » par le ministère de l'Économie et le secrétariat d'État au Commerce extérieur, bien des CSN s'accommodèrent parfaitement d'une mutation que les écoles de commerce présentaient sans vergogne comme « l'apprentissage de l'international ». Toutefois, à la fin des années 90, certains « agents recruteurs » servant d'intermédiaire avec l'administration, telle la Délégation catholique pour la coopération, avaient encore à cœur de présenter des jeunes gens majoritairement volontaires pour l'Afrique.

En 1998, sur les 3 000 coopérants (dont 1 700 enseignants) encore présents au sud du Sahara, 800 étaient des CSN. Ces chiffres étaient appelés à diminuer, puis à atteindre le zéro avec la suppression du service militaire obligatoire. À partir de 2002, l'armée ne fournira plus d'appelés du contingent à quiconque. Seules les recrues d'un service militaire fondé sur le volontariat pourraient assurer la relève, selon des modalités à mettre au point et dans un esprit proche de celui qui a présidé à l'essor des ONG, bien que certains gradés s'inquiètent déjà de la confusion des genres.

Naissance tropicale du « sans-frontiérisme »

Depuis l'attribution du prix Nobel de la paix à Médecins sans frontières (MSF), les premiers des *« french doctors »*, nul n'ignore qu'un des apports français à la sensibilité mondiale contemporaine résulte d'un épisode raté de la décolonisation britannique.

Septembre 1968 : la guerre civile fait rage au Nigeria. Les sécessionnistes du Biafra sont soutenus par l'Élysée et plusieurs présidents africains qui seraient ravis de voir le « géant » anglophone amputé de ses principaux gisements pétroliers. À la tête d'une équipe médicale de la Croix-Rouge française constituée chez les rebelles, le Dr Bernard Kouchner s'indigne des bombardements de populations civiles et du blocus alimentaire. Bien que ce blocus utilisé comme arme de guerre soit interdit par les conventions de Genève, il doit se taire puisque la Croix-Rouge, conformément à son statut de neutralité, lui a fait signer une lettre par laquelle il promettait de s'abstenir « de toutes communications et de tous commentaires » sur sa mission. Les médecins français peuvent-ils se contenter de soigner des agonisants tandis que les troupes nigérianes avancent vers le réduit ibo ? Ils pensent que non et décident de rester sur place. « Nous voulûmes le faire savoir afin que l'opinion publique protégeât nos blessés mieux que notre faible présence ne pouvait y parvenir, racontera Kouchner [1]. Nous inventâmes ainsi la loi du tapage médiatique à laquelle la Croix-Rouge était hostile. »

Tapage organisé à Paris par le Comité international contre le génocide au Biafra qui regroupe des personnalités de droite comme de gauche, des journalistes, des pilotes et bien sûr des médecins. Une quarantaine de ceux-ci lancent un Comité médico-chirurgical d'intervention d'urgence.

Lagos ayant finalement fait preuve de modération après sa victoire en 1970, on peut se demander si toutes les accusations de génocide étaient justifiées et si les fondateurs du sans-frontiérisme, souvent marxistes dans leur jeunesse, n'ont pas été bénis, paradoxalement, par Jacques Foccart... Il reste que la notion d'« ingérence humani-

1. Dans *Le Monde* du 11 décembre 1999.

taire » avait vu le jour et qu'elle fut traduite dans les faits par la création de Médecins sans frontières, métamorphose du Comité médico-chirurgical, en décembre 1971.

Dans un deux-pièces du XIIe arrondissement, les bénévoles de MSF s'organisent, multiplient les missions et reçoivent toujours plus de candidats. En 1977, Jean-Christophe Rufin, qui avait fait son service militaire à la maternité de l'hôpital de Sousse, en Tunisie, frappe chez eux après avoir appris qu'ils cherchaient quelqu'un pour Djibouti. Un an plus tard, Rony Brauman, titulaire d'un diplôme de médecine tropicale qui lui a servi au Bénin, les rejoint et devient bientôt le premier médecin permanent de l'organisation.

Lors de l'attribution du Nobel, en 1999, trois membres de MSF ont appris la nouvelle alors qu'ils soignaient les détenus de la prison civile d'Abidjan, en accord avec les autorités. MSF intervient dans le « pré carré », mais l'Afrique francophone, pourtant si décriée, n'est heureusement pas sa principale destination. Après les enfants ibos aux cheveux blanchis par la dénutrition, il a fallu s'occuper des Éthiopiens affamés par leur propre gouvernement, des Somaliens, des Soudanais, des Angolais, des Libériens et autres victimes de guerres civiles dont les parents ne vécurent jamais à l'ombre du drapeau tricolore. Et il y eut aussi les Asiatiques, les Sud-Américains, les Européens de l'Est, puisque, comme le proclama une de leurs affiches, les médecins sans frontières ont « 2 milliards d'hommes dans leur salle d'attente ».

D'autres organisations, créées à leur image, ont rivalisé avec eux en « communication ». Ils ont souffert de rivalités de personnes et de scissions. Ils ont connu des états d'âme qu'ils ont exprimés dans des essais ou des romans [1]. Ils sont devenus secrétaires d'État dans des domaines dont ils étaient les « inventeurs » : action humanitaire et droits de l'homme [2]. Certains de leurs amis de jeunesse pensent qu'ils ont été récupérés par le système. Mais ils sont devenus des « héros » modernes pour une partie de la jeunesse, celle qui se reconnaît dans un certain timbre que Plantu dessina pour la Poste

1. Tel *Les Causes perdues*, Gallimard, 1999, que son expérience éthiopienne a inspiré à Jean-Christophe Rufin.

2. Claude Malhuret, en 1986, et Xavier Emmanuelli en 1995, dans des gouvernements de droite ; Bernard Kouchner en 1988, avant de devenir ministre de la Santé en 1992 et 1998, dans des gouvernements de gauche.

en 1998 (« Plus tard, je serai médecin sans frontières », proclame un garnement dont la mère s'entend dire par une voisine compatissante : « Il vous aura vraiment tout fait ! »).

« Jadis réservée à une bourgeoisie bien-pensante, la charité est devenue un produit de consommation de masse », a écrit Kouchner [1]. Dans la mobilisation originelle des Français en faveur des enfants biafrais, il aurait pu voir aussi une métamorphose laïque de l'ancien élan de soutien aux œuvres missionnaires. Les religieux ne sont généralement pas tendres à l'égard de MSF, de Médecins du monde, d'Action internationale contre la faim et autres grosses machines du sans-frontiérisme. Ils sont outrés par les dérives publicitaires et soulignent que « le vrai travail se fait dans la durée, pas en passant ». Alors que la tendance est à l'accroissement du financement des ONG par des fonds publics (y compris ceux en provenance de l'Office humanitaire de la commission européenne), des responsables politiques s'inquiètent de leur prolifération « anarchique » et de leurs méthodes. « Une dérive dangereuse se dessine, qui consiste à utiliser tout l'arsenal du marketing pour “communiquer”, ce qui implique une présence sur le terrain médiatique : ce phénomène atteint son paroxysme au Rwanda en 1994 où quelque deux cents ONG se retrouvent à Kigali, certaines étant là sans aucun objectif précis [2] ! »

L'imagination au pouvoir sur les pistes subsahariennes

En fait, une nouvelle génération d'ONG a vu le jour ces dernières années, et ces nouvelles venues se démarquent ostensiblement de leurs grandes aînées, « victimes de leur succès, trop lourdes, souffrant d'être devenues de véritables institutions, et qui, en fait d'associations, fonctionnent en partie avec l'argent du contribuable sous forme de subventions [3] ».

Un exemple parmi bien d'autres : Le Kinkeliba, « association d'aide au développement médical » fondée en 1995 par le Dr Gilles

1. *Charité Business*, Le Pré aux Clercs, 1986.
2. Michel Roussin, *Afrique majeure*, *op. cit.*
3. Entretien de l'auteur avec le Dr Degois en janvier 1999.

Degois, dermatologue dans les beaux quartiers de Paris. Kinkeliba, c'est le nom vernaculaire d'une plante subsahélienne utilisée au Sénégal pour des tisanes contre l'hypertension et le paludisme. « Un clin d'œil aux Africains », explique Degois, soucieux de combiner progrès de la science et respect des traditions. « L'association compte une soixantaine de personnes au total, surtout des spécialistes parisiens, des anciens internes, qui veulent démontrer que la médecine de pointe est possible en Afrique. Tout en continuant d'exercer en France, ils partent, entièrement à leurs frais, pour des missions de quelques jours sur le terrain, en évitant l'establishment local. » Un Africain, « médecin psychiatre, donc chômeur », a été recruté à Dakar pour diriger une antenne médicale fixe à Tambacounda, à 470 km au sud de la capitale sénégalaise. Sans publicité, les relations parisiennes de Degois ont joué : « Total-Énergie a payé l'électrification, Peugeot a fourni une voiture, de grands laboratoires donnent des médicaments. »

À Tambacounda, le Kinkeliba reçoit plusieurs milliers de consultants par mois, le plus souvent adhérents d'une mutuelle locale, « puisque, en l'absence de véritable sécurité sociale, l'idée des mutuelles indépendantes et locales est à encourager dans une Afrique où l'on connaît depuis longtemps les tontines ». Jamais à court d'idées, Degois veut passer maintenant au stade de « l'hôpital roulant, plus utile et bien moins coûteux que le bâtiment fixe ». C'est pourquoi, en 1999, il était question d'accrocher au train Dakar-Bamako « un ou deux wagons médicalisés qui resteront un mois dans chaque gare ».

L'Afrique suscite aussi une pittoresque émulation chez les jeunes. En 1999, une ambulance récupérée dans les surplus de l'armée française a fait de nombreux arrêts devant des écoles de village. À son bord, quatre Parisiens de moins de trente ans qui se sont mis en tête de parcourir l'ancienne AOF pour brancher ses établissements scolaires sur Internet, en liaison avec des écoliers français désirant créer des sites communs. Les aventuriers de « Fruits du baobab », c'est le nom de l'association, ne doutent de rien. Que faire si les écrans restent muets faute de courant ? Eh bien, « l'ordinateur à énergie solaire est à généraliser » !

Évidemment, les seniors s'y mettent à leur tour. Après Médecins sans frontières, Ingénieurs sans frontières, etc., il fallait s'y attendre :

il existe à Paris un « Groupement des retraités éducateurs sans frontières », où, par exemple, d'anciens enseignants récoltent du matériel scolaire pour le Mali. Autre adresse pour « vieillir utile » : l'« AGIR abcd », ce qui veut dire « Association générale des intervenants retraités, actions de bénévoles pour la coopération et le développement ».

Les travaux pratiques du droit humanitaire

En 2000, signe des temps, on trouvait, bien en vue à la FNAC, un *Guide des actions humanitaires*. Ses auteurs [1] ne cachent pas que les places sont chères dans les grandes ONG, et ils parlent de « parcours du combattant » pour se faire admettre. Par les temps qui courent, pour être « logisticien » ou « coordinateur de mission », mieux vaut avoir fait un troisième cycle.

À Paris et en province, divers DESS [2] préparent à un des rares métiers modernes qui font rêver. Programmes presque identiques sous des intitulés reflétant la « sensibilité » personnelle des responsables de cours : « Aide humanitaire internationale d'urgence » à Aix-Marseille ; « Analyse et stratégie du développement » à Nanterre ; « Droits de l'homme et droit humanitaire » à Assas. Tout y passe, depuis la « fiscalité de l'action humanitaire » jusqu'à l'« évaluation des projets de développement selon les méthodes respectives de la Banque mondiale et des services français de coopération » (ces derniers étant jugés plus attentifs aux « effets induits » – c'est-à-dire aux conséquences humaines – d'une réalisation économique). Outre les juristes, pas mal d'intervenants sont des anciens de l'Orstom qui se fondent surtout sur leur expérience africaine. Et, à condition de se payer voyage et séjour, l'Afrique, bonne fille, est la première à ouvrir ses frontières pour des stages indispensables à la confection du mémoire final mais difficiles à dénicher. Une destination recherchée pendant l'été 1999 : la Côte d'Ivoire, où l'on essayait de mettre en place un système de mutuelles, à l'image de celle des patients du Dr Degois, mais à plus grande échelle.

1. Philippe Jost et Françoise Pierrot, aux éditions Hors Collection.
2. Diplôme d'études supérieures spécialisées.

Avec un peu de chance, le diplômé pourra faire carrière dans l'humanitaire. Celui-ci ne sera pas une parenthèse aventureuse dans sa routine professionnelle comme pour les médecins spécialistes du Kinkeliba, mais un vrai métier. Il existe aujourd'hui des logisticiens qui ont « fait » l'Afrique et l'Asie, au coup par coup dans différentes organisations, avec chaque fois un contrat à durée déterminée. « Travail passionnant, raconte l'un d'eux. Je me demande quand même jusqu'à quel âge je pourrai continuer. »

Les premiers colons devaient aussi se poser cette question. Est-il excessif de dire que l'humanitaire est une forme douce de recolonisation ?

Chapitre 16

Hommage aux « capitaines moustiques »

« Nous fûmes les premiers médecins sans frontières », disent avec quelque humeur les navalais, ces docteurs que beaucoup prennent – ignorance révélatrice – pour des officiers de marine. Moins médiatisés que ceux des ONG, les médecins coloniaux ont été, avec les missionnaires, les acteurs les moins contestables de l'aventure impériale.

Marianne ne serait pas Marianne si chaque colonie, même peuplée de quelques centaines de Blancs, n'avait pas eu très tôt son *Journal officiel*. En 1903, celui de la Guinée publiait un arrêté rendant obligatoire la déclaration de pas moins de quatorze maladies courantes, de la suette miliaire à la peste. Il fallait, bien sûr, des médecins spécialisés pour accompagner matelots et soldats dans ces contrées. Du fait de l'appartenance de leurs premiers patients à la Royale, le nom de navalais est resté aux diplômés de l'École principale du service de santé de la Marine, créée à Bordeaux en 1890. (« Principale » parce qu'elle résultait de la fusion d'autres établissements, notamment l'École de médecine militaire navale et tropicale, fondée à Rochefort dès 1822.)

Entre 1890 et 1970, environ 4 000 navalais ont fait leurs études à Bordeaux. Souvent originaires du Sud-Ouest, ils suivaient obligatoirement une formation complémentaire à l'Institut de médecine tropicale, équitablement situé dans le quartier du Pharo à Marseille, l'éternelle rivale de la cité girondine dans les affaires coloniales. Au commencement, quand ils ne servaient pas sur la flotte, ils exerçaient dans des hôpitaux militaires, ouverts aux colons. En 1905, l'assistance médicale gratuite fut instituée en faveur des indigènes. Ce fut le début d'une mutation radicale du corps de santé des colonies, pharmaciens y compris. Avec les moyens du bord, des centaines de navalais se transformèrent en chirurgiens, en « spécialistes », en généralistes, en « sages-femmes » et en professeurs d'hygiène élémentaire pour l'ensemble de la population.

À l'origine, la lutte contre le paludisme fut sans doute leur priorité. Sans Pierre Pelletier et Joseph Caventon, qui découvrirent la quinine à Paris en 1820, il n'y aurait peut-être jamais eu de colonisation en Afrique. Le précieux médicament qui permit aux Blancs de s'aventurer dans les contrées insalubres n'était toutefois pas à la portée des indigènes. Il fallut mener une action préventive. « Capitaines moustiques », ainsi les navalais furent-ils appelés par des populations que surprenait leur ardeur à recourir aux projections de DDT pour combattre culex, anophèles et stégomyies. Le surnom leur restera.

Puis, au début du XXe siècle, alors que s'organisait la profession médicale en France, la pathologie exotique commença à progresser. En liaison avec le Service des grandes endémies et l'AMI (Assistance médicale indigène), les navalais lancèrent aux colonies ce qui a été décrit comme « une médecine de masse, une médecine gratuite et une médecine sociale[1] ». Avant les grandes campagnes de vaccination (antivariolique, anti-amarile) qui feront chuter la mortalité dans les années 30, le travail des navalais consista modestement à soigner la grippe, qui existe aussi dans les pays chauds et se révèle particulièrement meurtrière sur des populations affaiblies, ou la rougeole, pas toujours facile à diagnostiquer sur les peaux noires. Contre ces maladies-là, au moins, on connaissait la pharmacopée, en attendant les grandes découvertes contre les maux proprement tropicaux.

Tout en soignant, il fallait former un corps d'aides-médecins indigènes, sans perdre de vue les finalités impériales. Extrait d'un rapport d'expert à Ernest Roume, gouverneur général de l'AOF, en 1906 : « Pour être réellement utiles, les aides indigènes doivent être recrutés localement dans la Colonie où ils doivent servir. Leur instruction et leur dressage *(sic !)* doivent être l'œuvre des médecins qui les emploieront. Ils prendront leur part dans les soins à donner aux indigènes, ils seront des agents de pénétration et d'information précieux. Ils aideront leurs chefs à lutter contre les pratiques des marabouts et des féticheurs, répandront leur influence et deviendront

1. Simone Clapier-Valladon, *Les Médecins français d'outre-mer*, Anthropos, 1982.

des propagateurs de premier ordre pour les idées civilisatrices que nous nous efforçons de répandre en Afrique. »

En entrant à l'école de Bordeaux, les « fœtus » (les nouveaux) savaient donc qu'ils devraient ajouter le service de la Patrie aux obligations du serment d'Hippocrate. Il régnait chez eux un étonnant mélange d'esprit carabin et de discipline militaire. Leur chant est dans la tradition de l'étudiant en médecine : « Quel que soit le cadre / L'Afrique ou l'Escadre / Dans un régiment / Ou bien à bord d'un bâtiment / On fera la noce / On roulera sa bosse. » Mais les maîtres ne plaisantaient pas avec le règlement, et l'on portait l'uniforme. Un bel uniforme coupé par les meilleurs tailleurs de la ville et qui produisait toujours de l'effet sur les danseuses dans les bals de la bonne société d'Aquitaine.

L'École changera plusieurs fois de nom après sa création. En 1968, elle fusionnera avec l'École de santé militaire de Lyon (qui formait les médecins de l'armée de terre) pour constituer l'École du service de santé des armées (un seul nom mais deux établissements distincts, avec une nouvelle école d'application au Val-de-Grâce). Ces multiples réformes administratives n'entamèrent en rien un esprit de corps vivace. Esprit de corps entretenu par le culte de quelques grands aînés aujourd'hui oubliés du grand public mais considérés comme des bienfaiteurs de l'humanité par les coloniaux, à l'époque où on embarquait à Pauillac, le point d'arrêt des paquebots qui ne pouvaient pas remonter la Gironde jusqu'à Bordeaux.

1916 : Jamot déclare la guerre à la maladie du sommeil

Le fanion de la promotion 1972 des navalais porte le nom du médecin-colonel Eugène Jamot (1879-1937). Pourtant celui-ci, ancien médecin civil en quête d'horizons nouveaux, ne suivit pas les premières années d'enseignement à Bordeaux, ayant été reçu à un concours spécial qui lui permit de rejoindre directement les navalais à l'école d'application de Marseille. Il a tôt fait d'adopter leurs coutumes et leur mentalité et part en Afrique en 1911, pour un quart de siècle. Après un premier séjour au Tchad, il est nommé à l'institut Pasteur de Brazzaville, où la guerre le surprend. Engagé dans les opérations militaires contre les Allemands au Cameroun, il découvre dans ce territoire que la France a du retard sur l'ennemi dans la lutte contre la maladie du sommeil. Trop longtemps, l'administration française a minimisé les ravages de cette parasitose sournoise et mal connue, parfois considérée comme une mauvaise excuse des indigènes pour échapper au travail forcé. Malgré les mises en garde de quelques pasteuriens, les mesures prophylactiques ont été si négligées que même les Blancs finissent par tomber dans « les postes de la mort » de certaines régions infestées par la mouche tsé-tsé, un des vecteurs du fléau. Des missionnaires alsaciens de la Société des missions évangéliques de Paris avaient raconté les ravages des trypanosomes à Albert Schweitzer, alors professeur à la faculté de théologie protestante de Strasbourg et docteur en médecine. De quoi décider celui-ci à créer en 1913 à Lambaréné l'hôpital qui allait rendre mondialement célèbre une œuvre qu'il avait voulue dès le départ « supraconfessionnelle et internationale[1] ». Sur le bateau qui l'amenait en Afrique, le futur prix Nobel de la paix avait fait la connaissance d'un médecin militaire appelé à diriger l'Institut bactériologique de Grand-Bassam et, plus tard, il rendra hommage à l'ensemble de ce corps. Néanmoins, l'entreprise personnelle du « grand docteur blanc » sonnait comme un reproche pour l'administration. D'autant plus qu'il fallait bien constater qu'à la faveur de la guerre la maladie s'était répandue sur toutes les « routes d'étape » de l'AEF, notamment en Oubangui-Chari, où les « sommeilleux » se comptaient par dizaines de milliers.

« Je réveillerai la race noire », assure Jamot en 1916. Il expose son projet au Conseil colonial d'hygiène : pratiquer une médecine mobile, aller partout, extirper le mal à sa racine en dépistant et en soignant tous les malades à coup d'Atoxyl, le seul médicament (assez toxique) alors disponible. En 1917, un arrêté du gouverneur général Merlin le charge d'organiser un service spécialisé contre la trypanosomiase. La Mission permanente de prophylaxie placée sous son autorité dispose de dix médecins et de trente-six agents sanitaires européens. Ils sont secondés par plusieurs centaines d'infirmiers africains formés dans une école spéciale dépendant de la

1. *À l'orée de la forêt vierge. Récits et réflexions d'un médecin en Afrique-Équatoriale française*. Dans ce livre réédité par Albin Michel en 1952, Schweitzer raconte son premier séjour au Gabon, de 1913 à 1917. Géré par une fondation internationale, l'hôpital de Lambaréné existe toujours.

Mission. Le tam-tam annonce l'arrivée de ces équipes mobiles dans chaque village. Les soins sont prodigués sur place, sauf pour les malades les plus atteints, dirigés vers des centres baptisés « hypnoseries ». Jamot et ses hommes arpentent le Cameroun, l'Oubangui-Chari et le Tchad, avec seringues pour injection d'Atoxyl et centrifugeuses à main pour examen des prélèvements sanguins. En 1931, la France de l'Exposition coloniale peut annoncer que la maladie du sommeil est pratiquement vaincue en AEF.

L'année suivante, Jamot s'attaque à l'AOF. Pendant trois ans, cet homme corpulent parcourt plusieurs dizaines de milliers de kilomètres sur les pistes de la Haute-Volta, du Dahomey, du Niger, de la Guinée et du Sénégal. Ce lutteur n'a pas un caractère facile. Il déclare devant la Société de pathologie exotique que dans les régions contaminées « le médecin doit avoir l'autorité qu'a le chirurgien dans la salle d'opération ». Tous les administrateurs ne l'entendent pas ainsi. Les conflits se multiplient entre eux et le trop entreprenant docteur. En 1931, l'establishment médical ne le soutient pas quand son nom circule pour le prix Nobel de médecine.

En 1936, Jamot regagne Sardent, dans sa Creuse natale, où il avait commencé sa carrière médicale trente ans plus tôt. Usé et amer, il meurt au bout d'un an. Un monument perpétue sa mémoire à Yaoundé. La France s'est contentée d'un timbre à l'occasion du soixante-quinzième anniversaire de sa naissance.

*

Parmi les rescapés de la maladie du sommeil, il y a le navalais Jean Bablet (1886-1952), fondateur des laboratoires d'histo-pathologie dans l'ensemble des colonies françaises. En entrant à l'école de Bordeaux, Bablet avait choisi l'aventure en plus de la médecine. À plusieurs reprises, il fut exaucé au-delà de ce qu'il avait souhaité.

Première de ses épreuves : l'attaque d'une panthère au cours d'une tournée médicale en AEF en 1911. Il parvient à maîtriser le fauve, mais au prix d'une cruelle morsure qui s'infecte et le prive partiellement de l'usage de son bras gauche. Pas au point de se soustraire à ses obligations de soldat sur le front français pendant deux ans. Retour en Afrique. Découverte de son état de « sommeilleux » fin 1916. Rapatriement sanitaire à l'hôpital de l'institut Pasteur de Paris où il profite de ses loisirs forcés pour fréquenter le laboratoire d'anatomie pathologique et suivre des cours de microbiologie.

En principe guéri, il embarque pour Saigon où le réseau pasteurien a besoin de ses services. C'est là qu'il se spécialise dans l'histopathologie, en liaison avec les établissements hospitaliers de l'ensemble de l'empire. En 1932, nouvelle épreuve : il figure parmi les passagers du *Georges-Philippar*, le bateau dans l'incendie duquel Albert Londres trouve la mort en plein océan Indien. Lui est sauvé, mais tous les documents qu'il avait rassemblés pendant douze ans de recherches en Indochine disparaissent.

Miné par les séquelles de sa trypanosomiase, Bablet n'en réussit pas moins à reconstituer ses travaux de mémoire. Il accumule de nouveau des coupes de tissus et consigne ses découvertes dans des communications destinées à des publications spécialisées. Il perce le mystère des lésions hépatiques spécifiques de la fièvre jaune. Il meurt en savant après avoir vécu en homme d'action.

*

Bablet avait souffert dans sa chair d'une maladie qu'il était venu combattre. Son collègue navalais Jean Robic (1893-1968) n'hésita pas à expérimenter sur lui-même un vaccin contre une autre maladie, et pas des moindres : la peste.

Robic vient de terminer des études de médecine classique quand il est mobilisé en 1914. Médecin auxiliaire sur le front, décoré à plusieurs reprises, il prend goût à la médecine d'urgence. Désormais incapable de s'installer paisiblement dans un cabinet privé, il passe le concours d'entrée à l'école de Bordeaux en 1919. Après un séjour au Maroc, il arrive à l'institut Pasteur de Madagascar au moment où, dans la région des Plateaux, la vieille ennemie des hommes sévit sous les formes pulmonaire et bubonique. Il étudie le mode de propagation de l'épidémie et s'intéresse à un vaccin vivant qui fait la preuve de son efficacité sur l'animal à partir d'une souche isolée ayant perdu sa virulence initiale. En 1932, alors que son supérieur hiérarchique et ami, le Dr Georges Girard, autre grande figure de la médecine tropicale, se trouve en mission à Paris, il décide de passer à l'application humaine, sur lui-même et sur des volontaires de son service qui ont suivi les protocoles expérimentaux. Immense pari

Les surprises du métier

Malgré l'accélération des procédures pour former des médecins africains en 1945, l'Afrique noire accéda à l'indépendance en pleine explosion démographique du fait de la réduction de la mortalité précoce, mais sans véritable couverture médicale nationale. En vertu d'accords de coopération sanitaires, d'ailleurs étendus aux anciennes colonies belges, beaucoup de navalais poursuivirent leur carrière sous les tropiques. Souvent, leur charge de travail se trouva même alourdie.

« À Madagascar, nous avions des journées de dix-huit heures, se souvient l'un d'eux[1]. Je soignais une clientèle française et indigène, j'étais responsable d'un hôpital local, de la médecine du travail et de la médecine scolaire. En plus, on m'avait nommé médecin-expert auprès des tribunaux ! Les simples docteurs devaient faire des gestes chirurgicaux d'urgence. Certains de mes camarades ont opéré des appendicites ! »

L'Afrique ne fut pas le seul domaine des navalais. Certains sont passés régulièrement d'un continent à l'autre. En avril 1975, quelques-uns d'entre eux soignaient les derniers blessés de la guerre du Vietnam, y compris les « Viets », à l'hôpital Grall de Saigon sur le point de tomber entre les mains des communistes.

Peu après, à l'hôpital de Colomb-Béchar, d'autres navalais, anciens de l'Afrique noire, s'occupaient d'Algériens blessés au cours d'engagements contre l'armée marocaine au Sahara occidental. Comme seuls les Sahraouis du Front Polisario étaient censés livrer cette guerre, il fallait faire semblant de ne rien voir ! C'est d'ailleurs avec le moins de publicité possible que fonctionna, de 1964 à 1976, une « Mission médicale française au Sahara », après le départ des troupes françaises, qui risquait de priver les populations de toute couverture médicale[2].

1. Entretien du médecin-colonel Jean-Claude Dubocs avec l'auteur, en février 1999.

2. Auparavant, y compris pendant la guerre d'indépendance, le corps des navalais n'avait jamais été présent en Algérie puisque celle-ci avait le même statut départemental que la métropole.

sur la mémoire immunitaire ; succès complet de l'expérience. Émile Roux, directeur de l'institut Pasteur, a le temps de féliciter l'équipe de Tananarive avant de mourir en 1933. Fort de cette caution, Robic et Girard procèdent alors à la vaccination en masse. Avant la Seconde Guerre mondiale, la mortalité due au bacille de Yersin a baissé de 80 % dans la Grande Île.

Après que la mise au point des sulfamides lui a permis de parachever le travail, Robic meurt dans sa demeure familiale de Pontivy. En témoignage de reconnaissance, Madagascar a rebaptisé l'ancien établissement colonial de Tananarive « Hôpital Girard et Robic ». C'est une des beautés de la paisible province française qu'on puisse s'y promener devant des maisons de fameux voyageurs, négligés par les dictionnaires mais dont le nom survit au-delà de l'océan, dans d'anciennes colonies pas toujours ingrates.

Dans la grande tradition pasteurienne[1]

La plupart des navalais ont aussi été des pasteuriens. Avant eux, d'autres médecins coloniaux, formés alors que l'école de Bordeaux n'existait pas, s'étaient très vite ralliés à l'inventeur de l'asepsie, quand celui-ci bouleversa les croyances de l'époque en affirmant que l'organisme ne produisait pas « spontanément » la maladie mais que des germes microscopiques, en suspension dans l'air, en étaient responsables. Tous avaient compris que la médecine tropicale serait la grande bénéficiaire de la méthode pasteurienne fondée sur la vaccination. Ils ont constitué une bonne partie des chercheurs dans les instituts rattachés à l'institut Pasteur de Paris en Indochine, au Maghreb, en Afrique noire.

Le premier institut Pasteur à l'étranger fut créé en 1891 à Saigon par Albert Calmette, médecin du Corps de santé des colonies. Alexandre Yersin, médecin des Messageries maritimes et découvreur du bacille de la peste, ouvrit quatre ans plus tard à Nha Trang un laboratoire qui deviendra officiellement un institut Pasteur en 1905. En 1893, Tunis avait déjà le sien, où Charles Nicolle fit sur le typhus des recherches qui lui valurent le Nobel de médecine en 1928. Alger et Casablanca suivirent, respectivement en 1894 et 1911.

L'institut Pasteur de Tananarive date de 1898. Celui de Dakar fut ouvert en 1923, avec en grosses lettres sur sa façade blanche un

1. Certains initiés font un distinguo entre pasteuriens et pastoriens. Est pasteurien celui qui appartient vraiment à l'Institut Pasteur de Paris ; est pastorien celui qui n'a fait qu'y passer ou qui travaille pour un établissement du réseau, autre que le siège. Cette nuance étant aujourd'hui jugée superflue par nombre de pasteuriens eux-mêmes, on ne s'en encombrera pas ici.

hommage de « l'Afrique noire reconnaissante » à celui dont les disciples identifièrent l'agent causal de la plupart des maladies tropicales. Travail accompli parfois dans des conditions acrobatiques devenues légendaires : « Le microscope dans leur cantine, Bouet et Roubaud parcourent en pirogue les lagunes du Bas-Dahomey. Bouffard pourchassa caïmans et hippopotames pour s'assurer qu'ils n'hébergeaient pas de trypanosomes dans leur sang... Ce fut lui-même qui attrapa la maladie du sommeil [1]. » Les premières recherches s'effectuèrent dans ce qu'on appelait joliment les « paillottes laboratoires ».

Dépourvus du charme colonial de leurs prédécesseurs, solidement installés dans le béton, plusieurs autres instituts Pasteurs sont apparus en Afrique au moment des indépendances, celui de Yaoundé (1959), celui de Bangui (1961), celui d'Abidjan (1972). Ils emploient aujourd'hui plusieurs centaines d'Africains.

Avec un statut de simples associés, les instituts de Brazzaville et de Kindia (Guinée) ont également maintenu la tradition pasteurienne malgré les péripéties politiques. En 1975, à Madagascar, l'institut Pasteur resta ouvert alors que presque toutes les institutions d'obédience étrangère étaient invitées à quitter le pays. Le réseau pasteurien est ce qui a le mieux résisté aux « révolutions » [2].

*

Ces divers établissements fonctionnaient un peu en ordre dispersé, sans véritable coopération entre eux, avec le statut d'« instituts Pasteur d'outre-mer » (IPOM). En 1972, sous l'impulsion de Jacques Monod, la création d'un conseil des directeurs des instituts Pasteur permit de développer en commun des programmes de recherches spécialisées, notamment en matière de virologie et de parasitologie tropicales. Aujourd'hui les anciens IPOM sont fédérés au sein du « Réseau international des instituts Pasteur et instituts

1. Médecin-colonel Constant Mathis, *L'Œuvre des pastoriens en Afrique noire*, Presses universitaires de France, 1946.

2. Ailleurs aussi, les instituts Pasteur sont situés dans des rues dont il est révélateur qu'elles ne furent pas débaptisées : rue Laveran (celui qui découvrit l'hématozoaire responsable du paludisme en 1880) à Alger ; rue Pasteur à Hô Chi Minh-Ville ; rue Yersin à Hanoi.

associés ». Placée sous l'autorité d'un délégué général au Réseau international [1], cette communauté scientifique est notamment dotée d'un « fonds Calmette » qui permet l'attribution de bourses à des chercheurs des pays en développement. En liaison avec l'Organisation mondiale de la santé (OMS), les instituts Pasteur ont un rôle de « sentinelle » pour surveiller la progression des maladies « émergentes », telle la fièvre hémorragique due au virus Ébola si redouté en Afrique centrale.

*

Le campus de l'Institut Pasteur de Paris sert aussi de siège à la Société de pathologie exotique. Fondée en 1907 par Laveran, pour étudier les questions de santé tropicale à l'époque de la colonisation, celle-ci a étendu ses recherches aux « problèmes posés par les expatriations et les voyages ». Parmi ses 750 membres, dont 250 étrangers, elle compte tous les pontifes de la médecine tropicale contemporaine, du Pr Guy Charmot au Pr Marc Gentilini, l'actuel président de la Croix-Rouge française qui fut longtemps le responsable du pavillon des maladies tropicales à l'hôpital de la Pitié-Salpêtrière.

« Je n'avais pas une vocation médicale, j'avais une vocation coloniale », ne craint pas de dire le président de la Société de pathologie exotique, le Dr Alain Chippaux [2]. « Mon choix professionnel est dû au souvenir émerveillé que m'avait laissé l'Exposition de 1931, ou en tout cas – je n'avais alors que quatre ans – à l'embellissement perpétuel de ce souvenir dans les conversations familiales. Savoir et expérience personnelle sont intimement liés dans nos disciplines. La France est un pays qui compte encore six instituts de médecine tropicale : deux à Paris, deux à Marseille, un à Bordeaux et un... à Limoges. Cela tient souvent au facteur humain : un professeur ayant un passé outre-mer et qui prend l'initiative de créer un service spécialisé dans l'hôpital où il se trouve. »

1. Le Pr Jean-Luc Durosoir en 2000.
2. Entretien avec l'auteur en décembre 1999. Le Dr Chippaux a ouvert puis dirigé les instituts Pasteur d'Abidjan et de Bangui.

Un choléra « contre-révolutionnaire »

S'il suffit qu'un livre de médecine vous tombe entre les mains dans un pays tempéré comme la France pour que vous ne vous sentiez soudain plus très bien, imaginez ce qu'il en était quand un colonial faisait la même expérience. Le *Manuel de pathologie exotique* du médecin-colonel Constant Mathis, ancien directeur de l'institut Pasteur de Dakar, remonte seulement au milieu du XXe siècle [1]. Il constitue néanmoins un véritable musée des horreurs. Petit aperçu des maux recensés en AOF après la Seconde Guerre mondiale : paludisme, fièvre bilieuse, maladie du sommeil, leishmaniose viscérale humaine, amibiase hépatique, flagelloses intestinales, balantidiose, en ce qui concerne le travail des seuls protozoaires ; peste, dysenterie bacillaire, lèpre, en ce qui concerne celui des bactéries ; fièvre jaune, typhus, fièvre africaine à tiques, comme cadeau des virus. Sans parler d'affections diverses : œdème de Dakar, béribéri, sarcopsyllose par puce chique. (« Si, par suite d'une manœuvre intempestive d'extraction, l'abdomen de la puce est rompu, on voit se produire une infection phlegmoneuse compliquée quelquefois de gangrène gazeuse. »)

Depuis, sulfamides et antibiotiques ont amélioré la situation, mais pas toujours et pas partout. Faute de constance dans les campagnes de vaccination après les indépendances, des fléaux en principe éradiqués réapparaissent périodiquement. Après l'érection à Gorée d'un monument rappelant l'épidémie de fièvre jaune qui sévit à Dakar en 1926, on avait espéré que ce mal appartiendrait définitivement à des temps révolus, ceux où Pasteur, accompagné d'Émile Roux, se rendait en Gironde pour essayer d'en percer les mystères, à l'arrivée des paquebots en provenance du Sénégal (1881). L'épidémie de 1926 avait au moins permis à l'institut Pasteur de Dakar d'isoler le virus puis de mettre au point le premier vaccin, en 1932, et de le fabriquer en série. Pourtant, selon l'OMS, il y a encore 200 000 cas de fièvre jaune par an, avec 30 000 décès, la plupart dans les régions rurales subsahariennes. En 1995, puis en 1996,

1. Presses universitaires de France, 1948.

dans les régions de Koungheul et de Kaffrine, à proximité de l'axe routier Kaolack-Tambacounda, plusieurs centaines de Sénégalais ont été victimes du tristement célèbre *« vomito negro »*, caractéristique de la fièvre amarile, sans que les touristes s'en doutent.

En 1970, le Français Pierre Dorolle, sous-directeur général de l'OMS, passa un coup de fil discret au médecin-général Léon Lapeyssonnie, un as de la médecine tropicale, inventeur de l'Imojet (un injecteur sans aiguille facilitant les vaccinations de masse), pour lui demander d'aller faire un tour dans la Guinée de Sékou Touré, où se propageait une épidémie d'étranges « diarrhées ». Il ne fallut pas longtemps à Lapeyssonnie pour se rendre à l'évidence : le choléra venait d'apparaître en Afrique noire, qu'il avait épargnée jusqu'alors. En Guinée révolutionnaire ! Vraiment, cette maladie n'avait aucun « sens de l'histoire » ! Soucieux d'éviter les ennuis avec Sékou Touré, Lapeyssonnie confia son rapport à un consul étranger, qui le dissimula dans son caleçon pour le faire sortir de Conakry. L'OMS osa proposer des mesures, alors que les autorités guinéennes criaient au « complot ». On évita l'hécatombe. Mais l'épidémie, présentée comme un « héritage du colonialisme » par *L'Humanité*, se répandit dans les pays voisins et jusqu'à la Côte d'Ivoire.

Fin 1999, l'OMS a donné l'alerte après la réapparition de la maladie du sommeil au Congo. Elle a aussi révélé que la méningite cérébrospinale, endémique en Afrique équatoriale, progressait vers le Sénégal. Commentaire de Lapeyssonnie : « Le désastre sanitaire que l'on observe depuis plus de dix ans en Afrique, c'est tout simplement le résultat de vingt-cinq ans d'abandon de la méthode Jamot [...]. L'idéal, ce serait en fait de disposer d'un corps de spécialistes en santé tropicale qui feraient des séjours de cinq ans dans le cadre de programmes bien déterminés et qui, eux, pourraient utilement accueillir les ONG[1]. » Les bonnes vieilles recettes du Corps de santé colonial ! Au moins pour les maladies « loyales », celles dont les Africains, même soignés avec des moyens rudimentaires, ont toujours « eu la gentillesse de bien vouloir guérir », comme le dit superbement Lapeyssonnie[2].

1. *Le Monde* du 15 janvier 2000.
2. *Toubib des tropiques*, Laffont, 1982.

Le défi du sida

À l'Institut Pasteur de Paris, rue du Docteur Roux, dans les isolateurs du laboratoire de très haute sécurité, des chercheurs protégés par des combinaisons évocatrices de la guerre atomique travaillent sans relâche sur le virus Ébola, contre lequel on ne peut toujours pas grand-chose. Sur le même campus, plus de 200 personnes, parmi les 1 200 chercheurs permanents, sont mobilisées derrière la façade réfléchissante d'un bâtiment ultramoderne : celui du sida.

Chacun sait que le virus de l'immunodéficience humaine (VIH) fut isolé en 1983, puis totalement identifié en 1985, par le Pr Luc Montagnier et son équipe de l'Institut Pasteur. Moins connues sont les études séroépidémiologiques, virologiques et génétiques entreprises sur 2 000 personnes à l'institut Pasteur de Bangui, à partir de 1990.

Parallèlement aux enquêtes épidémiologiques, les équipes pasteuriennes de Bangui et de Dakar font de la recherche fondamentale sur la pathogenèse du sida, dans une perspective vaccinale. En matière de sida, le singe a le triste privilège d'être le seul animal sur lequel les chercheurs peuvent faire des expériences. Le « singe vert », petit primate très répandu en Afrique, est un cobaye de choix pour décrypter certains mystères de l'immunodéficience et du polymorphisme du virus. (Il se dit qu'en secret – mais c'est un secret dont il n'y a pas lieu de s'indigner – l'armée française a prêté son concours à des observations sur ce singe dans certaines zones de la forêt équatoriale.)

L'ONU parlotte et invente de nouveaux sigles (ONUSIDA) pour colloques dans les palaces internationaux. L'Union européenne veut bien financer la prévention mais surtout pas les soins aux malades. À Dakar, à Pointe-Noire et ailleurs, la Croix-Rouge française, sous l'impulsion du Pr Gentilini, est bien seule pour essayer de soulager les sidéens avec des traitements simples contre les maladies « opportunistes ».

Permettre à ces malheureux de vivre longtemps grâce à de coûteuses multithérapies est une autre question. Comme le répète le Pr Luc Montagnier, seule la découverte d'un vaccin efficace importe pour une Afrique qui ne peut pas se payer les médicaments lancés sur le marché pharmaceutique de l'Occident. Il serait magnifique que ce soit la France qui découvre la parade pour ceux dont les « docteurs moustiques » arrachèrent les pères à de moins malins virus.

Chapitre 17

Éros noir et « mariages dominos »

Sans aller aussi loin que les Portugais dans l'« intégration raciale voluptueuse », les coloniaux français furent dépourvus d'inhibitions en matière de sexualité. Seule la tache de l'esclavage explique sans doute que la littérature et le cinéma n'exploitent pas l'histoire, pourtant assez fascinante, des signares de Saint-Louis, le « paradis » où commença le métissage franco-africain. Au début du XVIIIe siècle, la Compagnie du Sénégal s'aperçut que les profits tirés de la traite négrière avec les Antilles souffraient du rythme de rotation de ses agents, éprouvés par le climat et en principe condamnés à la chasteté par l'interdit frappant les relations avec les femmes du pays. Certes, la nature l'emportait souvent sur le règlement, mais dans une clandestinité officielle qui était source de bien des complications : insécurité administrative pour le Blanc ; mise à l'écart de la communauté ouolof pour la Noire. Une certaine tolérance s'étant installée, le gouverneur Devaulx prit acte de l'évolution des mœurs en instituant en 1733 le « mariage à la mode du pays », qui codifiait le concubinage et créait quelques droits pour les enfants naturels. Désormais, les agents de la Compagnie avaient une « vie de famille », et leurs élues, progressivement initiées à la langue, aux mœurs et à la religion des Français, servaient de trait d'union entre eux et la population. Telle était la simplicité des âmes qu'au départ de l'agent rappelé en France sa progéniture gardait son nom et l'« épouse », enrichie et déjà « francisée », n'avait généralement pas de mal à lui trouver un successeur parmi les nouveaux arrivants. À la génération suivante, le choix des agents s'étendit évidemment aux mulâtresses nées de ces unions. Dans un étonnant mélange de couleurs de peau et de statuts juridiques (la région vivait en partie de la traite mais, en ce qui la concernait, elle ne comptait que des « captifs domestiques », intégrés à la maisonnée, et des « captifs libérés », du fait de leur « conversion » au catholicisme), Saint-Louis pouvait entrer dans la légende, comme symbole d'une certaine « douceur de vivre » et modèle de brassage multiracial.

Bien avant Faidherbe, à l'époque de Napoléon, le gouverneur de Saint-Louis, le général Blanchot de Verly, céda aux charmes de la ville. Quoique marié en France, il vécut « à la mode du pays » avec une Noire dont il eut trois filles qui épousèrent de riches mulâtres. Sous son commandement, une bonne partie des officiers de la garnison fondèrent une famille à Saint-Louis. De ces unions naquirent les aïeux de plusieurs célébrités contemporaines sur les deux continents, tel le député sénégalais Christian Valantin, un des promoteurs les plus actifs de la francophonie, ou le philosophe français Gaston Berger, dont la grand-mère s'appelait Fatou Diagne et dont le fils n'est autre que Maurice Béjart.

Une simplicité rousseauiste

Évidemment, tout ne se passa pas dans un contexte aussi « sophistiqué » qu'à Saint-Louis. Plus les Blancs progressèrent à l'intérieur du continent, plus sommaires furent leurs accouplements avec les corps d'ébène qui se succédaient sous leurs moustiquaires. Bien des récits déjà cités dans ce livre témoignent de l'existence d'une espèce de droit de cuissage exercé sans complexe par toutes les catégories de coloniaux avec l'assentiment intéressé des familles, voire à leur initiative. Même des récits relativement proches de notre époque.

En 1945, Raymond Gauthereau, jeune administrateur en Côte d'Ivoire, s'entend demander par un de ses gendarmes s'il « est d'accord maintenant » pour sa fille. Souvenirs, souvenirs : « Il est revenu vers neuf heures, “en civil”, dans un long boubou bleu et doré. Et sur la terrasse il a doucement tiré de l'ombre une grande et forte fille enveloppée d'un pagne indigo, les yeux baissés sur ses pieds nus. “C'est ma fille”, a dit Lamine en la poussant légèrement vers moi par l'épaule... J'ai dû marquer de l'étonnement, car il a tout de suite ajouté : “Comme ça je suis sûr qu'elle n'est pas malade.” Bien sûr... mais j'étais tout de même choqué, perplexe. Et puis, avant que j'aie eu le temps de me décider, Lamine était reparti dans la nuit.

« Pratique, elle ne portait rien d'autre que son pagne. Elle a esquissé un geste de coquetterie pour le retenir, puis m'a laissé l'allonger nue. Sa peau est un satin d'une extrême finesse. Son corps est plein, dur, un peu comme un Maillol. Son âge ? Entre quinze et vingt ans. Son nom ? Je n'en sais rien, car nous ne pouvons rien nous dire, même pas cela : il faudra que je le demande à son père [...]. Elle sent la terre chaude, le suint, la fumée âcre enfermée dans les cases. Ma main sur elle l'a d'abord étonnée, puis elle m'a laissé faire en regardant fixement le plafond de nattes, au-dessus duquel folâtraient les chauves-souris. Puis elle s'est ouverte, tout simplement, et ce fut d'un dépouillement extrême, captivant. Ainsi fait-on l'amour avec la terre, une forme et du silence [1]. »

Les « commandants » ne sont pas seuls à bénéficier d'attentions comme en rêve tout voyageur. Dans les années 50, au Cameroun, Stéphane Prévitali, qui dort chez l'habitant pendant ses tournées de responsable de chantiers à l'intérieur du pays, fait porter des cigarettes au chef de village : « À la nuit noire, l'homme de qui j'étais l'hôte était venu me remercier et avait laissé devant la porte, en se retirant, trois jeunes brunettes aux yeux grands ouverts, aux seins libres... J'avais oublié la coutume, habituelle en brousse et toujours gentiment proposée [2]. »

Même les missionnaires succombèrent à la tentation, quand les chefs de village, pour lesquels le célibat par vocation religieuse était incompréhensible, leur offraient des femmes dans la case de l'hôte de passage. Certains allèrent même jusqu'à « régulariser » la situation, ou à s'installer durablement dans le « péché » – c'est selon le point de vue qu'on choisit.

Un des chapitres les plus étonnants de *Terre d'ébène* est celui qu'Albert Londres consacre à un père blanc qui fonda la mission de Tombouctou et en fut le supérieur de 1897 à 1904, avant de prendre une femme africaine et de lui faire sept enfants. Le reporter narre sa rencontre avec le « décivilisé » – comme il l'appelle sans y mettre de sens péjoratif – dans la case que l'homme habite près

1. *Journal d'un colonialiste, op. cit.*
2. *Le Cameroun par les ponts et par les routes, op. cit.*

de la place Joffre, à Tombouctou. Le « décivilisé » porte une longue barbe blanche, le casque, un boubou. Il invite son visiteur à sortir de la case, car il s'est « réservé un coin à l'européenne », indique-t-il. « Deux cours traversées, se souvient Londres. Dans la dernière une jeune négresse au corps tentant pile le mil. » Le « décivilisé » indique que c'est une captive de sa femme, selon la coutume locale toujours en vigueur malgré l'interdit des Blancs. « L'escalier de terre nous conduisit dans une pièce longue meublée d'une table, de chaises, d'un fauteuil. Des bouteilles attendaient dans un coin l'heure de leur sacrifice. Une deuxième captive, belle et nue, traversa la chambre. » Le « décivilisé » sourit en voyant la tête de son compatriote : « Je me suis adapté, précise-t-il. Ici, c'est tout naturel. Personne ne pense à mal. »

En tout cas, du côté des officiels français, personne ne trouva à redire. Clozel, gouverneur du Soudan, envoya même un rapport au gouverneur général pour demander l'intégration de l'ancien religieux dans le cadre des affaires indigènes, en raison des services qu'il avait rendus comme interprète. Extraits : « Pas plus que moi vous n'ignorez que cet homme exceptionnel est venu en Afrique comme missionnaire catholique, qu'il s'est dégagé de tous liens professionnels pour se consacrer uniquement au service de la France, au Soudan. » Pragmatisme de l'administration sous le soleil des tropiques !

Le plus admirable est que la hiérarchie catholique fit preuve d'autant de compréhension. Le 12 janvier 1928, une lettre de Fernand Sauvant, vicaire apostolique du Soudan, au « décivilisé » commençait ainsi : « Cher confrère, car, en dépit de tout et par-delà toutes les vicissitudes de la vie, je vous ai toujours considéré et aimé comme tel et je sais que tous mes autres confrères du Soudan partagent avec moi les mêmes sentiments à votre égard. » Et le vicaire apostolique d'exprimer le souhait que le confrère « accepte qu'il lui fasse une visite » à son prochain passage à Tombouctou, comme si, à cette distance de Rome, on comprenait mieux la faiblesse de la chair.

Les moussos *des « commandants »*

En dehors des « bonnes fortunes » en brousse, le mariage saint-louisien « à la mode du pays » s'étendit à toute l'AOF et toute l'AEF. Comme chez les militaires, les exemples de fonctionnaires qui donnèrent leur nom à des mulâtres abondent, ainsi qu'on l'a déjà entrevu aux chapitres 4 et 5. Au début des années 1900, avant son mariage avec une Française, l'africaniste Maurice Delafosse, un des fondateurs de l'Académie des sciences coloniales, avait été en poste en Côte d'Ivoire. Il y reconnut deux fils, dont l'un sera plus tard ministre des Finances dans le pays de sa mère. Pendant l'entre-deux-guerres les *moussos* créaient encore « l'indispensable présence féminine » auprès des administrateurs isolés, constate Robert Delavignette d'une plume émue : « C'est par leur beau corps d'ébène ou de cuivre, aux mollets un peu maigres, aux cuisses longues, aux épaules et au col modelés par l'habitude de porter des fardeaux sur la tête, que le Soudan – un Soudan très charnel – anima longtemps la résidence[1]. »

Délicate alternative pour les « commandants » quand les progrès des transports et de la médecine remirent en question les habitudes du passé : faire venir ou non les épouses blanches ? « Leur femme, quand ils en avaient une était du genre effacé, elle vivait en recluse dans sa sombre demeure », constate un des leurs[2]. Plusieurs continuèrent à préférer la compagnie d'une *mousso* « dont on voyait parfois passer la silhouette indolente dans le jardin[3] ».

À cause de la guerre de 1940, le médecin militaire Lapeyssonnie avait dû laisser sa femme en France quand il avait été affecté en AOF. Après la Libération, l'épouse, médecin civil à l'Assistance médicale indigène, rejoignit enfin le mari. Alors les choses se passèrent sans embarras : « Dollé, charmante jeune femme peule, au teint clair, personne aussi intelligente que discrète, m'avait tenu

1. *Soudan-Paris-Bourgogne*, *op. cit.*

2. Paul Delmond, administrateur en chef de la France d'outre-mer, dans *Derniers Chefs d'un empire*, recueil de souvenirs d'anciens de l'École nationale de la France d'outre-mer publié par l'Académie des sciences d'outre-mer en 1972.

3. *Ibid.*

compagnie pendant la dernière année de cette solitude. Je devais me séparer d'elle et la ramener dans sa famille, avec les bœufs de la rupture et les cadeaux somptueux qui, s'ils n'effaçaient pas le chagrin, lui permettaient, aux yeux de tous, de ne pas perdre la face. Au jour dit ce fut fait dans une grande dignité, mais je n'ai jamais oublié le village de paillottes blondes où j'avais laissé ma tendre amie, ni la silhouette mince qui se détournait au dernier moment[1]. »

Il arriva que la Noire supplante la Blanche dans cette lutte pourtant inégale. En 1990 – oui, en 1990 ! – parmi le personnel expatrié de Fria (une soixantaine de personnes), il existait encore une douzaine de couples « à la mode du pays », raconte Jacques Larrue. « L'un d'entre eux se substituera même au couple d'origine, femme et enfants étant rentrés en France et se retournant contre l'entreprise pour lui demander d'assurer sa subsistance[2]. »

Il est vrai qu'à cette époque-là les Africaines avaient quand même accédé depuis quelques lustres au statut de femmes à part entière après un « débat » qui occupa longtemps romanciers et voyageurs.

« Vaches » ou femmes ?

En 1889, parut chez Plon et Nourrit un roman intitulé *Chair noire* que Paul Vigné d'Octon, son auteur, présentait comme une « réponse » à Pierre Loti. Celui-ci aurait « idéalisé » l'Africaine avec Fatou, l'héroïne du *Roman d'un spahi*, et lui aurait prêté des sentiments et des sensations physiques inconnues des Noires. « Entre un être de race blanche et un être de race noire, affirmait Vigné d'Octon dans un avant-propos, l'amour au sens psychologique du mot ne peut exister. Dans les relations avec la femme noire que le climat et l'isolement imposent à l'Européen vivant sur la côte occidentale d'Afrique, il n'y a et il ne peut y avoir que de sauvages accouplements. »

Dans la première moitié du XXe siècle, des dizaines de romanciers, de Charles Royer à Francis Didelot, « traitèrent » la question avec plus ou moins de délicatesse dans des fictions aux titres évocateurs :

1. *Toubib des tropiques*, *op. cit.*
2. *Fria en Guinée. Première usine d'alumine en terre d'Afrique*, *op. cit.*

La Maîtresse noire, *La Compagne de la brousse*, *Animata, femme noire*, *Fatou, peau noire*, etc. Résumé de cette production par Roland Lebel, « docteur ès lettres, Grand Prix de la littérature coloniale », dans un des tomes AOF de l'*Encyclopédie de l'Union française*[1] : « Les auteurs coloniaux s'attachent à étudier l'âme de la petite épouse indigène et ses transformations au contact du Blanc. Il arrive que la “petite alliée noire” s'européanise peu à peu ; il arrive aussi qu'elle retourne à ses coutumes après une expérience dont elle profite à sa manière. »

Le « blocage » de certains hommes devant l'Africaine, pour cause d'absence de romanesque, n'était pas une simple invention de littérateur. Avec sa franchise intrépide, Michel Leiris confesse l'avoir vécu au cours de la mission Dakar-Djibouti[2]. « Je n'ai jamais couché avec une femme noire. Que je suis donc resté européen ! » Il multiplie les rêves érotiques et constate des « pollutions nocturnes » sur les draps de son lit de camp, mais, c'est plus fort que lui, il ne parvient pas à passer à l'acte avec la négresse « aussi belle, à la lettre, qu'une belle vache ». Explication :

« Ce qui empêche, à mes yeux, les femmes noires d'être réellement excitantes, c'est qu'elles sont habituellement trop nues et que faire l'amour avec elles ne mettrait en jeu rien de social. Faire l'amour avec une femme blanche, c'est la dépouiller d'un grand nombre de conventions, la mettre nue aussi bien au point de vue matériel qu'au point de vue des institutions. Rien de tel n'est possible avec une femme dont les institutions sont si différentes des nôtres. À certains égards, ce n'est plus une “femme” à proprement parler. »

Seules titillent Leiris les « filles fascinantes » d'un village chrétien vêtues de caracos verts. « Quelle puissance érotique l'extérieur chrétien communique à ce pays ! La religion a du bon... »

Tous les voyageurs ne furent pas aussi cérébraux. Iacovleff, le peintre de la « Croisière noire » organisée par Citroën, rejoignait la plupart des coloniaux pour reconnaître aux femmes des « races nues » une « beauté de mécanisme bien conçu pour des fonctions

1. Fort de plusieurs volumes, cet ouvrage – pièce maîtresse de la bibliothèque de tout colonial lettré, aujourd'hui très recherché par les nostalgiques – avait commencé à paraître en 1944 sous le nom d'*Encyclopédie de l'Empire français*.

2. *L'Afrique fantôme*, *op. cit.*

bien définies[1] ». Malgré la brutalité de l'apophtegme, il fut un des artistes qui surent styliser l'Africaine, l'« habiller » par le rendu d'un mouvement de hanches, par l'expressivité d'un regard.

Du cache-sexe à la minijupe

En dehors de la littérature coloniale « honnête », diverses publications ont longtemps circulé, qui présentaient l'empire comme un lupanar à l'usage des métropolitains. Au moment de l'Exposition coloniale, le plus vendu, dans le genre, celui qui suscitait le plus de fantasmes, était *L'Art d'aimer aux colonies*[2], d'un prétendu « docteur Jacobus » qui avait déjà sévi avec *L'Amour aux colonies, singularités physiologiques et passionnelles observées durant trente années de séjour dans les colonies françaises*. Dans *L'Art d'aimer*, la jeune négresse était félicitée pour son « sein piriforme dont le bout dardé en avant résiste à la pression ». Sur un mode moins déplaisant, ce sein nu inspirait principalement les dessinateurs d'affiches de propagande pour l'empire et les photographes, dont *L'Illustration* et *Le Monde colonial illustré* diffusaient largement les clichés. La Maghrébine se cachait généralement derrière ses lithams. L'Indochinoise aguichait de ses soieries fendues sur la cuisse. Seule l'Africaine affichait la joyeuse liberté de son insolente poitrine. Qu'on veuille bien se rendre compte que pour un adolescent des années 30, insatisfait par les dévoilements calculés des tableaux célèbres reproduits dans les planches du dictionnaire, l'unique nudité féminine offerte sans restriction à ses yeux fut celle de l'Africaine parée de son seul cache-sexe.

Certes, la Noire n'était généralement pas présentée comme un objet de désir. Comme Leiris, de savants commentateurs ont estimé que le fait d'être montrée dans le plus simple appareil ne faisait que renforcer une « altérité éloignée[3] » fort peu érotique. À l'inverse, la « Mauresque », en vogue sur de nombreuses cartes postales des années 20 et 30, se montrait dans des poses délibérément lascives

1. Jugement rapporté par ses compagnons Haardt et Audouin-Dubreuil dans *La Croisière noire, op. cit.*
2. Éditions Georges-Anquetil, 1927.
3. Communication de Gilles Boëtsch au colloque « Images et colonies » à la Bibliothèque nationale du 20 au 22 janvier 1993.

pour une sensualité occidentale. Seulement, il s'agissait là de purs fantasmes. Les modèles étaient des prostituées, et, en terre maghrébine, le voyageur ne devait pas compter sur d'autres partenaires que quelques professionnelles de l'amour vénal, ce qui était plus frustrant que la grande liberté africaine, qui permettait le passage à l'acte, « bénévole » et sans façon.

Plus tard, pour « prouver » les progrès de la civilisation, les photographes couvriront la Noire. Celle-ci gagnera en « sophistication ». Quand la génération des coopérants arrivera à Dakar, Douala ou Abidjan, au milieu des années 60, le pagne aura fait place à la minijupe, les « mamelons d'assaut[1] » pointeront sous de fins corsages, et, sur les paupières noires, les fards bleus de L'Oréal remplaceront les bouillies cendrées de naguère pour auréoler les immenses yeux de biche. Leiris aurait pu être satisfait, la mode mondiale rapprochait suffisamment l'Africaine de l'Occidentale pour que sa double énigme de femme et de personne d'une autre race ne soit plus rédhibitoire. Le progrès, qui l'avait couverte, créait le plaisir de la déshabiller. Par exemple après une danse dans une de ces boîtes qui firent la renommée du quartier de Treichville à Abidjan, ou le partage d'un pot à la terrasse du café *Ponty* à Dakar.

Après les indépendances, le célèbre – et authentique – « c'est l'amour qui passe, patron » chuchoté à la porte des chambres d'hôtel remplace le « cadeau » en chair fraîche des chefs de village dans les nuits du voyageur. L'exact départ entre la vénalité et la gentillesse naturelle est difficile à faire avec d'habiles partenaires qui évoquent délicatement leur tarif *après* et non *avant*. Pour certains nouveaux arrivants, l'Afrique est une révélation. « Venus de l'Occident stérilisé », ils croient y découvrir « la Femelle originelle[2] ».

Des coopérants « romantiques »

Tous ne se contentent pas des ruts de l'arrivée. La sympathie politique pour le tiers-monde si opportunément confortée par la

1. Patrick Grainville dans *Le Tyran éternel*, *op. cit.*
2. Jean Chatenet dans son roman sur la coopération *Petits Blancs vous serez tous mangés*, *op. cit.*

disponibilité de ses filles ne va pas sans la volonté de le réformer, y compris dans ce qu'il a de plus intime. Pierre Hanry, professeur de psychologie à la faculté des lettres de Conakry dans les années 60, dédia son livre *Érotisme africain*[1] à la « jeunesse étudiante » de la Guinée, « pour la remercier de sa participation, et pour lui suggérer au passage quelques voies d'une indépendance plus authentique, puisque fondée sur l'émancipation véritable de l'individu ». Ladite participation avait consisté à répondre à des questions fort indiscrètes sur les pratiques sexuelles de cette génération. Comme il en ressortait que la polygamie et les mutilations rituelles n'avaient pas disparu avec la Révolution, M. Hanry concluait en toute simplicité son ouvrage par ce qu'il appelait les « prolégomènes d'une éducation sexuelle adaptée à la Guinée ».

Moins compliqués, bien des coopérants se comportèrent simplement avec leur bonne amie noire comme ils l'avaient fait auparavant avec leurs camarades françaises de faculté. Avec eux, l'Africaine se sentait valorisée, elle accédait à la conception européenne de l'« amour » et même à un certain « romantisme » quand les congés d'été imposaient une séparation provisoire.

Dans ses souvenirs africains remontant aux années 40, Paul Blanc écrivait à propos d'un Noir qui avait tué sa femme parce que la famille de celle-ci exigeait le complément d'une dot qu'il ne pouvait plus payer : « Il s'agissait d'une sorte de crime passionnel, bien que l'expression convienne mal à la société africaine[2]. » Le coopérant introduisit la « passion » en Afrique. À la différence du colonial, il ne se contenta pas du « mariage à la mode du pays ». Il épousa véritablement, souvent quand la perspective du retour définitif en France lui parut un trop cruel abandon. L'appartenance de la belle à une ethnie pas trop négroïde (peule, par exemple) ou à une religion catholique créatrice d'une certaine proximité culturelle facilitait ces choix.

Longtemps, en France, la hantise des familles bourgeoises avait été la mésalliance de leurs fils avec les « grisettes ». Puis, démocratisation et féminisation de l'enseignement supérieur aidant, le danger vint des boursières. Avec la coopération, les jeux de l'amour et du hasard gagnèrent encore en variété. Pour un jeune homme en

1. Payot, 1970, coll. « Bibliothèque scientifique ».
2. *Le Prince et le Griot*, *op cit.*

rupture avec la société, et souvent parti « en coopération » pour cette raison, le mariage mixte fut une façon de s'affirmer, il constitua un défi, une transgression radicale.

En 1824, *Ourika*, roman de la duchesse de Duras [1], avait obtenu un succès phénoménal pour l'époque. Il racontait la touchante histoire d'une jeune négresse introduite dans une grande famille par un voyageur ami et en train de percer dans le grand monde grâce à sa beauté et ses talents exceptionnels, au point de susciter la passion de Charles, petit-fils de sa maîtresse. Jusqu'au jour où elle surprit une conversation malveillante dont elle ne se remit pas : « Ourika n'a pas rempli sa destinée. Elle s'est placée dans la société (française) sans sa permission. La société se vengera. » La duchesse de Duras s'était inspirée d'une vie bien réelle, celle de la négresse favorite de la maréchale de Beauvau, à qui elle avait été offerte comme « domestique de parade et de fantaisie », ainsi que cela se faisait alors, par son neveu le chevalier de Boufflers, poète, libertin et gouverneur du Sénégal. Cette jeune Sénégalaise était « morte de tristesse » à dix-sept ans après avoir vécu une épreuve analogue à celle d'Ourika. Par le divorce ou le rejet familial des enfants, par le prompt retour de l'intruse chez les siens, la société française s'est parfois « vengée » sur de superbes créatures rapportées d'outre-mer par des coopérants sans sa « permission ». On mesure peut-être la baisse de créativité artistique d'une époque et le rétrécissement du champ de ses curiosités au fait qu'aucun de ces drames bourgeois n'a inspiré un moderne *Ourika.* (Dans un registre très différent, un autre personnage « dont la vie est un roman » reste en quête d'auteur : le « petit Blanc » rivé à l'Afrique par son appétence de corps d'ébène. Tout voyage en région troublée conduit à la rencontre d'un de ces Européens – patron de restaurant, garagiste, etc. – bien décidés, quels que soient les risques, à ne jamais « décrocher » à cause de modernes *moussos*.)

« La Sorbonne, notre agence matrimoniale »

Pendant son premier séjour à Lambaréné, il y a quatre-vingt-cinq ans, Albert Schweitzer avait entendu parler de petits fonctionnaires

1. Ladvocat éditeur.

gabonais qui demandaient à l'administration française d'« importer » pour eux des femmes malgaches, jugées plus dignes de leur statut d'« évolués » que les filles du pays [1] ! La demande ne fut pas satisfaite. Plus tard, quelques fils de ces « évolués » se consolèrent en trouvant à Paris les premières étudiantes antillaises admises comme eux sur les bancs des facultés françaises. Ils les épousèrent parfois. Puis vint le temps des Blanches.

« La Sorbonne fut notre agence matrimoniale », me déclara un jour un de ces couples mixtes chez lequel tout reporter en Afrique a été amené à dîner un jour ou l'autre avec le sentiment de marcher par moment en terrain miné. À l'image de celui-ci, des centaines de ménages formés lors des premières « vagues » d'étudiants noirs en France réunissent des conjoints de couleurs différentes, exerçant ensemble des métiers d'avocats, de médecins, de professeurs, à Dakar, à Yaoundé, à Abidjan et ailleurs.

Des mariages mixtes – « mariages dominos », comme on dit joliment là-bas – continuent d'être célébrés en Afrique. Mariages pas tout à fait comme les autres en général, avec parfois l'absence d'une des deux belles-familles (pas nécessairement la blanche). Mariages suivis de naissances pouvant donner lieu à d'âpres rivalités d'influence culturelle entre les mêmes belles-familles (côté africain, Mongo Béti préfère parler de « belle-tribu »). Malgré des difficultés connues de tous, les « humanitaires » des ONG – les femmes comme les hommes – ont pris le relais des coopérants dans la quête locale d'âmes sœurs. Il arrive aussi que l'ordinateur remplace les bancs de la Sorbonne : « Les cybercafés de Douala et de Yaoundé sont en train de devenir les lieux publics les plus fréquentés après les bars et les gargottes. Des jeunes filles, candidates à l'émigration, surfent longuement sur le Web, en quête d'un mari européen [2]. »

Combien sont-ils exactement à figurer dans les effectifs des « binationaux », ces conjoints et conjointes redoutés des consulats à cause de « tous les problèmes » (bourses d'études pour les enfants, visas pour les parents, etc.) qu'ils causent ? Plusieurs milliers, mais

1. *À l'orée de la forêt vierge*, *op. cit.*
2. « Internet, un outil pour faire bouger l'Afrique », article de Jean-Pierre Langellier dans *Le Monde* du 6 janvier 2000.

il n'y a pas de statistiques claires tant sont complexes les critères de recensement.

On possède en revanche les chiffres relatifs aux unions enregistrées en France, encore que ces chiffres soient faussés par un nombre inconnu de « mariages blancs ». Parmi les « bans » publiés dans les mairies, certains ont pour seul objet de permettre à un Africain d'acquérir la nationalité française, le « conjoint » ayant trouvé une idéaliste blanche pour lui rendre ce « service ». Tous les consuls en Afrique vous le raconteront : il arrive que ces mariages militants se transforment en véritable histoire d'amour, voire en drame passionnel quand – c'est arrivé au Bénin – la mariée découvre qu'elle a épousé un polygame. Encore du romanesque contemporain inexploité dans l'édition...

Quoi qu'il en soit, en 1997 dans l'Hexagone, très exactement 215 Français ont épousé une Camerounaise ; 166 une Ivoirienne ; 105 une Sénégalaise. Et 206 Françaises se sont mariées avec un Camerounais ; 136 avec un Ivoirien ; 195 avec un Sénégalais [1]. Proportionnellement à la population, le Sénégal arrive en tête. Rien de surprenant à cela pour un pays dont deux des trois « couples présidentiels » portés au pouvoir depuis l'indépendance sont des exemples de « mariages dominos » réussis [2] !

1. Source : *La Situation démographique en 1997*, INSEE.

2. Le cas Senghor était connu de tous. Après sa victoire sur Abdou Diouf, à l'élection présidentielle de mars 2000, les Français ont découvert qu'Abdoulaye Wade avait connu sa femme Viviane alors qu'il faisait ses études de droit à Besançon.

Chapitre 18

Le continent francophone

Le mot francophonie, d'apparence si moderne, a été inventé en 1880 par un géographe au prénom délicieusement suranné : Onésime Reclus, frère de l'illustre Élisée. Grand voyageur sur le continent noir, il publia en 1904 un livre froidement intitulé *Lâchons l'Asie. Prenons l'Afrique*[1]. Échantillon du style propre à Onésime : « Par bien grand malheur, la nature a collé l'Indochine au monde à nous antipathique, au monde chinois, hors de notre vrai rayonnement, trop loin des bras maternels. » Sacré visionnaire, néanmoins, cet Onésime, qui, classant les habitants de la terre non plus en fonction de leur race et de leur état d'avancement socio-économique, mais en fonction de leur langue, pariait sur les Africains – les plus pauvres, les moins « prometteurs » en apparence – pour maintenir l'universalité du français !

La France fut une puissance mondiale grâce à son empire. Elle peut le demeurer grâce à la francophonie, ce qui reste de la colonisation quand on a tout oublié de celle-ci. La conséquence la plus importante de la passion française pour l'Afrique n'est évidemment pas d'ordre économique. Elle réside, par exemple, dans le fait qu'avec l'arrivée massive des États africains nouvellement indépendants, en 1960, le français redevint effectivement une des deux langues de travail de l'ONU après des années difficiles. Aujourd'hui qu'il n'y a plus de diplomatie gaulliste pour veiller au grain, la situation se dégrade de nouveau. Néanmoins, dans les diverses instances onusiennes, un bon tiers des porte-parole comprennent et parlent le français. Les chefs de délégations africaines s'expriment non pas dans un succédané du français – comme tant d'autres utilisent un anglais basique en passe de devenir l'espéranto de la mondialisation – mais dans un français

1. Avec pour éditeur la Librairie Universelle.

châtié, d'une telle correction grammaticale qu'elle sonne parfois comme une espèce de préciosité à nos oreilles.

Comme le dernier patron français du FMI, qui faisait systématiquement étalage de son anglais quand il parlait en public, de beaux esprits parisiens jugent ringard d'« embêter la majorité de l'assistance » en utilisant leur langue maternelle. Les Africains, eux, n'ont pas cet étonnant respect humain. Pas seulement dans les enceintes internationales. Au plus profond de leur être. S'ils essaient de cerner la personnalité des gens importants à leurs yeux, ils s'intéressent tout de suite à celle des langues des anciens colonisateurs dans laquelle ces gens pensent. Lorsque l'hebdomadaire *Jeune Afrique* tente de se rassurer sur les intentions de Laurent-Désiré Kabila, dirigeant congolais plus tourné vers l'Afrique anglophone que Mobutu, il brosse un portrait plutôt admiratif d'Abdoulaye Yerodia, son directeur de cabinet. Extraits : « À Paris, il s'inscrit à la Sorbonne et prépare une thèse sur "Descartes et la logique formelle". Très vite il fait une rencontre qui va modifier le cours de sa carrière : celle du psychanalyste Jacques Lacan, dont il devient l'élève avant d'en être le disciple. C'est d'ailleurs en le fréquentant qu'Abdoulaye Yerodia rencontre sa femme Gloria, qui fait fonction de secrétaire auprès du fondateur de l'École freudienne de Paris [...]. Parisien dans l'âme, il aime cette ville où il n'exclut pas de finir ses jours [1]. » Conclusion en filigrane : un président qui a un tel homme pour collaborateur immédiat ne peut pas être entièrement mauvais. D'ailleurs – et là c'est Yerodia qui parle – « Kabila est incollable sur la Commune de Paris et connaît par cœur *L'Insurgé* de Jules Vallès ».

Bien qu'ils affectent de considérer la défense de la francophonie comme une sorte de complexe gaulois, les anglophones ont, en fait, toujours pris le combat linguistique très au sérieux, notamment en Afrique, où ce n'est pas un combat « d'arrière-garde » pour le français. En 1988, le président nigérian Sani Abacha, aujourd'hui décédé, lança un programme national d'enseignement du français pour mieux communiquer avec les pays voisins. Venu enquêter, un reporter du *New York Times* en manifesta d'autant plus d'étonnement que « le Nigeria avait longtemps considéré la France comme sa principale rivale en Afrique de l'Ouest et avait coutume de ridiculiser les anciennes colonies fran-

1. Numéro du 26 janvier 1999.

çaises pour leur attachement presque servile à Paris ». Et le reporter, pas du tout *fair play*, d'insinuer que le gouvernement nigérian se vengeait ainsi de pressions anglo-saxonnes pour le respect des droits de l'homme. Conclusion : « Pour Paris, la passion soudaine du général Abacha envers le français peut se révéler un argument encore plus puissant que les intérêts commerciaux. La France est encore douloureusement sensible aux décisions récentes prises par l'Algérie, le Rwanda et le Congo (ex-Zaïre) de détrôner le français de son haut rang de langue nationale ou de lui en faire partager les honneurs avec l'anglais [1]. »

Le ministère des beaux voyages

En effet, malgré l'indifférence d'une partie des « élites » pour la francophonie, Paris se rebiffe parfois contre l'hégémonie de l'anglo-américain. Le gouvernement français est le seul au monde à compter dans ses rangs un ministre ou un secrétaire d'État chargé de la promotion de la langue nationale. En 1988, quand Michel Rocard voulut élargir son cabinet à la « société civile », il fit appel à l'historien Alain Decaux. Ce qui nous a valu après coup un savoureux bouquin sur le métier de ministre [2]. Parmi tous les beaux voyages qui constituent l'ordinaire du ministre de la Francophonie, beaucoup ont l'Afrique pour destination. Sous la plume de Decaux cela donne bien des enthousiasmes et aussi quelques remarques détonnant avec la langue de bois ministérielle : « Ces peuples ont des chefs. Je les ai vus aussi. Le moins que j'en puisse dire est qu'il s'agit de *personnages*. Parmi eux, il y a du meilleur et du pire. À certains, j'ai pu vouer de l'admiration. J'en ai contemplé d'autres avec étonnement. Je ne puis oublier ceux auxquels je n'adresserai désormais que du mépris. »

Dans cette dernière catégorie, Decaux range manifestement Mobutu, bien que celui-ci l'eût accueilli par un « Alors, monsieur le ministre, va-t-on nous laisser nos accents circonflexes ? » un jour où il était question de réforme de l'orthographe à Paris. Un des problèmes du gouvernement, à cette époque, fut d'éviter la tenue à Kinshasa

1. *International Herald Tribune* du 5 mai 1998, cité par la revue *Défense de la langue française* de juillet 1998. Cette revue est l'organe de l'association éponyme.
2. *Le Tapis rouge*, Perrin, 1992.

d'un sommet francophone, élément essentiel du rituel franco-africain depuis que Senghor a obtenu de son ami Pompidou ces rencontres régulières entre présidents des pays « ayant le français en partage ». Passe à la rigueur que la francophonie rassemble beaucoup des pays les plus pauvres du globe. Mais comment éviter qu'elle n'épouse les contours du monde sans droit ? Au nom de la francophonie, il a été beaucoup pardonné à plusieurs tyrans tropicaux. Cette indulgence ne semble plus de mise. Ne pas transiger sur l'essentiel tout en faisant les concessions nécessaires pour laisser ses chances à l'avenir de la langue de Brazza constitue, dans le secret des ministères, une des spécificités de l'exercice du pouvoir en France.

L'agence des fonctionnaires heureux

Sur un registre moins grave, il faut aussi éviter que la francophonie se résume à un « fromage » bureaucratique dont « nos amis africains » sont particulièrement friands. Une Agence de coopération culturelle et technique (ACCT) naquit à Niamey en 1970, à l'initiative de quelques chefs d'État africains désireux d'en faire la grande organisation intergouvernementale de la francophonie. Lyriquement saluée par Malraux à ses débuts, elle a sombré dans des querelles clochemerlesques entre Français et Canadiens, principaux bailleurs de fonds. Du côté des Africains, habiles à exploiter la situation, ce fut à qui serait assez malin pour se retrouver dans une des nombreuses sinécures de la francophonie institutionnelle.

Le sommet francophone de Hanoi, en novembre 1997, a transformé l'ACCT en Agence de la francophonie (devenue aujourd'hui Agence intergouvernementale de la francophonie) sous la conduite de Boutros Boutros-Ghali, ancien ministre égyptien des Affaires étrangères et ancien secrétaire général de l'ONU. Un « neutre », le Belge Roger Dehaybe, fut nommé administrateur général et a remis un peu d'ordre. Installée sur le Front de Seine, dans le XVe arrondissement, l'Agence compte plusieurs directions confiées à des Africains heureux comme le Bon Dieu à Paris [1].

1. Sur les 52 États membres de l'Agence de la francophonie, début 2000, 24 appartenaient à l'Afrique subsaharienne.

D'autres Africains occupent des postes très convoités au bureau de liaison de l'Organisation internationale de la francophonie (organe politique chapeautant l'Agence) auprès de l'Union européenne (à Bruxelles) et à la représentation (à New York) auprès des Nations unies, de la Banque mondiale et du FMI. Sans parler des divers instituts satellites, tels l'Institut francophone des nouvelles technologies de l'information et de la formation, à Bordeaux, ou l'Institut de l'énergie et de l'environnement des pays ayant le français en partage, à Québec.

En dehors des « installations fixes », la francophonie tient régulièrement des assises spéciales dans ses capitales. Même Monaco est de la partie, où eut lieu en avril 1999 une conférence de ses 52 ministres de l'Économie. L'idée des Africains est de créer une espèce de « Commonwealth francophone » dont les dirigeants se réuniraient avant les grandes sessions du FMI, comme le font déjà ceux du Commonwealth britannique. Conviction profonde ? Envie de se balader aux frais du contribuable français ? Les deux sans doute, et c'est ce qui rend si ardue la tâche des responsables parisiens de la francophonie, partagés entre le désir de ne pas décevoir les bonnes volontés et celui de mettre fin à certaines des dérives qui peuplent le *Who's Who* de « présidents » divers et remplissent les sièges d'Air Afrique.

Pour s'en tenir aux institutions sérieuses, côté africain, l'appartenance au Haut Conseil de la francophonie, composé en majorité de personnalités étrangères, est l'assurance de participer de temps en temps à une réunion autour du président de la République française à l'Élysée. Côté français, de l'« Association des cours constitutionnelles ayant en partage l'usage du français » à l'« Assemblée internationale des parlementaires de langue française », en passant par l'« Agence francophone pour l'enseignement supérieur et la recherche » (AUPELF[1]) ou l'« Association internationale des maires et responsables des capitales et métropoles partiellement ou entièrement francophones » (AIMF), de multiples organes ont adopté, pour ratisser large, des sigles qui riment avec fréquentes réservations dans les meilleurs hôtels africains.

1. Auparavant « Association des universités partiellement ou entièrement de langue française ».

Le beau parler des tropiques

Pour les colloqueurs de la francophonie, quel plaisir que la pratique du « français africain » ! Les romanciers noirs dont quelques milliers d'amateurs goûtent la prose dans l'Hexagone ne sont pas seuls à se montrer inventifs. La rue fait aussi bien.

Des centaines de trouvailles participent d'un humour typiquement africain s'appuyant souvent sur l'observation de mœurs venues de France. Pour s'en tenir à des exemples célèbres, on devine qui sont les « deuxièmes bureaux » (maîtresses attitrées des maris infidèles invoquant des obligations professionnelles pour s'absenter) et les « boutiques mon cul » (prostituées qui deviennent des « couloirdeuses » dans les grands hôtels).

Même le simple touriste doit posséder un minimum de « vocabulaire franco-africain ». Par exemple s'il lui est ordonné de « faire banquette » dans quelque administration. Heureusement, pendant son attente, il lui sera possible d'écouter les voisins échanger les dernières nouvelles de « radio trottoir » ou de « radio cancan » (la rumeur) en regardant passer les minutes sur le cadran d'une Seiko rafistolée par le « docteur montre »[1].

On peut enfin oublier l'anglais, les stations-service sont des « essenceries ». Avec un peu d'agilité d'esprit on comprend qu'un « tais-toi » est un gros billet de banque, instrument de la corruption. Mais la maîtrise du « français africain » demande parfois une bonne connaissance de l'actualité locale. Depuis l'époque où le FMI imposa ses « ajustements structurels », un Noir auquel des ennuis personnels ont enlevé la joie de vivre est un homme « ajusté ». Douloureuse pour la population et aussi pour les vieux expatriés touchant une retraite en monnaie locale, la dévaluation du franc CFA fut en partie adoucie par diverses aides et dispositions financières dites d'« accompagnement ». Il n'en fallait pas plus pour que le traditionnel pourboire aux chauffeurs de taxi s'appelle désormais une « mesure d'accompagnement ».

Fait remarquable, ces trouvailles s'insèrent généralement dans une syntaxe parfaite. Aujourd'hui, ceux des Africains qui utilisent spontanément le français ne parlent pas en « petit nègre ». Ils rigolent même des tics de langage de l'Hexagone. L'Afrique est frappée par bien des épidémies. Du moins est-elle épargnée par les « au niveau de », les « quelque part » et les « c'est vrai que » qui sévissent jusqu'en Corrèze...

1. Longtemps responsable de la rubrique « francophonie » du *Monde*, Jean-Pierre Péroncel-Hugoz a donné maints exemples savoureux du « français africain » dans son recueil de reportages *Villes du Sud*, Balland, 1990, et « Petite Bibliothèque Payot/Voyageurs », n° P131.

Rencontre avec la lusophonie

En avril 1991, un rapport de l'Association des Français fonctionnaires des communautés européennes affirmait : « Il n'est pas exagéré de dire que l'avenir du français, langue internationale, repose sur deux piliers : la francophonie d'outre-mer et les institutions européennes. » Les évolutions en cours à Bruxelles depuis l'« élargissement » à un grand nombre de membres, tentés par la « solution de facilité » que constitue le « tout-anglais », tempèrent cet optimisme. En revanche, rien n'est perdu en Afrique. On ignore quand, mais, après l'Asie des « dragons », l'heure de l'Afrique viendra bien un jour, « tout bonnement parce que ce sera la seule partie du globe où il restera des coups à faire », constate placidement un banquier[1]. Alors, sauf erreur majeure de Paris d'ici là, grâce à la place de francophonie dans la mondialisation, notre incursion passée dans quelques terres lointaines et inhospitalières trouvera sa justification finale aux yeux de l'Histoire.

Avec son Maghreb, promis à la généralisation de l'arabe mais où le français peut rester quasiment une « deuxième langue officielle », et sa partie subsaharienne, où le maintien de la situation héritée de la colonisation est presque obligatoire pour surmonter le manque d'homogénéité linguistique des populations, l'Afrique est *le* continent francophone.

La chance a voulu que la Belgique colonise le plus étendu des pays subsahariens, et le plus riche, potentiellement, après l'Afrique du Sud. Mis bout à bout avec l'ancien Congo belge, dont la capitale Kinshasa (quelque 4 millions d'habitants) se présente comme « la deuxième ville francophone du monde », le « pré carré » est plus grand que l'Afrique anglophone. C'est un fait dont le Nigeria, plus peuplé que l'ex-Zaïre, a pris acte en encourageant l'apprentissage du français, non par amour de la France, à laquelle l'ont opposé divers contentieux, mais par intérêt commercial. Il se peut que l'Afrique du Sud suive un jour cet exemple, comme l'y incitent déjà ses échanges avec Madagascar et, dans une moindre mesure, avec la Réunion.

1. Entretien de l'auteur avec Noël Bazoche, déjà cité au chapitre 8.

Bien que proches de l'univers anglophone de l'Afrique australe, l'Angola et le Mozambique ont gardé l'empreinte latine des Portugais, sans aller aussi loin que la Guinée-Bissau, qui fait carrément partie de l'Agence de la francophonie. Dans les années 70, pendant les guerres d'indépendance en Afrique portugaise, c'était toujours une surprise pour le reporter parisien que d'avoir affaire à des hommes – généraux de Lisbonne ou chefs des maquis africains – qui voulaient le convaincre de la justesse de leur combat dans un français impeccable. Aujourd'hui, à la faveur de quelque émission sur les activités d'Elf en Angola [1], les téléspectateurs français découvrent que Jonas Savimbi, chef de l'Unita (Union nationale pour l'indépendance totale de l'Angola), parle aussi bien leur langue que celle de Camoens. Au temps où l'écrivain Dominique de Roux trouvait des accents à la Malraux pour raconter la guerre portugaise en Afrique [2], il était déjà évident que l'affaire nous concernait. Depuis l'indépendance, la guerre civile en Angola n'en finit pas. Un jour viendra où le pétrole cessera de l'attiser. On verra alors tout l'aspect africain de cette lusophonie dont Lisbonne commence à faire un concept politique, dans le même esprit que la francophonie. Entre les deux anciens colonisateurs de culture catholique et latine, pourquoi ne pas développer une concertation bénéfique pour tous ?

Négritude ou « blackitude » ?

Certes, même en Afrique officiellement francophone, la langue parlée dans les capitales n'est pas celle des peuples. Selon les statistiques du Haut Conseil de la francophonie, il n'y a que 16 millions de « francophones habituels » (2,6 % d'une population qui utilise prioritairement les langues ancestrales) et 25 millions de « francophones occasionnels » au sud du Sahara. Mais, avec le développement, ces chiffres seront mécaniquement en hausse. Seule une politique trop restrictive en matière d'allocation de bourses risque de gâcher cet atout. On le sait, ce sont surtout les études supérieures qui comptent en matière d'influence à long terme. Or, en 1998, il

1. « Elf : une Afrique sous influence », sur la Cinquième-Arte, le 12 avril 2000.
2. *Le Cinquième Empire*, Belfond, 1977, et LGF, coll. « Le Livre de poche », n° 5356.

n'y avait que 130 000 étudiants étrangers en France (contre 560 000 aux États-Unis et 200 000 en Grande-Bretagne), dont à peine la moitié venaient d'Afrique noire et du Maghreb. Une partie croissante des bons éléments des universités africaines vont faire des troisièmes cycles aux États-Unis. Ils y fréquentent leurs frères de couleur avec un mélange de fascination et de répulsion fort complexe. Certaines fortunes, certaines réussites sociales des Noirs les épatent. Mais la politique implicite des quotas semble les hérisser.

Pour leur part, les Noirs américains ne sont pas nombreux à venir rechercher leurs racines en Afrique francophone. Seule l'île de Gorée fait recette. Le bagou de Joseph Ndiaye, ancien combattant d'Afrique du Nord et d'Indochine promu conservateur en chef de la « Maison des esclaves », a contribué à créer le mythe selon lequel des dizaines de milliers d'Africains seraient passés par la fameuse « porte de la mer » pour un voyage sans retour à bord des navires négriers venus de Nantes. En réalité, ce bâtiment de dimensions modestes fut construit vingt ans avant l'abolition de la traite et son rôle sinistre est largement surestimé. Bah ! l'émotion des touristes venus de Harlem s'exprime lyriquement sur le Livre d'or.

Ce « pèlerinage aux sources » des descendants d'esclaves ne revêt qu'un aspect anecdotique par comparaison avec la fascination qu'exerce le « modèle » *black* américain – chanteurs, mannequins, sportifs – sur la nouvelle génération africaine, au moins dans les villes. *World music*, lectures de magazines du genre *Ebony* : avec ce qu'on pourrait appeler la « blackitude », on est évidemment à mille lieues de la bonne vieille négritude sorbonnarde de Senghor.

La francophonie africaine semble un fait irréversible, mais ses assises culturelles pourraient-elles changer ? Parce qu'une partie de ses élites iraient se former aux États-Unis et surtout parce que la France cesserait d'être la référence pour la majorité de sa jeunesse. Il faut, peut-être, aller chercher la réponse assez loin : dans la façon dont sera résolu le problème de l'immigration.

Chapitre 19

L'immigration, « rançon » de la colonisation ?

À 6 heures du matin, à la Noël 1974, Philippe Sauzay, collaborateur de Valéry Giscard d'Estaing, faisait le guet avenue de Marigny. Consigne du patron : attendre la benne à ordures et conduire ses hommes au palais de l'Élysée pour un petit déjeuner en tête à tête avec un président de la République en quête d'un « symbole qui soulignerait l'égalité des êtres [1] » sept mois après son élection. Ce ne fut pas une surprise : l'équipe se composait d'un Français, le chauffeur, de deux Maliens et d'un Sénégalais. Les trois éboueurs africains avaient conservé leur blouson de sécurité, en caoutchouc rouge phosphorescent, et deux d'entre eux gardaient leur passe-montagne de laine kaki. « Ils m'ont parlé de leurs conditions de travail avec une certaine réserve, mais sans artifice ni agressivité », se souvient le chef de l'État. « Quand le café a été terminé, ils se sont levés. J'avais demandé qu'on prépare un cadeau pour chacun, de la dinde et une bouteille de champagne. Ils ont pris leur paquet, sauf un des Maliens, qui, musulman, a refusé le champagne, et ils sont partis. Je les ai raccompagnés jusqu'au perron. Un photographe était présent. La photo de ce petit déjeuner a paru dans les éditions des journaux du soir. »

Ce jour-là, dans l'esprit de Giscard d'Estaing, la France venait d'exprimer le respect auquel avaient droit ces trois travailleurs, pris au hasard parmi tous ceux qui peinaient en ces heures de fêtes pour nourrir leur lointaine famille. Médiatisé, le geste fut bien perçu. Il n'y avait guère de racisme anti-noir à l'époque.

Cinq ans plus tôt, dans la nuit du 1er au 2 janvier 1970, un fait divers avait bouleversé le pays : l'asphyxie de quatre Sénégalais et

1. *Le Pouvoir et la Vie*, t. 1, *op. cit.*

d'un Mauritanien, locataires d'un foyer d'Aubervilliers, qui avaient tenté de se réchauffer en faisant un feu de bois dans une lessiveuse. Par une manifestation indécente lors de la levée des corps, les maoïstes de la Gauche prolétarienne tentèrent une récupération politique du drame, eux dont le « soulèvement » en mai 1968 avait tant inquiété les immigrés qu'ils quittèrent leurs bidonvilles par milliers pour rentrer au pays. L'important n'était pas dans cette manifestation marginale mais dans le mouvement d'opinion. « Qui veille à la santé de ces infortunés transplantés ? avait demandé *Le Figaro.* Ils balaient les rues lorsque les caniveaux sont gelés, puis ils tentent de triompher de la tuberculose qui les mine et de l'oxyde de carbone ! Voilà le sort de ces déshérités. Il importe d'y apporter d'urgence un remède. » Même tonalité dans *France-Soir* et *Le Parisien libéré.* Francis Bouygues, qui employait 80 % de travailleurs étrangers sur ses chantiers, participa à un débat mouvementé aux *Dossiers de l'écran*, alors l'émission phare de la deuxième chaîne de l'ORTF. Quelques jours plus tard, selon un sondage de l'IFOP, 52 % des Français estimaient que les conditions de vie des immigrés n'étaient « pas satisfaisantes ».

Ces Français découvraient alors le nombre « effarant » des travailleurs d'Afrique noire dans la ceinture parisienne : 25 000, à en croire *France-Soir* ; 32 000, selon *Le Monde.* Le flou statistique qui entoure le débat sur l'immigration existait déjà, mais personne n'imaginait que – pour s'en tenir à des chiffres officiels – les divers ressortissants d'Afrique noire en France allaient passer « exactement » de 17 787 en 1962 à 81 850 en 1975 et à 239 947 en 1990, soit – proportionnellement – une progression bien plus rapide que celle des Algériens (350 484 en 1962, 710 690 en 1975, 614 207 en 1990).

Peut-être marqué par sa rencontre avec les éboueurs, Giscard d'Estaing fut « responsable » du saut quantitatif du milieu des années 70 pour avoir accepté le « regroupement familial ». En effet, après la suspension de l'immigration en juillet 1974 et la « fermeture des frontières » – mesure visant essentiellement les Algériens à l'origine – le chef de l'État voulut humaniser le sort des immigrés déjà installés en leur permettant de faire venir femme et enfants. Codifiée en avril 1976, cette mesure fut d'abord bien acceptée par la majorité de l'opinion, en proie à la mauvaise conscience devant le refus de la vie de famille qui était jusqu'alors la règle à l'égard des travailleurs étrangers. On l'a oublié, ce fut un maire communiste qui lança, à sa façon, le débat sur le « seuil de tolérance », sans que ces mots fussent prononcés, et toujours au moment des fêtes de fin d'année. Peu avant la Noël 1980, quelque 300 Maliens du foyer de Saint-Maur-des-Fossés (dont le maire était de droite) devaient être transférés dans un autre foyer, à Vitry-sur-Seine, pour des raisons administratives. La municipalité rouge de cette ville annonça qu'elle s'opposerait à une telle opération et demanda au préfet du Val-de-Marne de réquisitionner des logements inoccupés à Saint-Maur pour y installer les Maliens. Le refus du préfet suscita une manifestation à Vitry le 24 décembre. Les choses dégénérèrent quand un bulldozer, apparemment conduit par des employés municipaux, détruisit le foyer.

Le PC demandait depuis longtemps un rééquilibrage dans l'implantation de ces foyers. À l'époque de la destruction des bidonvilles, il soulignait déjà que « la présence massive » des immigrés dans les communes populaires faisait peser sur celles-ci des « charges insupportables qui ne peuvent trouver leur solution à l'échelle locale [1] ». Georges Marchais soutint sans réserve Paul Mercieca, le maire de Vitry, approuvant « son refus de laisser accroître dans sa commune le nombre déjà élevé de travailleurs immigrés ». Il y avait des circonstances atténuantes au coup du bulldozer, si l'on songe que 33 des 41 foyers du Val-de-Marne se trouvaient dans des villes gérées par des municipalités de gauche. Néanmoins, le PS et la droite classique, qui n'avait pas encore changé de discours, exprimèrent leur vertueuse indignation. Le PC fut frappé du même anathème que le Front national pour avoir réveillé les « vieux démons [2] ». La question de l'immigration commençait à devenir ce qu'elle ne cesserait plus d'être : un poison pour la société française, un mélange de cynisme électoral et de « générosité » irresponsable.

1. Pour la liquidation des bidonvilles et pour le relogement humain des travailleurs immigrés, déclaration des maires communistes de la région parisienne en 1969, citée par Yvan Gastaut dans son livre *L'Immigration et l'Opinion en France sous la Vᵉ République*, Le Seuil, 2000.

2. *L'Unité*, organe du PS, du 15 février 1981, cité par Yvan Gastaut.

Les deux fleuves de Kayes

Redoutée des Blancs pour ses étés torrides, la ville malienne de Kayes est un lieu chargé d'histoire coloniale aux confins du Sénégal et de la Mauritanie. À une quinzaine de kilomètres de là, le fort de Médine, construit par Faidherbe pour la conquête du Soudan, servit de coffre à la Banque de France quand elle y entreposa une partie de son or au début de la Seconde Guerre mondiale. Près de la gare et du chemin de fer Dakar-Bamako qui fit la toute relative prospérité de Kayes, le seul endroit où dormir s'appelle l'*Hôtel du Rail*. Le personnel vous y demande immédiatement « quel temps il fait à Paris en ce moment ? », sur un ton connaisseur. Ici tout le monde connaît Barbès-Rochechouart. Le dicton assure que la ville « a deux fleuves » : le Sénégal, toujours bordé des entrepôts commerciaux du temps de la colonie, et la Seine.

L'organisation sociale de la région de Kayes est communautaire, avec des chefs de clan et une polygamie fréquente. Elle fut semi-nomade avant la colonisation : quand les sols étaient épuisés, le village se déplaçait de quelques kilomètres. Après l'indépendance, les jeunes de ces villages ont maintenu la tradition nomade, mais pour aller en France. Travailleurs et organisés, ils ont fait vivre leurs familles à coups de mandats. Certains sont rentrés au pays, « fortune » amassée dans les frimas parisiens. D'autres ont fait venir leurs femmes à « Kayes-sur-Seine », légalement tant que ce fut autorisé, puis clandestinement. Le Malien ne constitue qu'une partie de la diaspora africaine en France, mais il est devenu l'archétype de l'immigré noir. On l'a déjà vu à l'Élysée et au foyer d'Ivry, on le retrouvera dans toutes les affaires médiatiques – du charter de Pasqua aux occupations d'églises. Le problème avec le Malien est qu'il se sent tellement « francophile » qu'il fait toujours comme si la réglementation visant les étrangers ne le concernait pas.

Il arrive que les hommes politiques soient à contre-emploi dans les affaires d'immigration. Georges Marchais, pour protester contre l'inégale répartition de la charge sociale, avait approuvé la violence faite aux Maliens de Vitry, en d'autres temps conviés à la « fête de *L'Humanité* ». Ministre de l'Intérieur après la victoire de la droite aux législatives de mars 1986, Charles Pasqua, l'« ami de l'Afrique », l'homme des réseaux de la coopération régionale, dut restreindre les facilités d'entrée et de séjour accordées après l'arrivée des socialistes au pouvoir. À partir de septembre 1986, une nouvelle réglementation imposa le visa à tout étranger n'appartenant pas à la Communauté européenne, avec nécessité de prouver des moyens d'existence suffisants pendant le séjour. Amertume dans les capitales noires, où l'on invoquait la « préférence linguistique » et où l'on estimait que les Africains ne sont pas moins proches de leurs anciens colonisateurs que les Allemands. Le Burkina Faso réagit en exigeant à son tour un visa d'entrée pour les Français. La fin d'une époque !

M. Pasqua donna néanmoins aux préfets des moyens accrus pour renvoyer les indésirables chez eux, sans avoir à en passer par la décision des tribunaux. Sur la ligne Paris-Brazzaville, un avion d'Air France avait dû se poser en catastrophe à Marseille : certains de ses passagers africains se battaient avec l'équipage par solidarité envers un Congolais expulsé après une condamnation pour trafic de drogue. Coûteuses, les expulsions sur les vols réguliers se révélaient dangereuses. C'est dans ce contexte que fut organisé, le 18 octobre 1986, le fameux – et unique – « charter pour Bamako » : 101 Maliens en situation irrégulière embarquèrent menottés. Une partie de l'opposition exprima sa stupeur. Le MRAP[1] compara ce vol aux « embarquements d'esclaves ». De Pierre Bourdieu à Henri Lefebvre, plusieurs personnalités signèrent une protestation affirmant que la France avait « rejeté son passé, son honneur, sa dette historique envers ceux qui, colonisés et soumis, ont combattu pour son droit et sa liberté, et qui, "indépendants" et exploités, ont balayé ses ordures ». Les présidents africains eurent la sagesse de ne pas envenimer les choses. Ils en furent récompensés par un compromis consistant à octroyer un visa à entrées multiples valable trois ans aux personnes « ayant des responsabilités économiques, sociales et culturelles ».

Claude Malhuret, alors secrétaire d'État aux Droits de l'homme, avait publiquement « regretté » l'initiative de M. Pasqua. En 1991, Édith Cresson, Premier ministre d'un gouvernement de gauche, fut aussi tancée par une partie de son camp, pour avoir déclaré à la

1. Mouvement contre le racisme et pour l'amitié entre les peuples.

télévision[1] qu'elle n'excluait pas, elle non plus, de recourir aux charters afin de faire respecter la loi. On a pu dire de l'immigration qu'elle était « l'affaire Dreyfus » de la Ve République. Notamment en ce qui concerne nos anciens colonisés, cette affaire dépasse les clivages politiques traditionnels, chacun se déterminant en fonction de sa sensibilité propre à l'intérieur de chaque parti.

Le ministre togolais d'Édith Cresson

Édith Cresson était d'autant plus encline à parler sans inhibitions qu'elle comptait un Noir dans son gouvernement : le secrétaire d'État aux Affaires sociales et à l'Intégration, Kofi Yamgnane. Togolais naturalisé français en 1975, ingénieur des Mines marié à une Française, maire socialiste de Saint-Coulitz (Finistère). Dans les années 50, la France avait confié des maroquins à des Africains pour préparer la décolonisation. Quarante ans plus tard, elle en attribuait un autre à ce personnage médiatique pour prouver son absence de racisme.

En le choisissant pour maire, les Bretons avaient « donné le ton de ce que devrait être la société française dans les années à venir », assurait M. Yamgnane. Il feignait d'oublier que, seul Noir à des kilomètres à la ronde, ingénieur de grande école, il n'était en aucune façon comparable aux dizaines de milliers d'immigrés africains massés dans des banlieues où le « seuil de tolérance » se trouvait dramatiquement dépassé. Son cas personnel et l'ampleur croissante du « rejet » attesté par les sondages et les succès électoraux du Front national illustraient simplement un propos prophétique de Morand dans *Paris-Tombouctou* : « Les Français, qui pourtant n'ont à aucun degré le préjugé de leur peau blanche, en viendraient certainement, sinon à haïr, du moins à se séparer socialement des Noirs s'il s'en installait cinq ou six millions en France. »

Avec les 240 000 ressortissants des pays d'Afrique subsaharienne officiellement recensés en 1990, on était loin des 5 millions. Mais il y avait, et la population le savait bien, tous les « Français d'origine africaine » devenus des enfants de Marianne grâce au droit du sol.

1. Émission *Le Droit de savoir* à TF 1, le 8 juillet.

« Longtemps les Français ont vécu dans l'idée que la présence immigrée était provisoire, et la révélation de l'enracinement, visible à travers les secondes générations, les a choqués », constate Yvan Gastaut, historien de cette évolution des esprits [1]. Les enfants nés en France de deux parents étrangers pouvaient-ils continuer à acquérir automatiquement la nationalité française à leur majorité en vertu d'une loi remontant à 1889 et faite dans une tout autre conjoncture ? En essayant de remettre en cause cette automaticité, le gouvernement Chirac provoqua en 1987 un des plus longs et des plus passionnés débats de la Ve République. Soutenu par des intellectuels tel Pierre Chaunu, le garde des Sceaux Albin Chalandon voulut que l'acquisition automatique soit remplacée par une demande personnelle déposée entre 15 et 20 ans auprès de l'autorité judiciaire. L'opposition de François Mitterrand à ce projet ébranla la cohabitation et suscita tant de manifestations que Jacques Chirac annonça le report de la réforme du Code de la nationalité. Une commission spéciale auditionna pendant plusieurs mois diverses personnalités, dont Léopold Sédar Senghor, partisan d'une démarche volontaire de la part du jeune immigré. Le projet Chalandon fut repris par le gouvernement Balladur en 1993 et adopté par l'Assemblée nationale à une forte majorité... puis aboli par la loi Guigou de 1998. Les fameux « signaux forts » que les gouvernements voulaient envoyer aux immigrés devenaient incompréhensibles dès lors qu'ils variaient avec chaque changement de majorité parlementaire.

Pour assurer aux « nouveaux Français » les conditions d'une intégration réussie, il conviendrait évidemment d'en connaître le nombre. Mais les autorités se refusent à établir les statistiques qui permettraient de parler sérieusement des succès et des échecs des « secondes générations ». « Les modes de désignation et de catégorisation des populations “issues” de l'immigration restent à établir », constate un spécialiste [2], tandis que le Haut conseil à l'intégration déplore le « manque d'informations pertinentes concernant l'origine des personnes ou de leur ascendance ».

Les hommes politiques répugnent à cautionner une approche « ethnologisante » de l'immigration africaine. Quitte à « craquer »

1. *L'Immigration et l'Opinion en France sous la Ve République*, *op. cit.*
2. Patrick Simon, dans la revue *Population*, en 1998.

parfois devant l'évidence des faits et à compenser leur immobilisme par des mots malencontreux. L'hebdomadaire *Jeune Afrique* a reçu un de ses plus volumineux courriers de lecteurs pendant l'été 1991. Il s'agissait de protestations contre un discours prononcé en juin par Jacques Chirac lors d'un dîner débat du RPR à Orléans. Le candidat à l'Élysée se mettait à la place du « travailleur français, qui travaille avec sa femme et qui ensemble gagnent *(sic)* environ 15 000 francs, et qui voit, en bas de son palier à côté de son HLM, entassée, une famille, avec un père de famille, trois ou quatre épouses et une vingtaine de gosses, et qui gagne 50 000 francs de prestations sociales sans, naturellement, travailler ». Chirac, l'ami entre tous des Senghor et des Houphouët, poursuivait : « Si vous ajoutez à cela le bruit et l'odeur, eh bien, le travailleur français sur le palier, il devient fou. Et ce n'est pas être raciste que de dire cela : nous n'avons pas les moyens d'honorer le regroupement familial[1]. »

Jacques Barrot, secrétaire général du CDS, membre potentiel de la future majorité présidentielle, se déclara « choqué ». Certes, mais ce qui pouvait choquer aussi c'était la présence de quelque 8 000 chefs de famille polygames en France, selon les évaluations administratives, le Conseil d'État ayant légitimé en 1980 l'existence de plusieurs co-épouses au domicile d'un étranger titulaire d'une carte de résident.

Interdit aux statisticiens, le traitement « ethnologisant » de l'immigration existe bel et bien dans certains réseaux de transport public ou dans des entreprises en relation avec la clientèle. Les machinistes-receveurs de la RATP suivent des « stages de gestion des situations conflictuelles » au cours desquels on leur apprend qu'un « doigt posé sur une photo de carte Orange peut être considéré comme une agression dans certaines ethnies africaines[2] ». « La formation aux relations interethniques fait désormais partie du cursus de formation normal d'un chauffeur, agent de relation avant d'être machiniste », assure un responsable[3], apparemment sans se rendre compte de l'énormité du mot « interethnique ».

Et puis la Justice doit, elle aussi, tenir compte des réalités « ethniques » quand elle est saisie d'affaires concernant des « Français

1. Propos repris dans la chanson de Zebda, *Le Bruit et l'Odeur*.
2. Article de Pascale Krémer dans *Le Monde* du 19 janvier 1999.
3. *Ibid.*

d'origine africaine ». En février 1999, lors du procès de vingt-six parents africains accusés d'avoir ordonné l'excision de leurs filles, la cour d'assises de Paris entendit le témoignage de Mariatou Koita, « jeune fille française d'origine malienne [1] » qui avait brisé la loi du silence dans les banlieues. « Dans mon pays, l'excision, c'est une tradition, et j'ignorais que c'était interdit en France », expliqua placidement une des accusées. Un an plus tard, devant les mêmes assises, Mamadou Traoré, « jeune Français d'origine sénégalaise [2] » arrêté pour deux meurtres et plusieurs viols avec violence, plaida les circonstances atténuantes en se présentant comme victime de « l'envoûtement d'un marabout ».

Les médias et les grandes consciences qui feignent de croire qu'une certaine immigration africaine peut être mise sur le même plan que l'immigration européenne croient-ils que l'opinion publique est dupe ? On peut aimer les Africains et s'intéresser à eux sans se rendre complice de cette escroquerie intellectuelle.

www.africaparis.com

Eux aussi parlent de marabout, mais c'est pour vanter leur site internet – www.africaparis.com – « le nouveau marabout qui résout tous vos problèmes et qui change votre vie », grâce à ses petites annonces et à ses informations constamment remises à jour. Ce sont les responsables de la SARL *Le Guide de l'Afrique à Paris*, éditrice, depuis 1998, d'un guide du même nom, tiré à 20 000 exemplaires et présenté par Manu Dibango comme « un instrument de connaissance des milieux africains des bords de la Seine, le porte-drapeau de l'Afrique qui gagne ».

Même si certains poncifs agacent, l'intention est intéressante : rompre avec le discours accusateur contre les Français et briser en même temps l'image misérabiliste de l'immigré, le présenter plutôt comme un expatrié dynamique, comme il y a des expatriés blancs à Abidjan ou Douala. Extraits de l'avant-propos de l'édition 1999 : « Paris avec ses multiples facettes est une ville merveilleuse, l'Afrique à Paris une réalité dans la France contemporaine. Les Africains à Paris sont parfois un peu différents de ceux du continent. Ils peuvent être un peu moins joyeux et décontractés, mais nous savons qu'au fond d'eux-mêmes,

1. *Le Monde* du 4 février 1999.
2. *Le Monde* du 9 février 2000.

leur plus cher désir est de pouvoir toujours vous offrir ce merveilleux sens de l'hospitalité qu'ils possèdent et de vous faire découvrir leurs richesses culinaires, culturelles et humaines. »

En route donc pour *La vie est belle* et soixante autres restaurants africains principalement situés dans les derniers arrondissements ; pour la librairie *Présence africaine*, « l'un des hauts lieux de la Culture africaine à Paris » ; pour *La Médiathèque des trois mondes*, où se procurer les vidéocassettes des grands films africains ; pour la boutique *Ekouboua Francivoire*, « la beauté habillée », où trouver du wax, du bogolan, du widi, du kita et autres tissus africains (parfois fabriqués en Hollande ou à Marseille !).

Le Paris des années 60 – celui où les deux seules boîtes afro-antillaises étaient *Le Mambo Club*, rue Cujas, et *La Plantation*, au Palais-Royal – s'est enrichi de toutes sortes de discothèques où le Blanc est invité à devenir « un homme global ». Dans « la Ville lumière qui ne cesse de faire rêver des millions d'individus aux quatre coins du monde, en particulier les Africains », il y a même des professeurs de djembé, de balafon, de sanza et autres instruments de musique, qui promettent une « pédagogie adaptée au public européen », et aussi des professeurs de danse congolais qui vous enseigneront « une autre manière de bouger ».

Ouvert à la publicité de RFI et de Canal Satellite, *Le Guide de l'Afrique à Paris* ne gémit pas, ne crie pas au racisme. Il se veut un moyen d'échange sans complexe. Entre des numéros de chauffeurs de taxi africains et les adresses des principales institutions françaises, il publie une sélection de sites pour internautes : celui de l'Agence de la francophonie voisine avec *blackmirages.com*, « photos de mannequins blacks ».

« *Zoulous et sauvageons* »

En 1975, dans son roman *Au-delà de cette limite votre ticket n'est plus valable* [1], Romain Gary pouvait imaginer que son héros, diminué par l'âge, surmontait une « pudeur idéologique où se mêlaient les souvenirs du colonialisme » et arpentait, paisible et bien habillé, la Goutte d'Or pour y trouver un Arabe ou un Noir susceptible de remplacer sa virilité défaillante auprès d'une jeune amie volontaire, par amour, pour cette substitution. Quel lecteur croirait en la vraisemblance d'une telle situation aujourd'hui ? Quel auteur oserait la

1. Gallimard, coll. « Folio », n° 1048.

transposer dans les modernes Goutte d'Or : les tours et les barres des « quartiers difficiles » ?

Les zones de « non-droit » ont sans doute commencé à s'étendre le jour où la volonté de nuisance manifestée par le tag fut tolérée dans le renoncement général. Le tag exprime « la haine » d'une jeunesse peut-être naturalisée mais certainement pas assimilée. Parti de La Courneuve, Sarcelles ou Chanteloup-les-Vignes, il a porté cette « haine » au cœur de Paris. Par sa bêtise gratuite, il est finalement plus inquiétant que les accès de violence tel celui du 15 octobre 1998 au cours duquel les « Zoulous » – ainsi que s'intitulent eux-mêmes certains des mauvais éléments africains – profitèrent d'une manifestation étudiante à la Nation pour casser les vitrines et piller les magasins. Ce jour-là, devant ses parents consternés et impuissants, une partie de la « deuxième génération » a rapporté chez elle le butin pris aux « babtous », comme elle dit en inversant les consonnes par lesquelles les anciens désignaient amicalement les Blancs (« toubabs »).

Si le mot « sauvageons » fut tant reproché à Jean-Pierre Chevènement, c'est parce que, malgré l'esprit dans lequel l'employa le ministre de l'Intérieur en janvier 1999, il paraissait dériver de « sauvages ». Il semblait dire que la France avait échoué dans sa « mission civilisatrice ». En juillet 1999, Bernard Bragard, maire socialiste de Courcouronnes, dans l'agglomération d'Évry, surmonta pourtant les blocages sémantiques quand il envoya à ses 14 000 administrés, de 42 nationalités différentes, une lettre de deux pages les invitant à « dénoncer les nouveaux “barbares” ».

La lettre commençait par ce rappel des faits : « Deux “barbares” ont attaqué une jeune femme il y a quelques semaines près de l'hôpital. Elle revenait du travail et rentrait chez elle, seule, insouciante. Ils l'attendaient cagoulés, armés, à deux. Ils l'ont bâillonnée, battue, violée, meurtrie, blessée. Elle est française, d'origine maghrébine. Ce qu'elle sait de ces agresseurs, c'est que leur peau est noire. La police enquête avec détermination. »

L'« origine maghrébine » de la victime facilitait l'expression d'une indignation qui eût peut-être été plus retenue s'il s'était agi d'une Française « de souche ». Les guillemets avaient été mis au mot « barbares ». Pourtant ce fut un concert de protestations M. Bragard dut s'expliquer sur les ondes et dans la presse. Il le fit franchement : « Ces jeunes sont dans une logique d'impunité. En France aujourd'hui, la responsabilité collective est trop atomisée pour fournir une réponse immédiate à leurs premiers débordements. Ils ont besoin de codes de droits et de devoirs, et d'une communauté adulte qui parle d'une seule voix pour les faire respecter. C'est cela la civilisation. »

En rapportant avec sympathie la « croisade » de cet élu de gauche, *Le Point*[1] restait fidèle à la mémoire d'un de ses journalistes, Christian Jelen, décédé peu avant la publication d'un livre qui fit grand bruit : *La Guerre des rues*[2]. Parce qu'il était né dans une famille d'immigrés juifs polonais décimée par les nazis, Jelen prévenait qu'il subirait sereinement « le courroux de certains faussaires de l'antiracisme et la fureur des professionnels de la repentance coloniale ». De surcroît auteur d'un précédent livre sur les réussites passées de l'intégration[3], il était parfaitement à l'aise pour dire, chiffres des Renseignements généraux à l'appui, après deux ans d'enquête, que « la violence des "jeunes" émane surtout de Français dont les parents ont émigré du Maghreb et d'Afrique noire, entre les années 1960-1980 ». Il trouvait simplet « d'accréditer l'existence de différences sociales là où se cristallisent, en réalité, des différences culturelles ».

Depuis quelque temps déjà, une partie de l'intelligentsia mesurait ce qu'il y avait d'insupportable dans les leçons de morale infligées par la gauche bourgeoise aux couches populaires confrontées à l'immigration dans leur vie quotidienne. « L'élite radical-chic, remarquait par exemple Alain Finkielkraut, met ses enfants dans des lycées ou des écoles privées, culturellement exigeants et ethniquement homogènes. Et elle abreuve d'injures le peuple des cités et des banlieues quand il vote pour le Front national[4]. »

Le livre de Jelen brisa définitivement le tabou. « L'intégration fonctionne-t-elle encore ? », demanda Michel Winock dans un article de la revue *L'Histoire*[5] : « La réussite indéniable du "creuset

1. Numéro du 2 juillet 1999.
2. Plon, janvier 1999.
3. *Ils feront de bons Français*, Laffont, 1991.
4. Article dans *Libération* du 8 avril 1998, cité par Jean Sévillia dans *Le Terrorisme intellectuel*, Perrin, 2000.
5. Dossier « 50 ans d'immigration » dans le numéro de février 1999.

français" a été remise en cause par les débats sur "la nouvelle immigration" issue de la terre africaine [...]. Pourquoi le chômage frappe-t-il, en proportion, davantage les Français issus de l'immigration maghrébine et africaine (environ 40 % à 29 ans contre 11 % pour les Français de souche) ? Les préjugés racistes des "Français de naissance" sont une explication – mais non suffisante. Les échecs scolaires, notamment, sont à considérer, à expliquer, à combattre. » Il n'était plus possible de faire semblant de croire qu'il n'y a pas de différence entre le fils d'un chômeur malien polygame à Grigny et celui d'une concierge portugaise à Passy.

Le « codéveloppement » pour la bonne conscience

Impuissants à faire face au problème des « deuxièmes générations » de nationalité française, les derniers gouvernements, de droite ou de gauche, se sont tous déclarés décidés à en finir, au moins, avec les clandestins. Le « charter pour Bamako » ayant produit un trop mauvais effet, plusieurs mesures furent successivement imaginées pour rendre moins brutales les reconduites aux frontières et se donner moins mauvaise conscience. On institua le « volontariat » pour sortir de l'illégalité.

La « réinsertion aidée », en 1991, prévoyait le « paiement des excédents de bagages » sur l'avion, le versement d'une somme forfaitaire de 1 500 francs, portée à 4 500 francs en 1998, et une subvention à des « projets de reconversion » dans le pays d'origine. Guère plus de 8 000 personnes quittèrent la France en profitant de cet expédient.

En 1995, le « programme développement local-migrants » fut destiné aux Maliens, Mauritaniens et Sénégalais rentrés spontanément chez eux après deux ans de séjour en France, puis aux « sans-papiers » acceptant de collaborer pour un « retour aidé » à la case départ. Une somme pouvant s'élever jusqu'à 24 000 francs était promise aux « créateurs de micro-entreprises » locales. Ce pécule fut touché par plusieurs milliers de personnes... et servit surtout pour acheter de faux papiers ou payer des passeurs à de nouveaux clandestins dans les villages où l'immigration est une tradition. À Kayes, on appelait ça le « recyclage ».

En 1998, des « conventions de codéveloppement » furent proposées au Mali et au Sénégal (ainsi qu'au Maroc, qui refusa) pour qu'ils acceptent de signer un « contrat de retour au pays d'origine » (CRPO) avec leurs ressortissants. Ce programme concernait spécialement les déboutés aux opérations de régularisation des « sans-papiers » lancées par la circulaire Chevènement de juin 1997. Outre une formation professionnelle de trois mois avant le départ volontaire, le gouvernement Jospin offrait un « visa à entrées multiples » pour des séjours ultérieurs de trois mois en France. Parce qu'il associait les pays d'émigration à un traitement humain du drame des clandestins, ce projet fut salué par un éditorial du *Monde* comme un « tournant majeur [1] ». Huit mois plus tard, le même journal devait constater un échec complet. Exactement 4 Sénégalais et 8 Maliens avaient retrouvé leur sol natal dans le cadre d'un programme qui concernait 25 000 personnes... Le gouvernement avait fait beaucoup de battage sur le lancement du CRPO. Il ne prit pas la peine d'expliquer au pays pourquoi le « codéveloppement » n'intéressait ni les États « partenaires » ni des contrevenants qui lui préféraient finalement les aléas du retour à la « clandestinité » dans un pays « raciste » – sans doute pas par pur masochisme. Pendant les « trente glorieuses » de l'économie française, le patronat et les pouvoirs publics avaient eu tendance à considérer l'immigration comme une sorte de contrat à durée déterminée, surtout avec les Maghrébins et les Africains, censés se former et « s'enrichir » en France avant de mettre leurs compétences et leurs moyens au service de leur patrie indépendante. On s'aperçut vite que tel n'était pas l'état d'esprit de la majorité des intéressés. D'où le « regroupement familial » accompagné de « fermeture des frontières », avec l'espoir d'atténuer les conséquences du fait accompli par une égalité des droits sociaux propice à l'assimilation. D'une certaine façon, cette politique a créé un « appel d'air ». Facilitée par la porosité des frontières de l'Union européenne, la noria des clandestins continue, et même les dispositifs les plus ingénieux (et les plus coûteux) échouent à inverser le courant.

1. Numéro du 5 novembre 1998.

Bleu-blanc-rouge et black-blanc-beur

Il n'est pas dans l'objet de ce livre d'évoquer l'immigration nord-africaine. Constatons simplement que le jeune Noir – chewing-gum à la bouche et visière de casquette sur la nuque – commence à rejoindre le jeune Maghrébin dans l'exaspération d'une partie de la population. Selon la dernière enquête annuelle de la Commission nationale consultative des droits de l'homme, 38 % des Français, soit 8 % de plus que l'année précédente, trouvent qu'il « y a trop de Noirs » dans leur pays (63 % pour le « trop d'Arabes ») [1]. Cependant, l'étude minutieuse des sondages sur une longue période – telle celle d'Yvan Gastaut dans son livre déjà cité – montre qu'il y a peu de racisme « philosophique » contre le Noir en France. L'immigré africain est accepté en tant qu'individu ; ce qui est rejeté c'est sa présence massive dans des zones urbaines où sa capacité collective à s'adapter est mise en doute.

Tous les Français, il s'en faut, ne sont pas confrontés aux problèmes posés par l'immigration. Mais beaucoup ne supportent plus le langage biaisé : « sans-papiers » pour clandestins ; « jeunes » pour étrangers ; « quartiers difficiles » (devenus « quartiers » tout court) pour HLM où la vie est rendue impossible aux Européens. Ils ont l'impression qu'il les prend pour des idiots, le reporter de télévision qui parle devant un énième lycée en crise comme s'il ne s'apercevait pas de la couleur des élèves agglutinés autour de lui. (Saisi au vol lors d'une séquence sur le lycée Pablo-Neruda d'Aulnay-sous-Bois, au journal de 20 heures de France 2, le 25 janvier 1999 : une barre transversale sur l'image d'une personne en train de se soulager. C'était un panneau rappelant qu'il est interdit d'uriner dans les couloirs...) Même les beaux yeux d'Emmanuelle Béart, mobilisée en faveur des occupants de l'église Saint-Bernard (juin 1996), n'empêchent pas les âmes simples de penser que ces « travailleurs » qui peuvent entreprendre une grève de la faim de plusieurs semaines ont surtout l'Assedic pour patron.

Et, en même temps, quel soulagement si un événement semble donner des raisons d'oublier son ressentiment ! Quelles félicitations

1. *Le Monde* du 16 mars 2000.

– jusqu'à l'hystérie collective – à l'équipe de foot « black-blanc-beur » pour la finale de la Coupe du monde en juillet 1998 ! Quelle confusion des esprits aussi ! Le foot, au lieu des études, pour la promotion raciale. Thuram, le Senghor de la nouvelle génération ! « L'opinion balance entre la main tendue et le rejet, selon l'actualité », constate Michel Winock [1].

La France n'a pas avec l'immigration noire le même rapport qu'une Grande-Bretagne à l'aise dans une coexistence indifférente baptisée communautarisme. Elle vit mal le fait d'assimiler plus difficilement les enfants de « ses » colonisés que les Portugais, les Italiens et les Polonais de naguère. Il est hasardeux de prévoir quels seront les sentiments des adultes de la « seconde génération », mais il ne semble pas abusif de dire que les Africains qui partirent pour la « métropole » dans les années 60 aspiraient à cette assimilation. L'Afrique noire était le morceau de l'empire où régnait le plus l'« esprit bleu-blanc-rouge ». Tour à tour « évolués » et « citoyens » de l'Union française, les Africains ne revendiquaient pas l'indépendance aussi fermement que les Maghrébins et les Indochinois. Une fois cette indépendance obtenue à la faveur de l'évolution mondiale, ils furent les plus grands demandeurs de « coopération » et auraient été les plus heureux des hommes s'ils avaient eu deux passeports, comme plusieurs de leurs présidents. Seulement, cet état d'esprit ne change rien aux données « ethnologiques ». (Voyez comme l'auteur lui-même essaie de s'en tirer à coup de guillemets !) Il n'influe pas sur le taux de fécondité féminine (évalué à 4,8 % chez les Africaines en France) ni ne fait disparaître des habitudes sociales difficilement compatibles, par exemple, avec la vie dans un F 2.

Tout un non-dit, tout un passé commun compliquent le dossier. Pourtant, il faudra bien que l'État adopte un jour une ligne de conduite claire et constante. Sans un minimum de liberté de circulation et de facilités d'établissement, sans « préférence linguistique », s'il devient nécessaire de recourir aux quotas, les Africains seront fondés à considérer la francophonie comme un vain mot. Sans mesures contre les indésirables, les Français en viendront à regretter leur passé colonial parce qu'ils verront dans l'immigration son insupportable « rançon ».

1. Article dans *L'Histoire*, déjà cité.

Annexes

Le « pré carré » et ses extensions

La zone d'influence française en Afrique subsaharienne – ce qu'on a appelé le « pré carré » – est composite. Dans cet ouvrage l'accent a surtout été mis sur les pays de l'AOF et de l'AEF ainsi que sur le Togo et le Cameroun, anciennes colonies allemandes qui, après la Grande Guerre, connurent pratiquement le même destin qu'eux, tout en gardant un statut distinct jusqu'aux indépendances.

*

Dans des contextes sociaux et culturels différents, la colonisation de l'Afrique noire et de Madagascar, souveraine jusqu'à la déposition de la reine Ranavalonna III en 1897, fut souvent l'œuvre des mêmes hommes. Après la sanglante rébellion de 1947 et sa non moins sanglante répression, Madagascar aurait pu évoluer de façon hostile à la France. Par la volonté de son premier président, Philibert Tsiranana, ce ne fut pas le cas, malgré diverses péripéties. Paris a globalement assimilé Madagascar à l'Afrique noire dans sa politique de coopération d'après les indépendances, comme en témoigna le nom officiel de la fameuse cellule élyséenne confiée à Jacques Foccart : secrétariat général aux Affaires africaines et malgaches.

*

En donnant 78 % de « oui » au référendum de 1958, Madagascar était devenu membre de la Communauté, comme les pays d'Afrique noire. Pour leur part, l'ancienne côte française des Somalis, rebaptisée territoire français des Afars et des Issas (TFAI), et les Comores préférèrent le statut de territoire d'outre-mer. Ni États souverains, ni départements d'outre-mer, bien qu'ils fussent chapeautés les uns et les autres par un ministère commun, les TOM firent longtemps de la France la « dernière puissance coloniale ».

Le TFAI est devenu indépendant en 1977, en prenant le nom de république de Djibouti mais en permettant à Paris de garder sur place une importante garnison, clé de son dispositif militaire dans la région.

L'archipel des Comores avait choisi l'indépendance dès 1975, à l'exception de l'île de Mayotte, dont la population comporte beaucoup de créoles et une forte minorité chrétienne alors que le reste de l'archipel est presque entièrement musulman. Le choix des Mahorais mit Paris dans un grand embarras et il fallut leur confectionner un statut spécial de « collectivité territoriale de la République française » qui est une des joyeusetés de la décolonisation des TOM.

*

Toujours au chapitre des îles, mentionnons Maurice, ancienne île de France dont les Anglais s'emparèrent en 1814. Sa population, essentiellement asiatique ou créole, est francophone autant qu'anglophone. Depuis l'indépendance, en 1968, ses dirigeants ont noué des liens étroits avec Paris tout en restant dans le Commonwealth. En 1970, elle adhéra à l'Organisation commune africaine et malgache (OCAM) qui réunissait la plupart des pays de la zone franc. En raison de ses charmes touristiques, elle devint même une destination très prisée pour les réunions des nombreuses organisations créées dans le cadre de la coopération franco-africaine !

Autre « paradis » de l'océan Indien, les Seychelles, occupées par les Français en 1756 mais passées sous contrôle britannique en 1814, adhèrent aux institutions de la francophonie.

*

Sur un plan moins anecdotique, l'ancien Congo belge, devenu Congo-Kinshasa, puis Zaïre puis république démocratique du Congo, est entré progressivement dans la mouvance française après avoir oublié l'aide de Paris à la sécession katangaise. Sous Mobutu, pilier des sommets franco-africains, le partage de la même langue et la convergence des intérêts économiques ont fait du géant de la région un partenaire courtisé des pays voisins et un interlocuteur privilégié de Paris. Cela s'est notamment traduit par deux interventions militaires françaises en Shaba, en 1977 et en 1978. Une partie difficile pour Paris a commencé avec la prise du pouvoir par Laurent-Désiré Kabila dans un Zaïre devenu république démocratique du Congo.

Avec plus ou moins de bonheur dans ces pays en proie aux haines ethniques, la France a aussi voulu supplanter la Belgique au Burundi et au Rwanda, francophones.

*

Après la décolonisation des colonies portugaises, les responsables, officiels ou occultes, des affaires africaines à l'Élysée ont été très occupés par l'Angola, où le pactole pétrolier attisa la guerre civile. Mais ni l'Angola ni le Mozambique ne sont allés aussi loin en direction de Paris que la paisible Guinée-Bissau, qui a fait une large place à la langue française et est entrée dans la zone franc en 1997. Indépendant depuis 1975, le petit archipel du Cap-Vert est devenu membre de l'Agence de la francophonie tout en gardant son cachet portugais.

*

L'ancienne Guinée espagnole, devenue un État souverain en 1968 sous le nom de Guinée Équatoriale, fait partie de la zone franc et de l'Agence de la francophonie.

Repères chronologiques

1638 Un marchand mandaté par des compagnies de Rouen et de Dieppe fonde la première implantation française en Afrique noire, à l'embouchure du fleuve Sénégal.

1642 À la demande de Richelieu, Louis XIII autorise la traite des Noirs à destination des Antilles.

1659 Fondation de la ville de Saint-Louis. Un fort y est édifié pour la protection des activités commerciales des Français.

1690 L'Afrique noire n'est pas totalement inconnue de la cour de Versailles. Un certain Aniaba, qui se présente comme le fils du « roi » d'Assinie (dans l'actuelle Côte d'Ivoire), obtient un succès de curiosité.

1763 À l'issue de la guerre de Sept Ans, le traité de Paris prive la France du Canada ainsi que des possessions de l'Inde et du Sénégal. Saint-Louis changera de mains à plusieurs reprises. Gorée demeurera française.

1814-1816 La France recouvre une partie de ses colonies, notamment l'île de Bourbon (future Réunion) et les comptoirs du Sénégal.

1842-1843 De petites garnisons françaises s'établissent dans des fortins à Grand-Bassam et Assini, en Côte d'Ivoire, ainsi que sur le site de la future Libreville, au Gabon.

1848 Après des mesures sans lendemain proclamées par la Convention et annulées par Bonaparte, la IIe République abolit définitivement l'esclavage dans les possessions françaises. Sur un total de 260 000 affranchis, la plupart se trouvent aux Antilles ou à la Réunion, et seulement 12 000 au Sénégal. Ceux-ci formaient souvent la domesticité des grandes familles musulmanes de Saint-Louis et de Gorée.

— En fusionnant avec celle du Saint-Cœur de Marie, la Congrégation du Saint-Esprit devient la première communauté missionnaire à s'implanter durablement au Sénégal avec une ambition spécifiquement africaine. Une congrégation « rivale », les Missions africaines de Lyon, se crée huit ans plus tard et évangélisera le Dahomey. Puis, en 1868, le cardinal Lavigerie fonde la Société des missionnaires d'Afrique (Pères Blancs), dont l'activité s'étendra au sud du Sahara après des débuts en Algérie et en Tunisie.

1857-1859 Faidherbe constitue le premier bataillon de « tirailleurs sénégalais » en enrôlant des volontaires dans le pays ouolof. Il s'en sert pour conquérir des territoires sur d'autres tribus.

1860-1864 Missions d'exploration françaises, à partir du Sénégal, en Mauritanie, au Soudan et en Guinée.

1870 À sa chute, Napoléon III laisse une France bien installée en Algérie et en Cochinchine, mais, sauf le Sénégal, les colonies d'Afrique restent de dimension et de population modestes. Elles dépendaient d'un éphémère ministère de l'Algérie et des Colonies confié au prince Jérôme Napoléon. L'empire africain sera surtout l'œuvre de la IIIe République, qui multiplia les conquêtes jusqu'à la Grande Guerre.

1875 Brazza commence à établir la présence française au Congo.

1885 Conférence de Berlin entre la plupart des monarchies européennes et les présidents des États-Unis et de la République française. « Voulant créer les conditions les plus favorables au développement du commerce et de la civilisation », elle fixe quelques règles de bonne conduite dans le partage et la mise en valeur du continent africain.

1887 Un décret crée l'École coloniale, chargée de former les administrateurs des possessions françaises. Elle deviendra l'École nationale de la France d'outre-mer en 1934.

1893 La colonie de Côte d'Ivoire commence à avoir une existence juridique bien que la France ne contrôle que son littoral. Deux ans plus tard, son premier gouverneur, le protestant Binger, demande aux missionnaires d'y venir. Colonisation et évangélisation marcheront de pair malgré les querelles entre l'Église et l'État en France.

1894 Création d'un ministère des Colonies à part entière, succédant à un sous-secrétariat d'État constitué en 1881. Jusqu'à cette date, sous la IIIe République, les possessions d'Afrique noire étaient administrées par une simple « direction » des Colonies au ministère de la Marine. Le ministère des Colonies n'exercera sa tutelle que sur une partie de l'empire, essentiellement l'Afrique noire et l'Indochine. Le ministère de l'Intérieur s'occupera de l'Algérie et celui des Affaires étrangères restera chargé du Maroc, de la Tunisie et des territoires sous mandat.

1895 Formation de la fédération de l'Afrique-Occidentale française (AOF) qui, jusqu'en 1958, regroupera Sénégal, Guinée française, Côte d'Ivoire, Soudan (futur Mali), Haute-Volta (futur Burkina), Mauritanie, Dahomey et Niger. La capitale en est Dakar. Un gouverneur général y a autorité sur les gouverneurs des diverses colonies, elles-mêmes divisées en circonscriptions ou « cercles ».

1898 L'expansion française est contrée par les Britanniques à Fachoda.

1900 La loi de finances limite les dépenses de chaque colonie aux recettes qu'elle touche, sauf en matière militaire. Il incombe à chaque gouverneur de faire rentrer l'impôt s'il veut disposer de moyens nécessaires pour les infrastructures et les équipements. C'est seulement en 1946 qu'une loi rétablira la solidarité entre la métropole et ses colonies en créant le Fonds d'investissement pour le développement économique et social (FIDES). Celui deviendra ensuite le Fonds d'aide et de coopération (FAC), notamment pour l'octroi des subventions nécessaires à l'équilibre budgétaire des États bénéficiaires.

1910 Formation de l'Afrique-Équatoriale française (AEF) sur le même modèle que l'AOF, avec Brazzaville pour capitale. Elle comprend le Moyen-Congo (futur Congo-Brazzaville), l'Oubangui-Chari (future République centrafricaine), le Gabon et le Tchad.

1913 La prise de Faya par le colonel Largeau, au Tchad, marque, pour l'essentiel, la fin de la période des conquêtes.

1914-1918 Quelque 160 000 « tirailleurs sénégalais » sont envoyés au front. 30 000 d'entre eux ne reverront jamais le soleil d'Afrique. La victoire permet à la France de s'installer dans les anciennes colonies allemandes du Togo et du Cameroun.

1931 L'Exposition coloniale de Paris est l'apothéose de l'empire. C'est un grand moment d'unité nationale, trois ans avant les troubles qui vont ébranler la IIIe République.

1940 Après les comptoirs français de l'Inde, les Nouvelles-Hébrides et Tahiti, le Tchad est la première colonie d'Afrique à se rallier à la France libre. Il est suivi par le reste de l'AEF, la même année. L'AOF restera dans la mouvance vichyste jusqu'en 1942.

1944 Conférence de Brazzaville. De Gaulle lance prudemment l'idée d'une fédération entre la métropole et les territoires d'Afrique noire mais n'est pas suivi par la majorité des vingt gouverneurs conviés à débattre de l'avenir de l'empire.

1946 Un décret abolit le régime dit de l'indigénat, qui permettait aux administrateurs d'infliger des peines « disciplinaires », sans jugement.

— La loi Lamine Gueye, du nom du député africain qui l'a présentée, accorde la nationalité française à tous les ressortissants des territoires d'outre-mer. C'est la fin de la distinction entre « citoyens » et « sujets » de l'empire.

— Adoption par référendum de la Constitution de la IVe République. Son préambule indique : « La France forme avec les peuples d'outre-mer une Union fondée sur l'égalité des droits et des devoirs. » C'est l'Union française. Les anciennes colonies d'AOF et d'AEF deviennent des territoires d'outre-mer avec des assemblées élues. Elles ont aussi une vingtaine de députés au Parlement français. Le Togo et le Cameroun, qui ne firent jamais partie des fédérations, ont un statut un peu différent de « territoires associés ». Vincent Auriol est le président de la République française et de l'Union française.

1947 Une rébellion sanglante à Madagascar est brutalement réprimée, parfois par des troupes africaines. On parle de 80 000 morts. Cette alerte a incontestablement pesé, par la suite, dans la décision française d'émanciper les colonies d'Afrique noire.

1956 Adoption d'un projet de « loi-cadre », présentée par Gaston Defferre, dont elle portera le nom, permettant au gouvernement de doter, par décrets, les territoires d'outre-mer de « l'autonomie interne ». Le haut-commissaire – « chef de territoire » – reste le responsable suprême des « services d'État » assurés par la France : politique étrangère, défense, justice, monnaie. Les fédérations d'AOF et d'AEF ne sont pas formellement supprimées mais perdent de leur consistance. Dans chaque territoire, une Assemblée territoriale élue au suffrage universel (ce qui enlève tout pouvoir à la minorité européenne) élit elle-même un Conseil de gouvernement.

1958 De Gaulle crée l'éphémère Communauté, approuvée par référendum en France et en Afrique (95 % de « oui » en Afrique). Les territoires d'Afrique noire deviennent des « États membres » de cette Communauté, avec possibilité d'évoluer vers l'indépendance pure et simple. Le président de la République française est de droit président d'un Conseil de la Communauté qui prend en charge les « compétences communes » : politique étrangère, défense, monnaie, justice, enseignement supérieur. Un Sénat de la Communauté siège au palais du Luxembourg. L'édifice craquera l'année suivante quand plusieurs dirigeants africains demanderont le transfert des « compétences communes » à leur pays. On passera alors du concept de « communauté » à celui d'« association ».

1960 Accompagnées d'accords de coopération dont la mise en œuvre fait parfois augmenter le nombre de résidents français, les indépendances sont proclamées. Seule la Guinée a vraiment rompu avec Paris. Les premiers présidents seront souvent d'anciens députés noirs au Palais-Bourbon, voire d'anciens ministres de la IVe ou de la Ve République. Plusieurs seront ensuite renversés par d'anciens sous-officiers de l'armée française.

1973 À l'initiative du président Senghor, le premier « sommet franco-africain », réunissant l'ex-métropole et la plupart de ses anciennes colonies du continent noir, se tient à Paris autour de Georges Pompidou. Suivi d'une vingtaine d'autres jusqu'à la fin du siècle, il lance une forme de concertation internationale sans équivalent chez les autres ex-puissances coloniales.

1986 Le premier « sommet francophone » se tient à Paris autour de François Mitterrand. C'est le début d'un autre rituel, distinct des « sommets franco-africains », mais avec une forte participation africaine. Il est fondé sur le partage d'une même langue.

1994 La dévaluation de 50 % du franc CFA, symbole de la « solidarité » franco-africaine au sein d'une même zone monétaire, est imposée par le gouvernement Balladur. Douloureuse pour les populations, elle était nécessaire pour le maintien de la zone franc sur des bases réalistes à l'heure de l'euro.

Bibliographie

Essais, mémoires, récits

AGERON, Charles-Robert, *L'Anticolonialisme en France, de 1871 à 1914*, Presses universitaires de France, 1973.

ASSOULINE, Pierre, *Albert Londres*, Balland, 1988, et Gallimard, coll. « Folio », n° 2143.

–, *Simenon*, Julliard, 1992.

AUPIAIS, Francis, *Le Missionnaire*, Éd. Larose, 1938, coll. « Vies coloniales ».

AURILLAC, Michel, *L'Afrique à cœur*, Berger-Levrault, 1987.

BÂ, Amadou Hampâté, *Oui mon commandant !*, Actes Sud, 1994, et coll. « Babel », n° 211.

BALANDIER, Georges, *Afrique ambiguë*, Plon, 1957, et coll. « Pocket », n° 3005, série « Terre humaine poche ».

–, *Sociologie actuelle de l'Afrique noire*, Presses universitaires de France, 1955, et coll. « Quadrige », n° 39.

BARBARA, Augustin, *Les Couples mixtes*, Bayard, 1993.

BARLET, Olivier, *Les Cinémas d'Afrique noire*, L'Harmattan, 1996.

BARTHÉLEMY, Georges, *Les Colonies françaises. Ce qu'elles sont, où elles sont, ce qu'on y fait, comment on y vit*, Imprimerie d'Éditions, 1928.

BIARNÈS, Pierre, *Les Français en Afrique noire, de Richelieu à Mitterrand*, Armand Colin, 1987.

BIGEARD, Marcel, *De la brousse à la jungle*, Hachette-Carrère, 1994.

BINET, Jacques, *Psychologie économique africaine*, Payot, 1970.

BIONDI, Jean-Pierre, *Saint-Louis du Sénégal*, Denoël, 1987

BLANC, Paul, *Le Prince et le Griot. Expériences et espérances africaines*, Berger-Levrault, 1987.

BLANCHARD, Pascal, et BANCEL, Nicolas, *De l'indigène à l'immigré*, Gallimard, coll. « Découvertes », n° 345.

BLOCH, Jean-Richard, *Cacahuètes et Bananes*, Gallimard, 1929.

BOURGES, Hervé, et WAUTHIER, Claude, *Les 50 Afriques* (2 tomes), Le Seuil, 1979.

BRUCKNER, Pascal, *Le Sanglot de l'homme blanc. Tiers monde, culpabilité, haine de soi*, Le Seuil, 1983, et coll. « Points Actuels », n° A73.

BRUNSCHWIG, Henri, *Noirs et Blancs dans l'Afrique noire française*, Flammarion, 1983.

CAILLIÉ, René, *Voyage à Tombouctou* (2 tomes), présenté par Jacques Berque, La Découverte, 1989.
CANTEGRIT, Jean-Pierre, *Les Français de l'étranger*, Économica, 1995.
CHAFFARD, Georges, *Les Carnets de la décolonisation*, Calmann-Lévy, t. 1, 1965, t. 2, 1967.
CHALIAND, Gérard, *Mythes révolutionnaires du tiers-monde. Guérillas et socialismes*, Le Seuil, 1976.
CHIVAS-BARON, Clotilde, *La Femme française aux colonies*, Larose, 1929, coll. « Vies coloniales ».
CLAPIER-VALLADON, Simone, *Les Médecins français d'outre-mer*, Anthropos, 1982.
CLAYTON, Anthony, *Histoire de l'armée française en Afrique, 1830-1962*, Albin Michel, 1994.
COMTE, Gilbert, *L'Empire triomphant, 1871-1936*, Denoël, 1988.
COQUERY-VIDROVITCH, Catherine, et AGERON, Charles-Robert, *Histoire de la France coloniale*, t. 3, *Le Déclin*, Armand Colin, 1991, et coll. « Pocket », série « Agora », n° 175.
CORNEVIN, Robert, *Histoire des peuples de l'Afrique noire*, Berger-Levrault, 1960.
CORNEVIN, Robert (ouvrage collectif sous la direction de), *Hommes et Destins. Dictionnaire biographique d'outre-mer*, Académie des sciences d'outre-mer, 1975.
COURRIÈRE, Yves, *Le Démon de l'aventure*, Plon, 1987.
DADIÉ, Bernard, *Un Nègre à Paris*, Présence africaine, 1959.
DAUPHIN, Jean-Pierre, et BOUDILLET, Jacques, *Album Céline*, Gallimard, « Bibliothèque de la Pléiade », 1977.
DAVID, Philippe, *La Côte d'Ivoire*, Karthala, 1986.
DECAUX, Alain, *Le Tapis rouge*, Perrin, 1992, et coll. « Pocket », n° 2971.
DECRAENE, Philippe, et ZUCARELLI, François, *Grands Sahariens*, Denoël, 1994.
DECRAENE, Philippe, *Lettres d'Afrique, entre Cancer et Capricorne*, préface de François Mitterrand, Denoël, 1995.
DELAFOSSE, Maurice, *Broussard ou les états d'âme d'un colonial*, Larose, 1923.
DELAUNEY, Maurice, *Kala-kala*, Laffont, 1986.
DELAVIGNETTE, Robert, *Soudan-Paris-Bourgogne*, Grasset, 1935.
–, *Service africain*, Gallimard, 1946.
DEMAISON, André, *Faidherbe*, Plon, 1932.
DENIAUX, Xavier, *La Francophonie*, PUF, 1995, coll. « Que sais-je ? », n° 2111
DESCHAMPS, Hubert (ouvrage collectif sous la direction de), *Histoire générale de l'Afrique noire*, PUF, t. 1, *Des origines à 1800*, 1970, t. 2, *De 1800 à nos jours*, 1971.
DORGELÈS, Roland, *Sous le casque blanc*, Albin Michel, 1941 et 1960.
DUMONT, Pierre, *Le Français, langue africaine*, L'Harmattan, 1991
DUMONT, René, *L'Afrique noire est mal partie*, Le Seuil, 1969.
–, *Pour l'Afrique, j'accuse*, Plon, 1986, et coll. « Pocket », série « Terre humaine poche », n° 3023.
FAME Ndongo, Jacques, *Le Prince et le Scribe*, Berger-Levrault, 1988.
FANOUDH-SIEFER, Léon, *Le Mythe du nègre et de l'Afrique noire dans la littérature française, de 1800 à la 2e Guerre mondiale*, Les Nouvelles Éditions africaines, Abidjan, 1980.
FÉAU, Étienne, et JOUBERT, Hélène, *L'Art africain*, Scala, 1996.

FERRANDI, Jean, *L'Officier colonial*, Larose, 1930, coll. « Vies coloniales ».
FERRO, Marc, *Histoire des colonisations*, Le Seuil, 1994, et coll. « Points Histoire », n° H229.
FIERRO, Alfred, *La Société de géographie*, Librairie Honoré Champion, 1983.
FOCCART, Jacques, *Foccart parle* (entretiens avec Philippe Gaillard), Fayard-*Jeune Afrique*, t. 1, 1995, t. 2, 1997.
–, *Tous les soirs avec de Gaulle. Journal de l'Élysée 1965-1967*, Fayard-*Jeune Afrique*, 1997.
FOLLÉAS, Didier, *Putain d'Afrique ! Albert Londres en terre d'ébène*, Arléa, 1998.
FOTTORINO, Éric, GUILLEMIN, Christophe, et ORSENNA, Érik, *Besoin d'Afrique*, Fayard, 1992, et LGF, coll. « Le Livre de poche », n° 9778.
GASTAUT, Yvan, *L'Immigration et l'Opinion en France sous la Vᵉ République*, Le Seuil, 2000.
GAULLE, Charles de, *Mémoires de guerre*, t. I : *L'Appel, 1940-1942*, Plon 1954, rééditions en collections de poche, « Le Livre de poche », série « Historique », 1955, et « Pocket », et en « Bibliothèque de la Pléiade ».
–, *Mémoires d'espoir*, Plon, 1970, et coll. « Pocket », n° 2003.
GAULME, François, *Le Gabon et son Ombre*, Karthala, 1988.
GAUTHEREAU, Raymond, *Journal d'un colonialiste*, Le Seuil, 1986.
GENTIL, Pierre (ouvrage collectif présenté par), *Derniers Chefs d'un empire*, Académie des sciences d'outre-mer, 1972.
GEORGY, Guy, *Le Petit Soldat de l'Empire*, Flammarion, 1992.
GIBAULT, François, *Céline*, t. 1 : *Le Temps des espérances, 1894-1932*, Mercure de France, 1997.
GIDE, André, *Voyage au Congo*, Éditions de la NRF, 1927.
–, *Le Retour du Tchad*, Éditions de la NRF, 1928. (Ces deux ouvrages se retrouvent en coll. « Biblos », 1992, en coll. « Folio », n° 2731, et dans le volume *Journal 1939-1949. Souvenirs* de la « Bibliothèque de la Pléiade »).
GIRARDET, Raoul, *L'Idée coloniale en France*, La Table Ronde, 1972, et LGF, coll. « Le Livre de poche », série « Pluriel », n° 8482.
GISCARD D'ESTAING, Valéry, *Le Pouvoir et la Vie*, Compagnie 12, t. 1, *La Rencontre*, 1988, t. 2, *L'Affrontement*, 1991.
GOURÉVITCH, Jean-Paul, *L'Afrique, le Fric, la France*, Le Pré aux Clercs, 1997.
GUÉHENNO, Jean, *La France et les Noirs*, Gallimard, 1954.
GUERNIER, Eugène (sous la direction de), *Encyclopédie de l'Union française* ; *Afrique occidentale française* (2 tomes), 1949, et *Afrique équatoriale française*, 1950, Éd. Encyclopédie coloniale et maritime.
GUILCHER, René, *La Société des missions africaines* Procure des missions africaines (Lyon), 1956.
GUILLEBAUD, Jean-Claude, *Les Confettis de l'Empire, Djibouti, Martinique, Guadeloupe, Réunion, Tahiti, Nouvelle-Calédonie, Guyane*, Le Seuil, 1976.
GUITARD-AUVISTE, Ginette, *Paul Morand*, Hachette, 1981.
HAARDT, Georges-Marie, et AUDOUIN-DUBREUIL, Louis, *La Croisière noire. Expédition Citroën Centre-Afrique*, Plon, 1927.
HANRY, Pierre, *Érotisme africain*, Payot, 1970.
HARDY, Georges, *Nos grands problèmes coloniaux*, Armand Colin, 1929.
–, *Ergaste ou la Vocation coloniale*, Larose, 1929, coll. « Vies coloniales ».

HODEIR, Catherine, et PIERRE, Michel, *L'Exposition coloniale*, Complexe (Bruxelles), 1991.
HUGON, Anne, *Vers Tombouctou, l'Afrique des explorateurs*, Gallimard, 1994, coll. « Découvertes », n° 216.
JACOBUS (Dr), *L'Art d'aimer aux colonies*, Éd. Georges-Anquetil, 1927.
JELEN, Christian, *La Guerre des rues. La violence et « les jeunes »*, Plon, 1999.
JULIEN, Charles-André, *Histoire de l'Afrique*, Presses universitaires de France, 1941.
KI-ZERBO, Joseph, *Histoire de l'Afrique noire*, Hatier, 1972.
KONATÉ, Yacouba, *Alpha Blondy. Reggae et société en Afrique noire*, Karthala, 1987.
KOUCHNER, Bernard, *Charité Business*, Le Pré aux Clercs, 1986.
LACOUTURE, Jean, *De Gaulle*, t. 3, *Le Souverain, 1959-1970*, Le Seuil, 1986, et coll. « Points Histoire », n° H134.
–, *Mitterrand, une histoire de Français*, t. 2, *Les Vertiges du sommet*, Le Seuil, 1998.
LA GORCE, Paul-Marie de, *L'Empire écartelé, 1936-1946*, Denoël, 1988.
LAPEYSSONNIE, médecin-général, *Toubib des tropiques*, Laffont, 1982, coll. « Vécu ».
LARRUE, Jacques, *Fria en Guinée. Première usine d'alumine en terre d'Afrique*, Karthala, 1997.
LAUDE, Jean, *Les Arts de l'Afrique noire*, LGF, coll. « Le Livre de poche », série « Biblio essais », n° 4118.
LAWLER, Nancy, *Soldats d'infortune, les tirailleurs ivoiriens dans la IIe Guerre mondiale*, L'Harmattan, 1996.
LEJEUNE, Dominique, *Les Sociétés de géographie en France et l'Expansion coloniale au XIXe siècle*, Albin Michel, 1993.
LEIRIS, Michel, *L'Afrique fantôme*, Gallimard 1934, coll. « Bibliothèque des sciences humaines », 1981, et coll. « Tel », n° 125.
LEROY-BEAULIEU, Paul, *De la colonisation chez les peuples modernes*, Guillaumin et Cie, 1874, réédition complète en 1902.
LONDRES, Albert, *Marseille, porte du Sud*, Éd. de France, 1927, et coll. « Arléa-poche », n° 55.
–, *Terre d'ébène*, Albin Michel, 1929, et coll. « Arléa-poche », n° 34.
–, *Œuvres complètes*, Arléa, 1992.
LUGAN, Bernard, *Afrique, l'Histoire à l'endroit*, Perrin, 1989.
MAKÉDONSKY, Éric, *Le Sénégal, la Sénégambie* (2 tomes), L'Harmattan, 1987.
MALRAUX, André, *La Tête d'obsidienne*, Gallimard, 1974.
MANGIN, Charles, *La Force noire*, Hachette, 1910.
MARSEILLE, Jacques, *Empire colonial et capitalisme français, histoire d'un divorce*, Albin Michel, 1984, et Le Seuil, coll. « Points Histoire », n° H 126.
MARTIN, Jean, *L'Empire renaissant, 1789-1871*, Denoël, 1987.
MATHIS, Constant (médecin-colonel), *L'Œuvre des pastoriens en Afrique noire*, Presses universitaires de France, 1946, coll. « Colonies et empires ».
–, *Manuel de pathologie exotique* (avec le Dr René Pons), Presses universitaires de France, 1948.
MERLE, Marcel (ouvrage collectif sous la direction de), *L'Afrique noire contemporaine*, Armand Colin, coll. « U », série « Société politique », 1968.

MESSMER, Pierre, *Les Blancs s'en vont*, Albin Michel, 1998.
MICHAÏLOF, Serge (sous la direction de), *La France et l'Afrique, vade-mecum pour un nouveau voyage*, Karthala, 1993.
MITTERRAND, François, *Aux frontières de l'Union française*, Julliard, 1953.
–, *Présence française et Abandon*, Plon, 1957.
–, *Ma part de vérité*, Fayard, 1969.
MOLLIEN, Gaspard-Théodore, *L'Afrique occidentale en 1818 vue par un explorateur français*, préface d'Hubert Deschamps, Calmann-Lévy, 1967, coll. « Temps et continents ».
MORAND, Paul, *Paris-Tombouctou*, Flammarion, coll. « La rose des vents », 1928, réédité en 1932 sous le titre *AOF, de Paris à Tombouctou*, chez le même éditeur, coll. « Hier et aujourd'hui ».
MOUSSA, Pierre, *Les Chances économiques de la Communauté franco-africaine*, Armand Colin, 1957.
NAY, Catherine, *Le Noir et le Rouge, ou l'histoire d'une ambition*, Grasset, 1984, et LGF, coll. « Le Livre de poche », n° 6207.
NEGRONI, François de, *Les Colonies de vacances. Portrait du coopérant français dans le tiers-monde*, Paris, Hallier, 1977.
PAKENHAM, Thomas, *The Scramble for Africa*, George Weidenfeld & Nicolson (Londres), 1991, et Abacus History (Londres), 1992.
PÉAN, Pierre, *L'Homme de l'ombre*, Fayard, 1990.
PÉRONCEL-HUGOZ, Jean-Pierre, *Villes du sud*, Balland, 1990, et Payot, coll. « Petite Bibliothèque Payot/Voyageurs », n° P 131.
PICCIOLA, André, *Missionnaires en Afrique, 1840-1940*, Denoël 1987.
PRÉVITALI, Stéphane, *Le Cameroun par les ponts et par les routes*, Karthala, 1988.
RECLUS, Onésime, *Lâchons l'Asie. Prenons l'Afrique*, Librairie Universelle, 1904.
RENAULT, François, *Le Cardinal Lavigerie*, Fayard, 1992.
ROUSSIN, Michel, *Afrique majeure*, France-Empire, 1997.
RUFIN, Jean-Christophe, *L'Aventure humanitaire*, Gallimard, coll. « Découvertes », n° 226.
SARRAULT, Albert, *Grandeur et Servitude coloniales*, Éd. du Sagittaire, 1931.
SAVARESE, Éric, *L'Ordre colonial et sa légitimation en France métropolitaine*, L'Harmattan, 1998.
SAVORGNAN DE BRAZZA, Pierre, *Au cœur de l'Afrique, vers la source des grands fleuves*, Phébus, 1992, et Payot, coll. « Petite Bibliothèque Payot/Voyageurs », n° P183.
SCHWEITZER, Albert, *À l'orée de la forêt vierge. Récits et réflexions d'un médecin en Afrique-Équatoriale française*, Albin Michel, 1952.
SENGHOR, Léopold Sédar, *Liberté I (Négritude et humanisme), Liberté II (Nation et voie africaine du socialisme), Liberté III (Négritude et civilisation de l'Universel), Liberté IV (Socialisme et planification), Liberté V (Le dialogue des cultures)*, Le Seuil, de 1964 à 1993.
–, *Ce que je crois*, Grasset, 1988.
SÉVILLIA, Jean, *Le Terrorisme intellectuel, de 1945 à nos jours*, Perrin, 2000.
SIRIEX, Paul Henri, *Houphouët-Boigny ou la Sagesse africaine*, Nathan, 1986.
SMITH, Stephen (avec Antoine Glaser), *L'Afrique sans Africains*, Stock, 1994.
SMITH, Stephen (avec Géraldine Faes), *Bokassa Ier, un empereur français*, Calmann-Lévy, 2000.

SOREL, Jacqueline, *Léopold Sédar Senghor. L'émotion et la raison*, Sépia Éditions, 1995.
SURET-CANALE, Jean, *Afrique noire, l'ère coloniale*, Éditions sociales, 1964.
THOBIE, Jacques, et MEYNIER, Gilbert, *Histoire de la France coloniale*, t. 2, *L'Apogée*, Armand Colin, 1991, et coll. « Pocket », série « Agora », n° 174.
TRIBOULET, Raymond, *Un ministre du Général*, Plon, 1985.
VACQUIER, Raymond, *Au temps des factoreries, 1900-1950*, Karthala, 1986.
WAUTHIER, Claude, *Quatre Présidents et l'Afrique*, Le Seuil, 1995.

Romans, nouvelles, poèmes, anthologies littéraires

BÂ, Amadou, Hampâté, *L'Étrange Destin de Wangrin*, Union générale d'éditions, coll. « 10/18 », 1973.
BETI, Mongo (sous le pseudonyme d'Eza Boto), *Ville cruelle*, Présence africaine, 1954.
–, *Trop de soleil tue l'amour*, Julliard, 1999.
CÉLINE, Louis-Ferdinand, *Voyage au bout de la nuit*, Denoël, 1932, Gallimard, 1952, et coll. « Le Livre de poche », « Folio », n° 28 et « Bibliothèque de la Pléiade ».
CENDRARS, Blaise, *Anthologie nègre*, La Sirène, 1921, et Buchet-Chastel, 1979.
CHATENET, Jean, *Petits Blancs, vous serez tous mangés*, Le Seuil, 1970.
CHEVRIER, Jacques, *Anthologie africaine*, Hatier, 1981, et coll. « Monde noir poche », n° 9.
CONCHON, Georges, *L'État sauvage*, Albin Michel, 1964 et 1978.
DEMAISON, André, *Le Livre des bêtes qu'on appelle sauvages*, Grasset, 1929.
–, *L'Étoile de Dakar*, Presses de la Cité, 1948.
DUCHEMIN, Jacques, *L'Empereur*, Albin Michel, 1981.
DURAS, duchesse de, *Ourika*, Ladvocat éditeur, 1824.
ESME, Jean d', *Les Barbares*, Albin Michel, 1925.
–, *Compagnons de brousse*, Flammarion, 1963.
GARY, Romain, *Les Racines du ciel*, Gallimard, 1956, et coll. « Folio », n° 242.
GRAINVILLE, Patrick, *Les Flamboyants*, Le Seuil, 1976, et coll. « Points », n° P195
–, *Le Tyran éternel*, Le Seuil, 1998, et coll. « Points », n° P620.
JOUBERT, Jean-Louis (sous la direction de) *Littératures francophones de l'Afrique de l'Ouest. Anthologie*, Nathan, 1994.
KANE, Cheikh Hamidou, *L'Aventure ambiguë*, Julliard, 1961.
KOUROUMA, Ahmadou, *Les Soleils des indépendances*, Le Seuil, 1970, et coll. « Points », n° P166.
–, *En attendant le vote des bêtes sauvages*, Le Seuil, 1998.
LAYE, Camara, *L'Enfant noir*, Plon, 1953.
LOBA, Aké, *Kocoumbo, l'étudiant noir*, Flammarion, 1960.
LOTI, Pierre, *Le Roman d'un spahi*, Calmann-Lévy, 1881, et Gallimard, coll. « Folio », n° 2393.
MARAN, René, *Batouala*, Albin Michel, 1921, 1938, 1969 et 1999.
MILLE, Pierre, *Sur la vaste terre*, Calmann-Lévy, 1905.
–, *Barnavaux et quelques femmes*, Calmann-Lévy, 1908.
I Illustre Partonneau, Albin Michel, 1924.

MONÉNEMBO, Tierno, *Les Crapauds-Brousse*, Le Seuil, 1979.
MORAND, Paul, *Magie noire*, Grasset, 1928 et 1968.
ORSENNA, Érik, *Grand Amour*, Le Seuil, 1993, et coll. « Points », n° P11.
OUOLOGUEM, Yambo, *Le Devoir de violence*, Le Seuil, 1968.
OYONO, Ferdinand, *Une vie de boy*, Julliard, 1956.
PFISTER, Thierry, *Le Nègre du Palais*, Albin Michel, 1994.
RUFIN, Jean-Christophe, *Les Causes perdues*, Gallimard, 1999.
SENGHOR, Léopold Sédar, *Œuvre poétique*, Le Seuil, coll. « Points Essais », n° 210.
SIMENON, Georges, *45° à l'ombre*, Gallimard, 1936, coll. « Folio », n° 736.
–, *Le Coup de lune*, Fayard, 1960, et LGF, coll. « Le Livre de poche », n° 2906.
THARAUD, Jérôme et Jean, *La Randonnée de Samba Diouf*, Albin Michel, 1922.
VIGNÉ D'OCTON, Paul, *Chair noire*, A. Lemerre, 1889.
VOGÜÉ, Melchior de, *Les Morts qui parlent*, Plon et Nourrit, 1899.

Beaucoup de ces ouvrages ont été lus à la bibliothèque de l'Académie des sciences d'outre-mer, que je remercie de son concours.

Index

Principaux sigles utilisés

ACCT	Agence de coopération culturelle et technique
ACP	Afrique, Caraïbes, Pacifique
ADFE	Association démocratique des Français de l'étranger
AEF	Afrique-Équatoriale française
AFP	Agence France-Presse
AIMF	Association internationale des maires et responsables des capitales et métropoles partiellement ou entièrement francophones
AMI	Assistance médicale indigène
AOF	Afrique-Occidentale française
Aupelf	Association des universités partiellement ou entièrement de langue française, *devenue* Agence francophone pour l'enseignement supérieur et la recherche
BAO	Banque de l'Afrique occidentale
BET	Borkou, Ennedi, Tibesti
BIAO	Banque internationale pour l'Afrique de l'Ouest
BIMa	bataillon d'infanterie de marine
CAOM	Centre des archives d'outre-mer
CCFD	Comité catholique contre la faim et pour le développement
CFA	colonies françaises d'Afrique, *puis* communauté financière africaine *ou* coopération financière africaine (voir encadré p. 167)
CFAO	Compagnie française de l'Afrique occidentale
CFSO	Compagnie forestière du Sangha-Oubangui
CIAN	Conseil des investisseurs français en Afrique noire, *puis* Conseil des investisseurs français en Afrique
Cimade	Comité inter-mouvements auprès des évacués
CRPO	contrat de retour au pays d'origine
CSFE	Conseil supérieur des Français de l'étranger
CSN	coopérants du service national

CSNE	coopérants du service national en entreprise
DOM	département d'outre-mer
Enfom	École nationale de la France d'outre-mer
FAC	Fonds d'aide et de coopération
FIDES	Fonds d'investissement pour le développement économique et social
FMI	Fonds monétaire international
IFAN	Institut français d'Afrique noire
IPOM	instituts Pasteur d'outre-mer
MAAO	musée des Arts africains et océaniens
Medef	Mouvement des entreprises de France, ex-Conseil national du patronat français (CNPF)
Miferma	Mines de fer de Mauritanie
Moci	*Moniteur du commerce international*
MRAP	Mouvement contre le racisme et pour l'amitié entre les peuples
OCAM	Organisation commune africaine et malgache
Ohada	Organisation pour l'harmonisation en Afrique du droit des affaires
OMS	Organisation mondiale de la santé
ONG	organisation non gouvernementale
Orstom	Office de recherche scientifique et technique outre-mer, *puis* Institut français de recherche scientifique pour le développement en coopération
OUA	Organisation de l'unité africaine
RDA	Rassemblement démocratique africain
RFI	Radio France Internationale
RPIMa	régiment de parachutistes de l'infanterie de marine
SCOA	Société commerciale de l'Ouest africain
SDE	Sénégalaise des eaux
Sdece	Service de documentation extérieure et de contre-espionnage
Senelec	Société nationale d'électricité du Sénégal
SN Repal	Société nationale de recherche et d'exploitation en Algérie
SNIM	Société nationale industrielle et minière (Mauritanie)
Soffo	Société financière pour la France et les pays d'outre-mer
Sonatel	Société nationale des télécommunications (Sénégal)
TFAI	territoire français des Afars et des Issas
TOM	territoire d'outre-mer
UFE	Union des Français de l'étranger
Unita	Union nationale pour l'indépendance totale de l'Angola
UPC	Union du peuple camerounais
VSN	volontaire du service national

Table

RÉALISATION : I.G.S. - CHARENTE-PHOTOGRAVURE À L'ISLE-D'ESPAGNAC
IMPRESSION : S.N. FIRMIN-DIDOT AU MESNIL-SUR-L'ESTRÉE
DÉPÔT LÉGAL : FÉVRIER 2001. N° 37217 (54239)